普通高等教育"十三五"规划教材

经济法

（第三版）

林红珍／主编

金 琦 马 力 刘介明／副主编

立信会计出版社
LIXIN ACCOUNTING PUBLISHING HOUSE

图书在版编目(CIP)数据

经济法 / 林红珍主编. —3版. —上海：立信会计出版社，2019.8
ISBN 978-7-5429-6229-4

Ⅰ.①经⋯ Ⅱ.①林⋯ Ⅲ.①经济法-中国-高等学校-教材 Ⅳ.①D922.29

中国版本图书馆 CIP 数据核字(2019)第 169929 号

策划编辑　赵新民
责任编辑　赵新民

经济法(第三版)

出版发行	立信会计出版社	
地　　址	上海市中山西路 2230 号	邮政编码　200235
电　　话	(021)64411389	传　　真　(021)64411325
网　　址	www.lixinaph.com	电子邮箱　lixinaph2019@126.com
网上书店	http://lixin.jd.com	http://lxkjcbs.tmall.com
经　　销	各地新华书店	
印　　刷	上海肖华印务有限公司	
开　　本	787 毫米×1092 毫米　1/16	
印　　张	19.25	
字　　数	443 千字	
版　　次	2019 年 8 月第 3 版	
印　　次	2019 年 8 月第 1 次	
印　　数	1—3100	
书　　号	ISBN 978-7-5429-6229-4/D	
定　　价	40.00 元	

如有印订差错，请与本社联系调换

前　　言

　　市场经济是法治经济,社会主义市场经济的健康发展离不开法律的有力保障,特别是经济法的保障。为培养懂法律、懂管理、懂经济的高层次复合型人才,高等院校的经管类专业大都开设了经济法课程。为了适应经济法课程学习的要求,作者根据多年教学实践经验编写了本书,希望给广大读者提供一本既能保证教学内容全面性和系统性,又能反映当前最新立法动态的教科书。

　　本书是面向全国高等院校经济管理类专业编写的经济法教材,是根据非法学专业经济法课程教学的基本要求,紧密结合经济管理类专业应用型人才培养定位需要编写而成。本书编者以"求新、务实"为宗旨,在前两版的基础上进行修改完善,以最新的法律、法规为基础,采纳学术领域最新的研究成果,保证教材紧跟时代的步伐;内容实用,注重法律的应用功能,对重点、难点结合相关司法解释予以阐述。

　　本书共分为18章,分别为经济法概述、个人独资企业法和合伙企业法、公司法、外商投资法、企业破产法、物权法、知识产权法、合同法、票据法、证券法、保险法、消费者权益保护法、产品质量法、食品安全法、竞争法、会计法与审计法、劳动合同法与社会保险法、经济仲裁与经济诉讼。每一章还精心编写基本概念、思考题,以便于学生掌握重点内容。本书内容全面新颖,体系均衡得当,具有较强的实用性,是适合经济管理类专业经济法课程的教材,对其他从事法律教学、科研、司法和经济管理等方面工作的读者也有一定的参考价值。

　　本书是编者对多年教学实践经验和教学研究成果的总结,编写人员均为多年从事高校法学教学的教师。

　　本书由经济法优质课程主持人林红珍担任主编,负责最后统稿;由金琦、马力、刘介明担任副主编,金琦负责合同法部分的编写,马力负责个人独资企业法和合伙企业法、公司法、企业破产法、知识产权法部分的编写,刘介明负责经济仲裁与经济诉讼部分的编写,其余部分由林红珍负责编写。在写作过程中,编者参阅了大量的相关文献资料,在此对相关作者表示感谢!

　　本书的出版得到了立信会计出版社的大力支持,在此表示衷心感谢!

　　由于水平所限,书中难免有疏漏之处,敬请读者不吝指出,以便于改正。

林红珍

目　　录

第 1 章　经济法概述 1
  1.1　法的产生和发展 1
  1.2　经济法的产生和发展 1
  1.3　经济法的概念 3
  1.4　经济法的调整对象 4
  1.5　经济法律关系 5
  思考题 7

第 2 章　个人独资企业法和合伙企业法 8
  2.1　个人独资企业法 8
  2.2　合伙企业法 12
  思考题 20

第 3 章　公司法 21
  3.1　公司概述 21
  3.2　公司的设立 22
  3.3　公司的组织机构 24
  3.4　特殊的有限责任公司 29
  3.5　公司的利润分配 30
  3.6　公司的合并与分立 31
  3.7　公司的增资与减资 32
  3.8　公司的解散与清算 32
  3.9　公司的债券和股票 33
  思考题 35

第 4 章　外商投资法 36
  4.1　外商投资法概述 36
  4.2　投资促进 37
  4.3　投资保护 38
  4.4　投资管理 39

4.5　法律责任 ………………………………………………………………… 41
　　思考题 …………………………………………………………………………… 41

第 5 章　企业破产法 …………………………………………………………… 42
　　5.1　企业破产法概述 …………………………………………………………… 42
　　5.2　破产申请与受理 …………………………………………………………… 43
　　5.3　重整 ………………………………………………………………………… 47
　　5.4　和解 ………………………………………………………………………… 49
　　5.5　破产宣告与破产清算 ……………………………………………………… 49
　　思考题 …………………………………………………………………………… 51

第 6 章　物权法 …………………………………………………………………… 52
　　6.1　物权法概述 ………………………………………………………………… 52
　　6.2　所有权 ……………………………………………………………………… 54
　　6.3　用益物权 …………………………………………………………………… 61
　　6.4　担保物权 …………………………………………………………………… 65
　　6.5　占有 ………………………………………………………………………… 69
　　6.6　物权的保护 ………………………………………………………………… 70
　　思考题 …………………………………………………………………………… 70

第 7 章　知识产权法 ……………………………………………………………… 71
　　7.1　知识产权法概述 …………………………………………………………… 71
　　7.2　专利法 ……………………………………………………………………… 73
　　7.3　商标法 ……………………………………………………………………… 82
　　7.4　著作权法 …………………………………………………………………… 90
　　思考题 …………………………………………………………………………… 98

第 8 章　合同法 …………………………………………………………………… 99
　　8.1　合同法概述 ………………………………………………………………… 99
　　8.2　合同的订立 ………………………………………………………………… 103
　　8.3　合同的效力 ………………………………………………………………… 110
　　8.4　合同的履行 ………………………………………………………………… 116
　　8.5　合同的担保 ………………………………………………………………… 118
　　8.6　合同的变更和转让 ………………………………………………………… 121
　　8.7　合同权利义务的终止 ……………………………………………………… 124
　　8.8　违约责任 …………………………………………………………………… 126
　　8.9　电子商务法相关规定 ……………………………………………………… 131
　　思考题 …………………………………………………………………………… 135

第9章 票据法 ········ 136
9.1 票据法概述 ········ 136
9.2 票据行为 ········ 137
9.3 票据权利 ········ 141
9.4 涉外票据的法律适用 ········ 143
9.5 法律责任 ········ 143
思考题 ········ 144

第10章 证券法 ········ 145
10.1 证券法概述 ········ 145
10.2 证券的发行 ········ 146
10.3 证券交易 ········ 149
10.4 上市公司的收购 ········ 154
10.5 证券机构 ········ 156
10.6 违反证券法的法律责任 ········ 164
10.7 证券投资基金法 ········ 165
思考题 ········ 179

第11章 保险法 ········ 180
11.1 保险法概述 ········ 180
11.2 保险合同 ········ 181
11.3 保险公司与保险经营规则 ········ 187
11.4 保险代理人和保险经纪人 ········ 191
11.5 保险业监督管理 ········ 192
11.6 法律责任 ········ 194
思考题 ········ 196

第12章 消费者权益保护法 ········ 197
12.1 消费者权益保护法概述 ········ 197
12.2 消费者的权利与经营者的义务 ········ 197
12.3 国家对消费者合法权益的保护 ········ 201
12.4 消费者组织 ········ 201
12.5 争议的解决与法律责任 ········ 202
思考题 ········ 204

第13章 产品质量法 ········ 205
13.1 产品质量法的适用范围 ········ 205
13.2 产品质量的监督管理 ········ 205

13.3 生产者的产品质量责任和义务 208
13.4 销售者的产品质量责任和义务 208
13.5 违反产品质量法的法律责任 209
思考题 212

第14章 食品安全法 213
14.1 食品安全法概述 213
14.2 食品安全风险监测和评估 215
14.3 食品安全标准 216
14.4 食品生产经营 217
14.5 食品检验 223
14.6 食品进出口 224
14.7 食品安全事故处置 225
14.8 食品安全的监督管理与法律责任 225
思考题 227

第15章 竞争法 228
15.1 反不正当竞争法 228
15.2 反垄断法 233
思考题 241

第16章 会计法与审计法 242
16.1 会计法 242
16.2 审计法 247
思考题 254

第17章 劳动合同法与社会保险法 255
17.1 劳动合同法 255
17.2 社会保险法 270
思考题 279

第18章 经济仲裁与经济诉讼 280
18.1 经济仲裁 280
18.2 经济诉讼 286
思考题 298

参考文献 299

第1章　经济法概述

基本概念

经济法　调整对象　经济法律关系　经济法律事实

1.1　法的产生和发展

　　法律是人类社会发展到一定阶段的产物,从原始社会中最初的原始道德规范或原始习惯开始,伴随着生产力与生产关系的不断发展,随着国家的出现,最终形成了法。法律是由国家制定或认可,具有普遍约束力并由国家强制力保证其实施的行为规范。法律的主要内容是规定人们的权利和义务。

　　随着经济、社会与国家的发展,法律也相应地不断发展。随着社会的更替,法律也经历了从最初奴隶制法演变为封建制法,从资产阶级法到社会主义法的历史进程。总之,法律是历史的产物,伴随着一定历史阶段出现,到了特定的历史阶段,法律会因失去其存在的条件而消亡。经济基础决定了法律的性质、内容以及发展,法律也成了调整社会经济关系的重要手段。

1.2　经济法的产生和发展

1.2.1　经济法的产生

　　经济法的产生离不开一定的社会、经济基础条件。现代市场经济关系的特点是现代化、社会化和国际化,传统法律部门的调整机制难以适应。社会经济的发展客观要求法律调整经济关系的模式和手段与之匹配,新的法律部门应运而生。经济法正是在这种社会经济的客观需要下产生的。经济法既是一个与传统法律部门有密切联系,又迥然不同的新型法律部门,更是一种以新的法学理念和新的调整机制解决现代市场经济矛盾关系的法律思潮。经济法的出现有规可循,从历史发展看,社会整体利益和社会个体利益的矛盾是支配人类社会存在和发展的基本矛盾之一。社会个体之间的关系随着社会的发展也日益与社会整体利益密切相连。现在社会已不是小作坊式的简单商品经济时期,一个企业的破产可能引发系列连锁反应。尤其是大企业,其兴衰成败更是影响许多相关者的利益,甚至影响全局,引发经济危机。国外的多次经济危机中,大企业破产导致与之相关的大量中小企业破产,进而造成整体经济的不景气便是明证。因此,必须处理好社会整体利益和社会个体利益的关系。社会个体是社会整体的基本细胞和组织,其是否活跃、健康,直接决定着社会整体的存在和发展。社会个体与社会整体之间存在着差别、对立,甚至可能发展到对抗,对其必须既保护、扶持,又适度引导、约束,使两者协调发展,共同促进社会的向前发展。

具体来说,随着商品经济的发展,特别是商品经济朝着它的高级阶段即市场经济阶段的发展,出现了个体生产与社会生产失衡、社会生产与社会需求失衡、社会生产与国民经济发展失衡的局面,市场经济越来越暴露出它的缺陷。人们逐渐认识到,虽然市场能够在微观上以"看不见的手"来配置资源,但是单靠市场的作用显然是不够的。由于生产社会化、国际化,经济关系日益复杂,社会上各种层次的主体之间,以及不同个体与社会整体之间的经济利益和经济行为的冲突,要求在经济领域内必须有一定的经济调节和利益协调的法律规范,通过经济法律和政策充分发挥国家在管理、组织、协调、监督经济方面的职能,国家的这些职能活动多是通过立法手段实现的,现代经济法因此而产生。

1.2.2 经济法的发展阶段

经济法的发展过程经历了三个阶段。

第一阶段是战时经济法。它是初级的经济法,是以特殊的方式回应着特定的社会要求,实质上则与客观经济规律格格不入。除德国战时经济法外,日本在战时也颁布了种种经济法令。

第二阶段是危机对策经济法。它是为应付经济不景气而被动制定的经济法。由于资本主义意识形态强调国家公共权力与市民社会应严格分开,所以西方国家的经济法长期以来多是迫于经济危机或社会矛盾激化而不得不制定的。危机对策经济法的典型事例是20世纪30年代经济大萧条时期美国制定的一系列贯彻凯恩斯主义的经济法,以及70年代末西方国家针对经济危机而出台的各种应急性法律。30年代经济危机期间,罗斯福推行新政以刺激经济发展,颁布了《国家产业复兴法》,并通过专门机构予以贯彻。70年代的经济危机及其后在美国引起价格上涨和竞争加剧,所谓滞涨令学者和政治家陷于困惑,政府被迫立法实行物价和工资管制。消极被动地应付危机,则必然有相当的盲目性,运用强行手段的管制措施,从而难免损及经济活力及其民主要求。

第三阶段是自觉维护经济发展的经济法。维护自由竞争的市场秩序,推进社会经济协调发展的较为成熟的经济法在发达国家日益形成,其主要标志是经济法以解决社会经济矛盾的宗旨和方式,已由干预、管制市场主体的自由意志转向尽可能创造充分、适度、和平的竞争环境,使社会资源尽力能达到最佳配置的最佳状态,发挥最大的社会效益。市场经济从自发的自由竞争到社会化条件维护的自由竞争,是社会和法的一个质的进步。充分利用反垄断法和计划以及产业政策法等经济法促进社会经济健康、协调、可持续发展,是经济法应有的内在功能,也是自觉的经济法,这是经济法发展过程中一个质的进步。

在我国,中国共产党十一届三中全会以后,全党、全国的工作重点开始转移到以经济建设为中心的现代化建设上,国家大力加强经济立法和不断完善经济司法。经济的发展客观上要求国家利用经济法律来管理、调控经济生活。在市场经济的基础上,以"看得见的手"来配置资源、维护经济稳定、实现社会公平。中国经济法作为一个有特定内涵的部门法也得到建立和发展。

1.3 经济法的概念

如何给经济法下定义,理论界争议较大,尚无定论。国外法学界,主要是德国、日本和苏联的法学家,多数认为经济法是经济秩序法、经济干预法、经济管制法,或者干脆认为经济法就是反垄断法。我国学者对经济法的概念也有多种理解。有的认为经济法是经济计划法,有的认为经济法是经济行政法,有的认为经济法是经济管理法,有的认为经济法是企业经济法,有的认为经济法是综合经济法,有的认为经济法是纵横经济法,有的认为经济法是学科经济法,等等。综观对经济法概念的各种观点,人们对于经济法的概念已经形成了两点共识:一是经济法是国家调控经济的法律;二是经济法是调整一定范围经济关系的法律。经济法是在市场经济体制下国家调控经济的法律。

市场经济体制下的国家调控有别于计划经济体制下国家对经济的计划调控和行政管理。市场经济体制下的国家经济调控,是在承认市场对资源配置的基础性作用的前提下实施的,企业的经营自主权和消费者的消费自由权得到法律的确认与保护;而计划经济体制下的国家经济调控和管理,只承认国家计划对资源的配置作用,企业没有经营自主权,消费者的消费自由也受到极大的限制。

市场经济体制下国家对经济的调控表现为宏观性和间接性,对市场的管理旨在维护市场运行秩序;而计划经济体制下国家对经济的调控表现为全面性和直接性,对经济的管理旨在维护计划制定与实施秩序。市场经济体制下的国家经济调控和管理,是为了实现和维护社会整体利益;而计划经济体制下的国家经济调控和管理,所要实现和维护的利益直接表现为国家利益。市场经济体制下国家的经济调控和管理,是按照法律规定的权限和程序依法实施的;而计划经济体制下国家的经济调控与管理,是通过行政命令的发布与执行实现的。

市场经济体制下国家经济调控的性质,决定了经济法具有以下特点:经济法的调整对象,是因国家对经济的管理而产生的各种社会经济关系;经济法追求的利益目标,是表现为资源的优化配置、市场的有序运行、经济的持续发展和社会的公平正义等社会公共利益;经济法的利益目标须通过国家的积极行为来实现。经济法是与民商法一起共同配合协调来调整市场经济的法律。市场失灵和国家的经济职能是经济法存在的经济基础和政治基础。能够由市场配置资源、发挥作用的地方,就应该由市场发挥作用,主要由民商法来调整;市场不能起作用的地方,经济法就应该发挥作用,只有将两者很好地结合起来,才能保证市场经济的健康发展。经济法是调整经济关系的,但并不是调整所有经济关系的,它是调整一定范围经济关系的法律规范的总称。经济法所调整的范围在不同的国家由于生产力的发展程度和历史传统等原因有不同的边界,在同一个国家的不同的历史时期也有不同的边界。

市场经济与国家调控不是相互对立的而是相互依存、相得益彰的。实践证明,特别是在落后国家发展市场经济,尤其应该加强和健全政府的调控作用。这些国家的市场经济本质上是一种政府主导型的市场经济。发展市场经济的重点和难点不在市场经济本身而在政府,政府的行为在一定程度上决定了一国市场经济的发展状况。我国市场经济的发展就是由政府启动和政府主导的。如果没有政府主导,就不会有我们今天的市场经济。同样,要继续推进我国市场经济的顺利发展也必须进一步加强国家调控,完善经济立法。

综上所述,经济法是在市场经济体制下,调整国家管理和调控经济活动所发生的经济关系的法律规范的总称;经济法是调整具有社会整体利益性的经济管理和协调关系的法律规范总和;经济法是确认和规范政府合理调控经济之法。在市场经济体制下,国家对经济的宏观调控和对市场的管理,是确保市场经济机制得以有效有序运行的必要条件,也是促进一国经济健康、协调和可持续发展的必要条件。经济法直接反映国家对经济活动的管理和调控的要求,因而经济法是市场经济法律体系中举足轻重的一项法律制度。

1.4 经济法的调整对象

经济法的调整对象是国家管理和调控经济活动过程中所发生的各种经济关系。具体包括下列几种关系。

1.4.1 调控市场主体过程中发生的社会关系

管理和调控市场主体过程中发生的社会关系是指国家在管理和调控市场主体的组织和行为过程中所发生的社会关系。相应的法律制度主要有企业法、公司法、市场主体登记管理法律制度和破产法律制度等。规范市场主体的法律制度主要规定了市场主体的法律地位、法律形式及内部组织机构,规范投资者与经营者的关系,以保障企业的经营自主权与内部经营管理秩序。

1.4.2 调控市场秩序过程中发生的社会关系

市场秩序的管理和调控关系是国家在创造市场平等竞争条件、维护公平竞争秩序及保护消费者的权益过程中与市场主体所发生的社会经济关系。相应的法律主要有消费者权益保护法、产品质量法、反垄断法、反不正当竞争法等,主要是规范市场主体的市场行为,保护消费者的利益,促进公平竞争和维护良好的市场秩序。

1.4.3 宏观调控过程中发生的社会关系

宏观调控关系是国家为了保持、实现宏观经济稳定、协调发展而在管理和调控经济活动中所发生的社会经济关系。调控的工具主要是财政政策和货币政策,表现在法律领域就是财政法、金融法等。

1.4.4 社会保障关系

社会保障关系是国家为了实现社会公平、保持社会稳定,在建立和实施社会保障过程中与各种社会主体所发生的社会经济关系。社会保障关系主要包括社会救助关系、社会保障关系、社会福利关系和社会优抚关系。主要的法律制度有劳动法、社会保险法等。

1.4.5 涉外经济管理关系

涉外经济管理关系是国家在管理涉外经济活动时与涉外经济主体之间发生的纵向经济关系。在国际经济一体化的进程中,有利于各国繁荣的自由贸易是经济发展的大趋势。但是自由贸易并不等于放弃管理,出于经济、政治以及文化甚至军事上的考虑,国家必须对涉外经济进行管理。国家对涉外经济的管理,是国家对于国内经济进行管理和调控的延伸。有效的涉外经济管理,必然有利于国内资源的优化配置和国内经济的稳定发展,而无效的涉外经济管理或者放弃涉外经济管理,或者闭关锁国,都必然会大大影响一国经济的稳定和发展。因此,涉外经济管理法是经济法的重要组成部分,是国家管理和调控经济的重要手段。相应的法律主要有对外贸易法、反倾销法及反补贴法等。

1.5 经济法律关系

1.5.1 经济法律关系的概念

经济法律关系是法律关系的一种,是指根据经济法律规范的规定和调整而形成的人们之间的权利和义务关系。经济法律关系与经济关系有密切联系。经济关系是人们在社会行为中共同形成的物质社会关系,它是基础性关系,是属于第一性的。经济法律关系是经济关系经过相关的经济法律、法规调整后所形成的权利和义务关系,它是具有意志性质的关系,是属于第二性的。经济关系是经济法调整的对象,经济法律关系是经济法调整经济关系的法律结果。

1.5.2 经济法律关系的构成要素

在法律上,经济法律关系同其他法律关系一样,都由三个基本要素构成,即主体、内容和客体。这三个要素缺一不可,其中任何一个要素内容的发生、变更,都会引起经济法律关系的相应变化。

1. 经济法律关系的主体

经济法律关系的主体是指以自己的名义参加经济法律关系,享受经济权利,承担经济义务的当事人。

经济法律关系的主体主要包括自然人、法人和非法人组织三种。

(1) 自然人。自然人是最基本的民事主体,世界各个国家或者地区民法都有关于自然人的规定。自然人从出生时起到死亡时止,具有民事权利能力,依法享有民事权利,承担民事义务。自然人的民事权利能力一律平等。自然人的出生时间和死亡时间,以出生证明、死亡证明记载的时间为准;没有出生证明、死亡证明的,以户籍登记或者其他有效身份登记记载的时间为准。有其他证据足以推翻以上记载时间的,以该证据证明的时间为准。涉及遗产继承、接受赠与等胎儿利益保护的,胎儿视为具有民事权利能力。但是胎儿娩出时为死体的,其民事权利能力自始不存在。十八周岁以上的自然人为成年人。不满十八周岁的自然人为未成年人。成年人为完全民事行为能力人,可以独立实施民事法律行为。十六周岁以上的未成年人,以自己的劳动收入为主要生活来源的,视为完全民事行为能力人。八周岁以上的未成年人为限制民事行为能力人,实施民事法律行为由其法定代理人代理或者经其法定代理人同意、追认,但是可以独立实施纯获利益的民事法律行为或者与其年龄、智力相适应的民事法律行为。不满八周岁的未成年人为无民事行为能力人,由其法定代理人代理实施民事法律行为。不能辨认自己行为的成年人为无民事行为能力人,由其法定代理人代理实施民事法律行为。不能完全辨认自己行为的成年人为限制民事行为能力人,实施民事法律行为由其法定代理人代理或者经其法定代理人同意、追认,但是可以独立实施纯获利益的民事法律行为或者与其智力、精神健康状况相适应的民事法律行为。无民事行为能力人、限制民事行为能力人的监护人是其法定代理人。

不能辨认或者不能完全辨认自己行为的成年人,其利害关系人或者有关组织,可以向人民法院申请认定该成年人为无民事行为能力人或者限制民事行为能力人。被人民法院认定为无民事行为能力人或者限制民事行为能力人的,经本人、利害关系人或者有关组织申请,人民法院可以根据其智力、精神健康恢复的状况,认定该成年人恢复为限制民事行为能力人或者完全民事行为能力人。有关组织包括:居民委员会、村民委员会、学校、医疗机构、妇女联合会、残疾人联合会、依法设立的老年人组织、民政部门等。自然人以户籍登记或者其他有效身份登记记载的居所为住所;经常居所与住所不一致的,经常居所视为住所。

(2) 法人。法人是具有民事权利能力和民事行为能力,依法独立享有民事权利和承担民事义务的组织。法人的类型有营利法人、非营利法人和特别法人三种。营利法人是指以取得利润并分配给股东等出资人为目的成立的法人。非营利法人是指为公益目的或者其他非营利目的成立,不向出资人、设立人或者会员分配所取得利润的法人。机关法人、农村集体经济组织法人、城镇农村的合作经济组织法人、基层群众性自治组织法人,为特别法人。法人应当依法成立,法人成立的具体条件和程序,依照法律、行政法规的规定。法人应当有自己的名称、组织机构、住所、财产或者经费。法人的民事权利能力和民事行为能力,从法人成立时产生,到法人终止时消灭。法人以其全部财产独立承担民事责任。依照法律或者法人章程的规定,代表法人从事民事活动的负责人,为法人的法定代表人。法定代表人以法人名义从事的民事活动,其法律后果由法人承受。法人章程或者法人权力机构对法定代表人代表权的限制,不得对抗善意相对人。法定代表人因执行职务造成他人损害的,由法人承担民事责任。法人承担民事责任后,依照法律或者法人章程的规定,可以向有过错的法定代表人追偿。法人以其主要办事机构所在地为住所。

(3) 非法人组织。非法人组织是不具有法人资格,但是能够依法以自己的名义从事民事活动的组织。非法人组织包括个人独资企业、合伙企业、不具有法人资格的专业服务机构等。非法人组织应当依照法律的规定登记。设立非法人组织,法律、行政法规规定须经有关机关批准的,依照其规定。非法人组织的财产不足以清偿债务的,其出资人或者设立人承担无限责任。法律另有规定的,依照其规定。非法人组织可以确定一人或者数人代表该组织从事民事活动。

2. 经济法律关系的内容

经济法律关系的内容是指经济权利和经济义务,也就是经济法律关系主体享有的经济权利和承担的经济义务。经济权利和经济义务是经济法律关系的核心。

(1) 经济权利。经济权利是指经济法律关系主体依法享有的自己为一定行为或不为一定行为和要求他人为一定行为或不为一定行为的资格。经济权利主要包括:①经济职权;②财产所有权;③国有资产管理权;④经营管理权;⑤承包经营权;⑥经济请求权。

(2) 经济义务。经济义务是指经济法律关系主体依法为满足权利主体的要求必须为一定行为或不为一定行为的责任。经济义务分为法定义务和约定义务:法定义务是基于法律规定产生的义务;约定义务是根据合同产生的义务。

3. 经济法律关系的客体

经济法律关系的客体是指经济法律关系主体的经济权利和经济义务所共同指向的对象,是经济权利和经济义务的载体和目标。经济法律关系的客体主要有物、行为、智力成果等。

1.5.3 经济法律关系的发生、变更和终止

经济法律关系的发生是指由于一定客观情况的出现而在经济法律关系主体之间形成一定的权利和义务。经济法律关系的变更是指已经发生的经济法律关系要素的变化。经济法律关系的终止是指经济法律关系主体之间的权利和义务归于终结。无论是经济法律关系的发生、变更还是终止,都是由于一定的经济法律事实的出现所引起的。

1. 经济法律事实的含义

经济法律事实是指引起经济法律关系发生、变更或终止的客观情况。

2. 经济法律事实的分类

经济法律事实按其与经济法律关系主体意志联系与否,可分为事件与行为两大类。

事件是指客观上存在和发生的,与经济法律关系主体的主观意志与自觉行为无关的,但能引起经济法律关系发生、变更和终止的客观现象,如不可抗力、偶发事故等。

行为是指由一定的组织或个人在其主观意志支配下自觉实施的,能够引起经济法律关系发生、变更和终止的活动。主要包括:公司、企业和其他经济组织的经济法律行为;国家机关的行政行为、执法行为、司法行为;仲裁机构的仲裁行为等。

 **思考题**

1. 经济法的产生和发展过程是怎样的?
2. 经济法的概念和调整对象是什么?
3. 经济法律关系的构成要素有哪些?
4. 经济法律事实的含义及种类有哪些?

第2章　个人独资企业法和合伙企业法

基本概念

个人独资企业　无限责任　合伙企业　有限合伙　连带责任

2.1　个人独资企业法

2.1.1　个人独资企业概述

个人独资企业是指依法在中国境内设立，由一个自然人投资，财产为投资人个人所有，投资人以其个人财产对企业债务承担无限责任的经营实体。

个人独资企业具有以下几个特点：

(1) 个人独资企业由一个自然人投资。这个规定排除了法人或其他组织成为投资人的可能。结合其他法律规定，外国人和无国籍人不能投资个人独资企业；限制和无民事行为能力人也不能投资个人独资企业。个人独资企业的投资人只能是一个具有完全民事行为能力的中国人。法律、行政法规禁止从事营利性活动的人，不得作为投资人申请设立个人独资企业。

(2) 个人独资企业的财产属于投资人个人所有。个人独资企业的财产包括企业成立时的出资和经营过程中积累的财产。这些财产只是名义上属于个人独资企业，实际上属于投资人个人所有。投资人可以将企业财产转让给他人；当投资人死亡或被宣告死亡时，其继承人可以依照继承法的规定继承企业财产。正因为如此，个人独资企业是不用缴纳企业所得税而是由投资人缴纳个人所得税。

(3) 个人独资企业投资人对企业债务承担无限责任。这是由个人独资企业的财产不具有独立性所决定的，既然企业的财产归投资人所有，企业的盈利当然也归投资人所有，企业的欠债理所当然也应由投资人承担。当然，具体如何偿还，由投资人自己决定。简单地讲，如果个人独资企业终止时存在债务，一般先将企业变卖用来偿还所欠债务，不足部分，投资人还要追加偿还，直到全部偿还完为止。在现实中，有很多投资人的投资实际上并不完全是个人财产，而是家庭财产，由于我国目前尚无完善的财产登记制度，个人财产与家庭财产往往难以区分。因此，法律规定，个人独资企业投资人在申请企业设立登记时，必须明确出资来源,如果是以家庭共有财产作为个人出资的,应当依法以家庭共有财产对企业债务承担无限责任。

《中华人民共和国个人独资企业法》(以下简称《个人独资企业法》)由中华人民共和国第九届全国人民代表大会常务委员会第十一次会议于1999年8月30日通过,自2000年1月1日起正式施行。

2.1.2 个人独资企业的设立

设立企业需要满足一定的条件并履行一定的程序。企业的设立条件可以看作是创办企业的门槛,只有符合条件的才能迈过门槛,进入市场。门槛的作用在于将不合格的投资者挡在市场大门之外,门槛的高度有多高才算合适,要综合考虑一个国家或地区经济发展水平、交易习惯、法治文明程度等因素。门槛如果过高,会阻挡合理的投资意愿,不利于吸引投资,鼓励创业;门槛如果过低,又不利于净化市场环境,扰乱市场秩序,最终还是会导致投资意愿降低,经济发展失去动力。

除了条件以外,设立企业还必须履行一定的程序。这个程序就是企业登记注册的程序,主要是为了解决到哪里登记,谁有权颁发营业执照,期间要经历多长时间,当中出现问题通过什么途径解决等问题。如果说条件是对企业的要求,程序就是对政府机关的要求。通过对程序的严格规定,督促政府机关落实服务企业的承诺,为经济发展创造良好的环境。设立的条件和程序两者缺一不可,也不可偏废。

1. 设立条件

根据《个人独资企业法》,设立个人独资企业应当具备下列条件:

(1) 投资人为一个自然人。实际上应该是一个具有完全民事行为能力的中国公民,外国人和无民事行为能力人都不能成为个人独资企业的投资人。投资人须提供个人身份证明材料。

(2) 有合法的企业名称。个人独资企业的名称应当与其责任形式及从事的营业相符合。根据国家工商行政管理总局制定的《个人独资企业登记管理办法》的规定,个人独资企业的名称中不得使用"有限""有限责任"或者"公司"字样。

(3) 有投资人申报的出资。投资人根据自己的意愿或者企业生产经营的实际情况申报出资,具体申报多少法律并没有规定。理论上讲,有一元钱也可以注册成立企业。

(4) 有固定的生产经营场所和必要的生产经营条件。生产经营场所可以是自有的房产,也可以是租用他人的房产。至于生产经营条件主要包括生产经营设备,需要特别许可的行业还需要取得相关的许可证书。

(5) 有必要的从业人员。从业人员是指投资人雇佣的管理人员或普通劳动者。根据个人独资企业业务的需要,投资人可以自己管理并聘请数量不等的员工,也可以委托或者聘用其他具有民事行为能力的人负责企业的事务管理。

2. 设立程序

申请设立个人独资企业,应当由投资人或者其委托的代理人向个人独资企业所在地的登记机关提交申请书等材料。申请书的内容主要包括:企业的名称和住所;投资人的姓名和居所；投资人的出资额和出资方式；经营范围。登记机关应当在收到设立申请文件之日起十五日内，对符合法律规定条件的，予以登记，发给营业执照。营业执照的主要内容包括：企业名称、地址、负责人姓名、筹建或开业日期、经营性质、生产经营范围、生产经营方式等。对不符合条件的，登记机关不予登记，并应当给予书面答复，并说明理由。个人独资企业的营业执照的签发日期，为个人独资企业成立日期。在领取个人独资企业营业执照前，投资人不得以个人独资企业名义从事经营活动。

个人独资企业设立分支机构，应当由投资人或者其委托的代理人向分支机构所在地的登记机关申请登记，领取营业执照。分支机构经核准登记后，应将登记情况报该分支机构隶属个人独资企业的登记机关备案。分支机构的民事责任由设立该分支机构的个人独资企业承担。个人独资企业存续期间登记事项发生变更的，应当在作出变更决定之日起的十五日内依法向登记机关申请办理变更登记。

创办个人独资企业的门槛是相当低的，设立程序也是相当简便的。这样规定的目的就是鼓励人们通过设立个人独资企业实现创业，发展经济，扩大就业。

2.1.3　个人独资企业的经营事务的管理

个人独资企业可由投资人自行管理企业事务，也可委托其他人管理企业事务。但无论是自行管理还是委托他人管理企业事务，都必须依法设置会计账簿，进行会计核算。

为明确各自的权利和义务，避免产生纠纷，投资人委托或者聘用他人管理个人独资企业事务，应当与受托人或者被聘用的人签订书面合同，明确委托的具体内容和授予的权利范围。

受托人或者被聘用的人员应当履行诚信、勤勉义务，按照与投资人签订的合同负责个人独资企业的事务管理。

为了强调受托人或者被聘用的人员的"诚信、勤勉义务"，法律还特别规定其不得有下列行为：

（1）利用职务上的便利，索取或者收受其他经营者的贿赂。
（2）利用职务或者工作上的便利将企业财产据为己有。
（3）挪用企业的资金归个人使用或者借贷给他人。
（4）擅自将企业资金以个人名义或者以他人名义开立账户储存。
（5）擅自以企业财产为他人提供担保。
（6）未经投资人同意，从事与本企业相竞争的业务。
（7）未经投资人同意，同本企业订立合同或者进行交易。
（8）未经投资人同意，擅自将企业商标或者其他知识产权转让给他人使用。
（9）泄露本企业的商业秘密。
（10）法律、行政法规禁止的其他行为。

投资人对受托人或者被聘用人员签订的管理协议，是双方的约定，只在当事人之间有效。在现实中，这种内部协议是不会主动公开展示给其他人看。为了防止投资人与受托人对本来应当承担的责任互相推诿，侵害第三人合法权益，法律规定，投资人对受托人或者被聘用人员职权的限制,不得对抗善意第三人。投资人委托或者聘用的人员管理个人独资企业事务时违反双方订立的合同,给投资人造成损害的,承担民事赔偿责任。

2.1.4 个人独资企业和个体户的比较

个体户是个体工商户的简称,是依据《个体工商户条例》规定,经工商行政管理部门登记,从事工商业经营的公民。个体户是中国特殊年代的特殊产物,发挥了特殊的作用。个体户与个人独资企业都具有投资主体单一,设立门槛低,经营范围广,投资人承担无限责任等共同点,它们的区别也是很明显的:

(1) 法律依据不同。个体户依据的是国务院颁布的《个体工商户条例》,效力等级要低于全国人大常委会制定的《个人独资企业法》。效力等级的差别决定了制度的权威性和稳定性。

(2) 投资主体不同。个体户的投资人可以是个人也可以是家庭,登记时可以以个人名义登记,也可以以家庭名义登记。个人独资企业虽然既可以由个人投资,也可以由家庭投资,但登记时只能以个人名义登记。

(3) 经营管理不同。个体户多是家庭投资,也多采用家族式管理,这种管理可以降低管理成本但是不利于提高管理的科学性。个人独资企业既可以是投资人自行管理,还可以聘请专业管理人员管理。

(4) 责任主体不同。无论个体户是以个人还是家庭的名义登记,最后承担责任的既可以是个人,也可以是家庭。个人独资企业登记时就要明确投资来源,以家庭财产出资,就由家庭承担责任;以个人财产出资,就由个人承担责任。

个人独资企业是正规化了的个体户。无论从法律依据,还是企业的经营管理,还是责任主体,个人独资企业都显得正规很多。我国之所以在现阶段允许两者并存,主要是考虑到个体户数量巨大,短期内转型比较困难这一社会现实。但是从长远来看,无论是企业发展的内生需求还是建立系统性的企业体系的外部要求,个体户必将逐步转变成为个人独资企业,以适应经济发展的需要。

2.1.5 个人独资企业的解散与清算

1. 个人独资企业的解散

个人独资企业有下列情形之一时,应当解散:

(1) 投资人决定解散,企业属于投资人个人所有,投资人对企业负全责,他有权根据自己的需要决定企业是否解散。

(2) 投资人死亡或者被宣告死亡,没有继承人或者继承人不愿继承,不再具有生产经营能力。

(3) 违法经营,被依法吊销营业执照,不再具有生产经营资格。

(4) 法律、行政法规规定的其他情形。

2. 个人独资企业的清算

清算的目的是全面了解企业的剩余资产和负债情况,为债务清偿的顺利开展创造条件。个人独资企业解散,由投资人自行清算或者由债权人申请人民法院指定清算人进行清算。

投资人对个人独资企业的债务应承担无限责任,也即个人独资企业解散后,原投资人对个人独资企业存续期间的债务仍应承担偿还责任,直至全部还清为止,但如果债权人在个人独资企业解散后5年内未向债务人提出偿债请求的,则不再偿还。

个人独资企业解散的,财产应当按照下列顺序清偿:

(1) 所欠职工工资和社会保险费用。

(2) 所欠税款。

(3) 其他债务。

个人独资企业资产变卖后所得财产不足以清偿以上债务的,投资人应当以其个人的其他财产予以清偿。个人独资企业清算结束后,投资人或者人民法院指定的清算人应当编制清算报告,并于十五日内到登记机关办理注销登记。

2.2 合伙企业法

2.2.1 合伙企业的概念及特征

合伙的概念很宽泛,主要是指两个以上的主体,相互约定,共同行动,达成一个目标。合伙企业是指由两个或两个以上合伙人订立合伙协议,全体合伙人共同投资、共同经营、共担风险、共享收益的营利性非法人组织。合伙企业具有以下几个特征。

1. 合伙人是合伙企业的核心

合伙人是指投资设立合伙企业,并依法对合伙企业债务承担相应责任的自然人、法人或其他组织。其中,承担无限连带责任的是普通合伙人,只以其出资为限承担有限责任的是有限合伙人。合伙企业由合伙人出资成立,企业财产归合伙人共有,企业由合伙人经营管理,企业利润由合伙人分享,企业债务由合伙人共同承担,没有合伙人就没有合伙企业,合伙人的身份不同,合伙企业的性质也不一样。

2. 合伙协议是合伙企业的基础

订立合伙协议、设立合伙企业,应当遵循自愿、平等、公平、诚实信用原则。合伙协议由全体合伙人经过平等协商,共同拟定。合伙人通过合伙协议,明确企业的经营目标和各自的权利和义务。在企业生产经营的过程中,以合伙协议来规范企业管理,约束各方行为。合伙协议如此重要,因而法律要求合伙协议必须由全体合伙人协商一致,而且必须以书面的形式订立。

3. "四共原则"是合伙人权利和义务的具体体现

共同投资就是要求每一个合伙人在企业成立时,必须认缴或实缴出资,不允许只挂名,不实际投资的"合伙人"出现。共同经营就是要求合伙人为企业的经营出谋划策,担负管理企业事务的责任,这不仅是义务,也是合伙人维护自身利益,实现利益最大化的最好方式,合伙人的责任范围不同,管理企业事务的权利范围也有所不同。共享收益就是合伙人按照协议约定或按照投资比例分配企业收益,这是合伙人成立合伙企业的最主要的目的。共担风险要求全体合伙人都要对企业债务承担偿还责任。

4. 合伙企业是组织，但不是法人组织

不能独立承担责任，这是合伙企业与公司企业最大的区别。合伙企业的财产名义上属于企业，实际上由合伙人共有。因为没有自己独立的财产，企业不能独立承担责任。企业所欠债务，由合伙人承担偿还责任。也正因为如此，合伙企业的生产经营所得和其他所得，不缴企业所得税，而是由合伙人分别缴纳所得税。

为了规范合伙企业的行为，保护合伙企业及其合伙人、债权人的合法权益，维护社会经济秩序，促进社会主义市场经济的发展，1997年2月23日第八届全国人民代表大会常务委员会第二十四次会议上通过了《中华人民共和国合伙企业法》，并于1997年8月1日起施行。2006年8月27日第十届全国人民代表大会常务委员会第二十三次会议对其进行了修订，并于2007年6月1日起施行。

2.2.2 合伙人

合伙人是指投资设立合伙企业的人。合伙人有普通合伙人和有限合伙人之分，他们所能享受的权利不尽相同，最主要的差别是各自承担的责任不同。

1. 普通合伙人

（1）普通合伙人的概念。普通合伙人是指对合伙企业债务承担无限连带责任的合伙人。其中，无限是指合伙人承担责任并不以其出资为限，也不是以其在合伙企业中的财产份额为限，企业的债务全部由合伙人承担，直至全部还清；所谓连带是指每一个合伙人都要对企业的全部债务承担完全的清偿责任。

（2）普通合伙人的权利。普通合伙人享有的权利主要有：第一，获得收益的权利。这是合伙人最基本的权利。合伙人获得收益的权利是与其承担的责任相对应的。具体分配比例按照合伙协议的约定执行，没有约定或约定不明的，由合伙人协商决定，协商不成的，按照出资比例分配。合伙协议不得约定将全部利润分配给部分合伙人或者由部分合伙人承担全部亏损。第二，管理企业的权利。具体包括：执行权。合伙人对执行合伙事务享有同等的权利，可以分别执行合伙企业事务，也可按照合伙协议的约定或者经全体合伙人决定，委托一个或者数个合伙人对外代表合伙企业，执行合伙事务，还可以聘用合伙人以外的其他人执行企业事务。第三，监督权。由一个或者数个合伙人执行合伙事务的，其他合伙人不再执行合伙事务，但有权监督执行事务合伙人执行合伙事务的情况；执行事务合伙人应当定期向其他合伙人报告事务执行情况以及合伙企业的经营和财务状况。第四，异议权。合伙人分别执行合伙事务的，执行事务合伙人可以对其他合伙人执行的事务提出异议。提出异议时，应当暂停该项事务的执行。受委托执行合伙事务的合伙人不按照合伙协议或者全体合伙人的决定执行事务的，其他合伙人可以决定撤销该委托。第五，知情权。合伙企业应当依照法律、行政法规的规定建立企业财务、会计制度。合伙人为了解合伙企业的经营状况和财务状况，有权查阅合伙企业会计账簿等财务资料。第六，转让财产的权利。合伙人之间在转让合伙企业中的全部或者部分财产份额时，应当通知其他合伙人。合伙人向合伙人以外的人转让其在合伙企业中的财产份额，须经其他合伙人一致同意，而且在同等条件下，其他合伙人有优先购买权。

(3) 普通合伙人的义务。普通合伙人主要承担如下几种义务：第一，出资的义务。合伙人应当在合伙企业成立时完成出资，有关出资方式、期限等具体情况要记录在合伙协议中。不允许出现合伙人只挂名，没有实际出资的情况。第二，亏损分担的义务。合伙人对合伙企业债务承担无限连带责任，合伙人之间还应有亏损分担的具体办法，主要依据合伙协议的约定。如果合伙协议没有约定或约定不明，合伙人应协商决定；协商不成的，按照出资比例分担。普通合伙人由于承担无限连带责任，清偿数额超过其亏损分担比例的，有权向其他合伙人追偿。第三，竞业禁止的义务。合伙人不得自营或者同他人合作经营与本企业相竞争的业务。至于能否同本企业进行交易，则需要其他合伙人的一致同意。

2. 有限合伙人

(1) 有限合伙人的概念。有限合伙人是指仅以出资为限对合伙企业债务承担有限责任的合伙人。与普通合伙人对合伙企业债务承担无限连带责任相比，有限合伙人的责任具体明确，投资风险更加可控。这样规定，可以鼓励更多的人投资合伙企业，发展壮大合伙企业。

(2) 有限合伙人的权利与义务。在一个合伙企业里，有的合伙人承担无限连带责任，有的却只承担有限责任，为了平衡他们之间的利益，法律对有限合伙人的权利也作了相应的限制，这是权利与义务相对等的体现，也是风险与回报相对等的体现。

与普通合伙人的权利与义务相比较，有限合伙人主要有以下几点不同：第一，出资方式的差别。普通合伙人可以以劳务作出资，有限合伙人不能以劳务作出资。之所以不能以劳务为出资，主要是因为劳务是一种不易客观度量其价值的财产。如果价值不能确定，责任限额就不易确定。第二，管理权利的限制。有限合伙人不能执行合伙企业事务，也不能对外代表有限合伙企业。第三，关联交易和竞业许可。有限合伙人不仅可以同本企业进行交易，还可以自营或同他人合作经营与本企业相竞争的业务。合伙协议另有约定的除外。投资人同本企业交易属于关联交易，关联交易最大的问题就是如何能保证这种交易的公平性。因为投资人和企业的利益有可能出现冲突，甚至有可能出现投资人借关联交易之名，行掏空企业资产之实。允许投资人可以同本企业直接竞争更是竞争之大忌，合伙企业的秘密如何不会被有限合伙人利用？其实，法律之所以允许有限合伙人可以进行关联交易和直接竞争，主要是因为有限合伙人不能执行合伙企业事务，有限合伙人要想进行关联交易，必须经过其他合伙人尤其是普通合伙人的同意，交易过程也会受到他们的监督，从这一点也可以看出，有限合伙人对于企业的最大贡献就是资金。第四，财产处置的不同。有限合伙人可以将其在有限合伙企业中的财产份额出质；但是，合伙协议另有约定的除外。有限合伙人可以按照合伙协议的约定向合伙人以外的人转让其在有限合伙企业中的财产份额，但应当提前三十日通知其他合伙人。有限合伙人的自有财产不足清偿其与合伙企业无关的债务的，该合伙人可以其从有限合伙企业中分取的收益用于清偿；债权人也可以依法请求人民法院强制执行该合伙人在有限合伙企业中的财产份额用于清偿。人民法院强制执行有限合伙人的财产份额时，应当通知全体合伙人。在同等条件下，其他合伙人有优先购买权。

普通合伙人和有限合伙人之间是可以相互转变的，但是应当经全体合伙人一致同意。有限合伙人转变为普通合伙人的，对其作为有限合伙人期间有限合伙企业发生的债务承担无限连带责任。普通合伙人转变为有限合伙人的，对其作为普通合伙人期间合伙企业发生的债务承担无限连带责任。

2.2.3 普通合伙企业

全部合伙人都是普通合伙人的就是普通合伙企业。普通合伙企业中合伙人共同出资，共同经营，共担风险，共享收益。

1. 普通合伙企业的设立条件

设立普通合伙企业，应当具备下列条件：

（1）有两个以上合伙人，且均为普通合伙人。国有独资公司、国有企业、上市公司以及公益性的事业单位、社会团体不得成为普通合伙人。

（2）有书面合伙协议，合伙协议应当载明下列事项：

合伙企业的名称和主要经营场所的地点；合伙目的和合伙经营范围；合伙人的姓名或者名称、住所；合伙人的出资方式、数额和缴付期限；利润分配、亏损分担方式；合伙事务的执行；入伙与退伙；争议解决办法；合伙企业的解散与清算；违约责任。

合伙协议经全体合伙人签名、盖章后生效。修改或者补充合伙协议，应当经全体合伙人一致同意；但是，合伙协议另有约定的除外。

合伙协议未约定或者约定不明确的事项，由合伙人协商决定；协商不成的，依照法律和其他有关法律、行政法规的规定处理。

（3）有合伙人认缴或者实际缴付的出资，合伙人的出资额度并没有明确的规定，出资方式，可以是认缴也可以是实缴，出资形式，可以是货币、实物、知识产权、土地使用权或其他财产，还可以劳务作为出资。

（4）有合伙企业的名称和生产经营场所，合伙企业名称中应当标明"普通合伙"字样。

（5）法律、行政法规规定的其他条件。

2. 普通合伙企业的设立程序

申请设立合伙企业，应当向企业登记机关提交登记申请书、合伙协议书、合伙人身份证明等文件。合伙企业的经营范围中有属于法律、行政法规规定在登记前须经批准的项目的，该项经营业务应当依法经过批准，并在登记时提交批准文件。申请人提交的登记申请材料齐全、符合法定形式，企业登记机关能够当场登记的，应予当场登记，发给营业执照。不能当场登记的，企业登记机关应当自受理申请之日起二十日内，作出是否登记的决定。予以登记的，发给营业执照；不予登记的，应当给予书面答复，并说明理由。合伙企业的营业执照签发日期，为合伙企业成立日期。合伙企业领取营业执照前，合伙人不得以合伙企业名义从事合伙业务。合伙企业设立分支机构，应当向分支机构所在地的企业登记机关申请登记，领取营业执照。合伙企业登记事项发生变更的，执行合伙事务的合伙人应当自作出变更决定或者发生变更事由之日起十五日内，向企业登记机关申请办理变更登记。

3. 普通合伙企业的财产

普通合伙企业的财产来源于合伙人的出资、以合伙企业名义取得的收益和依法取得的其他财产，如他人的赠送、奖励等。合伙人按照合伙协议的约定或者经全体合伙人决定，可以增加或者减少对合伙企业的出资。普通合伙企业的财产名义上属于企业，实际上是全体

合伙人共同所有,具体的比例可根据合伙协议的约定或是按份共有,或是共同共有。

合伙人在合伙企业清算前,不得请求分割合伙企业的财产。合伙人在合伙企业清算前私自转移或者处分合伙企业财产的,合伙企业不得以此对抗善意第三人。除合伙协议另有约定外,合伙人向合伙人以外的人转让其在合伙企业中的全部或者部分财产份额时,须经其他合伙人一致同意,在同等条件下,其他合伙人有优先购买权。合伙人之间转让在合伙企业中的全部或者部分财产份额时,应当通知其他合伙人。合伙人以其在合伙企业中的财产份额出质的,须经其他合伙人一致同意。未经其他合伙人一致同意,其行为无效,由此给善意第三人造成损失的,由行为人依法承担赔偿责任。

合伙企业的利润分配、亏损分担,按照合伙协议的约定办理;合伙协议未约定或者约定不明确的,由合伙人协商决定;协商不成的,由合伙人按照实缴出资比例分配、分担;无法确定出资比例的,由合伙人平均分配、分担。合伙协议不得约定将全部利润分配给部分合伙人或者由部分合伙人承担全部亏损。

4. 普通合伙企业事务的执行

执行合伙企业事务是指为实现合伙企业的目的而从事的各项活动包括决策和执行。执行合伙企业事务的方式有分别执行、委托执行以及聘任执行。分别执行是指按照合伙协议的约定,合伙人分别代表合伙企业,执行合伙企业事务。合伙人对执行合伙事务享有同等的权利。委托执行是指按照合伙协议的约定或者经全体合伙人决定,可以委托一个或者数个合伙人对外代表合伙企业,执行合伙事务,其他合伙人不再执行合伙事务。不执行合伙事务的合伙人有权监督执行事务合伙人执行合伙事务的情况。作为合伙人的法人、其他组织执行合伙企业事务的,由其委派的代表执行。聘任执行是指合伙企业聘用合伙人以外的人执行合伙企业事务。被聘任的合伙企业的经营管理人员应当在合伙企业授权范围内履行职务。超越合伙企业授权范围履行职务,或者在履行职务过程中因故意或者重大过失给合伙企业造成损失的,依法承担赔偿责任。合伙人对合伙企业有关事项作出决议,按照合伙协议约定的表决办法办理。合伙协议未约定或者约定不明确的,实行合伙人一人一票并经全体合伙人过半数通过的表决办法。

除合伙协议另有约定外,合伙企业的下列事项应当经全体合伙人一致同意:

(1) 改变合伙企业的名称。

(2) 改变合伙企业的经营范围、主要经营场所的地点。

(3) 处分合伙企业的不动产。

(4) 转让或者处分合伙企业的知识产权和其他财产权利。

(5) 以合伙企业名义为他人提供担保。

(6) 聘任合伙人以外的人担任合伙企业的经营管理人员。

5. 普通合伙企业与第三人关系

第三人是指与合伙企业存在债权债务关系的自然人、法人或其他组织。

善意第三人。合伙企业对合伙人执行合伙事务以及对外代表合伙企业权利的限制,不得对抗善意第三人。这里的"善意第三人"是指依据习惯或法律的规定,不知道或不应当知道事情真相的自然人、法人或其他组织。做生意有做生意的习惯,比如和合伙企业做生意,上来就要别人出示各种证件,甚至指名道姓地要求提供合伙协议,加以验证,此举就不太符合交易习惯,会给人留下不好的印象,影响生意的成败。所以合伙企业内部的权利划分,只在内部有效,对于不知情的第三人是没有效力的。

6. 债务偿还

合伙企业对其债务,应先以其全部财产进行清偿,不足部分由合伙人承担无限连带责任。合伙人由于承担无限连带责任,清偿数额超过其事先约定的亏损分担比例的,有权向其他合伙人追偿。合伙企业不能清偿到期债务的,债权人可以依法向人民法院提出破产清算申请,也可以要求普通合伙人清偿。

合伙企业依法被宣告破产的,普通合伙人对合伙企业债务仍应承担无限连带责任。合伙人的个人债务应与企业债务严格区分。如果第三人既是某个合伙人的债权人,又是合伙企业的债务人,则该第三人不得以个人债权抵销其对合伙企业的债务;也不得以拥有合伙人个人债权为理由,取代合伙人行使合伙人在合伙企业中的权利。合伙人的自有财产不足清偿个人债务的,该合伙人可以以其从合伙企业中分取的收益用于清偿;债权人也可以依法请求人民法院强制执行该合伙人在合伙企业中的财产份额用于清偿。人民法院强制执行合伙人的财产份额时,应当通知全体合伙人,其他合伙人有优先购买权;其他合伙人未购买,又不同意将该财产份额转让给他人的,该合伙人可以退伙,或者减少该合伙人相应财产份额。

2.2.4 特殊的普通合伙企业

特殊的普通合伙企业是指一个合伙人或者数个合伙人在执业活动中因故意或者重大过失造成合伙企业债务的,应当承担无限责任或者无限连带责任,其他合伙人以其在合伙企业中的财产份额为限承担责任的合伙企业。以专业知识和专门技能为客户提供有偿服务的专业服务机构,可以设立为特殊的普通合伙企业,如律师事务所、会计师事务所等。

特殊的普通合伙企业合伙人是普通合伙人,本质上还是普通合伙企业。其特殊之处在于:

(1) 因故意或者重大过失造成合伙企业债务的合伙人,承担无限责任或者无限连带责任;其他合伙人以其在合伙企业中的财产份额为限承担责任。合伙人在执业活动中非因故意或者重大过失造成的合伙企业债务以及合伙企业的其他债务,由全体合伙人承担无限连带责任。

(2) 企业的设立条件与普通合伙企业基本一致,但是对合伙人多了执业资格的要求,以及应当在企业名称中标明"特殊普通合伙"字样。

(3) 针对企业经营风险的不确定性,减轻合伙人的职业压力,特殊的普通合伙企业应当建立执业风险基金,办理职业保险。执业风险基金用于偿付合伙人执业活动造成的债务。

2.2.5 有限合伙企业

有限合伙企业是指由普通合伙人和有限合伙人组成的合伙企业。

1. 有限合伙企业的设立条件

有限合伙企业的设立条件与普通合伙企业基本一致,区别在于:

第一,有限合伙企业由两个以上五十个以下合伙人设立,其中应当至少有一个普通合伙人。

第二,合伙协议除了记载前述事项外,还应载明下列事项:①普通合伙人和有限合伙人的姓名或者名称、住所;②执行事务合伙人应具备的条件和选择程序;③执行事务合伙人权限与违约处理办法;④执行事务合伙人的除名条件和更换程序;⑤有限合伙人入伙、退伙的条件、程序以及相关责任;⑥有限合伙人和普通合伙人相互转变程序。

第三,有限合伙人的出资方式和普通合伙人相比,除了劳务,其他方式和普通合伙人是一致的。

第四,企业名称中应当标明"有限合伙"字样。有限合伙企业登记事项中应当载明有限合伙人的姓名或者名称及认缴的出资数额。

2. 有限合伙企业事务的执行

有限合伙企业由普通合伙人执行合伙事务。有限合伙人不执行合伙事务,也不得对外代表有限合伙企业。

有限合伙人的下列行为,不视为执行合伙事务:

(1) 参与决定普通合伙人入伙、退伙。

(2) 对企业的经营管理提出建议。

(3) 参与选择承办有限合伙企业审计业务的会计师事务所。

(4) 获取经审计的有限合伙企业财务会计报告。

(5) 对涉及自身利益的情况,查阅有限合伙企业财务会计账簿等财务资料。

(6) 在有限合伙企业中的利益受到侵害时,向有责任的合伙人主张权利或者提起诉讼。

(7) 执行事务合伙人怠于行使权利时,督促其行使权利或者为了本企业的利益以自己的名义提起诉讼。

(8) 依法为本企业提供担保。

第三人有理由相信有限合伙人为普通合伙人并与其交易的,该有限合伙人对该笔交易承担与普通合伙人同样的责任。有限合伙人未经授权以有限合伙企业名义与他人进行交易,给有限合伙企业或者其他合伙人造成损失的,该有限合伙人应当承担赔偿责任。

2.2.6 入伙与退伙

1. 入伙

入伙是指投资人加入合伙企业成为新合伙人。合伙企业的成立和经营,除了需要资金以外,合伙人之间的相互依靠和制约是必不可少的,尤其是普通合伙人,需要承担无限连带责任,更需要合伙人之间的信任。这种信任关系对于合伙企业是有利的,方便合伙企业的成立和经营管理;但是另一方面,也会限制合伙企业的发展。如果合伙企业发展要扩大资本金,除了由合伙人追加投资,还可以引入新的投资人。

(1) 入伙的原因。携资入伙,新的投资人经原合伙人一致同意后加入合伙企业,成为新合伙人。受让入伙,合伙人以外的人依法受让合伙人在合伙企业中的财产份额的,可以成为合伙企业的新合伙人。继承入伙,合伙人死亡或者被依法宣告死亡的,该合伙人的继承人,按照合伙协议的约定或者经全体合伙人一致同意,从继承开始之日起,取得该合伙企业的合伙人资格。

(2) 入伙的效力。入伙前,原合伙人应当向新合伙人如实告知企业的经营状况和财务状况,特别是企业负债状况,由新合伙人自己决定是否入伙。如果决定入伙,应当经原全体合伙人一致同意,并依法订立书面入伙协议。入伙的新合伙人与原合伙人享有同等权利,承担同等责任。新入伙的普通合伙人对入伙前合伙企业的债务承担无限连带责任;新入伙的有限合伙人对入伙前合伙企业的债务,以其认缴的出资额为限承担责任。

2. 退伙

退伙是指合伙人离开合伙企业。

(1) 退伙的原因。合伙人退出企业原因有很多,归纳起来,主要有以下三类:第一,自愿退伙是指合伙人自愿退出合伙企业。包括:合伙协议约定的退伙事由出现;经全体合伙人一致同意;发生合伙人难以继续参加合伙的事由;其他合伙人严重违反合伙协议约定的义务。第二,法定退伙是指合伙人根据客观事实,依据法律的规定退出合伙企业。包括:合伙人是自然人,死亡或者被依法宣告死亡;个人丧失偿债能力;合伙人是法人或者其他组织,依法被吊销营业执照、责令关闭、撤销,或者被宣告破产;法律规定或者合伙协议约定合伙人必须具有相关资格而丧失该资格;合伙人在合伙企业中的全部财产份额被人民法院强制执行;普通合伙人被依法认定为无民事行为能力人或者限制民事行为能力人的,经其他合伙人一致同意,可以依法转为有限合伙人,普通合伙企业依法转为有限合伙企业。其他合伙人未能一致同意的,该无民事行为能力或者限制民事行为能力的合伙人退伙。有限合伙人在合伙企业存续期间丧失民事行为能力的,其他合伙人不得因此要求其退伙。第三,除名退伙。经其他合伙人一致同意,可以决议将某个合伙人除名。包括:未履行出资义务;因故意或者重大过失给合伙企业造成损失;执行合伙事务时有不正当行为;发生合伙协议约定的事由。

(2) 退伙生效的时间。自愿退伙中,如果合伙协议约定合伙期限的,在合伙企业存续期间,条件成就的,合伙人即可以退伙;如果合伙协议未约定合伙期限的,合伙人在不给合伙企业事务执行造成不利影响的情况下,即可以退伙,但应当提前三十日通知其他合伙人。法定退伙中,退伙事由实际发生之日即为退伙生效之日。除名退伙中,对合伙人的除名决议应当书面通知被除名人,被除名人接到除名通知之日,即为退伙之日。如果被除名人对除名决议有异议的,可以自接到除名通知之日起三十日内,向人民法院起诉。有限合伙企业仅剩有限合伙人的,应当解散;有限合伙企业仅剩普通合伙人的,转为普通合伙企业。

(3) 退伙的效力。①财产退还。合伙人退伙,其他合伙人应当与该退伙人按照退伙时的合伙企业财产状况进行结算,退还退伙人的财产份额。退伙人对给合伙企业造成的损失负有赔偿责任的,相应扣减其应当赔偿的数额。退伙时有未了结的合伙企业事务的,待该事务了结后进行结算。退伙人在合伙企业中财产份额的退还办法,由合伙协议约定或者由全体合伙人决定,可以退还货币,也可以退还实物。②债务清偿。普通合伙人退伙后,对基于其退伙前的原因发生的合伙企业债务,承担无限连带责任。合伙人退伙时,合伙企业财产少于合伙企业债务的,退伙人应当依法分担亏损。有限合伙人退伙后,对基于其退伙前的原因发生的有限合伙企业债务,以其退伙时从有限合伙企业中取回的财产承担责任。

2.2.7 合伙企业的解散和清算

1. 合伙企业的解散

合伙企业有下列情形之一的,应当解散:合伙期限届满,合伙人决定不再经营;合伙协

议约定的解散事由出现;全体合伙人决定解散;合伙人已不具备法定人数满 30 人;合伙协议约定的合伙目的已经实现或者无法实现;依法被吊销营业执照、责令关闭或者被撤销;法律、行政法规规定的其他原因。

2. 合伙企业的清算

合伙企业决定解散后,应依照法定程序清偿合伙企业的债权债务,处理合伙企业剩余财产。清算期间,合伙企业存续,但不得开展与清算无关的经营活动。

合伙企业解散,应当由清算人进行清算。清算人由全体合伙人担任;经全体合伙人过半数同意,可以自合伙企业解散事由出现后十五日内指定一个或者数个合伙人,或者委托第三人担任清算人。自合伙企业解散事由出现之日起十五日内未确定清算人的,合伙人或者其他利害关系人可以申请人民法院指定清算人。清算人在清算期间执行下列事务:

(1) 清理合伙企业财产,分别编制资产负债表和财产清单。
(2) 处理与清算有关的合伙企业未了结事务。
(3) 清缴所欠税款。
(4) 清理债权、债务。
(5) 处理合伙企业清偿债务后的剩余财产。
(6) 代表合伙企业参加诉讼或者仲裁活动。

清算人自被确定之日起十日内将合伙企业解散事项通知债权人,并于六十日内在报纸上公告。债权人应当自接到通知书之日起三十日内,未接到通知书的自公告之日起四十五日内,向清算人申报债权。债权人申报债权,应当说明债权的有关事项,并提供证明材料。清算人应当对债权进行登记。

合伙企业财产在支付清算费用和职工工资、社会保险费用、法定补偿金以及缴纳所欠税款、清偿债务后的剩余财产,依照合伙协议的约定进行分配。清算结束,清算人应当编制清算报告,经全体合伙人签名、盖章后,在十五日内向企业登记机关报送清算报告,申请办理合伙企业注销登记。合伙企业注销后,原普通合伙人对合伙企业存续期间的债务仍应承担无限连带责任。

 思考题

1. 个人独资企业的设立条件有哪些?
2. 个人独资企业与个体户有哪些相同点和不同点?
3. 个人独资企业解散的原因是什么?
4. 个人独资企业财产清偿顺序是什么?
5. 合伙企业的类型有哪些?
6. 普通合伙企业和有限合伙企业有什么区别?
7. 特殊的普通合伙企业的特殊之处在哪里?
8. 入伙和退伙的法律后果有哪些?

第3章 公司法

法人财产权　股东　股东会　董事会　监事会　有限责任公司　股份有限公司

3.1 公司概述

3.1.1 公司的概念与公司立法

公司是依法设立的,以营利为目的的企业法人。《中华人民共和国公司法》(以下简称《公司法》)是 1993 年 12 月 29 日由第八届全国人民代表大会常务委员会第五次会议通过。1999 年 12 月 25 日,第九届全国人民代表大会常务委员会第十三次会议对其进行了第一次修正。2004 年 8 月 28 日,第十届全国人民代表大会常务委员会第十一次会议又做了第二次修正。2005 年 10 月 27 日,第十届全国人民代表大会常务委员会第十八次会议进行了修订。2013 年 12 月 28 日第十二届全国人民代表大会常务委员会第六次会议进行了第三次修正,第十三届全国人民代表大会常务委员会第六次会议对《公司法》予以第四次修正,自 2018 年 10 月 26 日施行。此次修正主要对公司法有关资本制度的规定进行修改完善,对股份回购特别是上市公司的股份回购进行了具体规定,赋予公司更多自主权,有利于促进完善公司治理、推动资本市场稳定健康发展。

3.1.2 公司的分类

公司按照不同的标准可以分为不同的类型:

(1) 按照公司资本是否被分为若干等份,分为有限责任公司和股份有限公司。股份有限公司是指公司的全部资产被划分为若干等份,股东通过认购的股份对公司承担有限责任的公司。有限责任公司则没有将资产等分这一过程,股东直接以其认缴的出资对公司承担有限责任。我国《公司法》规定的公司形式就是这两种。

(2) 按照公司之间的控制关系,分为母公司和子公司。母公司是指对其他公司拥有全部股份或控股权的公司。相应的,全部投资来源于另外一个公司或控股权掌握在另一个公司的公司即是子公司。母公司和子公司都是法人,都能独立承担责任。设立子公司的目的,

是可以为母公司拓展投资渠道,降低母公司的经营风险。

(3) 按照公司注册地不同,分为本国公司和外国公司。在我国境内注册成立的公司是本国公司;注册地在境外的是外国公司。一般情况下,外国公司享有国民待遇,和本国公司在投资、税收等方面没有不同,只是在某些特殊的行业,外国公司是受到不同程度的限制。需要注意的是,外国公司在我国境内注册设立公司,在其他国家也设立公司,我们称之为跨国公司。跨国公司是国际贸易的主体之一,通常都是规模较大的公司,跨国公司主要受到其母公司的控制,但也要遵守东道国国家的法律。

3.2 公司的设立

3.2.1 发起人

发起人是指为设立公司而签署公司章程、向公司认购出资或者股份并履行公司设立职责的人,包括有限责任公司设立时的股东。发起人与股东是两个重要而又不能混淆的概念。如果把公司从筹划到最后终结看作是一个坐标轴,公司的成立是一个重要的节点,而发起人和股东的差别就从这一节点开始。公司成立之前,为设立公司进行筹划并签署公司章程、向公司认购出资或者股份并履行公司设立职责的人,是公司的发起人。公司成立后,这些发起人的身份就变为公司的股东。称谓的不同,意味着权利和义务的不同。在公司设立阶段,发起人承担的是无限连带责任;在公司成立之后,股东承担的是有限责任。

3.2.2 注册资本

注册资本是公司成立时全体发起人缴纳的出资总额。出资的形式比较多样,除了法律、行政法规规定不得作为出资的财产除外,可以用货币,也可以用实物、知识产权、土地使用权等可以用货币估价并可以依法转让的非货币财产作价出。对于非货币财产要注意:一是应对其评估作价,核实财产,不得高估或者低估作价;二是应当依法办理其财产权的转移手续。

缴纳方式有认缴和实缴之分。认缴是认同缴纳,是发起人在公司成立前承诺缴纳若干出资。认缴的出资必须在公司成立之后的法定期限内缴纳完毕。实缴是发起人在公司成立前实际缴纳的出资。对于有限责任公司来说,注册资本是公司成立时全体发起人认缴的出资总额;对于股份有限公司来说,注册资本是公司成立时发起人认购或实缴的股本总额。缴纳注册资本是公司设立必须履行的一道手续,表明投资人有投资的实际行动,也表明公司确有自己名下的独立财产。

注册资本可以增加也可以减少,但是公司成立后股东不得抽逃出资。各国法律对公司注册资本缴纳多少、如何缴纳的规定不尽相同。有些国家和地区奉行公司的自由设立原则,对于注册资本没有最低限额,甚至一元钱也可以注册。我国采用的是公司核准设立原则,即只要符合法律规定的条件,即可注册成立公司。除法律有特别规定的情况外,《公司法》对注册资本没有最低限额的规定,只要有发起人认缴或实缴的出资即可。这种规定极大地减轻了公司创设的成本压力,提高了公司资金的流动性,刺激了投资,对鼓励创业、刺激经济发展不无裨益。

3.2.3 公司的章程

公司章程是公司的宪法,是由全体股东共同拟定并签署的关于公司组织及活动基本规则的书面协议,是股东的共同意志的体现,是公司成立的基础,是公司自治的主要依据。

有限责任公司的章程主要包括以下内容:①公司名称和住所;②公司经营范围;③公司注册资本;④股东的姓名或者名称;⑤股东的出资方式、出资额和出资时间;⑥公司的机构及其产生办法、职权、议事规则;⑦公司法定代表人;⑧股东会会议认为需要规定的其他事项。

股份有限公司的章程主要包括以下内容:①公司名称和住所;②公司经营范围;③公司设立方式;④公司股份总数、每股金额和注册资本;⑤发起人的姓名或者名称、认购的股份数、出资方式和出资时间;⑥董事会的组成、职权和议事规则;⑦公司法定代表人;⑧监事会的组成、职权和议事规则;⑨公司利润分配办法;⑩公司的解散事由与清算办法;⑪公司的通知和公告办法;⑫股东会会议认为需要规定的其他事项。

3.2.4 有限责任公司的设立条件

股东符合法定人数,设立有限责任公司。设立有限责任公司应当具备下列条件:

(1) 股东符合法定人数。股东人数要求在50人以下。
(2) 有股东共同制定的公司章程。
(3) 有符合公司章程规定的全体股东认缴的出资额。
(4) 有公司名称,建立符合有限责任公司要求的组织机构。
(5) 有公司住所。

股东认足公司章程规定的出资后,由全体股东指定的代表或者共同委托的代理人向公司登记机关报送公司登记申请书、公司章程等文件,申请设立登记。

3.2.5 股份有限公司的设立条件

相对于有限责任公司,股份有限公司的设立条件较为复杂。股份有限公司的设立模式有两种:一为发起设立,二是募集设立。发起设立是指由发起人认购公司应发行的全部股份而设立公司。募集设立是指由发起人认购公司应发行股份的一部分,其余股份向社会公开募集或者向特定对象募集而设立公司。

(1) 发起人符合法定人数。设立股份有限公司,应当有两人以上二百人以下的发起人,其中须有半数以上的发起人在中国境内有住所。发起人需要承担公司筹办事务,具体的权利和义务由发起人签订的发起人协议约定。

(2) 有符合公司章程规定的全体发起人认购的股本总额或者募集的实收股本总额。其中,以募集设立方式设立股份有限公司的,发起人认购的股份不得少于公司股份总数的百分之三十五。

(3) 股份发行、筹办事项符合《公司法》及其他法律的规定。例如,发起人向社会公开募集股份,应当由依法设立的证券公司承销。

(4) 发起人制订公司章程,采用募集方式设立的股份有限公司章程需要经创立大会通过。

(5) 有公司名称,建立符合股份有限公司要求的组织机构。

(6) 有公司住所。

3.3 公司的组织机构

3.3.1 有限责任公司的组织机构

有限责任公司设置有股东会、董事会、监事会和经理。

1. 股东会

股东会是股东集中行使表决权,决定公司重大事项的组织形式。股东会是公司的最高权力机关。董事会和监事会都要对股东会负责。

(1) 股东会的职权。决定公司的经营方针和投资计划;选举和更换非由职工代表担任的董事、监事,决定有关董事、监事的报酬事项;审议批准董事会的报告;审议批准监事会或者监事的报告;审议批准公司的年度财务预算方案、决算方案;审议批准公司的利润分配方案和弥补亏损方案;对公司增加或者减少注册资本作出决议;对发行公司债券作出决议;对公司合并、分立、解散、清算或者变更公司形式作出决议;修改公司章程;公司章程规定的其他职权。

(2) 股东会的召开。召开股东会的目的是履行股东会的职权,如果全体股东对前述股东会审议事项以书面形式一致表示同意的,可以不召开股东会会议,直接作出决定,并由全体股东在决定文件上签名、盖章。股东会可以分为定期会议和不定期会议。定期会议应当依照公司章程的规定按时召开。代表十分之一以上表决权的股东,三分之一以上的董事,监事会或者不设监事会的公司的监事提议召开临时会议的,应当召开临时会议。

有限责任公司设立董事会的,股东会会议由董事会召集,董事长主持;董事长不能履行职务或者不履行职务的,由副董事长主持;副董事长不能履行职务或者不履行职务的,由半数以上董事共同推举一名董事主持。有限责任公司不设董事会的,股东会会议由执行董事召集和主持。董事会或者执行董事不能履行或者不履行召集股东会会议职责的,由监事会或者不设监事会的公司的监事召集和主持;监事会或者监事不召集和主持的,代表十分之一以上表决权的股东可以自行召集和主持。召开股东会会议,应当于会议召开十五日前通知全体股东;但是,公司章程另有规定或者全体股东另有约定的除外。股东会应当对所议事项的决定作成会议记录,出席会议的股东应当在会议记录上签名。

(3) 股东会的议事规则。股东会的议事规则,采用多数股权制,也即按照出资比例行使表决权,除非公司章程另有规定。一般事项过半数即可,重大事项如修改公司章程、增加或者减少注册资本的决议,以及公司合并、分立、解散或者变更公司形式等,则需要过三分之二的多数才能通过。

2. 董事会

股东会虽然是公司的最高权力机关,但并不是公司的常设机构。股东会只有决策权,股东会通过的决议最初是由董事会提出的,最后还要靠董事会来落实,所以董事会是最高执行机关。

董事会一般由股东会选出的董事组成,董事可以是股东,也可以是股东委托的代表。有限责任公司董事会人数在三至十三人。董事会设董事长一人,可以设副董事长。董事任期由公司章程规定,但每届任期不得超过3年。董事任期届满,可以连选连任。董事任期届满未及时改选,或者董事在任期内辞职导致董事会成员低于法定人数的,在改选出的董事就任前,原董事仍应当依照法律、行政法规和公司章程的规定,履行董事职务。

董事任期届满前被股东会或者股东大会有效决议解除职务,其主张解除不发生法律效力的,人民法院不予支持。董事职务被解除后,因补偿与公司发生纠纷提起诉讼的,人民法院应当依据法律、行政法规、公司章程的规定或者合同的约定,综合考虑解除的原因、剩余任期、董事薪酬等因素,确定是否补偿以及补偿的合理数额。

股东人数较少或者规模较小的有限责任公司,可以设一名执行董事,不设董事会。执行董事可以兼任公司经理。

董事会的职权重大,具体包括:召集股东会会议,并向股东会报告工作;执行股东会的决议;决定公司的经营计划和投资方案;制订公司的年度财务预算方案、决算方案;制订公司的利润分配方案和弥补亏损方案;制订公司增加或者减少注册资本以及发行公司债券的方案;制订公司合并、分立、解散或者变更公司形式的方案;决定公司内部管理机构的设置;决定聘任或者解聘公司经理及其报酬事项,并根据经理的提名决定聘任或者解聘公司副经理、财务负责人及其报酬事项;制定公司的基本管理制度;公司章程规定的其他职权。

董事会会议由董事长召集和主持;董事长不能履行职务或者不履行职务的,由副董事长召集和主持;副董事长不能履行职务或者不履行职务的,由半数以上董事共同推举一名董事召集和主持。董事会决议的表决,实行一人一票。

3. 监事会

有限责任公司设监事会,其成员不得少于三人,其中职工代表的比例不得低于三分之一。股东人数较少或者规模较小的有限责任公司,可以设一至两名监事,不设监事会。监事会设主席一人,由全体监事过半数选举产生。监事会主席召集和主持监事会会议;监事会主席不能履行职务或者不履行职务的,由半数以上监事共同推举一名监事召集和主持监事会会议。

监事的任期每届为3年。监事任期届满,可以连选连任。监事任期届满未及时改选,或者监事在任期内辞职导致监事会成员低于法定人数的,在改选出的监事就任前,原监事仍应当依照法律、行政法规和公司章程的规定,履行监事职务。董事、高级管理人员不得兼任监事。监事会或监事对股东会负责。

监事会或监事行使下列职权:检查公司财务;对董事、高级管理人员执行公司职务的行为进行监督,对违反法律、行政法规、公司章程或者股东会决议的董事、高级管理人员提出罢免的建议;当董事、高级管理人员的行为损害公司的利益时,要求董事、高级管理人员予以纠正;提议召开临时股东会会议,在董事会不履行法律规定的召集和主持股东会会议职责时召集和主持股东会会议;向股东会会议提出提案;对违法的董事、高级管理人员提起诉讼;公司章程规定的其他职权。

监事可以列席董事会会议,并对董事会决议事项提出质询或者建议。监事会、不设监事会的公司的监事发现公司经营情况异常,可以进行调查;必要时,可以聘请会计师事务所等协助其工作,费用由公司承担。监事会每年度至少召开一次会议,监事可以提议召开临时监事会会议。监事会决议应当经半数以上监事通过。监事会、不设监事会的公司的监事行使职权所必需的费用,由公司承担。

4. 经理

有限责任公司可以设经理,由董事会决定聘任或者解聘。经理对董事会负责,行使下列职权:主持公司的生产经营管理工作,组织实施董事会决议;组织实施公司年度经营计划和投资方案;拟订公司内部管理机构设置方案;拟订公司的基本管理制度;制定公司的具体规章;提请聘任或者解聘公司副经理、财务负责人;决定聘任或者解聘除应由董事会决定聘任或者解聘以外的负责管理人员;董事会授予的其他职权。经理列席董事会会议。

3.3.2 股份有限公司的组织机构

股份有限公司机构设置包括股东大会、董事会、监事会和经理。

1. 股东大会

股份有限公司股东大会的职权与有限责任公司相同。

(1) 股东大会的召开。股东大会应当每年召开一次年会。有下列情形之一的,应当在两个月内召开临时股东大会:董事人数不足法律规定人数或者公司章程所定人数的三分之二时;公司未弥补的亏损达实收股本总额三分之一时;单独或者合计持有公司百分之十以上股份的股东请求时;董事会认为必要时;监事会提议召开时;公司章程规定的其他情形。

股东大会会议由董事会召集,董事长主持;董事长不能履行职务或者不履行职务的,由副董事长主持;副董事长不能履行职务或者不履行职务的,由半数以上董事共同推举一名董事主持;董事会不能履行或者不履行召集股东大会会议职责的,监事会应当及时召集和主持;监事会不召集和主持的,连续九十日以上单独或者合计持有公司百分之十以上股份的股东可以自行召集和主持。召开股东大会会议,应当将会议召开的时间、地点和审议的事项于会议召开二十日前通知各股东;临时股东大会应当于会议召开十五日前通知各股东;发行无记名股票的,应当于会议召开三十日前公告会议召开的时间、地点和审议事项。

单独或者合计持有公司百分之三以上股份的股东,可以在股东大会召开十日前提出临时提案并书面提交董事会;董事会应当在收到提案后两日内通知其他股东,并将该临时提案提交股东大会审议。临时提案的内容应当属于股东大会职权范围,并有明确议题和具体决议事项。

股东大会不得对临时股东大会通知中未列明的事项作出决议。无记名股票持有人出席股东大会会议的,应当于会议召开五日前至股东大会闭会时将股票交存于公司。

(2) 股东会的议事规则。股东出席股东大会会议,所持每一股份有一表决权,也即"一股一权"。公司持有的本公司股份没有表决权。股东大会作出决议,必须经出席会议的股东所持表决权过半数通过,没有出席股东大会又没有委托他人代理出席的股东被视为放弃表决权。重大事项如修改公司章程、增加或者减少注册资本,以及公司合并、分立、解散或者变更公司形式,必须经出席会议的股东所持表决权的三分之二以上通过。《公司法》和公司章程规定公司转让、受让重大资产或者对外提供担保等事项必须经股东大会作出决议的,董事会应当及时召集股东大会会议,由股东大会就上述事项进行表决。

股东大会选举董事、监事,可以依照公司章程的规定或者股东大会的决议,实行累积投票制。累积投票制是指股东大会选举董事或者监事时,每一股份拥有与应选董事或者监事人数相同的表决权,股东拥有的表决权可以集中使用。累积投票制主要是为了照顾表决权较少的小股东的利益,制约大股东的权利。股东大会应当对所议事项的决定作成会议记录,主持人、出席会议的董事应当在会议记录上签名。会议记录应当与出席股东的签名册及代理出席的委托书一并保存。

2. 董事会

股份有限公司设董事会,其成员为五至十九人。董事会每年度至少召开两次会议,每次会议应当于会议召开十日前通知全体董事和监事。代表十分之一以上表决权的股东、三分之一以上董事或者监事会,可以提议召开董事会临时会议。董事长应当自接到提议后十日内,召集和主持董事会会议。董事会召开临时会议,可以另定召集董事会的通知方式和通知时限。

董事会会议应有过半数的董事出席方可举行。董事会作出决议,必须经全体董事的过半数通过。董事会决议的表决,实行一人一票。董事应当对董事会的决议承担责任。董事会的决议违反法律、行政法规或者公司章程、股东大会决议,致使公司遭受严重损失的,参与决议的董事对公司负赔偿责任。但经证明在表决时曾表明异议并记载于会议记录的,该董事可以免除责任。

3. 监事会

股份有限公司设监事会,其成员不得少于三人。有关股份有限公司监事会的规定与有限责任公司相同。

4. 经理

股份有限公司设经理,由董事会决定聘任或者解聘。董事会成员可以兼任经理。经理的职权与有限责任公司相同。

5. 上市公司的特别治理

上市公司是指其股票在证券交易所上市交易的股份有限公司。为了维护证券市场的交易公平,法律对上市公司的法人治理要求更加严格。

(1) 增加需要股东大会表决的重大事项。除了原有的规定,上市公司重大资产的变动也属于重大事项,需要经出席会议的股东所持表决权的三分之二以上通过。这是因为公司重大资产的变动,影响公司的经营能力,会对公司股票的走势产生重大影响。

(2) 设立董事会秘书。董事会会议所议事项要制成会议记录由董事签字并保存。上市公司设董事会秘书,专门负责公司股东大会和董事会会议的筹备、文件保管以及公司股东资料的管理,还办理信息披露事务等事宜。董事会秘书是公司高级管理人员,对公司和董事会负责,是公司与证券交易所的指定联络人。董事会秘书可以是专职设立,也可由董事或副经理兼任,但不得由监事兼任。兼任时要区别各自职权。

董事会秘书在履行职责时,有权了解公司的财务和经营情况,参加涉及信息披露的有关会议,查阅涉及信息披露的相关文件,并要求公司有关部门和人员及时提供相关资料和信息。

(3) 设立独立董事。独立董事是指不在公司担任除董事外的其他职务,并与其所受聘的上市公司及其主要股东不存在可能妨碍其进行独立客观判断的关系的董事。独立董事制度的作用:一方面可以为董事会决策提供专业意见,使决策更科学;另一方面可以制约其他董事的权力,维护中小股东的权益。

为强调独立董事的独立性,下列人员不得担任独立董事:在上市公司或者其附属企业任职的人员及其直系亲属、主要社会关系;直接或间接持有上市公司已发行股份百分之一以上或者是上市公司前十名股东中的自然人股东及其直系亲属;在直接或间接持有上市公司已发行股份百分之五以上的股东单位或者在上市公司前五名股东单位任职的人员及其直系亲属;最近1年内曾经具有前三项所列举情形的人员;为上市公司或其附属企业提供财务、法律、咨询等服务的人员;公司章程规定的其他人员;证监会认定的其他人员。独立董事可以在其他上市公司兼任独立董事。

独立董事的特别职权:重大关联交易应由独立董事认可后,提交董事会讨论;独立董事作出判断前,可以聘请中介机构出具独立财务顾问报告,作为其判断的依据;向董事会提议聘用或解聘会计师事务所;向董事会提请召开临时股东大会;提议召开董事会;独立聘请外部审计机构和咨询机构;可以在股东大会召开前公开向股东征集投票权。

独立董事除履行上述职责外,还应当对以下事项向董事会或股东大会发表独立意见:提名、任免董事;聘任或解聘高级管理人员;公司董事、高级管理人员的薪酬;上市公司的股东、实际控制人及其关联企业对上市公司现有或新发生的总额高于三百万元人民币或高于上市公司最近经审计净资产值的百分之五的借款或其他资金往来,以及公司是否采取有效措施回收欠款;独立董事认为可能损害中小股东权益的事项;公司章程规定的其他事项。

3.3.3 公司董事、监事、高级管理人员的资格和义务

1. 公司董事、监事、高级管理人员的资格

有下列情形之一的,不得担任公司的董事、监事、高级管理人员:①无民事行为能力或者限制民事行为能力;②因贪污、贿赂、侵占财产、挪用财产或者破坏社会主义市场经济秩序,被判处刑罚,执行期满未逾5年,或者因犯罪被剥夺政治权利,执行期满未逾5年;③担任破产清算的公司、企业的董事或者厂长、经理,对该公司、企业的破产负有个人责任的,自该公司、企业破产清算完结之日起未逾3年;④担任因违法被吊销营业执照、责令关闭的公司、企业的法定代表人,并负有个人责任的,自该公司、企业被吊销营业执照之日起未逾3年;⑤个人所负数额较大的债务到期未清偿。公司违反前述规定选举、委派董事、监事或者聘任高级管理人员的,该选举、委派或者聘任无效。董事、监事、高级管理人员在任职期间出现前述①所列情形的,公司应当解除其职务。

2. 公司董事、监事、高级管理人员的义务

董事、监事、高级管理人员应当遵守法律、行政法规和公司章程,对公司负有忠实义务和勤勉义务。董事、监事、高级管理人员不得利用职权收受贿赂或者其他非法收入,不得侵占公司

的财产。董事、高级管理人员不得有下列行为：①挪用公司资金；②将公司资金以其个人名义或者以其他个人名义开立账户存储；③违反公司章程的规定，未经股东会、股东大会或者董事会同意，将公司资金借贷给他人或者以公司财产为他人提供担保；④违反公司章程的规定或者未经股东会、股东大会同意，与本公司订立合同或者进行交易；⑤未经股东会或者股东大会同意，利用职务便利为自己或者他人谋取属于公司的商业机会，自营或者为他人经营与所任职公司同类的业务；⑥接受他人与公司交易的佣金归为己有；⑦擅自披露公司秘密；⑧违反对公司忠实义务的其他行为。董事、高级管理人员违反前款规定所得的收入应当归公司所有。

董事、监事、高级管理人员执行公司职务时违反法律、行政法规或者公司章程的规定，给公司造成损失的，应当承担赔偿责任。股东会或者股东大会要求董事、监事、高级管理人员列席会议的，董事、监事、高级管理人员应当列席并接受股东的质询。董事、高级管理人员应当如实向监事会或者不设监事会的有限责任公司的监事提供有关情况和资料，不得妨碍监事会或者监事行使职权。董事、高级管理人员有《公司法》第一百四十九条规定的情形的，有限责任公司的股东、股份有限公司连续一百八十日以上单独或者合计持有公司百分之一以上股份的股东，可以书面请求监事会或者不设监事会的有限责任公司的监事向人民法院提起诉讼；监事有《公司法》第一百四十九条规定的情形的，前述股东可以书面请求董事会或者不设董事会的有限责任公司的执行董事向人民法院提起诉讼。

监事会、不设监事会的有限责任公司的监事，或者董事会、执行董事收到投东书面请求后拒绝提起诉讼，或者自收到请求之日起三十日内未提起诉讼，或者情况紧急、不立即提起诉讼将会使公司利益受到难以弥补的损害的，前款规定的股东有权为了公司的利益以自己的名义直接向人民法院提起诉讼。他人侵犯公司合法权益，给公司造成损失的，股东可以依法向人民法院提起诉讼。董事、高级管理人员违反法律、行政法规或者公司章程的规定，损害股东利益的，股东可以向人民法院提起诉讼。

3.4 特殊的有限责任公司

3.4.1 一人有限责任公司

一人有限责任公司，简称一人公司，是指只有一个自然人股东或者一个法人股东的有限责任公司。

1. 一人公司的特点

第一，股东只有一人，可以是自然人也可以是法人。一个自然人只能投资设立一个一人公司，该一人公司不能投资设立新的一人公司。第二，一人公司不设股东会，也没有董事会，股东本人负责公司事务的决策和执行。

法律允许设立一人公司主要是为了鼓励更多的人投资办企业。有多个股东共同出资设立公司固然可以比较好地解决筹集公司资本的问题，也可以设立规模较大的公司，但是如何平衡股东之间的利益，处理好股东之间的关系，也是个大问题。一人公司只有一个股东，不存在这些问题，对于那些掌握了独有技术或独特经营方式，又不愿与别人分享的投资者特别合适。

2. 一人公司与个人独资企业的比较

一人公司与个人独资企业相比,都允许一个自然人投资,也是由投资人自己管理企业事务。但是两者也有显著的区别,那就是一人公司具有法人资格,投资人承担的是有限责任,而个人独资企业不具有法人资格,投资人承担的是无限责任。一人公司股东自己投资自己经营,缺乏监督,因此法律规定,如果一人公司股东不能证明公司财产独立于股东自己的财产的,应当对公司债务承担连带责任。

3.4.2 国有独资公司

国有独资公司是指国家单独出资、由国务院或者地方人民政府授权本级人民政府国有资产监督管理机构履行出资人职责的有限责任公司。

允许设立国有独资公司,主要是国有企业改制的需要。一部分国有企业因为从事的行业特殊,出于维护国家安全的需要,不允许包括外资在内的其他资本的进入,就只能设立国有独资企业;还有一部分国有企业从事的行业利润较少甚至为负,其他资本不愿进入,也只能设立成国有独资公司的形式。

国有独资公司具有以下几个特点:

(1) 只有一个股东,即国家,具体是国务院或者地方人民政府授权本级人民政府国有资产监督管理机构。

(2) 国有独资公司章程由国有资产监督管理机构制定,或者由董事会制定报国有资产监督管理机构批准。

(3) 国有独资公司不设股东会,由国有资产监督管理机构行使股东会职权。国有资产监督管理机构可以授权公司董事会行使股东会的部分职权,决定公司的重大事项,但公司的合并、分立、解散、增加或者减少注册资本和发行公司债券,必须由国有资产监督管理机构决定;其中,重要的国有独资公司合并、分立、解散、申请破产的,应当由国有资产监督管理机构审核后,报本级人民政府批准。

(4) 国有独资公司设董事会,董事会成员除职工代表外,其他成员由国有资产监督管理机构委派。董事会成员可以兼任经理。

国有独资公司的董事长、副董事长、董事、高级管理人员,未经国有资产监督管理机构同意,不得在其他有限责任公司、股份有限公司或者其他经济组织兼职。

(5) 国有独资公司监事会成员不得少于五人,其中职工代表的比例不得低于三分之一,具体比例由公司章程规定。

监事会成员由国有资产监督管理机构委派;但是,监事会成员中的职工代表由公司职工代表大会选举产生。监事会主席由国有资产监督管理机构从监事会成员中指定。

3.5 公司的利润分配

公司的利润如何分配,既关系着股东的权益,也关系着公司的利益,还关系着社会的利益。

3.5.1 弥补亏损

公司如有亏损,应以利润弥补亏损,充实资本。没有弥补亏损,不得分配股利;利润不足以弥补亏损,也不得分配股利。

3.5.2 提取公积金

公司分配当年税后利润时,应当提取利润的百分之十列入公司法定公积金。公司法定公积金累计额为公司注册资本的百分之五十以上的,可以不再提取。公司的法定公积金不足以弥补以前年度亏损的,在依照前述规定提取法定公积金之前,应当先用当年利润弥补亏损。公司从税后利润中提取法定公积金后,经股东会或者股东大会决议,还可以从税后利润中提取任意公积金。

股份有限公司以超过股票票面金额的发行价格发行股份所得的溢价款以及国务院财政部门规定列入资本公积金的其他收入,应当列为公司资本公积金。公司的公积金用于弥补公司的亏损、扩大公司生产经营或者转为增加公司资本。但是,资本公积金不得用于弥补公司的亏损。法定公积金转为资本时,所留存的该项公积金不得少于转增前公司注册资本的百分之二十五。

3.5.3 分配股利

公司利润用于弥补亏损和提取公积金后还有剩余的,应分配股利。有限责任公司按照实缴的出资比例分配,除非公司章程对股利分配有特别规定;股份有限公司按照股东持有的股份比例分配,除非公司章程规定不按持股比例分配。分配利润的股东会或者股东大会决议作出后,公司应当在决议载明的时间内完成利润分配。决议没有载明时间的,以公司章程规定的为准。决议、章程中均未规定时间或者时间超过一年的,公司应当自决议作出之日起一年内完成利润分配。决议中载明的利润分配完成时间超过公司章程规定时间的,股东可以依据公司法第二十二条第二款规定请求人民法院撤销决议中关于该时间的规定。

股东会、股东大会或者董事会违反法律规定或公司章程,在公司弥补亏损和提取法定公积金之前向股东分配利润的,股东必须将违反规定分配的利润退还公司。

3.6 公司的合并与分立

3.6.1 公司合并

公司合并是指两个或两个以上公司协商合并成为一个公司的行为。公司合并是业务或资产的整合的需要,可以使公司的规模和经营范围迅速扩大。公司合并分为吸收合并或者新设合并。一个公司吸收其他公司为吸收合并,被吸收的公司解散。两个以上公司合并设立一个新的公司为新设合并,合并各方解散。

公司合并,应当由合并各方签订合并协议,并编制资产负债表及财产清单。公司应当自作出合并决议之日起十日内通知债权人,并于三十日内在报纸上公告。债权人自接到通知书之日起三十日内,未接到通知书的自公告之日起四十五日内,可以要求公司清偿债务或者提供相应的担保。公司合并时,合并各方的债权、债务,应当由合并后存续的公司或者新设的公司承继。公司合并后,合并各方的债权、债务,应当由合并后存续的公司或者新设的公司承继。

3.6.2 公司分立

公司分立是指根据公司法的有关规定,通过股东会决议分成两个以上的公司。公司分立有两种基本方式:新设分立和派生分立。新设分立是指将原公司法律主体资格取消而新设两个及以上的具有法人资格的公司。派生分立是指原公司法律主体仍存在,但将其部分业务划出去另设一个或几个新公司。

公司分立,为了偿还债务和分割财产,应当编制资产负债表及财产清单。公司应当自作出分立决议之日起十日内通知债权人,并于三十日内在报纸上公告。公司分立并不会免除应当承担的债务,公司分立前的债务由分立后的公司承担连带责任。但是,公司在分立前与债权人就债务清偿达成的书面协议另有约定的除外。

公司合并或分立都应当依法向公司登记机关办理变更登记。

3.7 公司的增资与减资

公司的增资减资是指在公司经营期间增加或减少注册资本的行为。有限责任公司增加注册资本时,股东认缴新增资本的出资;股份有限公司为增加注册资本发行新股时,股东认购新股。公司需要减少注册资本时,必须编制资产负债表及财产清单。公司应当自作出减少注册资本决议之日起十日内通知债权人,并于三十日内在报纸上公告。债权人自接到通知书之日起三十日内(未接到通知书的自公告之日起四十五日内)有权要求公司清偿债务或者提供相应的担保。公司减资后的注册资本不得低于法定的最低限额。

3.8 公司的解散与清算

3.8.1 公司解散的原因

公司因下列原因解散:
(1) 公司章程规定的营业期限届满或者公司章程规定的其他解散事由出现。
(2) 股东会或者股东大会决议解散。
(3) 因公司合并或者分立需要解散。
(4) 依法被吊销营业执照、责令关闭或者被撤销。
(5) 人民法院依照《公司法》第一百八十三条的规定予以解散。
公司经营管理发生严重困难,继续存续会使股东利益受到重大损失,通过其他途径不能解决的,持有公司全部股东表决权百分之十以上的股东,可以请求人民法院解散公司。

3.8.2　公司清算

有限责任公司的清算组由股东组成,股份有限公司的清算组由董事或者股东大会确定的人员组成。清算组成员应当忠于职守,依法履行清算义务。

清算组在清算期间行使下列职权:
(1) 清理公司财产,分别编制资产负债表和财产清单。
(2) 通知、公告债权人。
(3) 处理与清算有关的公司未了结的业务。
(4) 清缴所欠税款以及清算过程中产生的税款。
(5) 清理债权、债务。
(6) 处理公司清偿债务后的剩余财产。
(7) 代表公司参与民事诉讼活动。

清算组应当自成立之日起十日内通知债权人,并于六十日内在报纸上公告。债权人应当自接到通知书之日起三十日内,未接到通知书的自公告之日起四十五日内,向清算组申报其债权。债权人申报债权,应当说明债权的有关事项,并提供证明材料。清算组应当对债权进行登记。在申报债权期间,清算组不得对债权人进行清偿。

清算组在清理公司财产、编制资产负债表和财产清单后,应当制定清算方案,并报股东会、股东大会或者人民法院确认。公司财产在分别支付清算费用、职工的工资、社会保险费用和法定补偿金,缴纳所欠税款,清偿公司债务后的剩余财产,有限责任公司按照股东的出资比例分配,股份有限公司按照股东持有的股份比例分配。清算期间,公司存续,但不得开展与清算无关的经营活动。公司财产在未依照前述规定清偿前,不得分配给股东。清算组在清理公司财产、编制资产负债表和财产清单后,发现公司财产不足清偿债务的,应当依法向人民法院申请宣告破产。公司经人民法院裁定宣告破产后,清算组应当将清算事务移交给人民法院。

公司清算结束后,清算组应当制作清算报告,报股东会、股东大会或者人民法院确认,并报送公司登记机关,申请注销公司登记,公告公司终止。

3.9　公司的债券和股票

公司发展需要资金,除了自有资金,公司还可以通过发行债券或股票来募集资金。

3.9.1　公司债券

公司债券是公司依法发行的,在约定的时间还本付息的有价证券。债券是借贷凭证。

公司债券分为记名债券和无记名债券。在债券上记载有债券持有人的名称的是记名债券;反之,就是无记名债券。公司债券可以转让,转让价格由转让人与受让人约定。相比之下,无记名债券的转让更加自由。公司债券在证券交易所上市交易的,按照证券交易所的交易规则转让。

公司发行债券要满足《公司法》规定的程序：首先要向证监会提交申请，证监会审核通过后，向社会公告公司债券募集办法。募集办法包括：①公司名称；②债券募集资金的用途；③债券总额和债券的票面金额；④债券利率的确定方式；⑤还本付息的期限和方式；⑥债券担保情况；⑦债券的发行价格、发行的起止日期；⑧公司净资产额；⑨已发行的尚未到期的公司债券总额；⑩公司债券的承销机构。

公开发行债券应符合《中华人民共和国证券法》规定的条件：①股份有限公司的净资产不低于人民币三千万元，有限责任公司的净资产不低于人民币六千万元；②累计债券余额不超过公司净资产的百分之四十；③最近3年平均可分配利润足以支付公司债券1年的利息；④筹集的资金投向符合国家产业政策；⑤债券的利率不超过国务院限定的利率水平；⑥国务院规定的其他条件。

上市公司经股东大会决议可以发行可转换为股票的公司债券，并在公司债券募集办法中规定具体的转换办法。上市公司发行可转换为股票的公司债券，应当报证监会核准。

发行可转换为股票的公司债券的，公司应当按照其转换办法向债券持有人换发股票，但债券持有人对转换股票或者不转换股票有选择权。

3.9.2 股票

股票是股份有限公司签发的证明股东所持股份的凭证。股票是股东的出资凭证。股份的发行，实行公平、公正的原则，同种类的每一股份应当具有同等权利。同次发行的同种类股票，每股的发行条件和价格应当相同；任何单位或者个人所认购的股份，每股应当支付相同价额。股票发行价格可以按票面金额，也可以超过票面金额，但不得低于票面金额。

公司发行股票分为创设发行和增资发行，前者主要是指对外发行股票募集资金，以满足设立股份公司的需要；后者主要是指公司成立后为了扩大公司的规模，对外发行股票增加公司资本。这两种发行对投资者来讲都是新股，所以也可称为新股发行，又因为都涉及公众利益，所以法律对于新股发行的程序和条件有严格的规定。

公司不得收购本公司股份。但是，有下列情形之一的除外：

(1) 减少公司注册资本。
(2) 与持有本公司股份的其他公司合并。
(3) 将股份用于员工持股计划或者股权激励。
(4) 股东因对股东大会作出的公司合并、分立决议持异议，要求公司收购其股份。
(5) 将股份用于转换上市公司发行的可转换为股票的公司债券。
(6) 上市公司为维护公司价值及股东权益所必需的。

公司因前述第(1)项、第(2)项规定的情形收购本公司股份的，应当经股东大会决议；公司因前述第(3)项、第(5)项、第(6)项规定的情形收购本公司股份的，可以依照公司章程的规定或者股东大会的授权，经三分之二以上董事出席的董事会会议决议。

公司依照上述规定收购本公司股份后，属于第(1)项情形的，应当自收购之日起十日内注销；属于第(2)项、第(4)项情形的，应当在6个月内转让或者注销；属于第(3)项、第(5)项、第(6)项情形的,公司合计持有的本公司股份数不得超过本公司已发行股份总额的百分之十,并应当在3年内转让或者注销。上市公司收购本公司股份的,应当依照《中华人民共和国证券法》的规定履行信息披露义务。上市公司因上述第(3)项、第(5)项、第(6)项规定的情形收购本公司股份的,应当通过公开的集中交易方式进行。公司不得接受本公司的股票作为质押权的标的。

发起人持有的本公司股份,自公司成立之日起1年内不得转让。公司公开发行股份前已发行的股份,自公司股票在证券交易所上市交易之日起1年内不得转让。公司董事、监事、高级管理人员在任职期间每年转让的股份不得超过其所持有本公司股份总数的百分之二十五;所持本公司股份自公司股票上市交易之日起1年内不得转让。上述人员离职后半年内,不得转让其所持有的本公司股份。

思考题

1. 公司的特征表现在哪些方面?
2. 公司的设立条件有哪些?
3. 有限责任公司和股份有限公司在机构设置方面有哪些异同?
4. 公司的利润怎样分配?
5. 公司的解散与清算程序是什么?
6. 公司的股票和债券有什么区别?

第4章 外商投资法

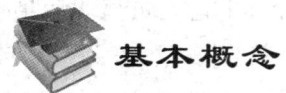基本概念

外商投资　外商投资企业　投资促进　投资保护　投资管理

4.1 外商投资法概述

4.1.1 外商投资法的立法及意义

积极吸引和利用外商投资,是我国扩大对外开放和构建开放型经济新体制的重要内容,因此,必须有健全的法治保障。为了进一步扩大对外开放,积极促进外商投资,保护外商投资合法权益,规范外商投资管理,推动形成全面开放新格局,促进社会主义市场经济健康发展,2019年3月15日,第十三届全国人民代表大会第二次会议通过了《中华人民共和国外商投资法》(以下简称《外商投资法》)。该法自2020年1月1日起施行,《中华人民共和国中外合资经营企业法》《中华人民共和国外资企业法》《中华人民共和国中外合作经营企业法》同时废止。《外商投资法》施行前依照《中华人民共和国中外合作经营企业法》《中华人民共和国外资企业法》《中华人民共和国中外合作经营企业法》设立的外商投资企业,在《外商投资法》施行后5年内可以继续保留原企业组织形式等。

《外商投资法》主要体现了以下四点重要原则:

(1)突出积极扩大对外开放和促进外商投资的主基调。制定外商投资法,就是要在新的历史条件下通过国家立法表明将改革开放进行到底的决心和意志,展现新时代中国积极的对外开放姿态,顺应时代发展潮流,体现推动新一轮高水平对外开放、营造国际一流营商环境的精神和要求,使这部法律成为一部外商投资的促进法、保护法。

(2)坚持外商投资基础性法律的定位。外商投资法是新形势下国家关于外商投资活动全面的、基本的法律规范,是外商投资领域起龙头作用、具有统领性质的法律。因此,这部法律重点是确立外商投资准入、促进、保护、管理等方面的基本制度框架和规则,建立起新时代我国外商投资法律制度的基本框架。

(3)坚持与中国特色和国际规则相衔接。外商投资法立足于我国当前的发展阶段和利用外资工作的实际需要,对外商投资的准入、促进、保护、管理等作出有针对性的规定;同时

注意与国际通行的经贸规则、营商环境相衔接,努力构建既符合我国基本国情和实际又顺应国际通行规则、惯常做法的外商投资法律制度。

(4) 坚持内外资一致。外商投资在准入后享受国民待遇,国家对内资和外资的监督管理,适用相同的法律制度和规则。继续按照市场化、法治化、国际化的改革方向,在行政审批改革、加强产权平等保护等方面完善相关法律制度,努力打造内外资公平竞争的市场环境,依靠改善投资环境吸引更多的外商投资。

在新的形势下,原有的相关法律已难以适应新时代改革开放实践的需要。《外商投资法》在总结我国改革开放40年外商投资法律制度的实践经验的基础上,为适应新时代改革开放的需要,确定了我国对外开放、促进外商投资的基本国策和大政方针,对外商投资的准入、促进、保护、管理等作出了统一规定,是我国外商投资领域新的基础性法律,是对我国外商投资法律制度的完善和创新。通过制定和实施外商投资法,坚定实行高水平投资自由化、便利化政策,保护外商投资合法权益,营造法治化、国际化、便利化营商环境,以高水平对外开放推动经济高质量发展,充分彰显了新时代我国进一步扩大对外开放、积极促进外商投资的决心和信心。

4.1.2 外商投资与外商投资企业的概念

外商投资是指外国的自然人、企业或者其他组织(以下称外国投资者)直接或者间接在中国境内进行的投资活动,包括下列情形:

(1) 外国投资者单独或者与其他投资者共同在中国境内设立外商投资企业。
(2) 外国投资者取得中国境内企业的股份、股权、财产份额或者其他类似权益。
(3) 外国投资者单独或者与其他投资者共同在中国境内投资新建项目。
(4) 法律、行政法规或者国务院规定的其他方式的投资。

在中国境内进行投资活动的外国投资者、外商投资企业,应当遵守中国法律、法规,不得危害中国国家安全、损害社会公共利益。

外商投资企业是指全部或者部分由外国投资者投资,依照中国法律在中国境内经登记注册设立的企业。外商投资企业的组织形式、组织机构及其活动准则,适用《中华人民共和国公司法》《中华人民共和国合伙企业法》等法律的规定。外商投资企业开展生产经营活动,应当遵守法律、行政法规有关劳动保护、社会保险的规定,依照法律、行政法规和国家有关规定办理税收、会计、外汇等事宜,并接受相关主管部门依法实施的监督检查。外商投资企业职工依法建立工会组织,开展工会活动,维护职工的合法权益。外商投资企业应当为本企业工会提供必要的活动条件。

4.2 投资促进

为了积极促进外商投资,我国坚持对外开放的基本国策,鼓励外国投资者依法在中国境内投资。国家实行高水平投资自由化、便利化政策,建立和完善外商投资促进机制,营造稳定、透明、可预期和公平竞争的市场环境。

外商投资企业依法平等适用国家支持企业发展的各项政策。制定与外商投资有关的法律法规、规章制度，应当采取适当方式征求外商投资企业的意见和建议。与外商投资有关的规范性文件、裁判文书等，应当依法及时公布。国家建立健全外商投资服务体系，为外国投资者和外商投资企业提供法律法规、政策措施、投资项目信息等方面的咨询和服务。国家与其他国家和地区、国际组织建立多边、双边投资促进合作机制，加强投资领域的国际交流与合作。国家根据需要，设立特殊经济区域，或者在部分地区实行外商投资试验性政策措施，促进外商投资，扩大对外开放。国家根据国民经济和社会发展需要，鼓励和引导外国投资者在特定行业、领域、地区投资。外国投资者、外商投资企业可以依照法律、行政法规或者国务院的规定享受优惠待遇。国家保障外商投资企业依法平等参与标准制定工作，强化标准制定的信息公开和社会监督。国家制定的强制性标准平等适用于外商投资企业。

国家保障外商投资企业依法通过公平竞争参与政府采购活动。政府采购依法对外商投资企业在中国境内生产的产品、提供的服务平等对待。外商投资企业可以依法通过公开发行股票、公司债券等证券和其他方式进行融资。县级以上地方人民政府可以根据法律、行政法规、地方性法规的规定，在法定权限内制定外商投资促进和便利化政策措施。各级人民政府及其有关部门应当按照便利、高效、透明的原则，简化办事程序，提高办事效率，优化政务服务，进一步提高外商投资服务水平。有关主管部门应当编制和公布外商投资指引，为外国投资者和外商投资企业提供服务和便利。

4.3 投资保护

中国依法保护外国投资者在中国境内的投资、收益和其他合法权益。任何国家或者地区在投资方面对中华人民共和国采取歧视性的禁止、限制或者其他类似措施的，中华人民共和国可以根据实际情况对该国家或者该地区采取相应的措施。

国家对外国投资者的投资不实行征收。在特殊情况下，国家为了公共利益的需要，可以依照法律规定对外国投资者的投资实行征收或者征用。征收、征用应当依照法定程序进行，并及时给予公平、合理的补偿。外国投资者在中国境内的出资、利润、资本收益、资产处置所得、知识产权许可使用费、依法获得的补偿或者赔偿、清算所得等，可以依法以人民币或者外汇自由汇入、汇出。国家保护外国投资者和外商投资企业的知识产权，保护知识产权权利人和相关权利人的合法权益；对知识产权侵权行为，严格依法追究法律责任。国家鼓励在外商投资过程中基于自愿原则和商业规则开展技术合作。技术合作的条件由投资各方遵循公平原则平等协商确定。行政机关及其工作人员不得利用行政手段强制转让技术。

行政机关及其工作人员对于在履行职责过程中知悉的外国投资者、外商投资企业的商业秘密，应当依法予以保密，不得泄露或者非法向他人提供。各级人民政府及其有关部门制定涉及外商投资的规范性文件，应当符合法律、法规的规定；没有法律、行政法规依据的，不得减损外商投资企业的合法权益或者增加其义务，不得设置市场准入和退出条件，不得干预外商投资企业的正常生产经营活动。

地方各级人民政府及其有关部门应当履行向外国投资者、外商投资企业依法作出的政策承诺以及依法订立的各类合同。因国家利益、社会公共利益需要改变政策承诺、合同约定的,应当依照法定权限和程序进行,并依法对外国投资者、外商投资企业因此受到的损失予以补偿。

国家建立外商投资企业投诉工作机制,及时处理外商投资企业或者其投资者反映的问题,协调完善相关政策措施。外商投资企业或者其投资者认为行政机关及其工作人员的行政行为侵犯其合法权益的,可以通过外商投资企业投诉工作机制申请协调解决。外商投资企业或者其投资者认为行政机关及其工作人员的行政行为侵犯其合法权益的,除依照前述规定通过外商投资企业投诉工作机制申请协调解决外,还可以依法申请行政复议、提起行政诉讼。外商投资企业可以依法成立和自愿参加商会、协会。商会、协会依照法律、法规和章程的规定开展相关活动,维护会员的合法权益。

4.4 投资管理

国家对外商投资实行准入前国民待遇加负面清单管理制度。准入前国民待遇是指在投资准入阶段给予外国投资者及其投资不低于本国投资者及其投资的待遇;负面清单,是指国家规定在特定领域对外商投资实施的准入特别管理措施。国家对负面清单之外的外商投资,给予国民待遇。中华人民共和国缔结或者参加的国际条约、协定对外国投资者准入待遇有更优惠规定的,可以按照相关规定执行。

外商投资准入负面清单规定禁止投资的领域,外国投资者不得投资。外商投资准入负面清单规定限制投资的领域,外国投资者进行投资应当符合负面清单规定的条件。

2019年6月30日国家发展和改革委员会和商务部发布了《外商投资准入特别管理措施(负面清单)(2019年版)》,以下简称《外商投资准入负面清单》(2019年版),自2019年7月30日起施行。《外商投资准入负面清单》(2019年版)统一列出了股权要求、高管要求等外商投资准入方面的特别管理措施。《外商投资准入负面清单》(2019年版)之外的领域,按照内外资一致原则实施管理。

《外商投资准入负面清单》(2019年版)中禁止外商投资的领域主要在以下方面:①禁止投资中国稀有和特有的珍贵优良品种的研发、养殖、种植以及相关繁殖材料的生产(包括种植业、畜牧业、水产业的优良基因);②禁止投资农作物、种畜禽、水产苗种转基因品种选育及其转基因种子(苗)生产;③禁止投资中国管辖海域及内陆水域水产品捕捞;④禁止投资稀土、放射性矿产、钨勘查、开采及选矿;⑤禁止投资放射性矿产冶炼、加工、核燃料生产;⑥禁止投资中药饮片的蒸、炒、炙、煅等炮制技术的应用及中成药保密处方产品的生产;⑦禁止投资烟叶、卷烟、复烤烟叶及其他烟草制品的批发、零售;⑧禁止投资空中交通管制;⑨禁止投资邮政公司、信件的国内快递业务;⑩禁止投资互联网新闻信息服务、网络出版服务、网络视听节目服务、互联网文化经营(音乐除外)、互联网公众发布信息服务(上述服务中,中国入世承诺中已开放的内容除外);⑪禁止投资中国法律事务(提供有关中国法律环境影响的信息除外),不得成为国内律师事务所合伙人;⑫禁止投资社会调查;⑬禁止投资人体干细胞、基因诊断与治疗技术开发和应用;⑭禁止投资人文社会科学研究机构;⑮禁止投资大地测量、海洋测绘、测绘航空摄影、地面移动测量、行政区域界线测绘,地形图、世界政区地图、全国政区地图、省级及以下政区地图、全国性教学地图、地方性教学地图、真三维地图和导航电子地图编制,区域性的地质填图、矿产地质、地球物理、地球化学、水文地质、环境地质、地质灾害、遥感地质等调查;⑯禁止投资义务教育机构、宗教教育机构;⑰禁止投资新闻机构(包括但不限于通讯社);⑱禁止投资图书、报纸、期刊、音像制品和电子出版物的编辑、出版、制作业务;⑲禁止投资各级广播电台(站)、电视台(站)、广播电视频道(率)、广播电视传输覆盖网(发射台、转播台、广播电视卫星、卫星上行站、卫星收转站、微波站、监测台及有线广播电视传输覆盖网等),禁止从事广播电视视频点播业务和卫星电视广播地面接收设施安装服务;⑳禁止投资广播电视节目制作经营(含引进业务)公司;㉑禁止投资电影制作公司、发行公司、院线公司以及电影引进业务;㉒禁止投资文物拍卖的拍卖公司、文物商店和国有文物博物馆;㉓禁止投资文艺表演团体。

《外商投资准入负面清单》(2019年版)对下列领域的外商投资作出了中方控股要求:①小麦、玉米新品种选育和种子生产须由中方控股;②出版物印刷须由中方控股;③除专用车、新能源汽车外,汽车整车制造的中方股比不低于50%,同一家外商可在国内建立两家及两家以下生产同类整车产品的合资企业,2020年取消商用车制造外资股比限制。2022年取消乘用车制造外资股比限制以及同一家外商可在国内建立两家及两家以下生产同类整车产品的合资企业的限制;④核电站的建设、经营须由中方控股;⑤城市人口50万以上的城市供排水管网的建设、经营须由中方控股;⑥国内水上运输公司须由中方控股;⑦公共航空运输公司须由中方控股,且一家外商及其关联企业投资比例不得超过25%,法定代表人须由中国籍公民担任;⑧通用航空公司的法定代表人须由中国籍公民担任,其中农、林、渔业通用航空公司限于合资,其他通用航空公司限于中方控股;⑨民用机场的建设、经营须由中方相对控股;⑩电信公司限于中国入世承诺开放的电信业务,增值电信业务的外资股比不超过50%(电子商务、国内多方通信、存储转发类、呼叫中心除外),基础电信业务须由中方控股;⑪证券公司的外资股比不超过51%,证券投资基金管理公司的外资股比不超过51%,2021年取消外资股比限制;⑫期货公司的外资股比不超过51%,2021年取消外资股比限制;⑬寿险公司的外资股比不超过51%,2021年取消外资股比限制;⑭市场调查限于合资、合作,其中广播电视收听、收视调查须由中方控股;⑮学前、普通高中和高等教育机构限于中外合作办学,须由中方主导(校长或者主要行政负责人应当具有中国国籍,理事会、董事会或者联合管理委员会的中方组成人员不得少于1/2)。医疗机构限于合资、合作。

《外商投资准入负面清单》(2019年版)规定境外投资者不得作为个体工商户、个人独资企业投资人、农民专业合作社成员,从事投资经营活动。投资《外商投资准入负面清单》(2019年版)之内的非禁止投资领域,须进行外资准入许可;投资有股权要求的领域,不得设立外商投资合伙企业。境内公司、企业或自然人以其在境外合法设立或控制的公司并购与其有关联关系的境内公司,涉及外商投资项目和企业设立及变更事项的,按照现行规定办理。《外商投资准入负面清单》中未列出的文化、金融等领域与行政审批、资质条件、国家安全等相关措施,按照现行规定执行。《内地与香港关于建立更紧密经贸关系的安排》及其后续协议、《内地与澳门关于建立更紧密经贸关系的安排》及其后续协议、《海峡两岸经济合作框架协议》及其后续协议、我国与有关国家签订的自由贸易区协议和投资协定、我国参加的国际条约对符合条件的投资者有更优惠开放措施的,按照相关协议或协定的规定执行。在自由贸易试验区等特殊经济区域对符合条件的投资者实施更优惠开放措施的,按照相关规定执行。

外商投资需要办理投资项目核准、备案的,按照国家有关规定执行。外国投资者在依法需要取得许可的行业、领域进行投资的,应当依法办理相关许可手续。有关主管部门应当按照与内资一致的条件和程序,审核外国投资者的许可申请,法律、行政法规另有规定的除外。对外国投资者在中国境内投资银行业、证券业、保险业等金融行业,或者在证券市场、外汇市场等金融市场进行投资的管理,国家另有规定的,依照其规定。

外国投资者并购中国境内企业或者以其他方式参与经营者集中的,应当依照《中华人民共和国反垄断法》的规定接受经营者集中审查。国家建立外商投资信息报告制度。外国投资者或者外商投资企业应当通过企业登记系统以及企业信用信息公示系统向商务主管部门报送投资信息。外商投资信息报告的内容和范围按照确有必要的原则确定;通过部门信息共享能够获得的投资信息,不得再行要求报送。国家建立外商投资安全审查制度,对影响或者可能影响国家安全的外商投资进行安全审查。依法作出的安全审查决定为最终决定。

4.5 法律责任

外国投资者投资外商投资准入负面清单规定禁止投资的领域的,由有关主管部门责令停止投资活动,限期处分股份、资产或者采取其他必要措施,恢复到实施投资前的状态;有违法所得的,没收违法所得。外国投资者的投资活动违反外商投资准入负面清单规定的限制性准入特别管理措施的,由有关主管部门责令限期改正,采取必要措施满足准入特别管理措施的要求;逾期不改正的,依照前述规定处理。外国投资者的投资活动违反外商投资准入负面清单规定的,除依照前两款规定处理外,还应当依法承担相应的法律责任。

外国投资者、外商投资企业违反我国法律规定,未按照外商投资信息报告制度的要求报送投资信息的,由商务主管部门责令限期改正;逾期不改正的,处十万元以上五十万元以下的罚款。对外国投资者、外商投资企业违反法律、法规的行为,由有关部门依法查处,并按照国家有关规定纳入信用信息系统。

行政机关工作人员在外商投资促进、保护和管理工作中滥用职权、玩忽职守、徇私舞弊的,或者泄露、非法向他人提供履行职责过程中知悉的商业秘密的,依法给予处分;构成犯罪的,依法追究刑事责任。

1. 《外商投资法》主要体现的原则是什么?
2. 外商投资促进主要体现在哪些方面?
3. 简述外商投资保护的主要制度。
4. 简述外商投资管理的主要内容。

第5章 企业破产法

基本概念

破产 资不抵债 债权人会议 和解 重整 清算

5.1 企业破产法概述

5.1.1 破产的概念

破产是指企业法人不能清偿到期债务,并且资产不足以清偿全部债务或者明显缺乏清偿能力的,在人民法院主导下,依照法定程序,将破产企业财产公平分配给债权人的民事行为。

企业退出市场的原因有很多,企业自主或依法解散外,还可以通过破产达到退出市场的目的。除此以外,破产制度最大的好处是能够最大限度地保护债权人和破产企业双方的利益。如果一家企业生产的产品卖不动,时间一久,所欠债务越来越多,这就像个炸弹,随时有爆炸的危险,允许企业破产,可以将这种危险控制住不再扩大,对债权人来讲,可以降低损失,对破产企业来讲,可以得到休整的机会,或是重新再来,或是就此退出,避免损失扩大。所以破产制度也称破产保护制度。

5.1.2 企业破产法的适用范围

为规范企业破产程序,公平清理债权债务,保护债权人和债务人的合法权益,维护社会主义市场经济秩序,2006年8月27日经第十届全国人民代表大会常务委员会第二十三次会议通过《中华人民共和国企业破产法》(以下简称《破产法》),并于2007年6月1日开始施行。

《破产法》第二条规定:"企业法人不能清偿到期债务,并且资产不足以清偿全部债务或者明显缺乏清偿能力的,依照法律规定清理债务。"《最高人民法院关于审理企业破产案件若干问题的规定》第四条规定:"申请(被申请)破产的债务人应当具备法人资格,不具备法人资格的企业、个体工商户、合伙组织、农村承包经营户不具备破产主体资格。"根据这两条规定,在我国,只有企业法人可以适用破产程序,自然人、个人独资企业、合伙企业以及其他组织都不适用《破产法》。因为在上述市场主体中,只有企业法人承担的是有限责任。个人独资企业由投资人对企业债务承担无限责任,如果企业的财产不够偿还债务,则由投资人偿还;合伙企业中普通合伙人承担的是无限连带责任。企业法人如果出现资不抵债,将公司的资产变现偿还债务,如果还有债务没有偿还,投资人也不用再偿还,因此需要破产制度来实现债务的有限清偿,破产制度只对企业法人有意义。个人独资企业、合伙企业不能成为破产对象,但是可以依照《破产法》清算,清理其债权债务。

依照《破产法》开始的破产程序,对债务人在中华人民共和国领域外的财产发生效力。对外国法院作出的发生法律效力的破产案件的判决、裁定,涉及债务人在中华人民共和国领域内的财产,申请或者请求人民法院承认和执行的,人民法院依照中华人民共和国缔结或者参加的国际条约,或者按照互惠原则进行审查,认为不违反中华人民共和国法律的基本原则,不损害国家主权、安全和社会公共利益,不损害中华人民共和国领域内债权人的合法权益的,裁定承认和执行。

5.2 破产申请与受理

5.2.1 破产的原因

根据《破产法》第二条规定,企业法人不能清偿到期债务,并且资产不足以清偿全部债务或者明显缺乏清偿能力的为破产的原因。《最高人民法院关于适用〈中华人民共和国企业破产法〉若干问题的规定(一)》对破产的原因进行了具体界定。债务人不能清偿到期债务并且具有下列情形之一的,人民法院应当认定其具备破产原因:①资产不足以清偿全部债务;②明显缺乏清偿能力。相关当事人以对债务人的债务负有连带责任的人未丧失清偿能力为由,主张债务人不具备破产原因的,人民法院应不予支持。

下列情形同时存在的,人民法院应当认定债务人不能清偿到期债务:①债权债务关系依法成立;②债务履行期限已经届满;③债务人未完全清偿债务。债务人的资产负债表,或者审计报告、资产评估报告等显示其全部资产不足以偿付全部负债的,人民法院应当认定债务人资产不足以清偿全部债务,但有相反证据足以证明债务人资产能够偿付全部负债的除外。

债务人账面资产虽大于负债,但存在下列情形之一的,人民法院应当认定其明显缺乏清偿能力:①因资金严重不足或者财产不能变现等原因,无法清偿债务;②法定代表人下落不明且无其他人员负责管理财产,无法清偿债务;③经人民法院强制执行,无法清偿债务;④长期亏损且经营扭亏困难,无法清偿债务;⑤导致债务人丧失清偿能力的其他情形。

5.2.2 破产申请人

债务人满足破产条件,债务人和债权人都可以申请企业破产。债务人就是面临破产危机的企业,债权人是对该企业享有债权的人。公司的清算组在公司解散过程中,发现公司资产不足以清偿债务的应该申请破产。需要特别指出的是,破产是企业的市场行为,不应受到

非市场因素的干扰。法院不可以主动要求某企业破产,政府机关也没有这个权力。

5.2.3 破产申请受理人

破产案件由债务人住所地人民法院管辖。人民法院是法律规定的唯一可以接受破产申请的机关,仲裁委员会和政府机关是没有这个权力的。申请人向人民法院提出破产申请,人民法院未接收的,申请人可以向上一级人民法院提出破产申请。上一级人民法院接到破产申请后,应当责令下级法院依法审查并及时作出是否受理的裁定;下级法院仍不作出是否受理裁定的,上一级人民法院可以径行作出裁定。上一级人民法院裁定受理破产申请的,可以同时指令下级人民法院审理该案件。

5.2.4 破产申请受理的程序

1. 提交申请书

无论是债务人还是债权人,提出破产申请,都应当提交破产申请书。

破产申请书应当载明下列事项:

(1) 申请人、被申请人的基本情况。

(2) 申请目的。

(3) 申请的事实和理由。

(4) 人民法院认为应当载明的其他事项。

债务人还应当向人民法院提交财产状况说明、债务清册、债权清册、有关财务会计报告、职工安置预案以及职工工资的支付和社会保险费用的缴纳情况。

债权人申请债务人破产的,应当提交债务人不能清偿到期债务的有关证据。债务人对债权人的申请未在法定期限内向人民法院提出异议,或者异议不成立的,人民法院应当依法裁定受理破产申请。受理破产申请后,人民法院应当责令债务人依法提交其财产状况说明、债务清册、债权清册、财务会计报告等有关材料,债务人拒不提交的,人民法院可以对债务人的直接责任人员采取罚款等强制措施。

人民法院收到破产申请时,应当向申请人出具收到申请及所附证据的书面凭证。

2. 受理的期限

债权人提出破产申请的,人民法院应当自收到申请之日起五日内通知债务人。债务人对申请有异议的,应当自收到人民法院的通知之日起七日内向人民法院提出。人民法院应当自异议期满之日起十日内裁定是否受理。

债务人提出破产申请的,人民法院应当自收到破产申请之日起十五日内裁定是否受理。有特殊情况需要延长前两款规定的裁定受理期限的,经上一级人民法院批准,可以延长十五日。企业法人已解散但未清算或者未在合理期限内清算完毕,债权人申请债务人破产清算的,除债务人在法定异议期限内举证证明其未出现破产原因外,人民法院应当受理。人民法院收到破产申请后应当及时对申请人的主体资格、债务人的主体资格和破产原因,以及有关材料和证据等进行审查,并依法作出是否受理的裁定。人民法院认为申请人应当补充、补正相关材料的,应当自收到破产申请之日起五日内告知申请人。当事人补充、补正相关材料的期间不计入期限。

  3. 裁定送达

  人民法院受理破产申请前,申请人可以请求撤回申请。人民法院受理破产申请的,应当自裁定作出之日起五日内送达申请人。债权人提出申请的,人民法院应当自裁定作出之日起五日内送达债务人。债务人应当自裁定送达之日起十五日内,向人民法院提交财产状况说明、债务清册、债权清册、有关财务会计报告以及职工工资的支付和社会保险费用的缴纳情况。人民法院裁定不受理破产申请的,应当自裁定作出之日起五日内送达申请人并说明理由。申请人对裁定不服的,可以自裁定送达之日起十日内向上一级人民法院提起上诉。人民法院受理破产申请后至破产宣告前,经审查发现债务人没有达到破产条件的,可以裁定驳回申请。申请人对裁定不服的,可以自裁定送达之日起十日内向上一级人民法院提起上诉。

5.2.5 管理人

  人民法院裁定受理破产申请的,应当同时指定管理人。管理人是指破产申请受理后,人民法院指定的,负有管理破产企业职责的组织。管理人将取代企业原来的股东会、董事会等管理机构,接管企业。其职责有以下几项:

  (1) 接管债务人的财产、印章和账簿、文书等资料。
  (2) 调查债务人财产状况,制作财产状况报告。
  (3) 决定债务人的内部管理事务。
  (4) 决定债务人的日常开支和其他必要开支。
  (5) 在第一次债权人会议召开之前,决定继续或者停止债务人的营业。
  (6) 管理和处分债务人的财产。
  (7) 代表债务人参加诉讼、仲裁或者其他法律程序。
  (8) 提议召开债权人会议。
  (9) 人民法院认为管理人应当履行的其他职责。

  管理人可以由有关部门、机构的人员组成的清算组或者依法设立的律师事务所、会计师事务所、破产清算事务所等社会中介机构担任;因故意犯罪受过刑事处罚、曾被吊销相关专业执业证书、与本案有利害关系等不可以成为管理人。

  管理人依法执行职务,向人民法院报告工作,并接受债权人会议和债权人委员会的监督。管理人应当列席债权人会议,向债权人会议报告职务执行情况,并回答询问。债权人会议认为管理人不能依法、公正执行职务或者有其他不能胜任职务情形的,可以申请人民法院予以更换。

5.2.6 债权申报

  破产申请受理后,人民法院应当自裁定受理破产申请之日起二十五日内通知已知债权人,并予以公告,让债权人能够尽早获知并及时行使自己的权利。通知和公告应当载明下列事项:

(1) 申请人、被申请人的名称或者姓名。
(2) 人民法院受理破产申请的时间。
(3) 申报债权的期限、地点和注意事项。
(4) 管理人的名称或者姓名及其处理事务的地址。
(5) 债务人或者财产持有人应当向管理人清偿债务或者交付财产的要求。
(6) 第一次债权人会议召开的时间和地点。
(7) 人民法院认为应当通知和公告的其他事项。

未到期的债权,在破产申请受理时视为到期。附利息的债权自破产申请受理时起停止计息。债务人所欠职工的工资和医疗、伤残补助、抚恤费用,所欠的应当划入职工个人账户的基本养老保险、基本医疗保险费用,以及法律、行政法规规定应当支付给职工的补偿金,不必申报。人民法院受理破产申请后,应当确定债权人申报债权的期限。债权申报期限自人民法院发布受理破产申请公告之日起计算,最短不得少于三十日,最长不得超过3个月。债权人应当在人民法院确定的债权申报期限内向管理人申报债权。债权人在期限内未申报债权的,可以在破产财产最后分配前补充申报;但是,此前已进行的分配,不再对其补充分配。

5.2.7 债权人会议

债权人会议是协调和形成全体债权人共同意思,通过对破产程序的参与和监督来体现全体债权人共同利益的自治性机构。它由依法申报债权的债权人和破产企业的职工和工会代表组成。债权人会议主席主持债权人会议,债权人会议设主席,由人民法院从有表决权的债权人中指定。

债权人会议职责重大,具体有以下几项:
(1) 核查债权。
(2) 申请人民法院更换管理人,审查管理人的费用和报酬。
(3) 监督管理人。
(4) 选任和更换债权人委员会成员。
(5) 决定继续或者停止债务人的营业。
(6) 通过重整计划。
(7) 通过和解协议。
(8) 通过债务人财产的管理方案。
(9) 通过破产财产的变价方案。
(10) 通过破产财产的分配方案。
(11) 人民法院认为应当由债权人会议行使的其他职权。

第一次债权人会议由人民法院召集,自债权申报期限届满之日起十五日内召开。以后的债权人会议,在人民法院认为必要时,或者管理人、债权人委员会、占债权总额四分之一以上的债权人向债权人会议主席提议时召开。债权人会议的决议,由出席会议的有表决权的债权人过半数通过,并且其所代表的债权额占无财产担保债权总额的二分之一以上,简单地讲,就是人数和债权额双过半。债权人会议的决议,对于全体债权人均有约束力。

5.2.8　债权人会议委员会

债权人会议可以决定是否设立债权人委员会。债权人委员会由债权人会议选任的债权人代表和一名债务人的职工代表或者工会代表组成。债权人委员会成员不得超过九人。债权人委员会成员应当经人民法院书面决定认可。

债权人委员会行使下列职权：①监督债务人财产的管理和处分；②监督破产财产分配；③提议召开债权人会议；④债权人会议委托的其他职权。债权人委员会执行职务时，有权要求管理人、债务人的有关人员对其职权范围内的事务作出说明或者提供有关文件。

管理人实施下列行为，应当及时报告债权人委员会：①涉及土地、房屋等不动产权益的转让；②探矿权、采矿权、知识产权等财产权的转让；③全部库存或者营业的转让；④借款；⑤设定财产担保；⑥债权和有价证券的转让；⑦履行债务人和对方当事人均未履行完毕的合同；⑧放弃权利；⑨担保物的取回；⑩对债权人利益有重大影响的其他财产处分行为。未设立债权人委员会的，管理人直接报告人民法院。

5.2.9　受理破产申请的法律后果

1. 停止清偿债务

破产申请受理后，破产企业停止清偿债务，已经开始清偿的也应停止，未经人民法院许可，不得支付任何费用。人民法院受理破产申请后，债务人对个别债权人的债务清偿无效。

2. 合同履行暂停

人民法院受理破产申请后，管理人对破产申请受理前成立而债务人和对方当事人均未履行完毕的合同有权决定解除或者继续履行，并通知对方当事人。管理人自破产申请受理之日起两个月内未通知对方当事人，或者自收到对方当事人催告之日起三十日内未答复的，视为解除合同。管理人决定继续履行合同的，对方当事人应当履行；但是，对方当事人有权要求管理人提供担保。管理人不提供担保的，视为解除合同。

3. 部分法律程序变动

人民法院受理破产申请后，有关债务人财产的保全措施应当解除，执行程序应当中止。人民法院受理破产申请后，已经开始而尚未终结的有关债务人的民事诉讼或者仲裁应当中止；在管理人接管债务人的财产后，该诉讼或者仲裁继续进行。人民法院受理破产申请后，有关债务人的民事诉讼，只能向受理破产申请的人民法院提起。

5.3　重　　整

重整是指在人民法院受理破产申请后、宣告债务人破产前，通过各方利害关系人的协商，对债务人进行生产经营上的整顿和债权债务关系上的清理，以摆脱财务困境，重获经营能力的法律程序。重整的目的是使面临困境的企业避免破产清算给自己和债权人造成的损失，使企业摆脱困境，恢复生机。

5.3.1 重整申请

(1) 重整需要向人民法院申请,债务人和债权人都可以申请,出资额占债务人注册资本十分之一以上的股东也可以申请。

(2) 重整是一套特殊的法律程序,债务人和债权人可以不经破产申请受理程序而直接向人民法院提出重整申请,也可以在人民法院受理破产申请后、宣告债务人破产前进行。

(3) 在重整期间,经人民法院批准,债务人可以在管理人的监督下自行管理财产和营业事务。

(4) 债务人或者管理人应当自人民法院裁定债务人重整之日起 6 个月内,同时向人民法院和债权人会议提交重整计划草案。如果是债务人自行管理财产和营业事务的,由债务人制作重整计划草案;由管理人负责管理财产和营业事务的,由管理人制作重整计划草案。重整计划草案应当包括下列内容:①债务人的经营方案;②债权分类;③债权调整方案;④债权受偿方案;⑤重整计划的执行期限;⑥重整计划执行的监督期限;⑦有利于债务人重整的其他方案。

5.3.2 重整计划表决

重整方案需要由债权人会议进行表决,但表决的方式很特别。按照债权属性的不同,分组表决。出席会议的同一表决组的债权人过半数同意重整计划草案,并且其所代表的债权额占该组债权总额的三分之二以上的,即为该组通过重整计划草案;只有每个组都通过,重整方案才算通过。具体分组情况为:①特别债权组,由对债务人的特定财产享有担保权的债权人组成;②普通债权组,由对债务人的财产不享有担保权的债权人组成;③职工债权组,由企业拖欠工资、福利等的职工组成;④国家债权组,即税务部门。

重整计划草案涉及出资人权益调整事项的,应当设出资人组,对该事项进行表决。

债务人或者管理人应当自重整计划通过之日起十日内,向人民法院提出批准重整计划的申请。人民法院经审查认为符合法律规定的,应当自收到申请之日起三十日内裁定批准,终止重整程序,并予以公告。部分表决组未通过重整计划草案的,债务人或者管理人可以同未通过重整计划草案的表决组协商。该表决组可以在协商后再表决一次。双方协商的结果不得损害其他表决组的利益。

未通过重整计划草案的表决组拒绝再次表决或者再次表决仍未通过重整计划草案,但重整计划草案符合下列条件的,债务人或者管理人可以申请人民法院批准重整计划草案:

(1) 按照重整计划草案,有担保的债权将获得全额清偿,其因延期清偿所受的损失将得到公平补偿,并且其担保权未受到实质性损害,或者该表决组已经通过重整计划草案。

(2) 按照重整计划草案,职工和国家债权将获得全额清偿,或者相应表决组已经通过重整计划草案。

(3) 按照重整计划草案,普通债权所获得的清偿比例,不低于其在重整计划草案被提请批准时依照破产清算程序所能获得的清偿比例,或者该表决组已经通过重整计划草案。

(4) 重整计划草案对出资人权益的调整公平、公正,或者出资人组已经通过重整计划草案。

(5) 重整计划草案公平对待同一表决组的成员,并且所规定的债权清偿顺序不违反法定清偿顺序。

(6) 债务人的经营方案具有可行性。

人民法院经审查认为重整计划草案符合前述规定的,应当自收到申请之日起三十日内裁定批准,终止重整程序,并予以公告。重整计划草案未获得通过也没有获得批准,或者已通过的重整计划未获得批准的,人民法院应当裁定终止重整程序,并宣告债务人破产。

5.3.3 重整计划执行

重整计划由债务人负责执行。管理人监督重整计划的执行。

人民法院裁定批准重整计划后,已接管财产和营业事务的管理人应当向债务人移交财产和营业事务。在监督期内,债务人应当向管理人报告重整计划执行情况和债务人财务状况。债务人不能执行或者不执行重整计划的,人民法院经管理人或者利害关系人请求,应当裁定终止重整计划的执行,并宣告债务人破产。

在重整期间,有下列情形之一的,经管理人或者利害关系人请求,人民法院应当裁定终止重整程序,并宣告债务人破产:

(1) 债务人的经营状况和财产状况继续恶化,缺乏挽救的可能性。

(2) 债务人有欺诈、恶意减少债务人财产或者其他显著不利于债权人的行为。

(3) 由于债务人的行为致使管理人无法执行职务。

5.4 和　　解

和解是指债务人为避免破产清算,与债权人就债务清偿达成协议经人民法院认可的法律程序。和解可以看作是债务人和债权人之间的相互妥协,债权人作出更多的让步,是为了避免破产清算时自己的利益损失较多;债务人也要作出一些让步,来换得企业的继续生存。

和解与重整有许多相同的地方,但也有些不同:

(1) 和解申请人只能是债务人,债权人不可以提出和解申请。

(2) 和解协议只在债务人和普通债权人之间有效,有担保的特殊债权人不参与和解表决。

(3) 和解表决,由出席会议的有表决权的债权人过半数同意,并且其所代表的债权额占无财产担保债权总额的三分之二以上。

(4) 人民法院受理破产申请后,债务人与全体债权人就债权债务的处理自行达成协议的,可以请求人民法院裁定认可,并终结破产程序。

债务人不能执行或者不执行和解协议的,人民法院经和解债权人请求,应当裁定终止和解协议的执行,并宣告债务人破产。

5.5 破产宣告与破产清算

债务人无法通过重整或和解,则进入破产清算程序。标志着破产清算程序正式开始的事件是破产宣告。

5.5.1 破产宣告

破产宣告是指人民法院依法裁定债务人破产,以清偿债务的活动。

破产宣告具有以下几方面重要的影响:第一,破产宣告标志着正式进入破产清算,企业将无可挽回地走向终结。第二,债务人的称谓改为破产人。第三,债务人财产成为破产财产。

人民法院依法宣告债务人破产的,应当自裁定作出之日起五日内送达债务人和管理人,自裁定作出之日起十日内通知已知债权人,并予以公告。

5.5.2 破产财产

债务人的财产在破产宣告后改称为破产财产。破产人占有的,不属于自己的财产应当在破产清算前归还给主人,不能算作破产财产参与分配。破产申请受理时,出卖人已将标的物向破产人发运,破产人尚未收到且未付清全部价款的,出卖人可以取回在运途中的标的物。但是,管理人可以支付全部价款,请求出卖人交付标的物。破产申请受理后,破产人的出资人尚未完全履行出资义务的,应补缴出资。破产人的董事、监事和高级管理人员利用职权从企业获取的非正常收入和侵占的企业财产,应当归还。

人民法院受理破产申请前1年内,涉及破产人财产的下列行为,应当撤销,并将财产追回:①无偿转让财产的;②以明显不合理的价格进行交易的;③对没有财产担保的债务提供财产担保的;④对未到期的债务提前清偿的;⑤放弃债权的。

破产人的下列行为无效:①为逃避债务而隐匿、转移财产的;②虚构债务或者承认不真实的债务的。

债权人在破产申请受理前对破产人负有债务的,可主张抵销。但是,有下列情形之一的,不得抵销:①债务人的破产人在破产申请受理后取得他人对债务人的债权的;②债权人已知破产人有不能清偿到期债务或者破产申请的事实,对破产人负担债务的;但是,债权人因为法律规定或者有破产申请1年前所发生的原因而负担债务的除外;③破产人的债务人已知破产人有不能清偿到期债务或者破产申请的事实,对破产人取得债权的;但是,破产人的债务人因为法律规定或者有破产申请1年前所发生的原因而取得债权的除外。

5.5.3 破产财产分配

破产财产的分配应当以货币分配方式进行。但是,债权人会议另有决议的除外。变价出售破产财产应当通过拍卖进行。但是,债权人会议另有决议的除外。破产企业可以全部或者部分变价出售。企业变价出售时,可以将其中的无形资产和其他财产单独变价出售。按照国家规定不能拍卖或者限制转让的财产,应当按照国家规定的方式处理。

管理人应当及时拟订破产财产分配方案,提交债权人会议讨论。破产财产分配方案应当载明下列事项:①参加破产财产分配的债权人名称或者姓名、住所;②参加破产财产分配的债权额;③可供分配的破产财产数额;④破产财产分配的顺序、比例及数额;⑤实施破产财产分配的方法。债权人会议通过破产财产分配方案后,由管理人将该方案提请人民法院裁定认可,再交由管理人执行。破产财产分配方案经人民法院裁定认可后,由管理人执行。管理人按照破产财产分配方案实施多次分配的,应当公告本次分配的财产额和债权额。

破产财产在优先清偿破产费用和共益债务后,依照下列顺序清偿:①破产人所欠职工的工资和医疗、伤残补助、抚恤费用,所欠的应当划入职工个人账户的基本养老保险、基本医疗保险费用,以及法律、行政法规规定应当支付给职工的补偿金;②破产人欠缴的除前项规定以外的社会保险费用和破产人所欠税款;③普通破产债权。破产财产不足以清偿同一顺序的清偿要求的,按照比例分配。

破产费用包括:①破产案件的诉讼费用;②管理、变价和分配债务人财产的费用;③管理人执行职务的费用、报酬和聘用工作人员的费用。

共益债务包括:①因管理人或者债务人请求对方当事人履行双方均未履行完毕的合同所产生的债务;②债务人财产受无因管理所产生的债务;③因债务人不当得利所产生的债务;④为债务人继续营业而应支付的劳动报酬和社会保险费用以及由此产生的其他债务;⑤管理人或者相关人员执行职务致人损害所产生的债务;⑥债务人财产致人损害所产生的债务。

5.5.4 破产程序的终结

破产人的财产分配完毕,管理人应当及时向人民法院提交破产财产分配报告,并提请人民法院裁定终结破产程序。人民法院应当自收到管理人终结破产程序的请求之日起十五日内作出是否终结破产程序的裁定。裁定终结的,应当予以公告。管理人应当自破产程序终结之日起十日内,持人民法院终结破产程序的裁定,向破产人的原登记机关办理注销登记。管理人于办理注销登记完毕的次日终止执行职务。但是,存在诉讼或者仲裁未决情况的除外。

自破产程序终结之日起 2 年内,有下列情形之一的,债权人可以请求人民法院按照破产财产分配方案进行追加分配:①发现有依法应当追回的财产的;②发现破产人有应当供分配的其他财产的。上述财产不足以支付分配费用的,不再进行追加分配,由人民法院将其上缴国库。破产人的保证人和其他连带债务人,在破产程序终结后,对债权人依照破产清算程序未受清偿的债权,依法继续承担清偿责任。

1. 企业破产的原因是什么?
2. 债权人会议的职能是什么?
3. 管理人的职责是什么?
4. 重整与和解的区别是什么?
5. 破产财产的分配顺序是什么?

第6章 物权法

物权 所有权 建筑物区分所有权 用益物权 担保物权 占有 公示公信原则

6.1 物权法概述

6.1.1 物权的概念

物权是指合法权利人依法对特定的物享有直接支配和排他的权利,包括所有权、用益物权和担保物权。物包括不动产和动产。法律规定权利作为物权客体的,依照其规定。物一般是指人们能够支配的物质实体和自然力。民法上的物均具有物理属性,但物理上的物并非全是民法上的物。能为人支配的自然力,如电、热、气、磁力等也是物。

为了维护国家基本经济制度,维护社会主义市场经济秩序,明确物的归属,发挥物的效用,保护权利人的物权,根据宪法,我国于2007年3月16日在第十届全国人民代表大会常务委员会第五次会议通过了《中华人民共和国物权法》,自2007年10月1日起施行。产权制度是社会主义市场经济的基石,保护产权是坚持社会主义基本经济制度的必然要求。有恒产者有恒心,经济主体财产权的有效保障和实现是经济社会持续健康发展的基础。改革开放以来,我国通过大力推进产权制度改革,基本形成了归属清晰、权责明确、保护严格、流转顺畅的现代产权制度和产权保护法律框架,全社会产权保护意识不断增强,保护力度不断加大。依法保护公民产权权益和创新收益,增强人民群众财产财富安全感,营造公平公正的社会环境具有重要意义。

6.1.2 物权法的基本原则

1. 物权法定原则

物权的种类和内容,由法律规定。根据物权法定主义,当事人设定的物权必须符合现行法律的明确规定。物权的内容法定,禁止当事人创设与物权法定内容相悖的物权。物权的效力法定,当事人不得协议变更。物权的公示方式法定,当事人不得随意确定。

2. 一物一权原则

一物一权是指一个标的物上只能存在一个所有权,不允许有互不相容的两个以上的物权同时存在于同一标的物上。

3. 公示和公信原则

公示原则是指物权变动行为须以法定公示方法进行才能生效的原则。物权是对世权，其义务人是不特定的任何人。物权公示的功能在于给社会公众一个判断标准，以此判定物权归属。公信原则是指赋予公示以公信力，以保护信赖公示的善意第三人的权益，从而维护正常的交易秩序。

6.1.3　物权的设立、变更、转让和消灭

1. 不动产登记制度

不动产物权的设立、变更、转让和消灭，经依法登记，发生效力；未经登记，不发生效力，但法律另有规定的除外。依法属于国家所有的自然资源，所有权可以不登记。不动产登记，由不动产所在地的登记机构办理。国家对不动产实行统一登记制度。统一登记的范围、登记机构和登记办法，由法律、行政法规规定。当事人申请登记，应当根据不同登记事项提供权属证明和不动产界址、面积等必要材料。登记机构应当履行下列职责：

(1) 查验申请人提供的权属证明和其他必要材料。

(2) 就有关登记事项询问申请人。

(3) 如实、及时登记有关事项。

(4) 法律、行政法规规定的其他职责。

申请登记的不动产的有关情况需要进一步证明的，登记机构可以要求申请人补充材料，必要时可以进行实地查看。登记机构不得有下列行为：

(1) 要求对不动产进行评估。

(2) 以年检等名义进行重复登记。

(3) 超出登记职责范围的其他行为。

不动产物权的设立、变更、转让和消灭，依照法律规定应当登记的，自记载于不动产登记簿时发生效力。当事人之间订立有关设立、变更、转让和消灭不动产物权的合同，除法律另有规定或者合同另有约定外，自合同成立时生效；未办理物权登记的，不影响合同效力。不动产登记簿是物权归属和内容的根据。不动产登记簿由登记机构管理。不动产权属证书是权利人享有该不动产物权的证明。不动产权属证书记载的事项，应当与不动产登记簿一致；记载不一致的，除有证据证明不动产登记簿确有错误外，以不动产登记簿为准。自2016年3月1日起施行的《最高人民法院关于适用〈中华人民共和国物权法〉若干问题的解释（一）》中规定当事人有证据证明不动产登记簿的记载与真实权利状态不符，其为该不动产物权的真实权利人，请求确认其享有物权的，应予支持。

2. 动产交付制度

动产物权的设立和转让，自交付时发生效力，但法律另有规定的除外。船舶、航空器和机动车等物权的设立、变更、转让和消灭，未经登记，不得对抗善意第三人。《最高人民法院关于适用〈中华人民共和国物权法〉若干问题的解释（一）》中规定转让人转移船舶、航空器和机动车等所有权，受让人已经支付对价并取得占有，虽未经登记，但转让人的债权人主张其

为物权法第二十四条所称的"善意第三人"的,不予支持,法律另有规定的除外。动产物权设立和转让前,权利人已经依法占有该动产的,物权自法律行为生效时发生效力。动产物权设立和转让前,第三人依法占有该动产的,负有交付义务的人可以通过转让请求第三人返还原物的权利代替交付。动产物权转让时,双方又约定由出让人继续占有该动产的,物权自该约定生效时发生效力。

标的物为无需以有形载体交付的电子信息产品,当事人对交付方式约定不明确,且依照合同法第六十一条的规定仍不能确定的,买受人收到约定的电子信息产品或者权利凭证即为交付。

出卖人就同一普通动产订立多重买卖合同,在买卖合同均有效的情况下,买受人均要求实际履行合同的,应当按照以下情形分别处理:①先行受领交付的买受人请求确认所有权已经转移的,人民法院应予支持;②均未受领交付,先行支付价款的买受人请求出卖人履行交付标的物等合同义务的,人民法院应予支持;③均未受领交付,也未支付价款,依法成立在先合同的买受人请求出卖人履行交付标的物等合同义务的,人民法院应予支持。

出卖人就同一船舶、航空器、机动车等特殊动产订立多重买卖合同,在买卖合同均有效的情况下,买受人均要求实际履行合同的,应当按照以下情形分别处理:①先行受领交付的买受人请求出卖人履行办理所有权转移登记手续等合同义务的,人民法院应予支持;②均未受领交付,先行办理所有权转移登记手续的买受人请求出卖人履行交付标的物等合同义务的,人民法院应予支持;③均未受领交付,也未办理所有权转移登记手续,依法成立在先合同的买受人请求出卖人履行交付标的物和办理所有权转移登记手续等合同义务的,人民法院应予支持;④出卖人将标的物交付给买受人之一,又为其他买受人办理所有权转移登记,已受领交付的买受人请求将标的物所有权登记在自己名下的,人民法院应予支持。

3. 其他规定

因人民法院、仲裁委员会的法律文书或者人民政府的征收决定等,造成物权设立、变更、转让或者消灭的,自法律文书或者人民政府的征收决定等生效时发生效力。法律文书主要是指人民法院、仲裁委员会在分割共有不动产或者动产等案件中作出并依法生效的改变原有物权关系的判决书、裁决书、调解书,以及人民法院在执行程序中作出的拍卖成交裁定书、以物抵债裁定书。因继承或者受遗赠取得物权的,自继承或者受遗赠开始时发生效力。因合法建造、拆除房屋等事实行为设立或者消灭物权的,自事实行为成就时发生效力。《最高人民法院关于适用〈中华人民共和国物权法〉若干问题的解释(一)》中规定依照物权法第二十八条至第三十条规定享有物权,但尚未完成动产交付或者不动产登记的物权人,根据物权法第三十四条至第三十七条的规定,请求保护其物权的,应予支持。

6.2 所 有 权

6.2.1 所有权的概念

所有权是指所有人对自己的不动产或者动产,依法享有占有、使用、收益和处分的权利。

所有权人有权在自己的不动产或者动产上设立用益物权和担保物权。用益物权人、担保物权人行使权利,不得损害所有权人的权益。主物转让的,从物随主物转让,但当事人另有约定的除外。天然孳息,由所有权人取得;既有所有权人又有用益物权人的,由用益物权人取得。当事人另有约定的,按照约定取得。法定孳息,当事人有约定的,按照约定取得;没有约定或者约定不明确的,按照交易习惯取得。

6.2.2 善意取得制度

善意取得制度系指动产或不动产占有人以所有权的移转为目的,移转占有于善意第三人时,即使该财产占有人无处分该财产的权利,善意受让人在符合一定法律条件下仍可取得该财产所有权的制度。设立善意取得制度的目的是保护交易安全。根据我国物权法的规定,无处分权人将不动产或者动产转让给受让人的,所有权人有权追回;除法律另有规定外,符合下列情形的,受让人取得该不动产或者动产的所有权:

(1) 受让人受让该不动产或者动产时是善意的。
(2) 以合理的价格转让。
(3) 转让的不动产或者动产依照法律规定应当登记的已经登记,不需要登记的已经交付给受让人。

《最高人民法院关于适用〈中华人民共和国物权法〉若干问题的解释(一)》规定受让人受让不动产或者动产时,不知道转让人无处分权,且无重大过失的,应当认定受让人为善意。真实权利人主张受让人不构成善意的,应当承担举证证明责任。具有下列情形之一的,应当认定不动产受让人知道转让人无处分权:①登记簿上存在有效的异议登记;②预告登记有效期内,未经预告登记的权利人同意;③登记簿上已经记载司法机关或者行政机关依法裁定、决定查封或者以其他形式限制不动产权利的有关事项;④受让人知道登记簿上记载的权利主体错误;⑤受让人知道他人已经依法享有不动产物权。真实权利人有证据证明不动产受让人应当知道转让人无处分权的,应当认定受让人具有重大过失。受让人受让动产时,交易的对象、场所或者时机等不符合交易习惯的,应当认定受让人具有重大过失。物权法第一百零六条第一款第一项所称的"受让人受让该不动产或者动产时",是指依法完成不动产物权转移登记或者动产交付之时。

受让人依照法律规定取得不动产或者动产的所有权的,原所有权人有权向无处分权人请求赔偿损失。善意受让人取得动产后,该动产上的原有权利消灭,但善意受让人在受让时知道或者应当知道该权利的除外。

6.2.3 关于遗失物的规定

拾得遗失物,应当返还权利人。所有权人或者其他权利人有权追回遗失物。拾得人应当及时通知权利人领取,或者送交公安等有关部门。有关部门收到遗失物,知道权利人的,应当及时通知其领取;不知道的,应当及时发布招领公告。拾得人在遗失物送交有关部门前,有关部门在遗失物被领取前,应当妥善保管遗失物。因故意或者重大过失致使遗失物毁损、灭失的,应当承担民事责任。权利人领取遗失物时,应当向拾得人或者有关部门支付保

管遗失物等支出的必要费用。权利人悬赏寻找遗失物的,领取遗失物时应当按照承诺履行义务。拾得人侵占遗失物的,无权请求保管遗失物等支出的费用,也无权请求权利人按照承诺履行义务。遗失物自发布招领公告之日起6个月内无人认领的,归国家所有。

该遗失物通过转让被他人占有的,权利人有权向无处分权人请求损害赔偿,或者自知道或者应当知道受让人之日起2年内向受让人请求返还原物,但受让人通过拍卖或者向具有经营资格的经营者购得该遗失物的,权利人请求返还原物时应当支付受让人所付的费用。权利人向受让人支付所付费用后,有权向无处分权人追偿。

6.2.4 所有权的类型

1. 全民所有

法律规定属于国家所有的财产,属于国家所有即全民所有。国有财产由国务院代表国家行使所有权。矿藏、水流、海域属于国家所有。城市的土地,属于国家所有。法律规定属于国家所有的农村和城市郊区的土地,属于国家所有。森林、山岭、草原、荒地、滩涂等自然资源,属于国家所有,但法律规定属于集体所有的除外。法律规定属于国家所有的野生动植物资源,属于国家所有。无线电频谱资源属于国家所有。法律规定属于国家所有的文物,属于国家所有。国防资产属于国家所有。铁路、公路、电力设施、电信设施和油气管道等基础设施,依照法律规定为国家所有的,属于国家所有。

国家机关对其直接支配的不动产和动产,享有占有、使用以及依照法律和国务院的有关规定处分的权利。国家举办的事业单位对其直接支配的不动产和动产,享有占有、使用以及依照法律和国务院的有关规定收益、处分的权利。国家出资的企业,由国务院、地方人民政府依照法律、行政法规规定分别代表国家履行出资人职责,享有出资人权益。

国家所有的财产受法律保护,禁止任何单位和个人侵占、哄抢、私分、截留、破坏。履行国有财产管理、监督职责的机构及其工作人员,应当依法加强对国有财产的管理、监督,促进国有财产保值增值,防止国有财产损失;滥用职权,玩忽职守,造成国有财产损失的,应当依法承担法律责任。违反国有财产管理规定,在企业改制、合并分立、关联交易等过程中,低价转让、合谋私分、擅自担保或者以其他方式造成国有财产损失的,应当依法承担法律责任。

法律规定专属于国家所有的不动产和动产,任何单位和个人不能取得所有权。为了公共利益的需要,依照法律规定的权限和程序可以征收集体所有的土地和单位、个人的房屋及其他不动产。征收集体所有的土地,应当依法足额支付土地补偿费、安置补助费、地上附着物和青苗的补偿费等费用,安排被征地农民的社会保障费用,保障被征地农民的生活,维护被征地农民的合法权益。征收单位、个人的房屋及其他不动产,应当依法给予拆迁补偿,维护被征收人的合法权益;征收个人住宅的,还应当保障被征收人的居住条件。任何单位和个人不得贪污、挪用、私分、截留、拖欠征收补偿费等费用。

2. 集体所有

集体所有是指一个集体内部所有成员共同拥有某项财产。根据物权法的规定,集体所有的不动产和动产包括:①法律规定属于集体所有的土地和森林、山岭、草原、荒地、滩涂;②集体所有的建筑物、生产设施、农田水利设施;③集体所有的教育、科学、文化、卫生、体育等设施;④集体所有的其他不动产和动产。农民集体所有的不动产和动产,属于本集体成员集体所有。

下列事项应当依照法定程序经本集体成员决定:①土地承包方案以及将土地发包给本集体以外的单位或者个人承包;②个别土地承包经营权人之间承包地的调整;③土地补偿费等费用的使用、分配办法;④集体出资的企业的所有权变动等事项;⑤法律规定的其他事项。

对于集体所有的土地和森林、山岭、草原、荒地、滩涂等,依照下列规定行使所有权:①属于村农民集体所有的,由村集体经济组织或者村民委员会代表集体行使所有权;②分别属于村内两个以上农民集体所有的,由村内各该集体经济组织或者村民小组代表集体行使所有权;③属于乡镇农民集体所有的,由乡镇集体经济组织代表集体行使所有权。

城镇集体所有的不动产和动产,依照法律、行政法规的规定由本集体享有占有、使用、收益和处分的权利。集体经济组织或者村民委员会、村民小组应当依照法律、行政法规以及章程、村规民约向本集体成员公布集体财产的状况。集体所有的财产受法律保护,禁止任何单位和个人侵占、哄抢、私分、破坏。集体经济组织、村民委员会或者其负责人作出的决定侵害集体成员合法权益的,受侵害的集体成员可以请求人民法院予以撤销。

3. 私人所有

私人对其合法的收入、房屋、生活用品、生产工具、原材料等不动产和动产享有所有权。私人合法的储蓄、投资及其收益受法律保护。国家依照法律规定保护私人的继承权及其他合法权益。私人的合法财产受法律保护,禁止任何单位和个人侵占、哄抢、破坏。国家、集体和私人依法可以出资设立有限责任公司、股份有限公司或者其他企业。国家、集体和私人所有的不动产或者动产,投到企业的,由出资人按照约定或者出资比例享有资产收益、重大决策以及选择经营管理者等权利并履行义务。

企业法人对其不动产和动产依照法律、行政法规以及章程享有占有、使用、收益和处分的权利。企业法人以外的法人,对其不动产和动产的权利,适用有关法律、行政法规以及章程的规定。社会团体依法所有的不动产和动产,受法律保护。

6.2.5 业主的建筑物区分所有权

1. 建筑物区分所有权的概念

建筑物区分所有权是指业主对建筑物内的住宅、经营性用房等专有部分享有所有权,对专有部分以外的共有部分享有共有和共同管理的权利。依法登记取得或者根据物权法有关规定取得建筑物专有部分所有权的人,应当认定为物权法第六章所称的业主。基于与建设单位之间的商品房买卖民事法律行为,已经合法占有建筑物专有部分,但尚未依法办理所有权登记的人,可以认定为业主。

2. 专有部分

建筑区划内符合下列条件的房屋,以及车位、摊位等特定空间,应当认定为专有部分:

(1) 具有构造上的独立性,能够明确区分。

(2) 具有利用上的独立性,可以排他使用。

(3) 能够登记成为特定业主所有权的客体。

规划上专属于特定房屋,且建设单位销售时已经根据规划列入该特定房屋买卖合同中的露台等,应当认定为专有部分的组成部分。

3. 共有部分

除法律、行政法规规定的共有部分外,建筑区划内的以下部分,也应当认定为共有部分:

(1) 建筑物的基础、承重结构、外墙、屋顶等基本结构部分,通道、楼梯、大堂等公共通行部分,消防、公共照明等附属设施、设备,避难层、设备层或者设备间等结构部分。

(2) 其他不属于业主专有部分,也不属于市政公用部分或者其他权利人所有的场所及设施等。建筑区划内的土地,依法由业主共同享有建设用地使用权,但属于业主专有的整栋建筑物的规划占地或者城镇公共道路、绿地占地除外。业主对其建筑物专有部分享有占有、使用、收益和处分的权利。业主行使权利不得危及建筑物的安全,不得损害其他业主的合法权益。业主对建筑物专有部分以外的共有部分,享有权利,承担义务;业主基于对住宅、经营性用房等专有部分特定使用功能的合理需要,无偿利用屋顶以及与其专有部分相对应的外墙面等共有部分的,不应认定为侵权。但违反法律、法规、管理规约,损害他人合法权益的除外。

建设单位或者其他行为人擅自占用、处分业主共有部分,改变其使用功能或者进行经营性活动,权利人有权请求排除妨害、恢复原状或者赔偿损失。业主或者其他行为人违反法律、法规、国家相关强制性标准、管理规约,或者违反业主大会、业主委员会依法作出的决定,实施下列行为的,可以认定为损害他人合法权益的行为:

(1) 损害房屋承重结构,损害或者违章使用电力、燃气、消防设施,在建筑物内放置危险、放射性物品等危及建筑物安全或妨碍建筑物正常使用。

(2) 违反规定破坏、改变建筑物外墙面的形状、颜色等损害建筑物外观。

(3) 违反规定进行房屋装饰装修。

(4) 违章加建、改建、侵占、挖掘公共通道、道路、场地或者其他共有部分。

业主不得以放弃权利不履行义务。业主转让建筑物内的住宅、经营性用房,其对共有部分享有的共有和共同管理的权利一并转让。专有部分的承租人、借用人等物业使用人,根据法律、法规、管理规约、业主大会或者业主委员会依法作出的决定,以及其与业主的约定,享有相应权利,承担相应义务。

建筑区划内的道路,属于业主共有,但属于城镇公共道路的除外。建筑区划内的绿地,属于业主共有,但属于城镇公共绿地或者明示属于个人的除外。建筑区划内的其他公共场所、公用设施和物业服务用房,属于业主共有。建筑区划内,规划用于停放汽车的车位、车库应当首先满足业主的需要。建设单位按照配置比例将车位、车库,以出售、附赠或者出租等方式处分给业主的,应当认定其行为符合满足业主的需要的规定。配置比例是指规划确定的建筑区划内规划用于停放汽车的车位、车库与房屋套数的比例。建筑区划内,规划用于停放汽车的车位、车库的归属,由当事人通过出售、附赠或者出租等方式约定。占用业主共有的道路或者其他场地用于停放汽车的车位,属于业主共有。

4. 业主大会

业主可以设立业主大会,选举业主委员会。地方人民政府有关部门应当对设立业主大会和选举业主委员会给予指导和协助。下列事项由业主共同决定：①制定和修改业主大会议事规则；②制定和修改建筑物及其附属设施的管理规约；③选举业主委员会或者更换业主委员会成员；④选聘和解聘物业服务企业或者其他管理人；⑤筹集和使用建筑物及其附属设施的维修资金；⑥改建、重建建筑物及其附属设施；⑦有关共有和共同管理权利的其他重大事项。改变共有部分的用途、利用共有部分从事经营性活动、处分共有部分，以及业主大会依法决定或者管理规约依法确定应由业主共同决定的事项属于其他重大事项。决定第⑤项和第⑥项规定的事项，应当经专有部分占建筑物总面积三分之二以上的业主且占总人数三分之二以上的业主同意。决定其他事项，应当经专有部分占建筑物总面积过半数的业主且占总人数过半数的业主同意。

业主不得违反法律、法规以及管理规约，将住宅改变为经营性用房。业主将住宅改变为经营性用房的，除遵守法律、法规以及管理规约外，应当经有利害关系的业主同意。业主将住宅改变为经营性用房，未依法律规定经有利害关系的业主同意，有利害关系的业主有权请求排除妨害、消除危险、恢复原状或者赔偿损失。业主将住宅改变为经营性用房，本栋建筑物内的其他业主，应当认定为有利害关系的业主。建筑区划内，本栋建筑物之外的业主，主张与自己有利害关系的，应证明其房屋价值、生活质量受到或者可能受到不利影响。

业主大会或者业主委员会的决定，对业主具有约束力。业主大会或者业主委员会作出的决定侵害业主合法权益的，受侵害的业主可以请求人民法院予以撤销。建筑物及其附属设施的维修资金，属于业主共有。经业主共同决定，可以用于电梯、水箱等共有部分的维修。维修资金的筹集、使用情况应当公布。建筑物及其附属设施的费用分摊、收益分配等事项，有约定的，按照约定；没有约定或者约定不明确的，按照业主专有部分占建筑物总面积的比例确定。

业主可以自行管理建筑物及其附属设施，也可以委托物业服务企业或者其他管理人管理。对建设单位聘请的物业服务企业或者其他管理人，业主有权依法更换。物业服务企业或者其他管理人根据业主的委托管理建筑区划内的建筑物及其附属设施，并接受业主的监督。物业服务企业不履行或者不完全履行物业服务合同约定的或者法律、法规规定以及相关行业规范确定的维修、养护、管理和维护义务，业主有权请求物业服务企业承担继续履行、采取补救措施或者赔偿损失等违约责任。物业服务企业公开作出的服务承诺及制定的服务细则，应当认定为物业服务合同的组成部分。业主违反物业服务合同或者法律、法规、管理规约，实施妨害物业服务与管理的行为，物业服务企业有权请求业主承担恢复原状、停止侵害、排除妨害等相应民事责任。物业服务企业违反物业服务合同约定或者法律、法规、部门规章规定，擅自扩大收费范围、提高收费标准或者重复收费，业主有权以违规收费为由拒绝缴纳。业主有权请求物业服务企业退还其已收取的违规费用。经书面催交，业主无正当理由拒绝交纳或者在催告的合理期限内仍未交纳物业费，物业服务企业有权请求业主支付物业费。物业服务企业已经按照合同约定以及相关规定提供服务，业主不得仅以未享受或者无需接受相关物业服务为由拒绝交费。业主与物业的承租人、借用人或者其他物业使用人约定由物业使用人交纳物业费，物业服务企业有权请求业主承担连带责任。物业服务合同的权利义务终止后，业主有权请求物业服务企业退还已经预收，但尚未提供物业服务期间的物业费。物业服务企业有权请求业主支付拖欠的物业费。因物业的承租人、借用人或者其他物业使用人实施违反物业服务合同,以及法律、法规或者管理规约的行为引起的物业服务纠纷,参照关于业主的规定处理。业主应当遵守法律、法规以及管理规约。业主大会和业主委员会,对任意弃置垃圾、排放污染物或者噪声、违反规定饲养动物、违章搭建、侵占通道、拒付物业费等损害他人合法权益的行为,有权依照法律、法规以及管理规约,要求行为人停止侵害、消除危险、排除妨害、赔偿损失。业主对侵害自己合法权益的行为,可以依法向人民法院提起诉讼。

6.2.6 相邻关系

相邻关系是指两个或两个以上相互毗邻的不动产的所有人或使用人,在行使不动产的所有权或使用权时,因相邻各方应当给予便利和接受限制而发生的权利和义务关系。不动产的相邻权利人应当按照有利生产、方便生活、团结互助、公平合理的原则,正确处理相邻关系。法律、法规对处理相邻关系有规定的,依照其规定;法律、法规没有规定的,可以按照当地习惯。不动产权利人应当为相邻权利人用水、排水提供必要的便利。对自然流水的利用,应当在不动产的相邻权利人之间合理分配。对自然流水的排放,应当尊重自然流向。不动产权利人对相邻权利人因通行等必须利用其土地的,应当提供必要的便利。不动产权利人因建造、修缮建筑物以及铺设电线、电缆、水管、暖气和燃气管线等必须利用相邻土地、建筑物的,该土地、建筑物的权利人应当提供必要的便利。

建造建筑物,不得违反国家有关工程建设标准,妨碍相邻建筑物的通风、采光和日照。不动产权利人不得违反国家规定弃置固体废物,排放大气污染物、水污染物、噪声、光、电磁波辐射等有害物质。不动产权利人挖掘土地、建造建筑物、铺设管线以及安装设备等,不得危及相邻不动产的安全。不动产权利人因用水、排水、通行、铺设管线等利用相邻不动产的,应当尽量避免对相邻的不动产权利人造成损害;造成损害的,应当给予赔偿。

6.2.7 共有

不动产或者动产可以由两个以上单位、个人共有。共有包括按份共有和共同共有:按份共有人对共有的不动产或者动产按照其份额享有所有权。共同共有人对共有的不动产或者动产共同享有所有权。共有人按照约定管理共有的不动产或者动产;没有约定或者约定不明确的,各共有人都有管理的权利和义务。处分共有的不动产或者动产以及对共有的不动产或者动产作重大修缮的,应当经占份额三分之二以上的按份共有人或者全体共同共有人同意,但共有人之间另有约定的除外。对共有物的管理费用以及其他负担,有约定的,按照约定;没有约定或者约定不明确的,按份共有人按照其份额负担,共同共有人共同负担。

共有人约定不得分割共有的不动产或者动产,以维持共有关系的,应当按照约定,但共有人有重大理由需要分割的,可以请求分割;没有约定或者约定不明确的,按份共有人可以随时请求分割,共同共有人在共有的基础丧失或者有重大理由需要分割时可以请求分割。因分割对其他共有人造成损害的,应当给予赔偿。共有人可以协商确定分割方式。达不成协议,共有的不动产或者动产可以分割并且不会因分割减损价值的,应当对实物予以分割;

难以分割或者因分割会减损价值的,应当对折价或者拍卖、变卖取得的价款予以分割。共有人分割所得的不动产或者动产有瑕疵的,其他共有人应当分担损失。按份共有人可以转让其享有的共有的不动产或者动产份额。其他共有人在同等条件下享有优先购买的权利。同等条件应当综合共有份额的转让价格、价款履行方式及期限等因素确定。

因共有的不动产或者动产产生的债权债务,在对外关系上,共有人享有连带债权、承担连带债务,但法律另有规定或者第三人知道共有人不具有连带债权债务关系的除外;在共有人内部关系上,除共有人另有约定外,按份共有人按照份额享有债权、承担债务,共同共有人共同享有债权、承担债务。偿还债务超过自己应当承担份额的按份共有人,有权向其他共有人追偿。

共有人对共有的不动产或者动产没有约定为按份共有或者共同共有,或者约定不明确的,除共有人具有家庭关系等外,视为按份共有。按份共有人对共有的不动产或者动产享有的份额,没有约定或者约定不明确的,按照出资额确定;不能确定出资额的,视为等额享有。

6.3 用 益 物 权

6.3.1 用益物权的概念

用益物权人对他人所有的不动产或者动产,依法享有占有、使用和收益的权利。与担保物权相比,用益物权以对标的物的使用、收益为主要内容,注重物的使用价值,并以对物的占有为前提。这区别于担保物权注重物的交换价值的特点。用益物权对于满足当事人的需求、充分发挥物质资料的效能、促进社会经济的发展,具有重要的作用。

国家所有或者国家所有由集体使用以及法律规定属于集体所有的自然资源,单位、个人依法可以占有、使用和收益。国家实行自然资源有偿使用制度,但法律另有规定的除外。用益物权人行使权利,应当遵守法律有关保护和合理开发利用资源的规定。所有权人不得干涉用益物权人行使权利。因不动产或者动产被征收、征用致使用益物权消灭或者影响用益物权行使的,用益物权人有权依法获得相应的补偿。依法取得的海域使用权受法律保护。依法取得的探矿权、采矿权、取水权和使用水域、滩涂从事养殖、捕捞的权利受法律保护。

6.3.2 土地承包经营权

实行以家庭承包经营为基础、统分结合的双层经营体制,是农村改革的重大成果,是我国宪法确立的农村基本经营制度。农村土地承包法自 2003 年施行以来,对稳定农村基本经营制度,赋予农民长期而有保障的土地承包经营权,增加农民收入,促进农业、农村经济健康发展和农村社会和谐稳定,发挥了重大作用。从农业农村的现实情况看,随着富余劳动力转移到城镇就业,各类合作社、农业产业化龙头企业等新型经营主体大量涌现,土地流转面积不断扩大,规模化、集约化经营水平不断提升,呈现"家庭承包,多元经营"格局。农业产业化、水利化、机械化及科技进步等,都对完善农村生产关系提出新的要求。为了巩固和完善以家庭承包经营为基础、统分结合的双层经营体制,保持农村土地承包关系稳定并长久不变,维护农村土地承包经营当事人的合法权益,促进农业、农村经济发展和农村社会和谐稳定,2018年12月29日第十三届全国人民代表大会常务委员会第七次会议对《中华人民共和国农村土地承包法》(以下简称《农村土地承包法》)第二次修正,自2019年1月1日起施行。此次修正的最大亮点是确立了"三权分置"制度,确立了在坚持农村土地集体所有的前提下,促使承包权和经营权分离,形成所有权、承包权、经营权三权分置,经营权流转的格局。"三权分置"是继家庭联产承包责任制后农村改革又一重大制度创新。此次修正将实践检验行之有效的农村土地承包政策和成功经验及时转化为法律规范,进一步适应农村生产力发展的新要求,稳定和完善适合国情的农村基本经营制度,围绕处理好农民和土地的关系这条主线,进一步赋予农民充分而有保障的土地权利,为提高农业农村现代化水平,推动实施乡村振兴战略和城乡融合发展,保持农村社会和谐稳定提供了法律制度保障。

《农村土地承包法》对土地经营权流转和融资担保作出了规定。国家保护承包方依法、自愿、有偿流转土地经营权,保护土地经营权人的合法权益,任何组织和个人不得侵犯。农村土地承包后,土地的所有权性质不变。承包地不得买卖。承包方承包土地后,享有土地承包经营权,可以自己经营,也可以保留土地承包权,流转其承包地的土地经营权,由他人经营。

承包方流转土地经营权的,其与发包方的承包关系不变。承包期内,发包方不得收回承包地。承包方可以自主决定依法采取出租(转包)、入股或者其他方式向他人流转土地经营权,并向发包方备案。经承包方同意,受让方可以依法投资改良土壤,建设农业生产附属、配套设施,并按照合同约定对其投资部分获得合理补偿。土地经营权人有权在合同约定的期限内占有农村土地,自主开展农业生产经营并取得收益。承包方不得单方解除土地经营权流转合同,但受让方有下列情形之一的除外:

(1) 擅自改变土地的农业用途。
(2) 弃耕抛荒连续2年以上。
(3) 给土地造成严重损害或者严重破坏土地生态环境。
(4) 其他严重违约行为。

承包方可以用承包地的土地经营权向金融机构融资担保,并向发包方备案。受让方通过流转取得的土地经营权,经承包方书面同意并向发包方备案,可以向金融机构融资担保。担保物权自融资担保合同生效时设立。当事人可以向登记机构申请登记;未经登记,不得对抗善意第三人。实现担保物权时,担保物权人有权就土地经营权优先受偿。

为维护进城务工和落户农民的土地承包权益,《农村土地承包法》规定国家保护进城农户的土地承包经营权。不得以退出土地承包经营权作为农户进城落户的条件。承包期内,承包农户进城落户的,引导支持其按照自愿有偿原则依法在本集体经济组织内转让土地承包经营权或者将承包地交回发包方,也可以鼓励其流转土地经营权。承包期内,承包方交回承包地或者发包方依法收回承包地时,承包方对其在承包地上投入而提高土地生产能力的,有权获得相应的补偿。

为保护农村妇女土地承包权益,《农村土地承包法》规定:承包期内,妇女结婚,在新居住地未取得承包地的,发包方不得收回其原承包地;妇女离婚或者丧偶,仍在原居住地生活或者不在原居住地生活但在新居住地未取得承包地的,发包方不得收回其原承包地。

农村集体经济组织实行家庭承包经营为基础、统分结合的双层经营体制。农民集体所有和国家所有由农民集体使用的耕地、林地、草地以及其他用于农业的土地,依法实行土地承包经营制度。土地承包经营权人依法对其承包经营的耕地、林地、草地等享有占有、使用和收益的权利,有权从事种植业、林业、畜牧业等农业生产。

耕地的承包期为30年。草地的承包期为30~50年。林地的承包期为30~70年;特殊林木的林地承包期,经国务院林业行政主管部门批准可以延长。承包期届满,由土地承包经营权人按照国家有关规定继续承包。

土地承包经营权自土地承包经营权合同生效时设立。县级以上地方人民政府应当向土地承包经营权人发放土地承包经营权证、林权证、草原使用权证,并登记造册,确认土地承包经营权。土地承包经营权人依照农村土地承包法的规定,有权将土地承包经营权采取转包、互换、转让等方式流转。流转的期限不得超过承包期的剩余期限。未经依法批准,不得将承包地用于非农建设。

土地承包经营权人将土地承包经营权互换、转让,当事人要求登记的,应当向县级以上地方人民政府申请土地承包经营权变更登记;未经登记,不得对抗善意第三人。承包期内发包人不得调整承包地。因自然灾害严重毁损承包地等特殊情形,需要适当调整承包的耕地和草地的,应当依照农村土地承包法等法律规定办理。承包期内发包人不得收回承包地。农村土地承包法等法律另有规定的,依照其规定。承包地被征收的,土地承包经营权人有权依法获得相应补偿。通过招标、拍卖、公开协商等方式承包荒地等农村土地,依照农村土地承包法等法律和国务院的有关规定,其土地承包经营权可以转让、入股、抵押或者以其他方式流转。我国正在深化农村土地制度改革,坚持土地公有制性质不改变、耕地红线不突破、粮食生产能力不减弱、农民利益不受损的底线,从实际出发,因地制宜,落实承包地、宅基地、集体经营性建设用地的用益物权,赋予农民更多财产权利,增加农民财产收益。完善农村集体产权确权和保护制度,分类建立健全集体资产清产核资、登记、保管、使用、处置制度和财务管理监督制度,规范农村产权流转交易,切实防止集体经济组织内部少数人侵占、非法处置集体资产,防止外部资本侵吞、非法控制集体资产。

6.3.3 建设用地使用权

建设用地使用权人依法对国家所有的土地享有占有、使用和收益的权利,有权利用该土地建造建筑物、构筑物及其附属设施。建设用地使用权可以在土地的地表、地上或者地下分别设立。新设立的建设用地使用权,不得损害已设立的用益物权。设立建设用地使用权,可以采取出让或者划拨等方式。工业、商业、旅游、娱乐和商品住宅等经营性用地以及同一土地有两个以上意向用地者的,应当采取招标、拍卖等公开竞价的方式出让。严格限制以划拨方式设立建设用地使用权。采取划拨方式的,应当遵守法律、行政法规关于土地用途的规定。

采取招标、拍卖、协议等出让方式设立建设用地使用权的,当事人应当采取书面形式订立建设用地使用权出让合同。建设用地使用权出让合同一般包括下列条款:①当事人的名称和住所;②土地界址、面积等;③建筑物、构筑物及其附属设施占用的空间;④土地用途;⑤使用期限;⑥出让金等费用及其支付方式;⑦解决争议的方法。设立建设用地使用权的,应当向登记机构申请建设用地使用权登记。建设用地使用权自登记时设立。登记机构应当向建设用地使用权人发放建设用地使用权证书。建设用地使用权人应当合理利用土地,不得改变土地用途;需要改变土地用途的,应当依法经有关行政主管部门批准。建设用地使用权人应当依照法律规定以及合同约定支付出让金等费用。建设用地使用权人建造的建筑物、构筑物及其附属设施的所有权属于建设用地使用权人,但有相反证据证明的除外。

建设用地使用权人有权将建设用地使用权转让、互换、出资、赠与或者抵押,但法律另有规定的除外。建设用地使用权转让、互换、出资、赠与或者抵押的,当事人应当采取书面形式订立相应的合同。使用期限由当事人约定,但不得超过建设用地使用权的剩余期限。建设用地使用权转让、互换、出资或者赠与的,应当向登记机构申请变更登记。建设用地使用权转让、互换、出资或者赠与的,附着于该土地上的建筑物、构筑物及其附属设施一并处分。建筑物、构筑物及其附属设施转让、互换、出资或者赠与的,该建筑物、构筑物及其附属设施占用范围内的建设用地使用权一并处分。

建设用地使用权期间届满前,因公共利益需要提前收回该土地的,应当依法对该土地上的房屋及其他不动产给予补偿,并退还相应的出让金。住宅建设用地使用权期间届满的,自动续期。非住宅建设用地使用权期间届满后的续期,依照法律规定办理。2016年11月国务院在《关于完善产权保护制度依法保护产权的意见》提出要研究住宅建设用地等土地使用权到期后续期的法律安排,推动形成全社会对公民财产长久受保护的良好和稳定预期。该土地上的房屋及其他不动产的归属,有约定的,按照约定;没有约定或者约定不明确的,依照法律、行政法规的规定办理。建设用地使用权消灭的,出让人应当及时办理注销登记。登记机构应当收回建设用地使用权证书。

6.3.4 宅基地使用权

宅基地使用权是农村集体经济组织的成员依法享有的在农民集体所有的土地上建造个人住宅的权利。宅基地使用权的主体只能是农村集体经济组织的成员。宅基地使用权的用途仅限于村民建造个人住宅。个人住宅包括住房以及与村民居住生活有关的附属设施,如厨房、院墙等。宅基地使用权人依法对集体所有的土地享有占有和使用的权利,有权依法利用该土地建造住宅及其附属设施。宅基地使用权的取得、行使和转让,适用土地管理法等法律和国家有关规定。宅基地因自然灾害等原因灭失的,宅基地使用权消灭。对失去宅基地的村民,应当重新分配宅基地。已经登记的宅基地使用权转让或者消灭的,应当及时办理变更登记或者注销登记。

6.3.5 地役权

地役权是指为使用自己不动产的便利或提高其效益而按照合同约定利用他人不动产的权利。他人的不动产为供役地,自己的不动产为需役地。设立地役权,当事人应当采取书面形式订立地役权合同。地役权合同一般包括下列条款:①当事人的姓名或者名称和住所;

②供役地和需役地的位置;③利用目的和方法;④利用期限;⑤费用及其支付方式;⑥解决争议的方法。地役权自地役权合同生效时设立。当事人要求登记的,可以向登记机构申请地役权登记;未经登记,不得对抗善意第三人。

供役地权利人应当按照合同约定,允许地役权人利用其土地,不得妨害地役权人行使权利。地役权人应当按照合同约定的利用目的和方法利用供役地,尽量减少对供役地权利人物权的限制。地役权的期限由当事人约定,但不得超过土地承包经营权、建设用地使用权等用益物权的剩余期限。土地所有权人享有地役权或者负担地役权的,设立土地承包经营权、宅基地使用权时,该土地承包经营权人、宅基地使用权人继续享有或者负担已设立的地役权。土地上已设立土地承包经营权、建设用地使用权、宅基地使用权等权利的,未经用益物权人同意,土地所有权人不得设立地役权。地役权不得单独转让。土地承包经营权、建设用地使用权等转让的,地役权一并转让,但合同另有约定的除外。地役权不得单独抵押。土地承包经营权、建设用地使用权等抵押的,在实现抵押权时,地役权一并转让。

需役地以及需役地上的土地承包经营权、建设用地使用权部分转让时,转让部分涉及地役权的,受让人同时享有地役权。供役地以及供役地上的土地承包经营权、建设用地的使用权部分转让时,转让部分涉及地役权的,地役权对受让人具有约束力。

地役权人有下列情形之一的,供役地权利人有权解除地役权合同,地役权消灭:①违反法律规定或者合同约定,滥用地役权;②有偿利用供役地,约定的付款期间届满后在合理期限内经两次催告未支付费用。已经登记的地役权变更、转让或者消灭的,应当及时办理变更登记或者注销登记。

6.4 担 保 物 权

6.4.1 担保物权的概念

担保物权是指担保物权人在债务人不履行到期债务或者发生当事人约定的实现担保物权的情形,依法享有就担保财产优先受偿的权利。债权人在借贷、买卖等民事活动中,为保障实现其债权,需要担保的,可以依法设立担保物权。第三人为债务人向债权人提供担保的,可以要求债务人提供反担保。反担保适用物权法和其他法律的规定。

设立担保物权,应当依法订立担保合同。担保合同是主债权债务合同的从合同。主债权债务合同无效,担保合同无效,但法律另有规定的除外。担保合同被确认无效后,债务人、担保人、债权人有过错的,应当根据其过错各自承担相应的民事责任。担保物权的担保范围包括主债权及其利息、违约金、损害赔偿金、保管担保财产和实现担保物权的费用。当事人另有约定的,按照约定。担保期间,担保财产毁损、灭失或者被征收等,担保物权人可以就获得的保险金、赔偿金或者补偿金等优先受偿。被担保债权的履行期未届满的,也可以提存该保险金、赔偿金或者补偿金等。

第三人提供担保,未经其书面同意,债权人允许债务人转移全部或者部分债务的,担保人不再承担相应的担保责任。被担保的债权既有物的担保又有人的担保的,债务人不履行到期债务或者发生当事人约定的实现担保物权的情形,债权人应当按照约定实现债权;没有约定或者约定不明确,债务人自己提供物的担保的,债权人应当先就该物的担保实现债权;第三人提供物的担保的,债权人可以就物的担保实现债权,也可以要求保证人承担保证责任。提供担保的第三人承担担保责任后,有权向债务人追偿。

有下列情形之一的,担保物权消灭:①主债权消灭;②担保物权实现;③债权人放弃担保物权;④法律规定担保物权消灭的其他情形。担保法与物权法的规定不一致的,适用物权法。

6.4.2 抵押权

抵押权是指为担保债务的履行,债务人或者第三人不转移财产的占有,将该财产抵押给债权人的,债务人不履行到期债务或者发生当事人约定的实现抵押权的情形,债权人有权就该财产优先受偿的权利。债务人或者第三人为抵押人,债权人为抵押权人,提供担保的财产为抵押财产。

债务人或者第三人有权处分的下列财产可以抵押:①建筑物和其他土地附着物;②建设用地使用权;③以招标、拍卖、公开协商等方式取得的荒地等土地承包经营权;④生产设备、原材料、半成品、产品;⑤正在建造的建筑物、船舶、航空器;⑥交通运输工具;⑦法律、行政法规未禁止抵押的其他财产。

下列财产不得抵押:①土地所有权;②耕地、宅基地、自留地、自留山等集体所有的土地使用权,但法律规定可以抵押的除外;③学校、幼儿园、医院等以公益为目的的事业单位、社会团体的教育设施、医疗卫生设施和其他社会公益设施;④所有权、使用权不明或者有争议的财产;⑤依法被查封、扣押、监管的财产;⑥法律、行政法规规定不得抵押的其他财产。

经当事人书面协议,企业、个体工商户、农业生产经营者可以将现有的以及将有的生产设备、原材料、半成品、产品抵押,债务人不履行到期债务或者发生当事人约定的实现抵押权的情形,债权人有权就实现抵押权时的动产优先受偿。以建筑物抵押的,该建筑物占用范围内的建设用地使用权一并抵押。以建设用地使用权抵押的,该土地上的建筑物一并抵押。抵押人未依法一并抵押的,未抵押的财产视为一并抵押。乡镇、村企业的建设用地使用权不得单独抵押。以乡镇、村企业的厂房等建筑物抵押的,其占用范围内的建设用地使用权一并抵押。

设立抵押权,当事人应当采取书面形式订立抵押合同。抵押合同一般包括下列条款:①被担保债权的种类和数额;②债务人履行债务的期限;③抵押财产的名称、数量、质量、状况、所在地、所有权归属或者使用权归属;④担保的范围。

抵押权人在债务履行期届满前,不得与抵押人约定债务人不履行到期债务时抵押财产归债权人所有。以建筑物和其他土地附着物;建设用地使用权;以招标、拍卖、公开协商等方式取得的荒地等土地承包经营权,正在建造的建筑物抵押的,应当办理抵押登记,抵押权自登记时设立。生产设备、原材料、半成品、产品;交通运输工具;正在建造的船舶、航空器抵押的,抵押权自抵押合同生效时设立,未经登记,不得对抗善意第三人。企业、个体工商户、农业生产经营者以现有的以及将有的生产设备、原材料、半成品、产品抵押的,应当向抵押人住所地的市场监督管理部门办理登记。抵押权自抵押合同生效时设立;未经登记,不得对抗善意第三人。

订立抵押合同前抵押财产已出租的,原租赁关系不受该抵押权的影响。抵押权设立后抵押财产出租的,该租赁关系不得对抗已登记的抵押权。抵押期间,抵押人经抵押权人同意转让抵押财产的,应当将转让所得的价款向抵押权人提前清偿债务或者提存。转让的价款超过债权数额的部分归抵押人所有,不足部分由债务人清偿。抵押期间,抵押人未经抵押权人同意,不得转让抵押财产,但受让人代为清偿债务消灭抵押权的除外。抵押权不得与债权分离而单独转让或者作为其他债权的担保。债权转让的,担保该债权的抵押权一并转让,但法律另有规定或者当事人另有约定的除外。抵押人的行为足以使抵押财产价值减少的,抵押权人有权要求抵押人停止其行为。抵押财产价值减少的,抵押权人有权要求恢复抵押财产的价值,或者提供与减少的价值相应的担保。抵押人不恢复抵押财产的价值也不提供担保的,抵押权人有权要求债务人提前清偿债务。

抵押权人可以放弃抵押权或者抵押权的顺位。抵押权人与抵押人可以协议变更抵押权顺位以及被担保的债权数额等内容,但抵押权的变更,未经其他抵押权人书面同意,不得对其他抵押权人产生不利影响。债务人以自己的财产设定抵押,抵押权人放弃该抵押权、抵押权顺位或者变更抵押权的,其他担保人在抵押权人丧失优先受偿权益的范围内免除担保责任,但其他担保人承诺仍然提供担保的除外。

债务人不履行到期债务或者发生当事人约定的实现抵押权的情形,抵押权人可以与抵押人协议以抵押财产折价或者以拍卖、变卖该抵押财产所得的价款优先受偿。协议损害其他债权人利益的,其他债权人可以在知道或者应当知道撤销事由之日起1年内请求人民法院撤销该协议。抵押权人与抵押人未就抵押权实现方式达成协议的,抵押权人可以请求人民法院拍卖、变卖抵押财产。抵押财产折价或者变卖的,应当参照市场价格。抵押财产折价或者拍卖、变卖后,其价款超过债权数额的部分归抵押人所有,不足部分由债务人清偿。同一财产向两个以上债权人抵押的,拍卖、变卖抵押财产所得的价款依照下列规定清偿:

(1)抵押权已登记的,按照登记的先后顺序清偿;顺序相同的,按照债权比例清偿。

(2)抵押权已登记的先于未登记的受偿。

(3)抵押权未登记的,按照债权比例清偿。抵押权人应当在主债权诉讼时效期间行使抵押权;未行使的,人民法院不予保护。

为担保债务的履行,债务人或者第三人对一定期间内将要连续发生的债权提供担保财产的,债务人不履行到期债务或者发生当事人约定的实现抵押权的情形,抵押权人有权在最高债权额限度内就该担保财产优先受偿。最高额抵押权设立前已经存在的债权,经当事人同意,可以转入最高额抵押担保的债权范围。最高额抵押担保的债权确定前,部分债权转让的,最高额抵押权不得转让,但当事人另有约定的除外。最高额抵押担保的债权确定前,抵押权人与抵押人可以通过协议变更债权确定的期间、债权范围以及最高债权额,但变更的内容不得对其他抵押权人产生不利影响。

6.4.3 质权

1. 动产质权

动产质权是指为担保债务的履行,债务人或者第三人将其动产出质给债权人占有的,债

务人不履行到期债务或者发生当事人约定的实现质权的情形,债权人有权就该动产优先受偿的权利。债务人或者第三人为出质人,债权人为质权人,交付的动产为质押财产。法律、行政法规禁止转让的动产不得出质。

设立质权,当事人应当采取书面形式订立质权合同。质权合同一般包括下列条款:①被担保债权的种类和数额;②债务人履行债务的期限;③质押财产的名称、数量、质量、状况;④担保的范围;⑤质押财产交付的时间。质权人在债务履行期届满前,不得与出质人约定债务人不履行到期债务时质押财产归债权人所有。

质权自出质人交付质押财产时设立。质权人有权收取质押财产的孳息,但合同另有约定的除外。孳息应当先充抵收取孳息的费用。质权人在质权存续期间,未经出质人同意,擅自使用、处分质押财产,给出质人造成损害的,应当承担赔偿责任。质权人负有妥善保管质押财产的义务;因保管不善致使质押财产毁损、灭失的,应当承担赔偿责任。质权人的行为可能使质押财产毁损、灭失的,出质人可以要求质权人将质押财产提存,或者要求提前清偿债务并返还质押财产。

因不能归责于质权人的事由可能使质押财产毁损或者价值明显减少,足以危害质权人权利的,质权人有权要求出质人提供相应的担保;出质人不提供的,质权人可以拍卖、变卖质押财产,并与出质人通过协议将拍卖、变卖所得的价款提前清偿债务或者提存。质权人在质权存续期间,未经出质人同意转质,造成质押财产毁损、灭失的,应当向出质人承担赔偿责任。质权人可以放弃质权。债务人以自己的财产出质,质权人放弃该质权的,其他担保人在质权人丧失优先受偿权益的范围内免除担保责任,但其他担保人承诺仍然提供担保的除外。债务人履行债务或者出质人提前清偿所担保的债权的,质权人应当返还质押财产。债务人不履行到期债务或者发生当事人约定的实现质权的情形,质权人可以与出质人协议以质押财产折价,也可以就拍卖、变卖质押财产所得的价款优先受偿。质押财产折价或者变卖的,应当参照市场价格。出质人可以请求质权人在债务履行期届满后及时行使质权;质权人不行使的,出质人可以请求人民法院拍卖、变卖质押财产。

出质人请求质权人及时行使质权,因质权人怠于行使权利造成损害的,由质权人承担赔偿责任。质押财产折价或者拍卖、变卖后,其价款超过债权数额的部分归出质人所有,不足部分由债务人清偿。

2. 权利质权

权利质权是指为了担保债权清偿,就债务人或第三人所享有的权利设定的质权。权利质权的标的是权利。债务人或者第三人有权处分的下列权利可以出质:①汇票、支票、本票;②债券、存款单;③仓单、提单;④可以转让的基金份额、股权;⑤可以转让的注册商标专用权、专利权、著作权等知识产权中的财产权;⑥应收账款;⑦法律、行政法规规定可以出质的其他财产权利。

以汇票、支票、本票、债券、存款单、仓单、提单出质的,当事人应当订立书面合同。质权自权利凭证交付质权人时设立;没有权利凭证的,质权自有关部门办理出质登记时设立。汇票、支票、本票、债券、存款单、仓单、提单的兑现日期或者提货日期先于主债权到期的,质权人可以兑现或者提货,并与出质人协议将兑现的价款或者提取的货物提前清偿债务或者提存。以基金份额、股权出质的,当事人应当订立书面合同。以基金份额、证券登记结算机构登记的股权出质的,质权自证券登记结算机构办理出质登记时设立;以其他股权出质的,质权自工商行政管理部门办理出质登记时设立。

基金份额、股权出质后,不得转让,但经出质人与质权人协商同意的除外。出质人转让基金份额、股权所得的价款,应当向质权人提前清偿债务或者提存。以注册商标专用权、专利权、著作权等知识产权中的财产权出质的,当事人应当订立书面合同。质权自有关主管部门办理出质登记时设立。知识产权中的财产权出质后,出质人不得转让或者许可他人使用,但经出质人与质权人协商同意的除外。出质人转让或者许可他人使用出质的知识产权中的财产权所得的价款,应当向质权人提前清偿债务或者提存。

以应收账款出质的,当事人应当订立书面合同。质权自信贷征信机构办理出质登记时设立。应收账款出质后,不得转让,但经出质人与质权人协商同意的除外。出质人转让应收账款所得的价款,应当向质权人提前清偿债务或者提存。

6.4.4 留置权

留置权是指债务人不履行到期债务,债权人可以留置已经合法占有的债务人的动产,并有权就该动产优先受偿的权利。债权人为留置权人,占有的动产为留置财产。债权人留置的动产,应当与债权属于同一法律关系,但企业之间留置的除外。法律规定或者当事人约定不得留置的动产,不得留置。

留置财产为可分物的,留置财产的价值应当相当于债务的金额。留置权人负有妥善保管留置财产的义务;因保管不善致使留置财产毁损、灭失的,应当承担赔偿责任。留置权人有权收取留置财产的孳息。留置权人与债务人应当约定留置财产后的债务履行期间;没有约定或者约定不明确的,留置权人应当给债务人两个月以上履行债务的期间,但鲜活易腐等不易保管的动产除外。债务人逾期未履行的,留置权人可以与债务人协议以留置财产折价,也可以就拍卖、变卖留置财产所得的价款优先受偿。留置财产折价或者变卖的,应当参照市场价格。债务人可以请求留置权人在债务履行期届满后行使留置权;留置权人不行使的,债务人可以请求人民法院拍卖、变卖留置财产。留置财产折价或者拍卖、变卖后,其价款超过债权数额的部分归债务人所有,不足部分由债务人清偿。同一动产上已设立抵押权或者质权,该动产又被留置的,留置权人优先受偿。留置权人对留置财产丧失占有或者留置权人接受债务人另行提供担保的,留置权消灭。

6.5 占 有

占有是指对不动产或者动产的实际控制。占有人可以是依法有权占有不动产或者动产,如根据租赁合同在租期内占有对方交付的租赁物。占有人也可能是无权占有他人的不动产或者动产,如租借他人的物品,过期不还。根据物权法的规定,基于合同关系等产生的占有,有关不动产或者动产的使用、收益、违约责任等,按照合同约定;合同没有约定或者约定不明确的,依照有关法律规定。占有人因使用占有的不动产或者动产,致使该不动产或者

动产受到损害的,恶意占有人应当承担赔偿责任。不动产或者动产被占有人占有的,权利人可以请求返还原物及其孳息,但应当支付善意占有人因维护该不动产或者动产支出的必要费用。占有的不动产或者动产毁损、灭失,该不动产或者动产的权利人请求赔偿的,占有人应当将因毁损、灭失取得的保险金、赔偿金或者补偿金等返还给权利人;权利人的损害未得到足够弥补的,恶意占有人还应当赔偿损失。

占有的不动产或者动产被侵占的,占有人有权请求返还原物;对妨害占有的行为,占有人有权请求排除妨害或者消除危险;因侵占或者妨害造成损害的,占有人有权请求损害赔偿。占有人返还原物的请求权,自侵占发生之日起1年内未行使的,该请求权消灭。

6.6 物权的保护

国家、集体、私人的物权和其他权利人的物权受法律保护,任何单位和个人不得侵犯。物权受到侵害的,权利人可以通过和解、调解、仲裁、诉讼等途径解决。因物权的归属、内容发生争议的,利害关系人可以请求确认权利。无权占有不动产或者动产的,权利人可以请求返还原物。妨害物权或者可能妨害物权的,权利人可以请求排除妨害或者消除危险。造成不动产或者动产毁损的,权利人可以请求修理、重作、更换或者恢复原状。侵害物权,造成权利人损害的,权利人可以请求损害赔偿,也可以请求承担其他民事责任。物权保护方式,可以单独适用,也可以根据权利被侵害的情形合并适用。侵害物权,除承担民事责任外,违反行政管理规定的,依法承担行政责任;构成犯罪的,依法追究刑事责任。

1. 物权的种类有哪些?
2. 物权法的基本原则是什么?
3. 善意取得的条件有哪些?
4. 所有权的概念及内容有哪些?
5. 担保物权与用益物权的区别是什么?
6. 业主的建筑物区分所有权的内容是什么?

第7章 知识产权法

 基本概念

知识产权 专有权 地域性 专利 新颖性 发明 实用新型 外观设计 商标 注册 驰名商标 著作权 作品

7.1 知识产权法概述

7.1.1 知识产权的概念

知识产权是指权利人对其所创作的智力劳动成果所享有的专有权利,一般只在法律规定的期间内有效。知识产权是一种无形财产权,它与房屋、汽车等有形财产一样,都受到国家法律的保护,都具有价值和使用价值。知识产权有广义和狭义之分,狭义的知识产权包括专利权、商标权和著作权;广义的知识产权还包括采用类似知识产权保护方法规范的基于集成电路布图设计、动植物新品种、技术信息等成果的权利。

7.1.2 知识产权的特点

1. 独占性

独占性即只有权利人才能享有,他人不经权利人许可不得行使其权利。知识产权是一种无形产权,它是指智力创造性劳动取得的成果,并且是由智力劳动者对其成果依法享有的一种权利。

2. 权利客体的无形性

客体是人类的创造性智力劳动成果,这种智力劳动成果属于一种无形财产或无体财产,但是它与那种属于物理的产物的无体财产如电、气等不同,它是人的智力活动的直接产物。

3. 权利内容的双重性

知识产权既具有财产属性,也具有人身属性。具有财产属性是因为它有价值,它的价值一部分来源于创造它所耗费的成本,另一部分来源于因为垄断而产生的预期收益。正因为知识产权具有价值属性,所以可以用来交易,并在交易的过程中提升它的价值。

知识产权蕴含了创作人员的巧妙构思和精神情感,因而也就具有人身属性。这一部分

是不能用来交易的。就像一幅画,可以几经转手,但作者始终就只有一人,无论他在世与否,都不能改变,这也是对创作人员的尊重。

4. 地域性和时间性

知识产权的地域性是指除签有国际公约或双边、多边协定外,依一国法律取得的权利只能在该国境内有效,受该国法律保护;知识产权的时间性是指各国法律对知识产权分别规定了一定期限,期满后则权利自动终止。知识产权制度不仅仅是为了保护权利人的利益,更重要的是通过保护,鼓励创新,促进社会整体的进步。

7.1.3 我国知识产权立法概述

现代意义上的知识产权法诞生于英国,随着资产阶级革命和殖民地运动而散布到世界各地。中国是举世公认的四大文明古国,涌现出许多影响深远的发明创造和文艺作品,但是,却没有因此而形成知识产权保护制度。直到20世纪80年代,我们才开始建立知识产权保护制度。为了履行加入世界贸易组织的承诺,我国大幅修改了相关知识产权法律、法规,后来随着经济社会的发展又不断地修正,以适应社会现实的需要。到目前为止,我国已经建立了较为完善的知识产权立法体系,全社会知识产权保护意识得到很大提高。2016年11月国务院在《关于完善产权保护制度依法保护产权的意见》中提出加大知识产权侵权行为惩治力度,提高知识产权侵权法定赔偿上限,探索建立对专利权、著作权等知识产权侵权惩罚性赔偿制度,对情节严重的恶意侵权行为实施惩罚性赔偿,并由侵权人承担权利人为制止侵权行为所支付的合理开支,提高知识产权侵权成本。

我国知识产权立法虽然起步较晚,但进步很明显。知识产权立法主要包括:专利方面主要有《中华人民共和国专利法》(以下简称《专利法》),为了保护专利权人的合法权益,鼓励发明创造,推动发明创造的应用,提高创新能力,促进科学技术进步和经济社会发展,1984年3月12日第六届全国人民代表大会常务委员会第四次会议通过了《专利法》,第七届全国人民代表大会常务委员会第二十七次会议于1992年9月4日进行了第一次修正,第九届全国人民代表大会常务委员会第十七次会议于2000年8月25日进行了第二次修正,第十一届全国人民代表大会常务委员会第六次会议于2008年12月27日进行了第三次修正,2009年10月1日起施行。

商标方面主要有《中华人民共和国商标法》(以下简称《商标法》)。为了加强商标管理,保护商标专用权,促使生产、经营者保证商品和服务质量,维护商标信誉,以保障消费者和生产、经营者的利益,促进社会主义市场经济的发展,我国于1982年8月23日第五届全国人民代表大会常务委员会第二十四次会议通过《中华人民共和国商标法》,第七届全国人民代表大会常务委员会第三十次会议于1993年2月22日第一次修正,第九届全国人民代表大会常务委员会第二十四次会议于2001年10月27日第二次修正,2001年12月1日实施。2013年8月30日经第十二届全国人大常委会第四次会议第三次修正,2019年4月23日第十三届全国人民代表大会常务委员会第十次会议对其予以第四次修正,自2019年11月1日起施行。

著作权方面主要有《中华人民共和国著作权法》(以下简称《著作权法》),为保护文学、艺术和科学作品作者的著作权,以及与著作权有关的权益,鼓励有益于社会主义精神文明、物质文明建设的作品的创作和传播,促进社会主义文化和科学事业的发展与繁荣,1990年9月7日第七届全国人民代表大会常务委员会第十五次会议通过了《著作权法》,2001年10月27日第一次修正,2010年2月26日第二次修正,2010年4月1日起实施。

7.2 专 利 法

7.2.1 专利概述

1. 专利的概念

专利是指权利人对发明创造享有的专有权利。专利制度一方面是保护专利权人的利益,使其付出的智力劳动可以获得相应的回报;另一方面是激发更多的人投入专利的研究和开发,为整个社会科技进步作出贡献。

2. 专利的分类

根据《专利法》的规定,专利权的客体包括三个:发明、实用新型和外观设计。

(1) 发明是指对产品、方法或者其改进所提出的新的技术方案。

(2) 实用新型是指对产品的形状、构造或者其结合所提出的适于实用的新的技术方案。

(3) 外观设计是指对产品的形状、图案或者其结合以及色彩与形状、图案的结合所作出的富有美感并适于工业应用的新设计。

3. 不授予专利权的情形

并不是所有人类智力活动的成果都可以授予专利权。法律规定,不能被授予专利权的客体包括:

(1) 科学发现。

(2) 智力活动的规则和方法。

(3) 疾病的诊断和治疗方法。

(4) 动物和植物品种。

(5) 用原子核变换方法获得的物质。

(6) 对平面印刷品的图案、色彩或者两者的结合作出的主要起标识作用的设计。

对动物和植物的生产方法,可以依照法律规定授予专利权。另外,对违反法律、社会公德或者妨害公共利益的发明创造,不授予专利权。对违反法律、行政法规的规定获取或者利用遗传资源,并依赖该遗传资源完成的发明创造,不授予专利权。

7.2.2 专利申请

1. 专利申请人

专利权最终会被授给申请人,因此,谁享有申请权,谁就有可能获得专利权。发明人、实用新型开发者和外观设计设计者本人有权提交申请,享有申请权。除此以外,还有以下几种特殊的专利申请情形。

(1) 合作发明的申请。合作发明是指两个以上单位或者个人合作完成的发明创造,除另有协议的以外,申请专利的权利属于完成或者共同完成的单位或者个人;申请被批准后,申请的单位或者个人为专利权人。

(2) 委托发明申请。委托发明是指一个单位或者个人接受其他单位或者个人委托所完成的发明创造,除另有协议的以外,申请专利的权利属于完成或者共同完成的单位或者个人;申请被批准后,申请的单位或者个人为专利权人。

(3) 职务发明申请。职务发明是指执行本单位的任务或者主要是利用本单位的物质技术条件所完成的发明创造。职务发明创造申请专利的权利属于该单位;申请被批准后,该单位为专利权人。利用本单位的物质技术条件所完成的发明创造,单位与发明人或者设计人订有合同,对申请专利的权利和专利权的归属作出约定的,从其约定。

2. 专利申请的时间

(1) 先申请原则。两个或两个以上的人分别就同样的发明创造申请专利,专利权授予最先申请的人。《专利法》规定以申请日作为参考点,申请日是国务院专利行政部门收到专利申请文件的日期。如果申请文件是邮寄的,以寄出的邮戳日为申请日;邮戳日不清晰的,除当事人能够提出证明外,以国务院专利行政部门收到日为递交日。

(2) 优先权原则。这一原则主要表现为国际优先和国内优先。国际优先:申请人自发明或者实用新型在外国第一次提出专利申请之日起 12 个月内,或者自外观设计在外国第一次提出专利申请之日起 6 个月内,又在中国就相同主题提出专利申请的,依照该外国同中国签订的协议或者共同参加的国际条约,或者依照相互承认优先权的原则,可以享有优先权。国内优先:申请人自发明或者实用新型在中国第一次提出专利申请之日起 12 个月内,又向国务院专利行政部门就相同主题提出专利申请的,可以享有优先权。申请人要求优先权的,应当在申请的时候提出书面声明,并且在 3 个月内提交第一次提出的专利申请文件的副本;未提出书面声明或者逾期未提交专利申请文件副本的,视为未要求优先权。

3. 保密审查

任何单位或者个人将在中国完成的发明或者实用新型向外国申请专利的,应当按照下列方式之一请求国务院专利行政部门进行保密审查:

(1) 直接向外国申请专利或者向有关国外机构提交专利国际申请的,应当事先向国务院专利行政部门提出请求,并详细说明其技术方案。

(2) 向国务院专利行政部门申请专利后拟向外国申请专利或者向有关国外机构提交专利国际申请的,应当在向外国申请专利或者向有关国外机构提交专利国际申请前向国务院专利行政部门提出请求。

向国务院专利行政部门提交专利国际申请的,视为同时提出了保密审查请求。在中国完成的发明或者实用新型是指技术方案的实质性内容在中国境内完成的发明或者实用新型。

国务院专利行政部门经过审查认为该发明或者实用新型可能涉及国家安全或者重大利益需要保密的,应当及时向申请人发出保密审查通知。申请人未在其请求递交日起 4 个月内收到保密审查通知的,可以就该发明或者实用新型向外国申请专利或者向有关国外机构提交专利国际申请。国务院专利行政部门进行保密审查时,应当及时作出是否需要保密的决定,并通知申请人。申请人未在其请求递交日起 6 个月内收到需要保密的决定的,可以就该发明或者实用新型向外国申请专利或者向有关国外机构提交专利国际申请。

4. 申请的文件

申请发明或者实用新型专利的,应当提交请求书、说明书及其摘要和权利要求书等文件。请求书应当写明发明或者实用新型的名称,发明人的姓名,申请人姓名或者名称、地址,以及其他事项。说明书应当对发明或者实用新型作出清楚、完整的说明,以所属技术领域的技术人员能够实现为准;必要的时候,应当有附图。摘要应当简要说明发明或者实用新型的技术要点。权利要求书应当以说明书为依据,清楚、简要地限定要求专利保护的范围。权利要求书应当记载发明或者实用新型的技术特征。权利要求书有几项权利要求的,应当用阿拉伯数字顺序编号。权利要求书中使用的科技术语应当与说明书中使用的科技术语一致,可以有化学式或者数学式,但是不得有插图。权利要求中的技术特征可以引用说明书附图中相应的标记,该标记应当放在相应的技术特征后并置于括号内,便于理解权利要求。权利要求书应当有独立权利要求,也可以有从属权利要求。独立权利要求应当从整体上反映发明或者实用新型的技术方案,记载解决技术问题的必要技术特征。从属权利要求应当用附加的技术特征,对引用的权利要求作进一步限定。一项发明或者实用新型应当只有一个独立权利要求,并写在同一发明或者实用新型的从属权利要求之前。

申请外观设计专利的,应当提交请求书、该外观设计的图片或者照片以及对该外观设计的简要说明等文件。申请人提交的有关图片或者照片应当清楚地显示要求专利保护的产品的外观设计。

发明、实用新型或者外观设计专利申请的请求书应当写明下列事项:

(1) 发明、实用新型或者外观设计的名称。

(2) 申请人是中国单位或者个人的,其名称或者姓名、地址、邮政编码、组织机构代码或者居民身份证件号码;申请人是外国人、外国企业或者外国其他组织的,其姓名或者名称、国籍或者注册的国家或者地区。

(3) 发明人或者设计人的姓名。

(4) 申请人委托专利代理机构的,受托机构的名称、机构代码以及该机构指定的专利代理人的姓名、执业证号码、联系电话。

(5) 要求优先权的,申请人第一次提出专利申请(以下简称在先申请)的申请日、申请号以及原受理机构的名称。

(6) 申请人或者专利代理机构的签字或者盖章。

(7) 申请文件清单。

(8) 附加文件清单。

(9) 其他需要写明的有关事项。

发明或者实用新型专利申请的说明书应当写明发明或者实用新型的名称,该名称应当与请求书中的名称一致。说明书应当包括下列内容:

(1) 技术领域:写明要求保护的技术方案所属的技术领域。

(2) 背景技术：写明对发明或者实用新型的理解、检索、审查有用的背景技术；有可能的，并引证反映这些背景技术的文件。

(3) 发明内容：写明发明或者实用新型所要解决的技术问题以及解决其技术问题采用的技术方案，并对照现有技术写明发明或者实用新型的有益效果。

(4) 附图说明：说明书有附图的，对各幅附图作简略说明。

(5) 具体实施方式：详细写明申请人认为实现发明或者实用新型的优选方式；必要时，举例说明；有附图的，对照附图。发明或者实用新型说明书应当用词规范、语句清楚，不得使用商业性宣传用语。

一件发明或者实用新型专利申请应当限于一项发明或者实用新型。属于一个总的发明构思的两项以上的发明或者实用新型，可以作为一件申请提出。一件外观设计专利申请应当限于一项外观设计。同一产品两项以上的相似外观设计，或者用于同一类别并且成套出售或者使用的产品的两项以上外观设计，可以作为一件申请提出。

申请人可以在被授予专利权之前随时撤回其专利申请。申请人可以对其专利申请文件进行修改，但是，对发明和实用新型专利申请文件的修改不得超出原说明书和权利要求书记载的范围，对外观设计专利申请文件的修改不得超出原图片或者照片表示的范围。

7.2.3 专利申请的审查和批准

1. 初步审查

国务院专利行政部门收到发明或者实用新型专利申请的请求书、说明书（实用新型必须包括附图）和权利要求书，或者外观设计专利申请的请求书、外观设计的图片或者照片和简要说明后，应当明确申请日、给予申请号，并通知申请人。国务院专利行政部门收到发明专利申请后，经初步审查认为符合法律要求的，自申请日起满18个月，即行公布。国务院专利行政部门可以根据申请人的请求早日公布其申请。

专利申请文件有下列情形之一的，国务院专利行政部门不予受理，并通知申请人：

(1) 发明或者实用新型专利申请缺少请求书、说明书（实用新型无附图）或者权利要求书的，或者外观设计专利申请缺少请求书、图片或者照片、简要说明的。

(2) 未使用中文的。

(3) 申请文件不符合要求的。各类申请文件应当打字或者印刷，字迹呈黑色，整齐清晰，并不得涂改。附图应当用制图工具和黑色墨水绘制，线条应当均匀清晰，并不得涂改。

(4) 请求书中缺少申请人姓名或者名称，或者缺少地址的。

(5) 明显不符合专利法有关规定的。

(6) 专利申请类别（发明、实用新型或者外观设计）不明确或者难以确定的。

对于发明专利，经初步审查认为符合法律要求的，进入对外公布的阶段。公布的目的主要是接受社会尤其是其他专利申请人和专利权人的监督，如果他人对专利申请有异议，可以在公告期限内向审查机关提出。公布的另一目的是公开专利申请涉及的技术指标，使那些在相同领域进行开发研究的人避免重复劳动，提高科研资源的使用效率。

专利申请涉及国防利益需要保密的，由国防专利机构受理并进行审查；国务院专利行政部门受理的专利申请涉及国防利益需要保密的,应当及时移交国防专利机构进行审查。经国防专利机构审查没有发现驳回理由的,由国务院专利行政部门作出授予国防专利权的决定。国务院专利行政部门认为其受理的发明或者实用新型专利申请涉及国防利益以外的国家安全或者重大利益需要保密的,应当及时作出按照保密专利申请处理的决定,并通知申请人。

2. 实质审查

发明专利申请自申请日起3年内,国务院专利行政部门可以根据申请人随时提出的请求,对其申请进行实质审查;申请人无正当理由逾期不请求实质审查的,该申请即被视为撤回。国务院专利行政部门认为必要的时候,可以自行对发明专利申请进行实质审查。

对于发明专利必须经过实质审查。实质审查主要从以下三个方面进行:

(1) 新颖性。新颖性是指该发明或者实用新型不属于现有技术;也没有任何单位或者个人就同样的发明或者实用新型在申请日以前向国务院专利行政部门提出过申请,并记载在申请日以后公布的专利申请文件或者公告的专利文件中。申请专利的发明创造在申请日以前6个月内,有下列情形之一的,不丧失新颖性:①在中国政府主办或者承认的国际展览会上首次展出的;②在规定的学术会议或者技术会议上首次发表的;③他人未经申请人同意而泄露其内容的。申请专利权的外观设计,应当不属于现有设计,外观设计与现有设计或者现有设计特征的组合相比,应当具有明显区别,不得与他人在申请日以前已经取得的合法权利相冲突。现有设计是指申请日以前在国内外为公众所知的设计。

(2) 创造性。创造性是指与现有技术相比,该发明具有突出的实质性特点和显著的进步,该实用新型具有实质性特点和进步。现有技术是指申请日以前在国内外为公众所知的技术。

(3) 实用性。实用性是指该发明或者实用新型能够制造或者使用,并且能够产生积极效果。

3. 专利申请的修改

国务院专利行政部门对发明专利申请进行实质审查后,认为不符合法律规定的,应当通知申请人,要求其在指定的期限内陈述意见,或者对其申请进行修改;无正当理由逾期不答复的,该申请即被视为撤回。发明专利申请经申请人陈述意见或者进行修改后,国务院专利行政部门仍然认为不符合法律规定的,应当予以驳回。

4. 专利申请的批准

发明专利申请经实质审查没有发现驳回理由的,由国务院专利行政部门作出授予发明专利权的决定,发给发明专利证书,同时予以登记和公告。发明专利权自公告之日起生效。

实用新型和外观设计专利申请经初步审查没有发现驳回理由的,由国务院专利行政部门作出授予实用新型专利权或者外观设计专利权的决定,发给相应的专利证书,同时予以登记和公告。实用新型专利权和外观设计专利权自公告之日起生效。

5. 专利复审

专利审查机关设立专利复审委员会。专利申请人对审查机关驳回申请的决定不服的,可以自收到通知之日起3个月内,向专利复审委员会请求复审。专利复审委员会复审后,作出决定,并通知专利申请人。

专利申请人对专利复审委员会的复审决定不服的,可以自收到通知之日起 3 个月内向人民法院起诉。

7.2.4 专利权的内容

(1) 独占权,即专利权人自己占有和使用专利的权利。

(2) 许可权,即专利权人许可他人使用专利技术的权利。专利权人也许没有能力将自己的发明创造付诸实施,许可给有能力的人,是个双赢的结果。现实中的专利许可,更多的是专业分工的产物,有能力的人专做发明创造,通过专利许可赚取许可费用。

(3) 转让权,即将专利权转让给他人的权利,也即卖专利。

(4) 进口权,即专利权人有权自己进口,禁止他人进口含有专利的产品。同样一件专利产品在不同地区生产,成本是不一样的。将低成本地区生产的专利产品出口到高成本地区,会冲击后者的市场。专利权人可以为了实现自己的商业战略,自己决定是否进口其他地区专利产品,也可以禁止他人进口专利产品,保护自己的利益。

(5) 禁止许诺销售权,即专利权人有权禁止他人在销售宣传中许诺销售含有专利技术的产品。许诺销售是一种意愿销售,这种意愿销售是一种"即发侵权"行为,专利权人有权对一个即发侵权行为进行禁止。

7.2.5 专利实施的强制许可

强制许可是指国务院专利行政部门依照专利法规定,不经专利权人同意,直接允许其他单位或个人实施其发明创造的一种许可方式,又称非自愿许可。根据专利法的规定,有下列情形之一的,国务院专利行政部门根据具备实施条件的单位或者个人的申请,可以给予实施发明专利或者实用新型专利的强制许可。

(1) 专利权人自专利权被授予之日起满 3 年,且自提出专利申请之日起满 4 年,无正当理由未实施或者未充分实施其专利的。

(2) 专利权人行使专利权的行为被依法认定为垄断行为,为消除或者减少该行为对竞争产生的不利影响的。

(3) 在国家出现紧急状态或者非常情况时,或者为了公共利益,国务院专利行政部门可以给予实施发明专利或者实用新型专利的强制许可。

(4) 为了公共健康,对取得专利权的药品,国务院专利行政部门可以给予制造并将其出口到符合中华人民共和国参加的有关国际条约规定的国家或者地区的强制许可。取得专利权的药品是指解决公共健康问题所需的医药领域中的任何专利产品或者依照专利方法直接获得的产品,包括取得专利权的制造该产品所需的活性成分以及使用该产品所需的诊断用品。

(5) 专利依存关系的强制许可。一项取得专利权的发明或者实用新型比前已经取得专利权的发明或者实用新型具有显著经济意义的重大技术进步,其实施又有赖于前一发明或者实用新型的实施的,国务院专利行政部门根据后一专利权人的申请,可以给予实施前一发明或者实用新型的强制许可。在依照前述规定给予实施强制许可的情形下,国务院专利行政部门根据前一专利权人的申请,也可以给予实施后一发明或者实用新型的强制许可。

国务院专利行政部门作出的给予实施强制许可的决定,应当及时通知专利权人,并予以登记和公告。给予实施强制许可的决定,应当根据强制许可的理由规定实施的范围和时间。强制许可的理由消除并不再发生时,国务院专利行政部门应当根据专利权人的请求,经审查后作出终止实施强制许可的决定。

取得实施强制许可的单位或者个人不享有独占的实施权,并且无权允许他人实施。取得实施强制许可的单位或者个人应当付给专利权人合理的使用费,或者依照中华人民共和国参加的有关国际条约的规定处理使用费问题。付给使用费的,其数额由双方协商;双方不能达成协议的,由国务院专利行政部门裁决。

专利权人对国务院专利行政部门关于实施强制许可的决定不服的,专利权人和取得实施强制许可的单位或者个人对国务院专利行政部门关于实施强制许可的使用费的裁决不服的,可以自收到通知之日起3个月内向人民法院起诉。

7.2.6 专利权的期限、终止和无效

1. 专利权的保护期限

发明的保护期限为20年;实用新型和外观设计的保护期限为10年,均自申请日起计算。专利权人应当自被授予专利权的当年开始缴纳年费。超过专利保护期,任何人都可以无偿使用专利技术。

2. 专利权的终止

有下列情形之一的,专利权在期限届满前终止:

(1) 没有按照规定缴纳年费的。

(2) 专利权人以书面声明放弃其专利权的。

3. 专利权的无效

自国务院专利行政部门公告授予专利权之日起,任何单位或者个人认为该专利权的授予不符合法律有关规定的,可以请求专利复审委员会宣告该专利权无效。专利复审委员会由国务院专利行政部门指定的技术专家和法律专家组成。专利复审委员会对宣告专利权无效的请求应当及时审查和作出决定,并通知请求人和专利权人。专利复审委员会应当将专利权无效宣告请求书和有关文件的副本送交专利权人,要求其在指定的期限内陈述意见。在无效宣告请求的审查过程中,发明或者实用新型专利的专利权人可以修改其权利要求书,但是不得扩大原专利的保护范围。发明或者实用新型专利的专利权人不得修改专利说明书和附图,外观设计专利的专利权人不得修改图片、照片和简要说明。

专利复审委员会进行复审后,认为复审请求不符合专利法有关规定的,应当通知复审请求人,要求其在指定期限内陈述意见。期满未答复的,该复审请求视为撤回;经陈述意见或者进行修改后,专利复审委员会认为仍不符合专利法有关规定的,应当作出维持原驳回决定的复审决定。专利复审委员会对无效宣告的请求作出决定前,无效宣告请求人可以撤回其请求。但是,专利复审委员会认为根据已进行的审查工作能够作出宣告专利权无效或者部

分无效的决定的,不终止审查程序。

宣告专利权无效的决定,由国务院专利行政部门登记和公告。当事人对专利复审委员会宣告专利权无效或者维持专利权的决定不服的,可以自收到通知之日起3个月内向人民法院起诉。人民法院应当通知无效宣告请求程序的对方当事人作为第三人参加诉讼。

宣告无效的专利权视为自始即不存在。宣告专利权无效的决定,对在宣告专利权无效前人民法院作出并已执行的专利侵权的判决、调解书,已经履行或者强制执行的专利侵权纠纷处理决定,以及已经履行的专利实施许可合同和专利权转让合同,不具有追溯力。但是因专利权人的恶意给他人造成的损失,应当给予赔偿。依照前述规定不返还专利侵权赔偿金、专利使用费、专利权转让费,明显违反公平原则的,应当全部或者部分返还。

7.2.7 专利权的保护

发明或者实用新型专利权的保护范围以其权利要求的内容为准,说明书及附图可以用于解释权利要求的内容。外观设计专利权的保护范围以表示在图片或者照片中的该产品的外观设计为准,简要说明可以用于解释图片或者照片所表示的该产品的外观设计。

1. 侵权行为

未经专利权人许可,实施其专利,即侵犯其专利权,引起纠纷的,由当事人协商解决;不愿协商或者协商不成的,专利权人或者利害关系人可以向人民法院起诉,也可以请求管理专利工作的部门处理。管理专利工作的部门在处理时,认定侵权行为成立的,可以责令侵权人立即停止侵权行为,当事人不服的,可以自收到处理通知之日起十五日内依照《中华人民共和国行政诉讼法》向人民法院起诉;侵权人期满不起诉又不停止侵权行为的,管理专利工作的部门可以申请人民法院强制执行。进行处理的管理专利工作的部门应当事人的请求,可以就侵犯专利权的赔偿数额进行调解;调解不成的,当事人可以依照《中华人民共和国民事诉讼法》向人民法院起诉。

专利侵权纠纷涉及新产品制造方法的发明专利的,制造同样产品的单位或者个人应当提供其产品制造方法不同于专利方法的证明。专利侵权纠纷涉及实用新型或者外观设计专利的,人民法院或者管理专利工作的部门可以要求专利权人或者利害关系人出具由国务院专利行政部门对相关实用新型或者外观设计进行检索、分析和评价后作出的专利权评价报告,作为审理、处理专利侵权纠纷的证据。在专利侵权纠纷中,被控侵权人有证据证明其实施的技术或者设计属于现有技术或者现有设计的,不构成侵犯专利权。

根据专利法的规定有下列情形之一的,不视为侵犯专利权:

(1)专利产品或者依照专利方法直接获得的产品,由专利权人或者经其许可的单位、个人售出后,使用、许诺销售、销售、进口该产品的。

(2)在专利申请日前已经制造相同产品、使用相同方法或者已经做好制造、使用的必要准备,并且仅在原有范围内继续制造、使用的。

(3)临时通过中国领陆、领水、领空的外国运输工具,依照其所属国同中国签订的协议或者共同参加的国际条约,或者依照互惠原则,为运输工具自身需要而在其装置和设备中使用有关专利的。

(4) 专为科学研究和实验而使用有关专利的。

(5) 为提供行政审批所需要的信息,制造、使用、进口专利药品或者专利医疗器械的,以及专门为其制造、进口专利药品或者专利医疗器械的。

2. 保护措施

专利权人或者利害关系人有证据证明他人正在实施或者即将实施侵犯专利权的行为,如不及时制止将会使其合法权益受到难以弥补的损害的,可以在起诉前向人民法院申请采取责令停止有关行为的措施。申请人提出申请时,应当提供担保;不提供担保的,驳回申请。人民法院应当自接受申请之时起四十八小时内作出裁定;有特殊情况需要延长的,可以延长四十八小时。裁定责令停止有关行为的,应当立即执行。当事人对裁定不服的,可以申请复议一次;复议期间不停止裁定的执行。申请人自人民法院采取责令停止有关行为的措施之日起十五日内不起诉的,人民法院应当解除该措施。申请有错误的,申请人应当赔偿被申请人因停止有关行为所遭受的损失。

为了制止专利侵权行为,在证据可能灭失或者以后难以取得的情况下,专利权人或者利害关系人可以在起诉前向人民法院申请保全证据。人民法院采取保全措施,可以责令申请人提供担保;申请人不提供担保的,驳回申请。人民法院应当自接受申请之时起四十八小时内作出裁定;裁定采取保全措施的,应当立即执行。申请人自人民法院采取保全措施之日起十五日内不起诉的,人民法院应当解除该措施。

3. 违反专利法应承担的法律责任

(1) 民事责任。侵犯专利权民事责任的主要方式是赔偿损失,赔偿数额按照权利人因被侵权所受到的实际损失确定;实际损失难以确定的,可以按照侵权人因侵权所获得的利益确定。权利人的损失或者侵权人获得的利益难以确定的,参照该专利许可使用费的倍数合理确定。赔偿数额还应当包括权利人为制止侵权行为所支付的合理开支。权利人的损失、侵权人获得的利益和专利许可使用费均难以确定的,人民法院可以根据专利权的类型、侵权行为的性质和情节等因素,确定给予一万元以上一百万元以下的赔偿。

为生产经营目的的使用、许诺销售或者销售不知道是未经专利权人许可而制造并售出的专利侵权产品,能证明该产品合法来源的,不承担赔偿责任。

侵犯专利权的诉讼时效为2年,自专利权人或者利害关系人得知或者应当得知侵权行为之日起计算。发明专利申请公布后至专利权授予前使用该发明未支付适当使用费的,专利权人要求支付使用费的诉讼时效为2年,自专利权人得知或者应当得知他人使用其发明之日起计算,但是,专利权人于专利权授予之日前即已得知或者应当得知的,自专利权授予之日起计算。

(2) 行政责任和刑事责任。假冒专利的,除依法承担民事责任外,由管理专利工作的部门责令改正并予公告,没收违法所得,可以并处违法所得四倍以下的罚款;没有违法所得的,可以处二十万元以下的罚款;构成犯罪的,依法追究刑事责任。

违反法律规定向外国申请专利,泄露国家秘密的,由所在单位或者上级主管机关给予行政处分;构成犯罪的,依法追究刑事责任。侵夺发明人或者设计人的非职务发明创造专利申

请权和法律规定的其他权益的,由所在单位或者上级主管机关给予行政处分。

7.3 商标法

7.3.1 商标概述

1. 商标的概念

商标是商品(服务)的标识。商标最主要的作用是标识,表明商品(服务)的归属,区别同类商品(服务)。

2. 商标的种类

(1) 注册商标。注册商标是指依法向有关机关申请,经核准后予以登记注册的商标。注册商标受法律保护。

(2) 驰名商标。驰名商标是指在相关公众中享有良好声誉的商标。对驰名商标实行特殊保护。

(3) 地理标志。地理标志是指标示某商品来源于某地区,该商品的特定质量、信誉或者其他特征,主要由该地区的自然因素或者人文因素所决定的标志。以地理标志作为证明商标注册的,其商品符合使用该地理标志条件的自然人、法人或者其他组织可以要求使用该证明商标,控制该证明商标的组织应当允许。以地理标志作为集体商标注册的,其商品符合使用该地理标志条件的自然人、法人或者其他组织,可以要求参加以该地理标志作为集体商标注册的团体、协会或者其他组织,该团体、协会或者其他组织应当依据其章程接纳为会员;不要求参加以该地理标志作为集体商标注册的团体、协会或者其他组织的,也可以正当使用该地理标志,该团体、协会或者其他组织无权禁止。商标中有商品的地理标志,而该商品并非来源于该标志所标示的地区,误导公众的,不予注册并禁止使用;但是,已经善意取得注册的继续有效。

(4) 集体商标。集体商标是指以团体、协会或者其他组织名义注册,供该组织成员在商事活动中使用,以表明使用者在该组织中的成员资格的标志。集体商标有利于创造该集体的信誉,取得规模经济效益,扩大国内市场及国际市场的影响力。集体商标的申请和使用遵循共有的原则,由该组织的成员共同享有,但不可转让给组织以外的其他主体。如江苏镇江将生产食醋的企业组织起来共同使用"镇江香醋"这一集体商标,在市场上形成集团化优势。

(5) 证明商标。证明商标是指由对某种商品或者服务具有监督能力的组织所控制,而由该组织以外的单位或个人使用于其商品或者服务,用于证明该商品或者服务的原产地、原料、制造方法、质量或者其他特定品质的标志。证明商标用来保证所使用商品的特定品质,有利于企业向市场推销商品,也有利于消费者选择商品。

7.3.2 商标注册的申请

1. 申请商标注册的原则

(1) 自愿为主,强制为辅的原则。商标申请主要采用自愿原则。自然人、法人或者其他组织在生产经营活动中,对其商品或者服务需要取得商标专用权的,应当向商标局申请商标注册。不以使用为目的的恶意商标注册申请应当予以驳回。对恶意申请商标注册的,有关管理部门根据情节轻重给予警告、罚款等行政处罚;对恶意提起商标诉讼的,由人民法院依法给予处罚。法律、行政法规规定必须使用注册商标的商品,必须申请商标注册,未经核准注册的,不得在市场销售。申请注册和使用商标,应当遵循诚实信用原则。

(2) 先申请原则。两个或者两个以上的商标注册申请人,在同一种商品或者类似商品上,以相同或者近似的商标申请注册的,初步审定并公告申请在先的商标;同一天申请的,初步审定并公告使用在先的商标,驳回其他人的申请,不予公告。两个以上的自然人、法人或者其他组织可以共同向商标局申请注册同一商标,共同享有和行使该商标专用权。两个或者两个以上的申请人,在同一种商品或者类似商品上,分别以相同或者近似的商标在同一天申请注册的,各申请人应当自收到商标局通知之日起三十日内提交其申请注册前在先使用该商标的证据。同日使用或者均未使用的,各申请人可以自收到商标局通知之日起三十日内自行协商,并将书面协议报送商标局;不愿协商或者协商不成的,商标局通知各申请人以抽签的方式确定一个申请人,驳回其他人的注册申请。商标局已经通知但申请人未参加抽签的,视为放弃申请,商标局应当书面通知未参加抽签的申请人。

商标注册的申请日期以商标局收到申请文件的日期为准。商标注册申请手续齐备、按照规定填写申请文件并缴纳费用的,商标局予以受理并书面通知申请人;申请手续不齐备、未按照规定填写申请文件或者未缴纳费用的,商标局不予受理,书面通知申请人并说明理由。申请手续基本齐备或者申请文件基本符合规定,但是需要补正的,商标局通知申请人予以补正,限其自收到通知之日起三十日内,按照指定内容补正并交回商标局。在规定期限内补正并交回商标局的,保留申请日期;期满未补正的或者不按照要求进行补正的,商标局不予受理并书面通知申请人。

(3) 优先权原则。商标注册申请人自其商标在外国第一次提出商标注册申请之日起 6 个月内,又在中国就相同商品以同一商标提出商标注册申请的,依照该外国同中国签订的协议或者共同参加的国际条约,或者按照相互承认优先权的原则,可以享有优先权。申请人要求优先权的,应当在提出商标注册申请的时候提出书面声明,并且在 3 个月内提交第一次提出的商标注册申请文件的副本;未提出书面声明或者逾期未提交商标注册申请文件副本的,视为未要求优先权。商标在中国政府主办的或者承认的国际展览会展出的商品上首次使用的,自该商品展出之日起 6 个月内,该商标的注册申请人可以享有优先权。依照前款要求优先权的,应当在提出商标注册申请的时候提出书面声明,并且在 3 个月内提交展出其商品的展览会名称、在展出商品上使用该商标的证据、展出日期等证明文件;未提出书面声明或者逾期未提交证明文件的,视为未要求优先权。

2. 申请注册的商标应符合法律规定

任何能够将自然人、法人或者其他组织的商品与他人的商品区别开的可视性标志,包括文字、图形、字母、数字、三维标志、颜色和声音组合,以及上述要素的组合,均可以作为商标申请注册。申请注册的商标,应当有显著特征,便于识别,并不得与他人在先取得的合法权利相冲突。

经济法

根据《商标法》第十条的规定,下列标志不得作为商标使用:①同中华人民共和国的国家名称、国旗、国徽、国歌、军旗、军徽、军歌、勋章等相同或者近似的,以及同中央国家机关的名称、标志、所在地特定地点的名称或者标志性建筑物的名称、图形相同的;②同外国的国家名称、国旗、国徽、军旗等相同或者近似的,但经该国政府同意的除外;③同政府间国际组织的名称、旗帜、徽记等相同或者近似的,但经该组织同意或者不易误导公众的除外;④与表明实施控制、予以保证的官方标志、检验印记相同或者近似的,但经授权的除外;⑤同"红十字""红新月"的名称、标志相同或者近似的;⑥带有民族歧视性的;⑦带有欺骗性,容易使公众对商品的质量等特点或者产地产生误认的;⑧有害于社会主义道德风尚或者有其他不良影响的。县级以上行政区划的地名或者公众知晓的外国地名,不得作为商标。但是,地名具有其他含义或者作为集体商标、证明商标组成部分的除外;已经注册的使用地名的商标继续有效。

根据《商标法》第十一条的规定,下列标志不得作为商标注册:①仅有本商品的通用名称、图形、型号的;②仅直接表示商品的质量、主要原料、功能、用途、重量、数量及其他特点的;③其他缺乏显著特征的。前述所列标志经过使用取得显著特征,并便于识别的,可以作为商标注册。

以三维标志申请注册商标的,仅由商品自身的性质产生的形状、为获得技术效果而需有的商品形状或者使商品具有实质性价值的形状,不得注册。就相同或者类似商品申请注册的商标是复制、摹仿或者翻译他人未在中国注册的驰名商标,容易导致混淆的,不予注册并禁止使用。就不相同或者不相类似商品申请注册的商标是复制、摹仿或者翻译他人已经在中国注册的驰名商标,误导公众,致使该驰名商标注册人的利益可能受到损害的,不予注册并禁止使用。

3. 申请文件应符合要求

申请商标注册,应当按照公布的商品和服务分类表按类申请。商标注册申请人在不同类别的商品上申请注册同一商标的,应当按商品分类表提出注册申请。注册商标需要在同一类的其他商品上使用的,应当另行提出注册申请。注册商标需要改变其标志的,应当重新提出注册申请。

每一件商标注册申请应当向商标局提交《商标注册申请书》一份、商标图样五份;指定颜色的,并应当提交着色图样五份、黑白稿一份。商标图样必须清晰。以三维标志申请注册商标的,应当在申请书中予以声明,并提交能够确定三维形状的图样。以颜色组合申请注册商标的,应当在申请书中予以声明,并提交文字说明。申请注册集体商标、证明商标的,应当在申请书中予以声明,并提交主体资格证明文件和使用管理规则。商标为外文或者包含外文的,应当说明含义。商标注册申请等有关文件,应当打字或者印刷。为申请商标注册所申报的事项和所提供的材料应当真实、准确、完整。申请商标注册或者办理其他商标事宜,可以自行办理,也可以委托依法设立的商标代理机构办理。外国人或者外国企业在中国申请商标注册和办理其他商标事宜的,应当委托依法设立的商标代理机构办理。商标代理机构应当遵循诚实信用原则,遵守法律、行政法规,按照被代理人的委托办理商标注册申请或者其他商标事宜;对在代理过程中知悉的被代理人的商业秘密,负有保密义务。委托人申请注册的商标可能存在商标法规定不得注册情形的,商标代理机构应当明确告知委托人。商标代理机构知道或者应当知道委托人申请注册的商标属于商标法不予注册的情形的,不得接受其委托。商标代理机构除对其代理服务申请商标注册外,不得申请注册其他商标。

7.3.3 商标注册的审查和核准

对申请注册的商标,商标局应当自收到商标注册申请文件之日起9个月内审查完毕,符合商标法有关规定的,予以初步审定公告。在审查过程中,商标局认为商标注册申请内容需要说明或者修正的,可以要求申请人做出说明或者修正。申请人未作出说明或者修正的,不影响商标局作出审查决定。申请注册的商标,凡不符合商标法有关规定或者同他人在同一种商品或者类似商品上已经注册的或者初步审定的商标相同或者近似的,由商标局驳回申请,不予公告。

申请商标注册不得损害他人现有的在先权利,也不得以不正当手段抢先注册他人已经使用并有一定影响的商标。对初步审定公告的商标,自公告之日起3个月内,在先权利人、利害关系人认为违反商标法有关规定的,或者任何人认为违反商标法第十条、第十一条、第十二条、第十九条第四款规定的,可以向商标局提出异议。公告期满无异议的,予以核准注册,发给商标注册证,并予公告。

对驳回申请、不予公告的商标,商标局应当书面通知商标注册申请人。商标注册申请人不服的,可以自收到通知之日起十五日内向商标评审委员会申请复审。商标评审委员会应当自收到申请之日起9个月内做出决定,并书面通知申请人。有特殊情况需要延长的,经国务院工商行政管理部门批准,可以延长3个月。当事人对商标评审委员会的决定不服的,可以自收到通知之日起三十日内向人民法院起诉。对初步审定公告的商标提出异议的,商标局应当听取异议人和被异议人陈述事实和理由,经调查核实后,自公告期满之日起12个月内做出是否准予注册的决定,并书面通知异议人和被异议人。有特殊情况需要延长的,经国务院工商行政管理部门批准,可以延长6个月。商标局做出准予注册决定的,发给商标注册证,并予公告。异议人不服的,可以依照商标法第四十四条、第四十五条的规定向商标评审委员会请求宣告该注册商标无效。商标局作出不予注册决定,被异议人不服的,可以自收到通知之日起十五日内向商标评审委员会申请复审。商标评审委员会应当自收到申请之日起12个月内做出复审决定,并书面通知异议人和被异议人。有特殊情况需要延长的,经国务院工商行政管理部门批准,可以延长6个月。被异议人对商标评审委员会的决定不服的,可以自收到通知之日起三十日内向人民法院起诉。人民法院应当通知异议人作为第三人参加诉讼。

商标评审委员会在依法进行复审的过程中,所涉及的在先权利的确定必须以人民法院正在审理或者行政机关正在处理的另一案件的结果为依据的,可以中止审查。中止原因消除后,应当恢复审查程序。法定期限届满,当事人对商标局作出的驳回申请决定、不予注册决定不申请复审或者对商标评审委员会作出的复审决定不向人民法院起诉的,驳回申请决定、不予注册决定或者复审决定生效。

经审查异议不成立而准予注册的商标,商标注册申请人取得商标专用权的时间自初步审定公告3个月期满之日起计算。自该商标公告期满之日起至准予注册决定作出前,对他人在同一种或者类似商品上使用与该商标相同或者近似的标志的行为不具有追溯力;但是,因该使用人的恶意给商标注册人造成的损失,应当给予赔偿。

商标注册申请人或者注册人发现商标申请文件或者注册文件有明显错误的,可以申请更正。商标局依法在其职权范围内作出更正,并通知当事人。前述所称更正错误不涉及商标申请文件或者注册文件的实质性内容。

7.3.4 注册商标的无效宣告

已经注册的商标,违反商标法有关规定的,或者是以欺骗手段或者其他不正当手段取得注册的,由商标局宣告该注册商标无效;其他单位或者个人可以请求商标评审委员会宣告该注册商标无效。

商标局做出宣告注册商标无效的决定,应当书面通知当事人。当事人对商标局的决定不服的,可以自收到通知之日起十五日内向商标评审委员会申请复审。商标评审委员会应当自收到申请之日起9个月内作出决定,并书面通知当事人。有特殊情况需要延长的,经国务院工商行政管理部门批准,可以延长3个月。当事人对商标评审委员会的决定不服的,可以自收到通知之日起三十日内向人民法院起诉。

其他单位或者个人请求商标评审委员会宣告注册商标无效的,商标评审委员会收到申请后,应当书面通知有关当事人,并限期提出答辩。商标评审委员会应当自收到申请之日起9个月内做出维持注册商标或者宣告注册商标无效的裁定,并书面通知当事人。有特殊情况需要延长的,经国务院工商行政管理部门批准,可以延长3个月。当事人对商标评审委员会的裁定不服的,可以自收到通知之日起三十日内向人民法院起诉。人民法院应当通知商标裁定程序的对方当事人作为第三人参加诉讼。

已经注册的商标,违反商标法有关规定的,自商标注册之日起5年内,在先权利人或者利害关系人可以请求商标评审委员会宣告该注册商标无效。对恶意注册的,驰名商标所有人不受5年的时间限制。商标评审委员会收到宣告注册商标无效的申请后,应当书面通知有关当事人,并限期提出答辩。商标评审委员会应当自收到申请之日起12个月内作出维持注册商标或者宣告注册商标无效的裁定,并书面通知当事人。有特殊情况需要延长的,经国务院工商行政管理部门批准,可以延长6个月。当事人对商标评审委员会的裁定不服的,可以自收到通知之日起三十日内向人民法院起诉。人民法院应当通知商标裁定程序的对方当事人作为第三人参加诉讼。

商标评审委员会在依照前款规定对无效宣告请求进行审查的过程中,所涉及的在先权利的确定必须以人民法院正在审理或者行政机关正在处理的另一案件的结果为依据的,可以中止审查。中止原因消除后,应当恢复审查程序。

法定期限届满,当事人对商标局宣告注册商标无效的决定不申请复审或者对商标评审委员会的复审决定、维持注册商标或者宣告注册商标无效的裁定不向人民法院起诉的,商标局的决定或者商标评审委员会的复审决定、裁定生效。依照商标法第四十四条、第四十五条的规定宣告无效的注册商标,由商标局予以公告,该注册商标专用权视为自始即不存在。宣告注册商标无效的决定或者裁定,对宣告无效前人民法院作出并已执行的商标侵权案件的判决、裁定、调解书和工商行政管理部门作出并已执行的商标侵权案件的处理决定以及已经履行的商标转让或者使用许可合同不具有追溯力。但是,因商标注册人的恶意给他人造成的损失,应当给予赔偿。依照前述规定不返还商标侵权赔偿金、商标转让费、商标使用费,明显违反公平原则的,应当全部或者部分返还。

7.3.5 商标使用的管理

商标法所称商标的使用是指将商标用于商品、商品包装或者容器以及商品交易文书上,或者将商标用于广告宣传、展览以及其他商业活动中,用于识别商品来源的行为。商标注册人在使用注册商标的过程中,自行改变注册商标、注册人名义、地址或者其他注册事项的,由地方工商行政管理部门责令限期改正;期满不改正的,由商标局撤销其注册商标。

注册商标成为其核定使用的商品的通用名称或者没有正当理由连续3年不使用的,任何单位或者个人可以向商标局申请撤销该注册商标。商标局应当自收到申请之日起9个月内做出决定。有特殊情况需要延长的,经国务院工商行政管理部门批准,可以延长3个月。

注册商标被撤销、被宣告无效或者期满不再续展的,自撤销、宣告无效或者注销之日起1年内,商标局对与该商标相同或者近似的商标注册申请,不予核准。违反商标法第六条规定的,由地方工商行政管理部门责令限期申请注册,违法经营额五万元以上的,可以处违法经营额百分之二十以下的罚款,没有违法经营额或者违法经营额不足五万元的,可以处一万元以下的罚款。

将未注册商标冒充注册商标使用的,或者使用未注册商标违反商标法第十条规定的,由地方工商行政管理部门予以制止,限期改正,并可以予以通报,违法经营额五万元以上的,可以处违法经营额百分之二十以下的罚款,没有违法经营额或者违法经营额不足五万元的,可以处一万元以下的罚款。

对商标局撤销或者不予撤销注册商标的决定,当事人不服的,可以自收到通知之日起十五日内向商标评审委员会申请复审。商标评审委员会应当自收到申请之日起9个月内作出决定,并书面通知当事人。有特殊情况需要延长的,经国务院工商行政管理部门批准,可以延长3个月。当事人对商标评审委员会的决定不服的,可以自收到通知之日起三十日内向人民法院起诉。法定期限届满,当事人对商标局做出的撤销注册商标的决定不申请复审或者对商标评审委员会作出的复审决定不向人民法院起诉的,撤销注册商标的决定、复审决定生效。被撤销的注册商标,由商标局予以公告,该注册商标专用权自公告之日起终止。

7.3.6 注册商标专用权的保护

1. 保护期限及续展

注册商标的有效期为10年,自核准注册之日起计算。注册商标有效期满,需要继续使用的,商标注册人应当在期满前12个月内按照规定办理续展手续;在此期间未能办理的,可以给予6个月的宽展期。每次续展注册的有效期为10年,自该商标上一届有效期满次日起计算。期满未办理续展手续的,注销其注册商标。商标局应当对续展注册的商标予以公告。注册商标需要变更注册人的名义、地址或者其他注册事项的,应当提出变更申请。

2. 商标权的主要内容

(1) 专用权。专用权是指商标所有人依法对其注册商标所享有的专有权利。注册商标的专用权,以核准注册的商标和核定使用的商品为限。

(2) 许可权。商标注册人可以通过签订商标使用许可合同,许可他人使用其注册商标。许可人应当监督被许可人使用其注册商标的商品质量。被许可人应当保证使用该注册商标的商品质量。经许可使用他人注册商标的,必须在使用该注册商标的商品上标明被许可人的名称和商品产地。许可他人使用其注册商标的,许可人应当将其商标使用许可报商标局备案,由商标局公告。商标使用许可未经备案不得对抗善意第三人。

(3) 转让权。转让注册商标的,转让人和受让人应当签订转让协议,并共同向商标局提出申请。受让人应当保证使用该注册商标的商品质量。转让注册商标的,商标注册人对其在同一种商品上注册的近似的商标,或者在类似商品上注册的相同或者近似的商标,应当一并转让。转让注册商标的,转让人和受让人应当向商标局提交转让注册商标申请书。转让注册商标申请手续应当由转让人和受让人共同办理。商标局核准转让注册商标申请的,发给受让人相应证明,并予以公告。转让注册商标,商标注册人对其在同一种或者类似商品上注册的相同或者近似的商标未一并转让的,由商标局通知其限期改正;期满未改正的,视为放弃转让该注册商标的申请,商标局应当书面通知申请人。

对容易导致混淆或者有其他不良影响的转让,商标局不予核准,书面通知申请人并说明理由。转让注册商标经核准后,予以公告。受让人自公告之日起享有商标专用权。

3. 商标侵权行为

根据《商标法》的规定,有下列行为之一的,均属侵犯注册商标专用权:

(1) 未经商标注册人的许可,在同一种商品上使用与其注册商标相同的商标的。

(2) 未经商标注册人的许可,在同一种商品上使用与其注册商标近似的商标,或者在类似商品上使用与其注册商标相同或者近似的商标,容易导致混淆的。主要指在同一种商品或者类似商品上将与他人注册商标相同或者近似的标志作为商品名称或者商品装潢使用,误导公众的情况。

(3) 销售侵犯注册商标专用权的商品的。

(4) 伪造、擅自制造他人注册商标标识或者销售伪造、擅自制造的注册商标标识的。

(5) 未经商标注册人同意,更换其注册商标并将该更换商标的商品又投入市场的。

(6) 故意为侵犯他人商标专用权行为提供便利条件,帮助他人实施侵犯商标专用权行为的。为侵犯他人商标专用权提供仓储、运输、邮寄、印制、隐匿、经营场所、网络商品交易平台等,属于提供便利条件。

(7) 给他人的注册商标专用权造成其他损害的。

将他人注册商标、未注册的驰名商标作为企业名称中的字号使用,误导公众,构成不正当竞争行为的,依照《中华人民共和国反不正当竞争法》处理。

注册商标中含有的本商品的通用名称、图形、型号,或者直接表示商品的质量、主要原料、功能、用途、重量、数量及其他特点,或者含有的地名,注册商标专用权人无权禁止他人正当使用。三维标志注册商标中含有的商品自身的性质产生的形状、为获得技术效果而需有的商品形状或者使商品具有实质性价值的形状,注册商标专用权人无权禁止他人正当使用。商标注册人申请商标注册前,他人已经在同一种商品或者类似商品上先于商标注册人使用与注册商标相同或者近似并有一定影响的商标的,注册商标专用权人无权禁止该使用人在原使用范围内继续使用该商标,但可以要求其附加适当区别标识。

侵犯商标专用权的赔偿数额,按照权利人因被侵权所受到的实际损失确定;实际损失难以确定的,可以按照侵权人因侵权所获得的利益确定;权利人的损失或者侵权人获得的利益难以确定的,参照该商标许可使用费的倍数合理确定。对恶意侵犯商标专用权,情节严重的,可以在按照上述方法确定数额的1倍以上5倍以下确定赔偿数额。赔偿数额应当包括权利人为制止侵权行为所支付的合理开支。

人民法院为确定赔偿数额,在权利人已经尽力举证,而与侵权行为相关的账簿、资料主要由侵权人掌握的情况下,可以责令侵权人提供与侵权行为相关的账簿、资料;侵权人不提供或者提供虚假的账簿、资料的,人民法院可以参考权利人的主张和提供的证据判定赔偿数额。

权利人因被侵权所受到的实际损失、侵权人因侵权所获得的利益、注册商标许可使用费难以确定的,由人民法院根据侵权行为的情节判决给予五百万元以下的赔偿。人民法院审理商标纠纷案件,应权利人请求,对属于假冒注册商标的商品,除特殊情况外,责令销毁;对主要用于制造假冒注册商标的商品的材料、工具,责令销毁,且不予补偿;或者在特殊情况下,责令禁止前述材料、工具进入商业渠道,且不予补偿。假冒注册商标的商品不得在仅去除假冒注册商标后进入商业渠道。注册商标专用权人请求赔偿,被控侵权人以注册商标专用权人未使用注册商标提出抗辩的,人民法院可以要求注册商标专用权人提供此前3年内实际使用该注册商标的证据。注册商标专用权人不能证明此前3年内实际使用过该注册商标,也不能证明因侵权行为受到其他损失的,被控侵权人不承担赔偿责任。销售不知道是侵犯注册商标专用权的商品,能证明该商品是自己合法取得并说明提供者的,不承担赔偿责任。

商标注册人或者利害关系人有证据证明他人正在实施或者即将实施侵犯其注册商标专用权的行为,如不及时制止将会使其合法权益受到难以弥补的损害的,可以依法在起诉前向人民法院申请采取责令停止有关行为和财产保全的措施。为制止侵权行为,在证据可能灭失或者以后难以取得的情况下,商标注册人或者利害关系人可以依法在起诉前向人民法院申请保全证据。

未经商标注册人许可,在同一种商品上使用与其注册商标相同的商标,构成犯罪的,除赔偿被侵权人的损失外,依法追究刑事责任。伪造、擅自制造他人注册商标标识或者销售伪造、擅自制造的注册商标标识,构成犯罪的,除赔偿被侵权人的损失外,依法追究刑事责任。销售明知是假冒注册商标的商品,构成犯罪的,除赔偿被侵权人的损失外,依法追究刑事责任。

7.3.7 驰名商标的特殊保护

驰名商标是在中国为相关公众所熟知的商标。相关公众包括与使用商标所标示的某类商品或者服务有关的消费者，生产前述商品或者提供服务的其他经营者以及经销渠道中所涉及的销售者和相关人员等。驰名商标具有巨大的市场价值，很容易成为不法经营者的目标。为规范驰名商标认定工作，保护驰名商标持有人的合法权益，根据《中华人民共和国商标法》和《中华人民共和国商标法实施条例》，国家工商行政管理总局于2003年通过了《驰名商标认定和保护规定》，2014年7月3日国家工商行政管理总局进行了修订，2014年8月2日施行。

驰名商标应当根据当事人的请求，作为处理涉及商标案件需要认定的事实进行认定。认定驰名商标应当考虑下列因素：①相关公众对该商标的知晓程度；②该商标使用的持续时间；③该商标的任何宣传工作的持续时间、程度和地理范围；④该商标作为驰名商标受保护的记录；⑤该商标驰名的其他因素。

当事人在商标不予注册复审案件和请求无效宣告案件中或者依照商标法第三十三条规定向商标局提出异议，依照商标法第十三条规定请求驰名商标保护的，可以向商标评审委员会提出驰名商标保护的书面请求并提交其商标构成驰名商标的证据材料。

涉及驰名商标保护的商标违法案件由市（地、州）级以上工商行政管理部门管辖。当事人请求工商行政管理部门查处商标违法行为，并依照商标法第十三条规定请求驰名商标保护的，可以向违法行为发生地的市（地、州）级以上工商行政管理部门进行投诉，并提出驰名商标保护的书面请求，提交证明其商标构成驰名商标的证据材料。当事人请求驰名商标保护应当遵循诚实信用原则，并对事实及所提交的证据材料的真实性负责。

7.4 著作权法

7.4.1 著作权的概念

著作权是指作者和其他著作权人依法对文学、艺术和科学作品所享有的专有权利。权利人基于作品享有的权利。保护著作权一方面体现了对作者创作活动的尊重，另一方面是对作者创作成果的保护，从而鼓励人们从事更多更好的创作，丰富我们的生活。

中国公民、法人或者其他组织的作品，不论是否发表，依法享有著作权。外国人、无国籍人的作品根据其作者所属国或者经常居住地国同中国签订的协议或者共同参加的国际条约享有的著作权，受我国法律保护。外国人、无国籍人的作品首先在中国境内出版的，依我国著作权法享有著作权。未与中国签订协议或者共同参加国际条约的国家的作者以及无国籍人的作品首次在中国参加的国际条约的成员国出版的，或者在成员国和非成员国同时出版的，受我国法律保护。

7.4.2 作品

作品是指能够以有形形式再现的，反映人类在科技、文化、艺术等领域的创作成果。作品具有以下特征：

（1）自然人是天然的作者，因为只有自然人才能进行创作活动。法律规定，如无相反证明，在作品上署名的公民、法人或者其他组织为作者。之所以强调"公民"而不是"自然人"，主要是因为《著作权法》具有地域性，本国公民的著作权自然受到保护，对于外国人和无国籍人，则需要满足一定的条件。另外，法人和其他组织也能成为作者主要是为了特殊作品的保护需要。

（2）著作权产生的基础是作品，没有作品就没有著作权。作品所涉及的领域很广泛，集中反映在科技、文化、艺术等领域。但并非所有的创作成果都在作品之列，也不是所有的作品都受《著作权法》保护。

（3）作品是人类智慧的体现，是思想活动的再现。以文字、图形等有形形式再现是作者创作思想的具体反映。因此，作品既不是虚无的思想，也不是形象的载体，而是两者的结合，只有这样，作者的思想才能被其他人所感知，才能传播得更广泛，著作权法对作品的保护才有意义。

作品包括：文字作品；口述作品；音乐、戏剧、曲艺、舞蹈、杂技艺术作品；美术、建筑作品；摄影作品；电影作品和以类似摄制电影的方法创作的作品；工程设计图、产品设计图、地图、示意图等图形作品和模型作品；计算机软件。

另外，还有三种比较常见的创作成果，但并不属于作品：法律、法规，国家机关的决议、决定、命令和其他具有立法、行政、司法性质的文件，及其官方正式译文；时事新闻；历法、通用数表、通用表格和公式。

7.4.3 著作权的内容

著作权自作品完成之日起就自动取得，不需要专门的机关审查批准。版权局只负责与著作权有关的行政管理工作，也会受理著作权登记申请，但这种登记不是确权登记，而是认证登记，为著作权人日后维权提供便利。

根据《著作权法》第十条的规定，著作权包括下列人身权和财产权：

（1）发表权，即决定作品是否公之于众的权利。

（2）署名权，即表明作者身份，在作品上署名的权利。

（3）修改权，即修改或者授权他人修改作品的权利。

（4）保护作品完整权，即保护作品不受歪曲、篡改的权利。

（5）复制权，即以印刷、复印、拓印、录音、录像、翻录、翻拍等方式将作品制作一份或者多份的权利。

（6）发行权，即以出售或者赠与方式向公众提供作品的原件或者复制件的权利。

（7）出租权，即有偿许可他人临时使用电影作品和以类似摄制电影的方法创作的作品、计算机软件的权利，计算机软件不是出租的主要标的的除外。

（8）展览权，即公开陈列美术作品、摄影作品的原件或者复制件的权利。

（9）表演权，即公开表演作品，以及用各种手段公开播送作品的表演的权利。

（10）放映权，即通过放映机、幻灯机等技术设备公开再现美术、摄影、电影和以类似摄制电影的方法创作的作品等的权利。

(11) 广播权,即以无线方式公开广播或者传播作品,以有线传播或者转播的方式向公众传播广播的作品,以及通过扩音器或者其他传送符号、声音、图像的类似工具向公众传播广播的作品的权利。

(12) 信息网络传播权,即以有线或者无线方式向公众提供作品,使公众可以在其个人选定的时间和地点获得作品的权利。

(13) 摄制权,即以摄制电影或者以类似摄制电影的方法将作品固定在载体上的权利。

(14) 改编权,即改变作品,创作出具有独创性的新作品的权利。

(15) 翻译权,即将作品从一种语言文字转换成另一种语言文字的权利。

(16) 汇编权,即将作品或者作品的片段通过选择或者编排,汇集成新作品的权利。

(17) 应当由著作权人享有的其他权利。

著作权人可以许可他人行使或者全部或者部分转让前述第(5)项至第(17)项规定的权利,并依照约定或者本法有关规定获得报酬。著作权人行使著作权,不得违反宪法和法律,不得损害公共利益。国家对作品的出版、传播依法进行监督管理。

7.4.4 邻接权

邻接权是作品传播者所享有的权利。在我国《著作权法》中,邻接权包括出版者权、表演者权、录制者权和广播电视播放权。

1. 出版者权

出版者权是指根据作者与出版人的约定,出版人享有的出版作品的权利。出版者权是基于作者和出版人的约定,而非法定。作品是否出版,由谁出版,采用什么形式出版,出版带来的收入如何分配等均由双方通过出版协议约定。图书出版者出版图书应当和著作权人订立出版合同,并支付报酬。图书出版者对著作权人交付出版的作品,按照合同约定享有的专有出版权受法律保护,他人不得出版该作品。

著作权人应当按照合同约定期限交付作品。图书出版者应当按照合同约定的出版质量、期限出版图书。图书出版者不按照合同约定期限出版,应当依法承担相应的民事责任。图书出版者重印、再版作品的,应当通知著作权人,并支付报酬。图书脱销后,图书出版者拒绝重印、再版的,著作权人有权终止合同。

著作权人向报社、期刊社投稿的,自稿件发出之日起十五日内未收到报社通知决定刊登的,或者自稿件发出之日起三十日内未收到期刊社通知决定刊登的,可以将同一作品向其他报社、期刊社投稿。双方另有约定的除外。

作品刊登后,除著作权人声明不得转载、摘编的外,其他报刊可以转载或者作为文摘、资料刊登,但应当按照规定向著作权人支付报酬。

出版改编、翻译、注释、整理、汇编已有作品而产生的作品,应当取得改编、翻译、注释、整理、汇编作品的著作权人和原作品的著作权人许可,并支付报酬。图书出版者经作者许可,可以对作品修改、删节。报社、期刊社可以对作品作文字性修改、删节。对内容的修改,应当经作者许可。

出版者有权许可或者禁止他人使用其出版的图书、期刊的版式设计。权利保护期为十年,截止于使用该版式设计的图书、期刊首次出版后第10年的12月31日。

2. 表演者权

表演者权,即因对他人作品的表演而形成的新的权利。使用他人作品演出,表演者(演员、演出单位)应当取得著作权人许可,并支付报酬。演出组织者组织演出,由该组织者取得著作权人许可,并支付报酬。使用改编、翻译、注释、整理已有作品而产生的作品进行演出,应当取得改编、翻译、注释、整理作品的著作权人和原作品的著作权人许可,并支付报酬。

表演者对其表演享有下列权利:

(1) 表明表演者身份。

(2) 保护表演形象不受歪曲。

(3) 许可他人从现场直播和公开传送其现场表演,并获得报酬。

(4) 许可他人录音录像,并获得报酬。

(5) 许可他人复制、发行录有其表演的录音录像制品,并获得报酬。

(6) 许可他人通过信息网络向公众传播其表演,并获得报酬。

被许可人以前述第(3)项至第(6)项规定的方式使用作品,还应当取得著作权人许可,并支付报酬。

前述第(1)项、第(2)项规定的权利的保护期不受限制。第(3)项至第(6)项规定的权利的保护期为50年,截止于该表演发生后第50年的12月31日。

3. 音像录制者权

音像录制者权是指使用他人作品制作音像制品而形成的新的权利。录音录像制作者使用他人作品制作录音录像制品,应当取得著作权人许可,并支付报酬。录音录像制作者使用改编、翻译、注释、整理已有作品而产生的作品,应当取得改编、翻译、注释、整理作品的著作权人和原作品著作权人许可,并支付报酬。录音制作者使用他人已经合法录制为录音制品的音乐作品制作录音制品,可以不经著作权人许可,但应当按照规定支付报酬;著作权人声明不许使用的不得使用。录音录像制作者制作录音录像制品,应当同表演者订立合同,并支付报酬。

录音录像制作者对其制作的录音录像制品,享有许可他人复制、发行、出租、通过信息网络向公众传播并获得报酬的权利;权利的保护期为50年,截止于该制品首次制作完成后第50年的12月31日。被许可人复制、发行、通过信息网络向公众传播录音录像制品,还应当取得著作权人、表演者许可,并支付报酬。

4. 广播电视播放权

广播电视播放权是指广播电台、电视台因播放他人的作品而享有的权利。广播电台、电视台播放他人未发表的作品,应当取得著作权人许可,并支付报酬。广播电台、电视台播放他人已发表的作品,可以不经著作权人许可,但应当支付报酬。广播电台、电视台播放已出版的录音制品,可以不经著作权人许可,但应当支付报酬。当事人另有约定的除外。电视台播放他人的电影作品和以类似摄制电影的方法创作的作品、录像制品,应当取得制片者或者录像制作者许可,并支付报酬;播放他人的录像制品,还应当取得著作权人许可,并支付

报酬。

广播电台、电视台有权禁止未经其许可的下列行为：

(1) 将其播放的广播、电视转播。

(2) 将其播放的广播、电视录制在音像载体上以及复制音像载体。前述权利的保护期为50年，截止于该广播、电视首次播放后第50年的12月31日。

7.4.5 权利的限制

权利的限制是指根据著作权法的规定，以一定方式使用作品可以不经著作权人的同意，也不向其支付报酬。在一般情况下，未经著作权人许可而使用其作品的，就构成侵权，但为了保护公共利益，对一些对著作权危害不大的行为，著作权法不视为侵权行为。这些行为在理论上被称为"合理使用"，合理使用是著作权法中的一项重要的制度。

根据《著作权法》的规定，在下列情况下使用作品，可以不经著作权人许可，不向其支付报酬，但应当指明作者姓名、作品名称，并且不得侵犯著作权人依照法律享有的其他权利：

(1) 为个人学习、研究或者欣赏，使用他人已经发表的作品。

(2) 为介绍、评论某一作品或者说明某一问题，在作品中适当引用他人已经发表的作品。

(3) 为报道时事新闻，在报纸、期刊、广播电台、电视台等媒体中不可避免地再现或者引用已经发表的作品。

(4) 报纸、期刊、广播电台、电视台等媒体刊登或者播放其他报纸、期刊、广播电台、电视台等媒体已经发表的关于政治、经济、宗教问题的时事性文章，但作者声明不许刊登、播放的除外。

(5) 报纸、期刊、广播电台、电视台等媒体刊登或者播放在公众集会上发表的讲话，但作者声明不许刊登、播放的除外。

(6) 为学校课堂教学或者科学研究，翻译或者少量复制已经发表的作品，供教学或科研人员使用，但不得出版发行。

(7) 国家机关为执行公务在合理范围内使用已经发表的作品。

(8) 图书馆、档案馆、纪念馆、博物馆、美术馆等为陈列或者保存版本的需要，复制本馆收藏的作品。

(9) 免费表演已经发表的作品，该表演未向公众收取费用，也未向表演者支付报酬。

(10) 对设置或者陈列在室外公共场所的艺术作品进行临摹、绘画、摄影、录像。

(11) 将中国公民、法人或者其他组织已经发表的以汉语言文字创作的作品翻译成少数民族语言文字作品在国内出版发行。

(12) 将已经发表的作品改成盲文出版。

前述规定适用于对出版者、表演者、录音录像制作者、广播电台、电视台的权利的限制。

为实施九年制义务教育和国家教育规划而编写出版教科书，除作者事先声明不许使用的外，可以不经著作权人许可，在教科书中汇编已经发表的作品片段或者短小的文字作品、音乐作品或者单幅的美术作品、摄影作品，但应当按照规定支付报酬，指明作者姓名、作品名称,并且不得侵犯著作权人依照法律享有的其他权利。前述规定适用于对出版者、表演者、录音录像制作者、广播电台、电视台的权利的限制。

7.4.6 著作权归属

(1) 著作权属于作者,法律另有规定的除外。创作作品的公民是作者。

(2) 单位作品的著作权人。由法人或者其他组织主持,代表法人或者其他组织意志创作,并由法人或者其他组织两人以上合作创作的作品,著作权由合作作者共同享有承担责任的作品,法人或者其他组织视为作者。

(3) 合作作品的著作权人。两人以上合作创作的作品,著作权由合作作者共同享有。

(4) 改编作品的著作权人。改编、翻译、注释、整理已有作品而产生的作品,其著作权由改编、翻译、注释、整理人享有,但行使著作权时不得侵犯原作品的著作权。

(5) 汇编作品的著作权人。汇编若干作品、作品的片段或者不构成作品的数据或者其他材料,对其内容的选择或者编排体现独创性的作品,为汇编作品,其著作权由汇编人享有,但行使著作权时,不得侵犯原作品的著作权。

(6) 影视作品的著作权人。电影作品和以类似摄制电影的方法创作的作品的著作权由制片者享有,但编剧、导演、摄影、作词、作曲等作者享有署名权,并有权按照与制片者签订的合同获得报酬。电影作品和以类似摄制电影的方法创作的作品中的剧本、音乐等可以单独使用的作品的作者有权单独行使其著作权。

(7) 职务作品的著作权人。公民为完成法人或者其他组织工作任务所创作的作品是职务作品,有下列情形之一的职务作品,作者享有署名权,著作权的其他权利由法人或者其他组织享有,法人或者其他组织可以给予作者奖励:①主要是利用法人或者其他组织的物质技术条件创作,并由法人或者其他组织承担责任的工程设计图、产品设计图、地图、计算机软件等职务作品;②法律、行政法规规定或者合同约定著作权由法人或者其他组织享有的职务作品。除以上的两种情况以外,著作权由作者享有,但法人或者其他组织有权在其业务范围内优先使用。作品完成2年内,未经单位同意,作者不得许可第三人以与单位使用的相同方式使用该作品。

(8) 委托作品的著作权人。受委托创作的作品,著作权的归属由委托人和受托人通过合同约定。合同未作明确约定或者没有订立合同的,著作权属于受托人。

7.4.7 著作权的许可使用和转让合同

使用他人作品应当同著作权人订立许可使用合同,法律规定可以不经许可的除外。许可使用合同包括下列主要内容:①许可使用的权利种类;②许可使用的权利是专有使用权或者非专有使用权;③许可使用的地域范围、期间;④付酬标准和办法;⑤违约责任;⑥双方认为需要约定的其他内容。著作权人转让著作权中的财产权,应当订立书面合同。权利转让合同包括下列主要内容:①作品的名称;②转让的权利种类、地域范围;③转让价金;④交付转让价金的日期和方式;⑤违约责任;⑥双方认为需要约定的其他内容。许可使用合同和转让合同中著作权人未明确许可、转让的权利,未经著作权人同意,另一方当事人不得行使。

使用作品的付酬标准可以由当事人约定,也可以按照国务院著作权行政管理部门会同有关部门制定的付酬标准支付报酬。当事人约定不明确的,按照国务院著作权行政管理部门会同有关部门制定的付酬标准支付报酬。

著作权人可以单独维护自己的权利,也可以组成集体,集体维护权利。著作权法规定的表演权、放映权、广播权、出租权、信息网络传播权、复制权等权利人自己难以有效行使的权利,可以由著作权集体管理组织进行集体管理。著作权集体管理组织经权利人授权,集中行使权利人的有关权利并以自己的名义进行下列活动:①与使用者订立著作权或者与著作权有关的权利许可使用合同(以下简称许可使用合同);②向使用者收取使用费;③向权利人转付使用费;④进行涉及著作权或者与著作权有关的权利的诉讼、仲裁等。

7.4.8 著作权的权利保护期

作者的署名权、修改权、保护作品完整权的保护期不受限制。公民的作品,其发表权及财产权的权利的保护期为作者终生及其死亡后50年,截止于作者死亡后第50年的12月31日;如果是合作作品,截止于最后死亡的作者死亡后第50年的12月31日。法人或者其他组织的作品、著作权(署名权除外)由法人或者其他组织享有的职务作品,其发表权、财产权的权利的保护期为50年,截止于作品首次发表后第50年的12月31日,但作品自创作完成后50年内未发表的,法律不再保护。电影作品和以类似摄制电影的方法创作的作品、摄影作品,其发表权、财产权的权利的保护期为50年,截止于作品首次发表后第50年的12月31日,但作品自创作完成后50年内未发表的,法律不再保护。

著作权属于公民的,公民死亡后,其著作权中的财产权在法律规定的保护期内,依照继承法的规定转移。著作权属于法人或者其他组织的,法人或者其他组织变更、终止后,其著作权中的财产权在法律规定的保护期内,由承受其权利义务的法人或者其他组织享有;没有承受其权利义务的法人或者其他组织的,由国家享有。

7.4.9 法律责任和执法措施

1. 法律责任

有下列侵权行为的,应当根据情况,承担停止侵害、消除影响、赔礼道歉、赔偿损失等民事责任:

(1) 未经著作权人许可,发表其作品的。

(2) 未经合作作者许可,将与他人合作创作的作品当作自己单独创作的作品发表的。

(3) 没有参加创作,为谋取个人名利,在他人作品上署名的。

(4) 歪曲、篡改他人作品的。

(5) 剽窃他人作品的。

(6) 未经著作权人许可,以展览、摄制电影和以类似摄制电影的方法使用作品,或者以改编、翻译、注释等方式使用作品的。

(7) 使用他人作品,应当支付报酬而未支付的。

(8) 未经电影作品和以类似摄制电影的方法创作的作品、计算机软件、录音录像制品的著作权人或者与著作权有关的权利人许可,出租其作品或者录音录像制品的,法律另有规定的除外。

(9) 未经出版者许可,使用其出版的图书、期刊的版式设计的。

(10) 未经表演者许可,从现场直播或者公开传送其现场表演,或者录制其表演的。

(11) 其他侵犯著作权以及与著作权有关的权益的行为。

有下列侵权行为的,应当根据情况,承担停止侵害、消除影响、赔礼道歉、赔偿损失等民事责任;同时损害公共利益的,可以由著作权行政管理部门责令停止侵权行为,没收违法所得,没收、销毁侵权复制品,并可处以罚款;情节严重的,著作权行政管理部门还可以没收主要用于制作侵权复制品的材料、工具、设备等;构成犯罪的,依法追究刑事责任:

(1) 未经著作权人许可,复制、发行、表演、放映、广播、汇编、通过信息网络向公众传播其作品的。

(2) 出版他人享有专有出版权的图书的。

(3) 未经表演者许可,复制、发行录有其表演的录音录像制品,或者通过信息网络向公众传播其表演的。

(4) 未经录音录像制作者许可,复制、发行、通过信息网络向公众传播其制作的录音录像制品的。

(5) 未经许可,播放或者复制广播、电视的。

(6) 未经著作权人或者与著作权有关的权利人许可,故意避开或者破坏权利人为其作品、录音录像制品等采取的保护著作权或者与著作权有关的权利的技术措施的。

(7) 未经著作权人或者与著作权有关的权利人许可,故意删除或者改变作品、录音录像制品等的权利管理电子信息的。

(8) 制作、出售假冒他人署名的作品的。

侵犯著作权或者与著作权有关的权利的,侵权人应当按照权利人的实际损失给予赔偿;实际损失难以计算的,可以按照侵权人的违法所得给予赔偿。赔偿数额还应当包括权利人为制止侵权行为所支付的合理开支。权利人的实际损失或者侵权人的违法所得不能确定的,由人民法院根据侵权行为的情节,判决给予五十万元以下的赔偿。人民法院审理案件,对于侵犯著作权或者与著作权有关的权利的,可以没收违法所得、侵权复制品以及进行违法活动的财物。

复制品的出版者、制作者不能证明其出版、制作有合法授权的,复制品的发行者或者电影作品或者以类似摄制电影的方法创作的作品、计算机软件、录音录像制品的复制品的出租者不能证明其发行、出租的复制品有合法来源的,应当承担法律责任。

2. 执行措施

为制止侵权行为,在证据可能灭失或者以后难以取得的情况下,著作权人或者与著作权有关的权利人可以在起诉前向人民法院申请保全证据。人民法院接受申请后,必须在四十八小时内作出裁定;裁定采取保全措施的,应当立即开始执行。人民法院可以责令申请人提供担保,申请人不提供担保的,驳回申请。

申请人在人民法院采取保全措施后十五日内不起诉的,人民法院应当解除保全措施。

著作权人或者与著作权有关的权利人有证据证明他人正在实施或者即将实施侵犯其权利的行为,如不及时制止将会使其合法权益受到难以弥补的损害的,可以在起诉前向人民法院申请采取责令停止有关行为和财产保全的措施。

著作权纠纷可以调解,也可以根据当事人达成的书面仲裁协议或者著作权合同中的仲裁条款,向仲裁机构申请仲裁。当事人没有书面仲裁协议,也没有在著作权合同中订立仲裁条款的,可以直接向人民法院起诉。当事人对行政处罚不服的,可以自收到行政处罚决定书之日起3个月内向人民法院起诉,期满不起诉又不履行的,著作权行政管理部门可以申请人民法院执行。

 **思考题**

1. 什么是知识产权?知识产权的特征有哪些?
2. 著作权的合理使用制度有哪些?
3. 授予专利权的条件是什么?
4. 专利保护的客体是什么?
5. 驰名商标的认定因素及特殊保护有哪些?
6. 商标申请注册的原则及商标注册的条件有哪些?
7. 著作权的主体、内容、客体是什么?

第8章 合同法

基本概念

双务合同　诺成合同　要约　承诺　合同效力　抗辩权　代位权　撤销权　合同变更　合同转让　违约责任　定金罚则　不可抗力

8.1 合同法概述

8.1.1 合同的含义

合同也称契约,其本质是一种合意或协议。《中华人民共和国民法通则》(以下简称《民法通则》)第八十五条规定:"合同是当事人之间设立、变更、终止民事关系的协议,依法成立的合同,受法律保护。"《中华人民共和国合同法》(以下简称《合同法》)第二条规定:"合同是平等主体的自然人、法人及其他组织之间设立、变更、终止民事权利义务关系的意思表示一致的协议。"

8.1.2 合同的特征

(1) 合同是一种民事法律行为。民事法律行为是指民事主体设立、变更、终止民事权利和民事义务关系的行为,它以意思表示为核心要素。合同作为民事法律行为,只有在合同当事人所作出的意思表示是合法的、符合法律要求的情况下,合同才具有法律约束力,并受到国家法律的保护。

(2) 合同是平等主体的自然人、法人和其他组织之间的协议。合同关系是民法中最具典型意义的平等关系,合同关系的当事人地位一律平等,自愿协商是订立合同的前提,是合同关系的灵魂,任何一方都不得将自己的意志强加给另一方,任何第三人也不得将自己的意志强加给合同当事人。

(3) 合同以设立、变更或终止民事权利义务关系为目的。民事主体订立合同,是为了追求预期的目的,即在当事人之间引起民事权利和民事义务关系的产生、变更或消灭。

(4) 合同是当事人意思表示一致的协议。由于合同是合意的结果,因此它必须包括以下要素:第一,合同的成立必须要有两个以上的当事人。第二,各方当事人必须互相作出意

思表示。第三,各个意思表示是一致的,也就是说当事人达成了一致的协议。

8.1.3 合同的分类

依据不同的标准,可以对合同作出不同的分类,这种分类不仅可以针对不同的合同确定不同的规则,并且有助于司法机关在处理合同纠纷时准确地适用法律,正确地处理合同纠纷。

1. 有名合同和无名合同

根据法律是否对其规定了名称,可以将合同分为有名合同与无名合同。

有名合同也叫典型合同,是指法律上已经确定了一定的名称及规则的合同。法律对于有名合同的规定,大多为任意性规范,当事人可以通过约定改变这些规定。我国《合同法》规定了十五类有名合同。

无名合同又称为非典型合同,是指法律上尚未确定一定名称与规则的合同。基于合同自由原则,无名合同只要不违背法律的禁止性规定和社会公共利益原则,就是有效的。

区分有名合同和无名合同的意义在于:两者适用的法律规则不同。对于有名合同应当直接适用《合同法》的规定或其他有关该合同的立法规定。无名合同在适用法律时,根据《合同法》第一百二十四条的规定处理,即适用合同法总则的规定,并可以参照合同法分则或者其他法律最相类似的规定。

2. 双务合同与单务合同

根据当事人双方是否存在对待给付义务,合同可分为双务合同和单务合同。

双务合同是指当事人双方互负对待给付义务的合同,如买卖、互易、租赁合同等均为双务合同。

单务合同是指仅由一方负担给付义务的合同。在双务合同中,双方当事人的权利和义务是相互对应且相互依赖的。也就是一方当事人享有的权利与其所承担的义务是不可分离的,要享受权利则必须要求对方履行义务,而要使对方当事人的权利实现,则必须要自己履行义务。这一特点是单务合同所不具备的。

3. 有偿合同与无偿合同

根据合同当事人之间的权利和义务是否存在对价关系,可以将合同分为有偿合同与无偿合同。

有偿合同是指当事人一方给予对方某种利益,对方要得到该利益必须为此支付相应代价的合同。实践中,绝大多数反映交易关系的合同都是有偿的,如买卖合同、租赁合同、加工承揽合同、运输合同、仓储合同等。

无偿合同是指一方给付对方某种利益,对方取得该利益时并不支付相应代价的合同,如赠与合同、借用合同等。实践中,无偿合同数量比较少,而有的合同既可以是有偿的,也可以是无偿的,如自然人之间的保管合同、委托合同等,双方既可以约定是有报酬的即有偿的保管、委托,也可以约定为没有报酬即无偿的保管、委托。

4. 诺成性合同与实践性合同

根据合同的成立是否需要交付标的物,可将合同分为诺成合同和实践合同。

诺成合同又称不要物合同,是指当事人双方意思表示一致就可以成立的合同。大多数的合同都属于诺成合同,如买卖合同、租赁合同、借款合同等。

实践合同又称要物合同,是指除当事人双方意思表示一致以外,尚需交付标的物才能成立的合同。在实践合同中,仅有双方当事人的意思表示一致,还不能产生合同上的权利义务关系,必须有一方实际交付标的物的行为,才能产生合同成立的法律效果。实践中,大多数的合同都属于诺成合同,少部分为实践合同。

区分诺成合同与实践合同的意义,主要在于这两者成立的时间不同。诺成合同自双方当事人意思表示一致时合同即告成立;而实践合同则在当事人达成合意之后,还必须由当事人交付标的物以后,合同才能成立。

5. 要式合同与不要式合同

根据法律对合同的形式是否有特定要求,可将合同分为要式合同与不要式合同。

要式合同是指根据法律规定必须采取特定形式的合同。我国法律上的要式合同主要有担保合同(包括抵押合同、质押合同、保证合同、定金合同)、融资租赁合同、建设工程承包合同、一方是银行的借款合同、技术开发合同与技术转让合同等。

不要式合同是指当事人订立的合同依法并不需要采取特定的形式,当事人既可以采取口头方式,也可以采取书面形式或其他形式。除法律有特别规定以外,合同均为不要式合同。根据合同自由原则,当事人有权选择合同形式,但对于法律有特别的形式要件规定的,当事人必须遵循法律规定。

6. 主合同与从合同

根据合同相互间的主从关系,可以将合同分为主合同与从合同。

主合同是指不以其他合同的存在为前提而能够独立存在的合同。

从合同是指不能独立存在而以其他合同的存在为存在前提的合同。例如,甲与乙订立借款合同,丙为担保乙偿还借款而与甲签订保证合同,则甲乙之间的借款合同为主合同,甲丙之间的保证合同为从合同。

区分主合同和从合同的主要意义在于,主合同和从合同之间存在着特殊的联系,即从合同具有附属性,即它不能独立存在,必须以主合同的存在并生效为前提。一般来说,主合同不能成立,从合同就不能有效成立;主合同转让,从合同也随之转让;除法律另有规定或当事人另有约定外,主合同被宣告无效或被撤销,从合同也将失效;主合同终止,从合同亦随之终止。

8.1.4 合同法的概念和适用范围

1. 合同法的概念

合同法是调整平等民事主体利用合同进行财产流转或交易而产生的社会关系的法律规范的总和。它主要规范合同的订立,合同的效力,合同的履行、变更、转让、终止,违反合同的责任等问题。《中华人民共和国合同法》,以下简称《合同法》,于1999年3月15日第九届全国人民代表大会常务委员会第二次会议通过,自1999年10月1日起施行。

2. 合同法的适用范围

平等主体的自然人、法人、其他组织之间设立、变更、终止民事权利义务关系的协议适用

合同法。《合同法》第二条规定:"婚姻、收养、监护等有关身份关系的协议,适用其他法律的规定。"

8.1.5 合同法的基本原则

合同法的基本原则是指合同立法的指导思想以及调整合同主体间合同关系所必须遵循的基本方针、准则,其贯通于合同法律规范之中。合同法的基本原则的功能在于:在合同约定不明或有漏洞时,可以依据合同法基本原则予以适当纠正,甚至可以以合同法的基本原则作为处理合同纠纷的依据。合同法的基本原则包括平等原则、自愿原则、诚实信用原则、合法原则和鼓励交易原则。

1. 平等原则

《合同法》第三条规定:"合同当事人的法律地位平等,一方不得将自己的意志强加给另一方。"所谓当事人法律地位平等,是指在合同法律关系中,当事人之间在合同的订立、履行和承担违约责任等方面都处于平等的法律地位,不应存在强迫命令的情况。这一原则的含义是:合同当事人,无论是法人和其他经济组织,还是自然人,只要他们以合同主体的身份参与到合同关系当中来,他们之间就处于平等的法律地位,法律给予他们一视同仁的保护。

2. 自愿原则

《合同法》第四条规定:"当事人依法享有自愿订立合同的权利,任何单位和个人不得非法干预。"自愿原则是指当事人依法享有在缔结合同、选择交易伙伴、决定合同内容以及在变更和解除合同、选择合同补救方式等方面的自由。合同自愿原则是合同法的最基本的原则,是合同法律关系的本质体现。

当然,任何自由都是法律允许范围内的自由,绝对的、不受约束的自由是不存在的,合同法所确定的合同自愿也是一种相对的自由,而非绝对的自由。

3. 公平原则

公平原则是民法的一项基本原则,它要求当事人在民事活动中应以公平的观念指导自己的行为、平衡各方的利益。《合同法》第五条规定:"当事人应当遵循公平原则确定各方的权利和义务。"

4. 诚实信用原则

《合同法》第六条规定:"当事人行使权利、履行义务应当遵循诚实信用原则。"诚实信用原则是指当事人在从事民事活动时,应诚实守信,以善意的方式履行其义务,不得滥用权利及规避法律和合同规定的义务。

合同法中确认诚实信用原则,有利于保持和弘扬恪守信用、一诺千金的传统商业道德,有利于强化当事人的合同意识,维护社会交易秩序,并为司法实践中处理合同纠纷提供准绳。

5. 合法原则

《合同法》第七条规定:"当事人订立、履行合同,应当遵守法律、行政法规,尊重社会公德,不得扰乱社会经济秩序,损害社会公共利益。"

合法原则的含义主要是要求当事人在订约和履行中必须遵守法律和行政法规。合同法主要是任意性规范,但在特殊情况下为维护社会公共利益和交易秩序,合同法也对合同当事人的自由进行了必要的干预。合法原则也要求当事人必须遵守社会公德,不得违背社会公共利益,违背公序良俗。

6. 鼓励交易原则

这里所称的交易是指独立的市场主体就其所有的或管理的财产和利益实行的交换。在市场经济条件下,几乎一切交易活动都是通过缔结和履行合同来进行的,交易活动乃是市场活动的基本内容,无数的交易构成了完整的市场。所以,为了促进市场经济的高度发展,就应该使合同法具有鼓励交易的作用。只有鼓励当事人从事更多合法的交易活动,才能活跃市场,优化资源配置,降低交易成本,加速社会财富积累,市场经济才能真正得到发展。

8.2 合同的订立

8.2.1 合同的内容

合同的内容,从合同关系的角度讲,是指合同权利和合同义务。合同当事人之间的权利义务关系,是通过合同中的具体条款加以明确的,也就是说,合同的条款反映着合同的具体内容。尽管不同性质的合同的具体条款各不相同,但作为明确合同当事人基本权利和义务并具有共同性特点的主要条款,对合同的成立和履行具有重要意义。因而一般被认为是合同所不可缺少的基本条款。我国《合同法》第十二条将这些条款作为示范性条款加以规定,以提示缔约人。这些条款主要包括以下几个方面。

1. 当事人的名称或者姓名和住所

当事人是合同权利和合同义务的承受者,没有当事人,合同权利和义务就失去了存在的意义,给付和受领给付也无从谈起。因此,订立合同必须有当事人这一条款。当事人的名称或者姓名及住所应加以明确化,所以,在合同书上必须写清当事人的名称或者姓名和住所。

2. 标的

标的是合同权利和义务指向的对象。合同不规定标的,就会失去目的,可见,标的是一切合同的主要条款。标的条款必须清楚地写明标的名称,以使标的特定化。《合同法解释(三)》第五条规定,标的物为无需以有形载体交付的电子信息产品,当事人对交付方式约定不明确,且依照合同法第六十一条的规定仍不能确定的,买受人收到约定的电子信息产品或者权利凭证即为交付。

3. 数量

标的数量要确切,首先应选择双方共同接受的计量单位,其次要确定双方认可的计量方法,最后应规定所允许的合理磅差或尾差。

4. 质量

标的的质量是确定合同标的的具体条件,是这一标的区别于同类另一标的的具体特征。标的的质量要详细具体,如标的技术指标、质量要求、规格、型号等都要明确。

5. 价款或者报酬

价款或报酬是有偿合同的主要条款之一。价款是指取得标的物所应支付的代价,报酬是获得服务所应支付的代价。因商业上的大宗买卖一般是异地交货,便产生了运费、保险费、装卸费、保管费、报关费等一系列相关费用,它们由哪一方支付,都需在价款条款中写明。《合同法解释(三)》第八条规定,出卖人仅以增值税专用发票及税款抵扣资料证明其已履行交付标的物义务,买受人不认可的,出卖人应当提供其他证据证明交付标的物的事实。合同约定或者当事人之间习惯以普通发票作为付款凭证,买受人以普通发票证明已经履行付款义务的,人民法院应予支持,但有相反证据足以推翻的除外。

6. 履行的期限、地点和方式

履行期限直接关系到合同义务完成的时间,涉及当事人的期限利益,也是确定违约与否的因素之一,因而是重要的条款。

履行地点是确定验收地点的依据,是确定运输费用由谁负担、风险由谁承受的依据,有时还是确定标的物所有权是否移转、何时移转的依据,以及确定诉讼管辖的依据。

履行方式,例如,是一次交付还是分期分批交付,是交付实物还是交付标的物的所有权凭证,是铁路运输还是空运、水运等,同样涉及当事人的物质利益,合同均应写明。

7. 违约责任

违约责任是促使当事人履行债务,使守约方免受或少受损失的法律措施,对当事人的利益关系重大,合同对此应予以明确。同时,即使合同中没有违约责任条款,只要未依法免除违约责任,违约方仍应依法承担违约责任。

8. 解决争议的方法

解决争议的方法是指有关解决争议运用什么程序、适用何种法律、选择哪家检验或鉴定机构等的内容。当事人双方在合同中约定的仲裁条款、选择诉讼法院的条款、选择检验或鉴定机构的条款、涉外合同中的法律适用条款、协商解决争议的条款等,均属解决争议的方法的条款。

8.2.2 合同的形式

合同订立的形式是当事人合意的表现形式。具体来说,是指订立合同的当事人各方协商一致而成立合同的外在表现方式。一方面,合同的形式反映着当事人双方一致同意的合同的内容,是当事人双方意思表示一致的外在表现;另一方面,只有通过合同的形式,才能证明合同的客观存在,合同的内容也才能为他人所知晓。从合同法的历史发展看,在合同的形式上明显地表现出从重形式到重意思的变化规律。这是在交易安全允许的前提下,适应不断发展的社会经济越来越强烈地要求交易便捷的结果。当然,重意思不等于完全否定形式。法律难以评价纯粹内心的意思,只有当意思以一定形式表现出来,能被人们把握和认定时,法律才能准确地评价。所以,在任何社会,合同的形式都不可或缺。

我国现行法对合同形式的态度,主要体现在《民法通则》第五十六条的规定中,《合同法》继承并完善了它,它在第十条规定:"当事人订立合同,有书面形式、口头形式和其他形式。法律、行政法规规定采用书面形式的,应当采用书面形式。当事人约定采用书面形式的,应当采用书面形式。"

1. 口头形式

口头形式是指当事人只用口头语言为意思表示订立合同,而不用文字表达协议内容的形式。口头形式在日常生活中经常被采用。集市的现货交易、商店里的零售等一般都采用口头形式。

合同采取口头形式,不需要当事人特别指明。凡当事人无约定,法律未规定须采用特定形式的合同,均可采用口头形式。但发生争议时当事人必须举证证明合同的存在及合同关系的内容。合同采取口头形式并不意味着不能产生任何文字的凭证。人们到商店购物,有时也会要求商店开具发票或其他购物凭证,但这类文字材料只能视为合同成立的证明,不能作为合同成立的要件。以口头形式订立合同,可以简化手续、方便交易、提高效益,但其缺点是发生合同纠纷时难以取证,不易分清责任。所以,对于不能实时清结的合同和标的数额较大的合同,不宜采用这种形式。

2. 书面形式

书面形式是指以文字表现当事人所订立的合同形式。合同书以及任何记载当事人要约、承诺、权利和义务内容的文件,都是合同的书面形式的具体表现。《合同法》第十一条规定:"书面形式是指合同书、信件和资料电文(包括电报、电传、传真、电子资料交换和电子邮件)等可以有形地表现所载内容的形式。"《电子签名法》第四条规定:能够有形地表现所载内容,并可以随时调取查用的数据电文,视为符合法律、法规要求的书面形式。我国现有的民商事法律关系是基于以书面文件进行商务活动而形成的,这就使电子文件在很多情况下难以适用,形成了电子商务发展的障碍。因此,将电子文件与书面文件联系起来,承认电子文件与书面文件具有同等效力,才能使现行的民商事法律同样适用于电子文件。为达到这一目的,《电子签名法》作了三方面规定:电子文件符合现行法律、法规要求的"书面形式""原件形式"和"文件保存"应当具备的条件;电子文件在什么情况下可以作为证据使用;认定电子文件发送人发送、收件人收讫以及发送时间、地点的标准。

书面合同必然由文字凭据组成,但并非一切文字凭据都是书面合同的组成部分。成为书面合同的文字凭据,必须符合以下要求:有某种文字凭据,当事人或其代理人在文字凭据上签字或盖章,文字凭据上载有合同权利和义务。当事人采用书面形式订立合同的,应当签字或者盖章。当事人在合同书上摁手印的,具有与签字或者盖章同等的法律效力。

3. 推定形式

推定形式是指当事人未用语言、文字表达其意思表示,仅用行为向对方发出要约,对方接受该要约,作出一定或指定的行为作为承诺的,合同成立。《合同法解释(二)》规定了推定形式,即当事人未以书面或口头形式订立合同,但从双方从事的民事行为能够推定双方有订立合同意愿的,可以推定是以"其他形式"订立的合同。

8.2.3 合同订立的一般程序:要约与承诺

1. 要约的概念和构成要件

要约,在商业贸易中也称为发盘、发价。《合同法》第十四条规定:"要约是希望和他人订立合同的意思表示。"可见要约是指一方当事人以缔结合同为目的,向对方当事人所作的

意思表示。发出要约的人称为要约人,接受要约的人则称为受要约人或相对人(如受要约人作出承诺,则称其为承诺人)。

要约是订立合同的必经阶段,不经过要约的阶段,合同是不可能成立的。要约作为一种订约的意思表示,它能够对要约人和受要约人产生法律上的约束力,尤其是要约人在要约的有效期限内,必须受要约的内容拘束。要约发出后,非依法律规定或受要约人的同意,不得变更、撤销要约的内容;一旦受要约人作出承诺,合同即宣告成立。

一项有效的要约应具备以下构成要件:

(1) 要约人具有缔约能力。

(2) 要约具有明确的订立合同的意图。

(3) 要约应当向特定的相对人发出。

(4) 要约的内容必须具体确定。

要约原则上应向特定的人发出。但是,法律也并没有严格禁止要约向不特定人发出。例如,《最高人民法院关于适用〈中华人民共和国合同法〉若干问题的解释(二)》(以下简称《合同法解释(二)》)规定悬赏广告具有要约的效力。此外,要约人向不特定人发出意思表示,若明确表示其作出的建议是一项要约,则该意思表示也视为要约。在理解要约的概念和要件时,需要特别注意要约与要约邀请的区别。要约邀请又称为要约引诱,是指希望他人向自己发出要约的意思表示。要约邀请是当事人订立合同的预备行为,在发出要约邀请时,当事人仍处于订约的准备阶段,其目的在于引诱他人向自己发出要约,其内容往往是不明确、不具体的,其相对人是不特定的,所以,要约邀请不具有要约的约束力,发出要约邀请的人不受其约束。根据《合同法》第十五条的规定,下列行为属于要约邀请而不属于要约:寄送的价目表;拍卖公告;招标公告;招股说明书;商业广告。如果商业广告的内容符合要约规定的,则应视为要约。

2. 要约的撤回和撤销

(1) 要约的撤回。要约的撤回是指要约人在发出要约以后,未达到受要约人之前,宣告取消要约。

根据要约的形式约束力,任何一项要约都是可以撤回的,只要撤回的通知先于或同时与要约到达受要约人,便能产生撤回的效力,视为要约人未发出要约。允许要约人撤回要约,是尊重要约人的意志和利益的体现。由于撤回是在要约到达受要约人之前作出的,因此在撤回时要约并没有生效,撤回要约也不会影响到受要约人的利益。我国《合同法》第十七条规定:"要约可以撤回。撤回要约的通知应当在要约到达受要约人之前或者与要约同时到达受要约人。"

(2) 要约的撤销。要约的撤销是指要约人在要约到达受要约人并生效以后,将该项要约取消,从而使要约的效力归于消灭。

撤销与撤回都旨在使要约作废,或取消要约,并且都只能在承诺作出之前实施。但两者存在一定的区别,表现在:撤回要约发生在要约生效之前,而撤销要约则发生在要约已经生效但受要约人尚未作出承诺的期限内。由于撤销要约时要约已经生效,因此对要约的撤销必须有严格的限定,如果因为撤销要约而给受要约人造成损害,要约人应负赔偿责任。而对要约的撤回并没有这些限制。所以《合同法》第十八条规定（对要约的撤销的限制）："要约可以撤销。撤销要约的通知应当在受要约人发出承诺通知之前到达受要约人。"同时，该法第十九条规定，如果要约中规定了承诺期限或者以其他形式表明要约是不可撤销的，或者尽管没有明示要约不可撤销，但受要约人有理由信赖要约是不可撤销的，并且已经为履行合同作了准备工作，则不可撤销要约。如果受要约人在收到要约以后，基于对要约的信赖，已为准备承诺而支付了一定的费用，在要约撤销以后有权要求要约人给予适当补偿。

3. 要约的失效

要约的失效是指要约丧失了法律约束力，即不再对要约人和受要约人产生约束力。要约失效以后，受要约人也丧失了其承诺的资格，即使其向要约人表示了承诺，也不能导致合同的成立，而只能视为其发出新的要约。根据《合同法》第二十条的规定，要约失效的原因主要有以下几种：

（1）拒绝要约的通知到达要约人。拒绝要约是指受要约人没有接受要约所规定的条件。拒绝的方式有多种，既可以是明确表示拒绝要约，也可以在规定的时间内不作答复以表示拒绝。一旦拒绝，则要约失效。

（2）要约人依法撤销要约。要约在受要约人发出承诺通知之前，可以由要约人撤销要约，一旦撤销，要约便失去效力。

（3）承诺期限届满，受要约人未作出承诺。凡是在要约中明确规定了承诺期限的，则承诺必须在该期限内作出，超过了该期限，要约自动失效。

（4）受要约人对要约的内容作出实质性变更。受要约人对要约的实质内容作出限制、更改或扩张的，既表明受要约人已拒绝了要约，同时也向要约人提出了一项反要约。如果在受要约人作出的承诺通知中，并没有更改要约的实质内容，而只是对要约的非实质性内容予以变更，而要约人又没有及时表示反对，则此种承诺不应视为对要约的拒绝。但如果要约人事先声明要约的任何内容都不得改变，则受要约人更改要约的非实质性内容，也会产生拒绝要约的效果。交易实践中，正是通过多次的要约与反要约才能最后达成合意。

4. 承诺的概念和条件

承诺是指受要约人同意接受要约的条件以缔结合同的意思表示。承诺的法律效力在于一经承诺并送达于要约人，合同便宣告成立。由于承诺一旦生效，将导致合同的成立，因此承诺必须符合一定的条件。在法律上，承诺必须具备以下条件，才能产生法律效力：

（1）承诺必须由受要约人向要约人作出。由于要约原则上是向特定人发出的，因此只有接受要约的特定人即受要约人才有权作出承诺，受要约人以外的第三人无资格向要约人作出承诺。同时，承诺必须向要约人作出，如果向要约人以外的其他人作出承诺，则只能视为对他人发出要约，不能产生承诺效力。

（2）承诺必须在规定的期限内到达要约人。承诺只有到达要约人时才能生效，而到达也必须具有一定的期限限制。《合同法》第二十三条规定："承诺应当在要约确定的期限内到达要约人。"合理的期限的长短应当根据具体情况来确定，一般应当包括，根据一般的交易惯例受要约人在收到要约以后需要考虑和作出决定的时间,以及发出承诺并到达要约人的时间。未能在合理期限内作出承诺并到达要约人,不能成为有效承诺。

(3)承诺的内容必须与要约的内容一致。受要约人必须表明其愿意按照要约的全部内容与要约人订立合同。承诺的内容与要约的内容一致,意味着承诺不得限制、扩张或者变更要约的内容,换言之,承诺不得对要约的内容作出实质性的修改。但是,如果承诺并未更改要约的实质性内容,而只是对一些细节问题的修改,要约人也未表示反对,则承诺仍然有效。

(4)承诺的方式必须符合要约的要求。《合同法》第二十二条规定,承诺应当以通知的方式作出。这就是说,受要约人必须将承诺的内容通知要约人,但受要约人应采取何种通知方式,应根据要约的要求确定。如果要约规定承诺必须以一定的方式作出,否则承诺无效,那么承诺人作出承诺时,必须符合要约人规定的承诺方式,在此情况下,承诺的方式成为承诺生效的特殊要件。例如,要约要求承诺应以发电报的方式作出,则不应采取邮寄的方式。如果要约没有特别规定承诺的方式,则不能将承诺的方式作为有效承诺的特殊要件。

5.承诺的效力

(1)承诺生效的标准。《合同法》第二十五条规定:"承诺生效时合同成立。"因此承诺的效果在于使合同成立,即一旦承诺生效,合同便宣告成立。故判断承诺生效的时间具有重要意义。承诺生效时间以到达要约人时确定。所谓到达是指承诺的通知到达要约人支配的范围内,如要约人的信箱、营业场所等。至于要约人是否实际阅读和了解承诺通知则不影响承诺的效力。承诺通知一旦到达要约人,合同即宣告成立。如果承诺不需要通知,则根据交易习惯或者要约的要求以行为作出,一旦受要约人作出承诺的行为,即可使承诺生效。

(2)承诺迟延和承诺撤回。承诺迟延也称承诺迟到,是指受要约人未在承诺期限内发出承诺。承诺的期限通常是由要约规定的,如果要约中未规定承诺时间,则受要约人应在合理期限内作出承诺。超过承诺期限作出承诺,该承诺不产生效力。根据《合同法》第二十八条,"受要约人超过承诺期限发出承诺的,除要约人及时通知受要约人该承诺有效的以外,为新要约。"这就是说,对于迟到的承诺,要约人可承认其有效,但要约人应及时通知受要约人。如果要约人不愿承认其为承诺,则该迟到的承诺为新要约,要约人将处于承诺人的地位。承诺撤回是指受要约人在发出承诺通知以后,在承诺正式生效之前撤回其承诺。根据《合同法》第二十七条,"承诺可以撤回。撤回承诺的通知应当在承诺通知到达要约人之前或者与承诺通知同时到达要约人。"因此撤回的通知必须在承诺生效之前到达要约人或与承诺通知同时到达要约人,撤回才能生效。如果承诺通知已经到达要约人,合同已经成立,则受要约人不能再撤回承诺。

根据最高人民法院的司法解释,当事人对合同是否成立存在争议,如果能够确定当事人名称或者姓名、标的和数量的,一般应当认定合同成立。但法律另有规定或者当事人另有约定的除外。对合同欠缺的前述规定以外的其他内容,当事人达不成协议的,人民法院依照合同法的有关规定予以确定。当事人之间没有书面合同,一方以送货单、收货单、结算单、发票等主张存在买卖合同关系的,可以结合当事人之间的交易方式、交易习惯以及其他相关证据,对买卖合同是否成立作出认定。对账确认函、债权确认书等函件、凭证没有记载债权人名称,买卖合同当事人一方可以以此证明存在买卖合同关系,但有相反证据足以推翻的除外。当事人签订认购书、订购书、预订书、意向书、备忘录等预约合同,约定在将来一定期限内订立买卖合同,一方不履行订立买卖合同的义务,对方可以请求其承担预约合同违约责任或者要求解除预约合同并可以主张损害赔偿。

8.2.4　合同成立的时间与地点

1. 合同成立的时间

承诺生效时合同成立,这是大部分合同成立的时间标准。当事人采用合同书形式订立合同的,自双方当事人签字或者盖章时合同成立。当事人采用信件、数据电文等形式订立合同的,可以要求在合同成立之前签订确认书,则签订确认书时合同成立。若当事人未采用法律规定或者当事人约定的书面形式、合同书形式订立合同,或者当事人未在合同书上签字盖章的,只要一方当事人履行了主要义务,对方接受的,该合同成立。

2. 合同成立的地点

承诺生效的地点为合同成立的地点。采用数据电文形式订立合同的,收件人的主营业地为合同成立的地点;没有主营业地的,其经常居住地为合同成立的地点。当事人采用合同书形式订立合同的,双方当事人签字或者盖章的地点为合同成立的地点。合同约定的签订地与实际签字或者盖章地点不符的,人民法院应当认定约定的签订地为合同签订地;合同没有约定签订地,双方当事人签字或盖章不在同一地点的,人民法院应当认定最后签字或盖章的地点为合同签订地。

8.2.5　缔约过失责任

1. 缔约过失责任的概念

缔约过失责任是指在订立合同的过程中,一方当事人违背诚实信用原则致使对方当事人信赖利益受到损害时,依法应当承担的赔偿责任。

2. 缔约过失责任的构成要件

(1) 责任发生于合同订立阶段。当事人为订立合同而进行接触、磋商,已由一般民事主体间的关系进入特定的权利义务关系(即信赖关系)。判断当事人是否进入这一关系的标准主要是当事人之间是否有缔结合同的意图。

(2) 一方当事人违反了先合同义务。所谓先合同义务是指合同订立过程中,双方当事人根据诚实信用原则应当承担的义务,如告知、协作、忠实、保护、保密等义务。

(3) 一方当事人有过错。顾名思义,缔约过失责任是过错责任,一方当事人因过错违反了先合同义务,才可能承担缔约过失责任。

(4) 造成对方信赖利益的损失。所谓信赖利益损失是指相对人因信赖合同会有效成立却由于合同不成立或无效而受到的利益损失。

3. 缔约过失行为的类型

(1) 假借订立合同,恶意进行磋商。所谓"假借"是指根本没有与对方订立合同的意思,只是借口与对方谈判,目的是损害订约对方当事人的利益。所谓"恶意"是者假借磋商、谈判,而故意给对方造成损害的主观心理状态。

(2) 故意隐瞒与订立合同有关的重要事实或提供虚假情况。缔约当事人依诚实信用原则负有一定的告知义务,若违反此项义务,即构成欺诈,如因此致对方受到损害,应负缔约过失责任。

(3) 其他违背诚实信用原则的行为。主要表现为:一方当事人未尽到通知、协助、告知、照顾等义务而造成对方当事人人身或财产的损失的;泄露或者不正当使用在订立合同的过程中知悉的商业秘密的;因一方当事人的过错,致使合同被宣告无效或被撤销的;违反初步协议或许诺等。

4. 缔约过失责任的赔偿范围

缔约过失责任的形式是损害赔偿。损害赔偿的范围,是相对人因缔约过失而遭受的信赖利益损失,包括直接损失和间接损失。

(1) 直接损失。主要包括:缔约费用,如为了订约而赴实地考察所支付的合理费用;准备履约和实际履约所支付的费用,如运送标的物至购买方所支付的合理费用;因缔约过失导致合同无效、被变更或被撤销所造成的实际损失;因支出缔约费用或准备履约和实际履行支出费用所失去的利息等。

(2) 间接损失。主要包括:因信赖合同有效成立而放弃的获利机会损失,亦即丧失与第三人签订合同的机会所蒙受的损失;利润损失,即无过错方在现有条件下从事正常经营活动所获得的利润损失;身体受到伤害而减少的误工收入;其他可得利益损失。

8.3 合同的效力

8.3.1 合同生效概述

1. 合同生效的含义

合同的生效是指已经成立的合同开始发生以国家强制力保障的法律约束力,即合同发生法律效力。我国《合同法》第八条规定:"依法成立的合同,对当事人具有法律约束力。依法成立的合同,受法律保护。"这实际上揭示了合同具有法律效力的根源,为我们正确理解合同的法律效力提供了依据。

2. 生效与成立的区别

当事人订立合同的目的,就是要使合同生效,产生约束力,从而实现合同所规定的权利和利益,如果合同不能生效,则合同等于一纸空文,当事人也就不能实现订约目的。从实践来看,如果当事人依据法律的规定订立合同,合同的内容和形式都符合法律规定,则这些合同一旦成立便能生效,正如我国《合同法》第四十四条的规定:"依法成立的合同,自成立时生效。"但也有不一致的情况,如法律和行政法规规定需经批准和登记才能生效的合同,必须经过批准和登记。区分合同的成立与合同的生效很有意义,它们的区别主要表现在以下几个方面:

(1) 两者的构成条件不同。合同成立的条件包括:订约主体存在双方或多方当事人,订约当事人就合同的主要条款达成合意;经过要约和承诺阶段。至于当事人意思表示是否真实和合法,则在所不问。而合同生效的条件主要有:行为人具有相应的民事行为能力;意思表示真实;不违反法律或者社会公共利益以及符合法定形式。

(2) 两者的法律意义不同。合同成立与否基本上取决于当事人双方的意志,体现的是合同自由原则,合同成立的意义在于表明当事人双方已就特定的权利义务关系取得共识。而合同能否生效则要取决于是否符合国家法律的要求,体现的是合同合法原则,合同生效的意义在于表明当事人的意志已与国家意志和社会利益实现了统一,合同内容有了法律的强制保障。

(3) 两者作用的阶段不同。合同成立标志着当事人双方经过协商一致达成协议,合同内容所反映的当事人双方的权利义务关系已经明确。而合同生效表明合同已获得国家法律的确认和保障,当事人应全面履行合同,以实现缔约目的。简单地说,合同的成立标志着合同订立阶段的结束,合同的生效则表明合同履行阶段即将开始。

8.3.2 附条件和附期限的合同

1. 附条件的合同

《合同法》第四十五条规定:"当事人对合同的效力可以约定附条件。附生效条件的合同,自条件成就时生效。附解除条件的合同,自条件成就时失效。"

所谓附条件的合同是指当事人在合同中特别规定一定的条件,以条件的是否成就来作为合同的效力的发生或消灭的根据。

2. 附期限的合同

《合同法》第四十六条规定:"当事人对合同的效力可以约定附期限。附生效期限的合同,自期限届至时生效。附终止期限的合同,自期限届满时失效。"

所谓附期限合同是指当事人在合同中设定一定的期限,并把期限的到来作为合同效力发生或消灭的根据。

合同中所附的期限与合同中所附的条件一样,都能够直接限制合同效力的发生或消失,但作为条件的事实是否发生是不确定的,而期限的到来却具有必然性。期限是以一定时间或期间的到来对合同的效力起限制作用,因此只有尚未到来且必然到来的时间和期间才能作为附期限的合同中的期限。

8.3.3 可变更或可撤销的合同

1. 可撤销合同的概念

可撤销合同又称为可撤销、可变更的合同,它是指当事人在订立合同时,因意思表示不真实,法律允许撤销权人通过行使撤销权而使已经生效的合同归于无效。被撤销的合同自始没有法律约束力。合同被撤销,不影响合同中独立存在的有关解决争议方法的条款的效力。合同被撤销后,因该合同取得的财产,应当予以返还;不能返还或者没有必要返还的,应当折价补偿。有过错的一方应当赔偿对方因此所受到的损失,双方都有过错的,应当各自承担相应的责任。提供格式条款的一方当事人违反合同法中关于提示和说明义务的规定,导致对方没有注意免除或者限制其责任的条款,对方当事人可以申请撤销该格式条款。

2. 可撤销合同的类型

(1) 显失公平的合同。显失公平的合同是指一方在订立合同时因情况紧迫或缺乏经验而订立的明显对自己有重大不利的合同。显失公平的合同往往是当事人双方的权利和义务极不对等、经济利益上不平衡,因而违反了公平合理原则。

我国《合同法》第五十四条规定,当事人一方有权请求人民法院或者仲裁机构变更或者撤销在订立合同时显失公平的合同。这不仅是公平原则的具体体现,而且切实保障了公平原则的实现。

(2) 因重大误解订立的合同。《民法通则》第五十九条规定,行为人对行为内容有重大误解的,可以变更或撤销。《合同法》第五十四条也规定,因重大误解订立的合同,一方可以请求法院和仲裁机构变更或撤销。所谓重大误解是指一方因自己的过错而对合同的内容等发生误解,订立了合同。误解直接影响到当事人所应享有的权利和承担的义务。误解既可以是单方面的误解,也可以是双方的误解。

(3) 因欺诈、胁迫而订立的合同。所谓欺诈是指一方当事人故意告知对方虚假情况,或者故意隐瞒真实情况,诱使对方当事人作出错误的意思表示。因欺诈而订立的合同,是在受欺诈人因欺诈行为发生错误认识而作意思表示的基础上产生的。所谓胁迫是以给公民及其亲友的生命健康、荣誉、名誉、财产等造成损害或者以给法人的荣誉、名誉、财产等造成损害为要挟,迫使对方作出违背真实意思表示的行为。欺诈、胁迫违反了民事活动应当遵循的诚实信用原则。诚实信用原则要求人们在民事活动中讲究信用,诚实不欺,在不损害他人利益和社会利益的前提下追求自己的利益。

因欺诈、胁迫订立的合同分为两类:一类是一方以欺诈、胁迫的手段订立的合同损害国家利益,属于无效合同;另一类是一方以欺诈、胁迫的手段订立的合同并没有损害国家利益,只是损害了集体或第三人的利益,属于可撤销合同。

3. 撤销权的消灭

合同法规定有下列情形之一的,撤销权消灭:

(1) 具有撤销权的当事人自知道或者应当知道撤销事由之日起 1 年内没有行使撤销权。

(2) 具有撤销权的当事人知道撤销事由后明确表示或者以自己的行为放弃撤销权。

8.3.4 无效合同

1. 无效合同的概念和特征

所谓无效合同是相对有效合同而言的,它是指合同虽然已经成立,但因其在内容和形式上违反了法律、行政法规的强制性规定和社会公共利益,因此应确认为无效。

无效合同具有以下几个特征:

(1) 无效合同的违法性。无效合同种类很多,但都具有违法性。所谓违法性是指违反了法律和行政法规的强制性规定以及社会公共利益。

(2) 无效合同的不可履行性。所谓无效合同的不可履行性是指当事人在合同确认无效以后,不得依据合同继续履行,也无须承担不履行合同的违约责任。

(3) 无效合同自始无效。由于无效合同从本质上违反了法律的强制性规定,因此国家不承认此类合同的法律效力。

2. 无效合同的类型

根据《合同法》第五十二条,无效合同的类型主要包括以下几种:

(1) 一方以欺诈、胁迫的手段订立的合同,损害国家利益。

(2) 恶意串通,损害国家、集体或第三者利益。恶意串通的合同是指双方当事人非法串通在一起,共同订立某种合同,造成国家、集体或第三者利益的损害。

(3) 以合法形式掩盖非法目的。以合法形式掩盖非法目的是指当事人实施的行为在形式上是合法的,但在内容上和目的上是非法的,这种行为又称为隐匿行为。

(4) 损害社会公共利益。社会公共利益体现了全体社会成员的最高利益,违反社会公共利益或公序良俗的合同无效,这是各国立法普遍确认的原则。

(5) 违反法律、行政法规的强行性规定。此处所说的法律是指由全国人大及其常委会制定的法律,行政法规是指由国务院制定的法规,违反这些全国性的法律和法规强制性规定的行为是当然无效的。合同部分无效,不影响其他部分效力的,其他部分仍然有效。合同无效不影响合同中独立存在的有关解决争议方法的条款的效力。合同无效,因该合同取得的财产,应当予以返还;不能返还或者没有必要返还的,应当折价补偿。有过错的一方应当赔偿对方因此所受到的损失,双方都有过错的,应当各自承担相应的责任。当事人恶意串通,损害国家、集体或者第三人利益的,因此取得的财产收归国家所有或者返还集体、第三人。

8.3.5 效力待定的合同

1. 效力待定合同的概念

效力待定的合同是指合同虽然已经成立,但因其不完全符合有关生效要件的规定,因此其效力能否发生,尚未确定,一般须经有权人表示承认才能生效。

此类合同与无效合同及可撤销合同的不同之处在于,行为人并未违反法律的禁止性规定及损害社会公共利益,也不是因意思表示不真实而导致合同撤销,主要是因为有关当事人缺乏缔约能力、代订合同的资格及处分能力所造成的。毫无疑问,由于存在着这些情况,合同本身是有瑕疵的,但这种瑕疵并非不可弥补。一方面,效力待定的合同可以因为权利人的承认而生效,如无代理权人代理他人订立合同,经本人承认可以生效。由于这种承认表明效力待定合同的订立是符合权利人的意志和利益的,因此经过追认可以消除合同存在的瑕疵。另一方面,因权利人的承认而使合同有效,并不违反法律和社会公共利益,相反,经过追认而有效,既有利于促成更多的交易,也有利于维护相对人的利益。因为相对人与缺乏缔约能力的人、无代理权人、无处分权人订立合同,大都希望合同有效,并通过有效合同的履行使自己获得期待的利益。根据《合同法解释(二)》第十一条的规定,追认的意思表示自到达相对人时生效,合同自订立时生效。因此,通过有权人的追认使效力待定合同生效,而不是简单地宣告此类合同无效,是符合相对人的意志和利益的。

效力待定合同的最大特点在于:此类合同须经权利人的承认才能生效。所谓承认是指权利人表示同意无缔约能力人、无代理权人、无处分权人与他人订立有关合同。同意是一种

单方意思表示,无须相对人的认可即可发生法律效力。权利人的承认与否决定着效力待定合同的效力。在权利人尚未承认以前,效力待定合同虽然已经订立,但并没有实际生效。所以,当事人双方都不应作出履行,尤其是相对人如果知道对方不具有代订合同的能力和处分权,则不应当作出履行,否则构成恶意,将导致其不能依善意取得制度而取得财产。由于效力待定合同因权利人的承认而生效,因而与可撤销合同具有明显区别。可撤销合同在未被撤销以前,应被认为有效,只是因撤销权人的撤销而使合同变为无效,不像效力待定合同那样因权利人的承认而使合同有效。

权利人的承认使效力待定合同有效,但与无效合同的补正不同。所谓无效合同的补正是指当事人对于无效合同进行修正,消除其违法内容,从而使合同变为有效合同。

而效力待定合同的内容一般并不涉及违反法律强制性规定、损害公共利益的问题,对此类合同效力的确认并不是通过当事人协商,而是通过有权人进行承认的方式进行的。所以,它与无效合同的补正是不同的。

2. 效力待定合同的类型

(1) 限制民事行为能力人依法不能独立订立的合同。根据我国法律规定,十周岁以上不满十八周岁的未成年人和不能完全辨认自己行为的精神病人,可以实施某些与其年龄、智力和健康状况相适应的民事行为,其他民事活动由其法定代理人代理,或在征得其法定代理人同意后实施。所谓与年龄、智力状况相适应的行为是指根据未成年人的年龄状况和智力发育情况能够为该未成年人完全理解的行为,如购买零食、文具等。所谓与健康状况相适应的民事行为是指精神病人在其健康状况允许的情况下,可以实施某些其能够理解行为性质、辨认行为后果的行为。应当指出,限制行为能力人可以实施一些纯获法律上利益的行为,如接受遗赠、赠与等。《合同法》第四十七条规定:"限制民事行为能力人订立的合同,经法定代理人追认后,该合同有效,但纯获利益的合同或者与其年龄、智力、精神健康状况相适应而订立的合同,不必经法定代理人追认。"限制民事行为能力人依法不能独立实施的行为,可以在征得其法定代理人的同意后实施。限制民事行为能力人依法不能独立实施的而又未经其法定代理人同意的民事行为,只能由其法定代理人代理进行。如果限制民事行为能力人未经其法定代理人的事先同意,独立实施其依法不能独立实施的民事行为,则要区分两种情况处理:如果限制民事行为能力人实施的是单方民事行为,如抛弃财产,则行为当然无效;如果限制民事行为能力人实施的是双方民事行为,如与他人订立合同,则与其发生关系的相对人可以在规定的期限内,催告其法定代理人是否承认这些行为。《合同法》第四十七条规定:"相对人可以催告法定代理人在 1 个月内予以追认。法定代理人未作表示的,视为拒绝追认。合同被追认之前,善意相对人有撤销的权利。撤销应当以通知的方式作出。"

(2) 因无权代理而订立的合同。无权代理是指无权代理人代理他人从事民事行为,简言之,是指欠缺代理权的代理。无权代理主要有四种情况:①根本无权代理;②授权行为无效的代理;③超越代理权范围进行的代理;④代理权消灭以后的代理。这些无权代理行为虽然具有代理行为的表面特征,但由于行为人缺乏代理权,因而并不符合有权代理的要件。无权代理人以本人名义与他人订立合同,是一种效力待定的合同,而不是绝对无效的合同。这类合同尽管因代理人缺乏代理权而存在着瑕疵,但此种瑕疵是可以修补的,也就是说，本人的追认可以使无权代理行为有效。《合同法》第四十八条规定，行为人没有代理权、超越代理权或者代理权终止后以被代理人名义订立的合同，未经被代理人追认，对被代理人不发生效力，由行为人承担责任。无权代理人以被代理人的名义订立合同，被代理人已经开始履行合同义务的，视为对合同的追认。行为人没有代理权、超越代理权或者代理权终止后以被代理人名义订立合同，相对人有理由相信行为人有代理权的，该代理行为有效。被代理人承担有效代理行为所产生的责任后，可以向无权代理人追偿因代理行为而遭受的损失。

法律之所以规定无权代理行为可因本人的承认而有效，主要原因在于：一方面，无权代理行为并非都对本人不利，有些无权代理活动对本人可能是有利的。另一方面，无权代理行为也具有代理的某些特征，如无权代理人具有为本人订立合同的意思，第三人也有意与本人订立合同。问题的关键在于，无权代理人并无代理权限，如果本人事后承认该代理行为，实际上是事后补授代理权，从而可以使代理行为有效，如果本人认为无权代理行为对其不利，自然可不予承认。尤其应当看到，因无权代理行为所订立的合同并不一定对相对人不利，相对人与无权代理人订立合同通常并非旨在追求合同无效的后果；相反，他常常希望合同有效而使其能与本人之间形成合同关系。所以，经过本人追认而使合同有效，也有利于维护交易秩序及保护相对人的利益。

（3）无权处分行为。所谓无权处分行为是指无处分权人处分他人财产而订立的合同。例如，甲将某物借给乙使用，乙将该物非法转让给丙，乙丙之间的买卖合同属于因无权处分而订立的合同。

我国《合同法》第五十一条规定："无处分权的人处分他人财产，经权利人追认或者无处分权的人订立合同后取得处分权的，该合同有效。"可见，因无权处分而订立的合同具有以下特点：

第一，无处分权人实施了处分他人财产的行为。此处所说的"处分"是指法律上的处分，包括财产上的出让、赠与、在财产上设定抵押等行为，处分财产只能由享有处分权的人行使，无处分权人处分他人财产则构成对他人财产的侵害。某个共有人未经其他共有人同意擅自处分共有财产，也构成无权处分。

第二，此种合同经过权利人追认后处分行为有效。此处所说的"权利人"是指对无权处分的物享有处分权的人。所谓追认是指权利人同意该行为的意思表示。这种意思表示可以直接向买受人作出，也可以向处分人作出。如果权利人事后向处分人作出书面授权，允许其处分权利人的财产，在权利人与处分人之间已形成一种委托代理关系，处分人实际上是代替权利人处分财产，由此产生的法律后果均由权利人承担。在此情况下，合同主体实际上已发生了变化。因此，权利人作出允许处分的授权以后，若处分人不履行义务，则买受人可直接请求权利人履行义务，因为权利人已成为真正的出卖人。

追认是一种单方意思表示，目的在于使无权处分的行为发生法律效力。在权利人追认之前，因无权处分而订立的合同属于效力未定的合同，买受人可以中止履行义务。在追认以后，此种效力待定的合同将得到补正，因此合同将溯及既往地产生效力，任何一方当然有权请求另一方履行债务。

因权利人拒绝承认而使无权处分合同被宣告无效,不应影响善意买受人根据善意取得制度所取得的权利。善意取得制度是法律为维护交易安全而设定的制度,其基本内容是:无权处分人处分其占有的财产给他人,如果受让人取得该财产时出于善意且符合物权法规定的其他条件,则可以依法取得该财产的所有权。

第三,如果无权处分人事后取得权利,也可导致无权处分行为有效。从法律上看,无权处分行为的本质特征在于,处分人在无权处分的情况下处分他人财产,从而侵害了权利人的财产权利。一旦处分人事后取得了财产权利,便可以消除无权处分的状态和导致合同无效的原因。

8.4 合同的履行

8.4.1 合同履行的规则

合同的履行是指当事人应当按照约定全面履行自己的义务。当事人应当遵循诚实信用原则,根据合同的性质、目的和交易习惯履行通知、协助、保密等义务。合同履行的规则主要是指当事人就某些事项没有约定时的处理方法。我国《合同法》第六十一条规定:"合同生效后,当事人就质量、价款或者报酬、履行地点等内容没有约定或者约定不明确的,可以协议补充;不能达成补充协议的,按照合同有关条款或者交易习惯确定。"有时,当事人依照《合同法》第六十一条仍然无法确定的,此时,《合同法》第六十二条规定了一些具体的规则。

1. 关于质量条款约定不明

合同中质量要求不明确的,按照国家标准、行业标准履行;没有国家标准、行业标准的,按照通常标准或者符合合同目的的特定标准履行。

2. 关于价款、报酬条款约定不明

价款或者报酬不明确的,按照订立合同时履行地的市场价格履行;依法应当执行政府定价或者政府指导价的,按照规定履行。

3. 关于履行地点约定不明

履行地点不明确,给付货币的,在接受货币一方所在地履行;交付不动产的,在不动产所在地履行;其他标的,在履行义务一方所在地履行。

4. 关于履行期限约定不明

履行期限不明确,债务人可以随时履行,债权人也可以随时要求履行,但应当给对方必要的准备时间。履行期限有为债务人利益的,有为债权人利益的,也有为双方当事人利益的。对于前者,债权人不得随意请求履行,但债务人可以抛弃其期限利益,在履行期限前为履行。对于第二种情况,债权人可以在履行期限前请求债务人履行,但债务人无权强行要求他于期限前受领给付。对于第三种情况,债务人无权要求债权人于期限前受领,同时债权人无权请求债务人于期限前履行。《合同法》第七十一条规定,债权人可以拒绝债务人提前履行债务,但提前履行不损害债权人利益的除外。债务人提前履行给债权人增加的费用,由债务人负担。

5. 关于履行方式约定不明

履行方式是完成合同义务的方法,如标的物的交付方法,工作成果的完成方法,运输方法,价款或酬金的支付方法等。履行方式与当事人的权益有密切关系,履行方式不符合要求,可以造成标的物缺陷、费用增加、迟延履行等后果。履行方式不明确的,按照有利于实现合同目的的方式履行。

6. 关于履行费用的负担约定不明

履行费用的负担不明确的,由履行义务一方负担。

8.4.2 抗辩权制度

1. 同时履行抗辩权

根据《合同法》第六十六条,同时履行抗辩权是指当事人互负债务,没有先后履行顺序的,应当同时履行,一方在对方履行前有权拒绝其履行要求。一方在对方履行债务不符合约定时,有权拒绝其相应的履行要求。

同时履行抗辩权在法律上的根据,在于双务合同之债权债务在成立上的关联性,一方债权债务不成立或不生效,他方债权债务亦不成立或生效。成立的关联性决定了履行的关联性,双方当事人应同时履行自己所负的债务,在一方未履行或未提出履行前,他方有权拒绝履行自己的义务。

2. 不安抗辩权

不安抗辩权是指当事人互负债务,有先后履行顺序的,先履行的一方有确切证据表明另一方丧失履行债务能力时,在对方没有履行或者没有提供担保之前,有权中止合同履行的权利。规定不安抗辩权是为了切实保护当事人的合法权益,防止借合同进行欺诈,促使对方履行义务。

3. 后履行抗辩权

根据《合同法》第六十七条规定,后履行抗辩权是指当事人互负债务,有先后履行顺序的,先履行一方未履行之前,后履行一方有权拒绝其履行请求,先履行一方履行债务不符合债的本旨,后履行一方有权拒绝其相应的履行请求。

8.4.3 合同的保全

合同的保全是指法律为防止因债务人的财产不当减少或不增加而给债权人的债权带来损害,允许债权人行使撤销权或代位权,以保护其债权。我国《合同法》第七十三条、第七十四条分别规定了债权人代位权制度和债权人撤销权制度。

1. 债权人的代位权

债权人的代位权是指因债务人怠于行使其到期债权,对债权人造成损害的,债权人可以向人民法院请求以自己的名义代位行使债务人的债权,但该债权专属于债务人自身的除外。专属于债务人自身的债权是指基于扶养关系、赡养关系、继承关系产生的给付请求权和劳动报酬、退休金、养老金、抚恤金、安置费、人寿保险、人身伤害赔偿请求权等权利。债务人怠于行使其到期债权,对债权人造成损害的一般是指债务人不履行其对债权人的到期债务,又不以诉讼方式或者仲裁方式向其债务人主张其享有的具有金钱给付内容的到期债权,致使债权人的到期债权未能实现。

债权人提起代位权诉讼,应当符合下列条件:

(1) 债权人对债务人的债权合法。

(2) 债务人怠于行使其到期债权,对债权人造成损害。

(3) 债务人的债权已到期。

(4) 债务人的债权不是专属于债务人自身的债权。

债权人以次债务人(即债务人的债务人)为被告向人民法院提起代位权诉讼,应将债务人列为第三人,未列的人民法院可以追加债务人为第三人。在代位权诉讼中,次债务人对债务人的抗辩,可以向债权人主张。债权人向次债务人提起代位权诉讼经人民法院审理后认定代位权成立的,由次债务人向债权人履行清偿义务,债权人与债务人、债务人与次债务人之间相应的债权债务关系即予消灭。在代位权诉讼中,债权人胜诉的,诉讼费由次债务人负担,从实现的债权中优先支付。代位权的行使范围以债权人的债权为限。债权人行使代位权的必要费用,由债务人负担。

2. 债权人的撤销权

债权人的撤销权则是指当债务人放弃对第三人的债权、实施无偿或者说低价处分财产的行为损害债权人的利益时,债权人可以依法请求人民法院撤销债务人所实施的行为。前者表现为债务人行为上的消极不作为,而后者表现为债务人行为上的积极作为。其共同特征是两者债务人的行为都对债权人的合法债权造成了损害。

根据《合同法》第七十四条的规定,因债务人放弃其到期债权或者无偿转让财产,对债权人造成损害的,债权人可以请求人民法院撤销债务人的行为。债务人以明显不合理的低价转让财产,对债权人造成损害,并且受让人知道该情形的,债权人也可以请求人民法院撤销债务人的行为。债务人转让的财产是否合理,应当以交易当地一般经营者的判断,并参考交易当时交易地的物价部门指导价或者市场交易价,结合其他相关因素综合考虑予以确认。转让价格达不到交易时交易地的指导价或者市场交易价百分之七十的,一般可以视为明显不合理的低价。撤销权的行使范围以债权人的债权为限。债权人行使撤销权所支付的律师代理费、差旅费等必要费用,由债务人负担;第三人有过错的,应当适当分担。撤销权自债权人知道或者应当知道撤销事由之日起 1 年内行使。自债务人的行为发生之日起 5 年内没有行使撤销权的,该撤销权消灭。

8.5 合同的担保

8.5.1 担保与担保合同的概念

担保是指法律为确保特定的债权人实现债权,以债务人或第三人的信用或者特定财产来督促债务人履行债务的制度。对于当事人来说,是为了担保债权实现而采取的法律措施。

担保的种类有保证、抵押、质押、留置和定金。除了留置是依据法律规定可以直接采取的措施外,其余四种需要签订担保合同。所谓担保合同是指为促使债务人履行其债务,保障债权人的债权得以实现,而在债权人(同时也是担保权人)和债务人之间,或在债权人、债务人和第三人(即担保人)之间协商形成的,当债务人不履行或无法履行债务时,以一定方式保证债权人债权得以实现的协议。担保合同旨在明确担保权人和担保人之间的权利义务关系,保障债权人的债权得以实现。

8.5.2 担保合同的特征

1. 从属性

担保合同的从属性又称附随性、伴随性,是指担保合同的成立和存在必须以一定的合同关系的存在为前提。被担保的合同关系是一种主法律关系,为之而设立的担保关系是一种从法律关系。《中华人民共和国担保法》第五条第一款规定:"担保合同是主合同的从合同。"

担保合同的订立目的是保障所担保的债务履行,保护交易安全和债权人利益。

担保合同的从属性主要表现在以下四个方面:

(1) 成立上的从属性,即担保合同的成立应以相应的合同关系的发生和存在为前提,而且担保合同所担保的债务范围不得超过主合同债权的范围。

(2) 处分上的从属性,即担保合同应随主合同债权的移转而移转。

(3) 消灭上的从属性,即主合同关系消灭,为其所设定的担保合同关系也随之消灭。

(4) 效力上的从属性,担保合同的效力依主合同而定。担保合同的订立时间,可以是与主合同同时订立,也可以是主合同订立在先,担保合同随后订立。

2. 补充性

担保合同的补充性是指合同债权人所享有的担保权或者担保利益。担保合同的补充性主要体现在以下两个方面:

(1) 责任财产的补充,即担保合同一经有效成立,就在主合同关系的基础上补充了某种权利义务关系,从而使保障债权实现的责任财产得以扩张,或使债权人就特定财产享有了优先权,增强了债权人的债权得以实现的可能性。

(2) 履行的补充,即在主合同关系因适当履行而正常终止时,担保合同中担保人的义务并不实际履行。只有在主债务不履行时,担保合同中担保人的义务才履行,使主债权得以实现。

3. 相对独立性

担保合同的相对独立性是指担保合同尽管属于从合同,但也具有相对独立的地位。担保合同的相对独立性主要表现在以下两个方面:

(1) 发生或存在的相对独立性,即担保合同也是一种独立的法律关系。担保合同的成立,和其他合同的成立一样,须有当事人的合意,或者依照法律的规定而发生,与被担保的合同债权的成立或者发生分属于两个不同的法律关系,受不同的法律调整。

(2) 效力的相对独立性。担保合同有自己的成立、生效要件和消灭的原因,而且,担保

合同不成立、无效或者消灭,对其所担保的主合同债权不发生影响。

8.5.3 担保的种类

债权担保的内容即担保权与担保义务组成的权利和义务关系。债权人的担保权因人的担保和物的担保的性质不同,也会表现不同的属性。在人的担保即保证中,担保权是一种债权性的请求权,属债权范围;而在物的担保中,则是一种物权性的优先受偿权,故也称为担保物权,两者间的效力相差较大。与此相对应,担保义务人的义务在人的担保中,实为一种债务,而于物的担保中则是一种物权负担。

1. 保证

保证是指保证人和债权人约定,当债务人不履行债务时,保证人按照约定履行债务或者承担责任的行为。保证合同应当包括以下内容:

(1) 被保证的主债权种类、数额。
(2) 债务人履行债务的期限。
(3) 保证的方式。
(4) 保证担保的范围。
(5) 保证的期间。
(6) 双方认为需要约定的其他事项。

保证合同不完全具备前述规定内容的,可以补正。

2. 抵押

抵押是指债务人或者第三人不转移对所抵押的财产的占有,将该财产作为债权的担保。债务人不履行债务时,债权人有权依照法律规定以该财产折价或者以拍卖、变卖该财产的价款优先受偿。抵押合同内容:被担保的主债权种类、数额;债务人履行债务的期限;抵押物的名称、数量、质量、状况、所在地、所有权权属或者使用权权属;抵押担保的范围;当事人认为需要约定的其他事项。

3. 质押

动产质押是指债务人或者第三人将其动产移交债权人占有,将该动产作为债权的担保。债务人不履行债务时,债权人有权依照法律规定以该动产折价或者以拍卖、变卖该动产的价款优先受偿。质押合同内容:被担保的主债权种类、数额;债务人履行债务的期限;质物的名称、数量、质量、状况;质押担保的范围;质物移交的时间;当事人认为需要约定的其他事项。

4. 定金

定金是指在合同订立或在履行之前支付的一定数额的金钱作为担保的担保方式。定金应当以书面形式约定。当事人在定金合同中应当约定交付定金的期限。定金合同从实际交付定金之日起生效。定金的数额由当事人约定,但不得超过主合同标的额的百分之二十。债务人履行债务后,定金应当抵作价款或者收回。给付定金的一方不履行约定的债的,无权要求返还定金;收受定金的一方不履行约定的债的,应当双倍返还定金。定金的数额由当事人约定,但不得超过主合同标的额的百分之二十,超过部分人民法院不予保护。实际交付的定金数额多于或者少于约定数额,视为变更定金合同。收受定金的一方提出异议并拒绝接受定金的,定金合同不生效。

5. 留置

留置是债权人按照合同约定占有债务人的动产,债务人不按合同约定的期限履行债务的,债权人有权依照法律规定留置该财产,以该财产折价或者以拍卖、变卖该财产的价款优先受偿。享有留置权的债权人为留置权人,留置权人留置的财产为留置物。债权人依法留置债务人财产的权利称为留置权。因保管合同、运输合同、承揽合同以及法律规定可以留置的其他合同发生的债权,债务人不履行债务的,债权人有留置权。留置担保的范围包括主债权及利息、违约金、损害赔偿金、留置物保管费用和实现留置权的费用。

8.6 合同的变更和转让

8.6.1 合同的变更

1. 合同变更概述

合同的变更有广义与狭义之分。狭义上的合同变更,仅指合同内容的变更。广义的合同变更,包括合同内容的变更与合同主体的变更。合同内容的变更是指当事人不变,合同的权利和义务予以改变;合同主体的变更是指合同关系保持同一性,仅改换债权人或债务人。

2. 合同变更的条件

合同的变更必须具备以下条件:

(1) 原已存在合同关系。合同的变更是改变原合同关系,无原合同关系便无变更的对象,所以合同的变更离不开原已存在着合同关系这一条件。合同无效,自始即无合同关系;合同被撤销,合同自始失去法律约束力,也无合同关系;追认权人拒绝追认效力未定的合同,仍无合同关系,在这些情况下,自无变更合同的余地。

(2) 合同的变更须依当事人协议或依法律直接规定及法院裁决。基于法律的直接规定而变更合同,法律效果可直接发生,不以法院的裁决或当事人协议为必经程序。合同的变更须经法院裁决程序的有两种情况:一是意思表示不真实的合同。如因重大误解而成立的合同,不论是撤销还是变更,均须经过法院裁决;二是适用情势变更原则。合同成立以后客观情况发生了当事人在订立合同时无法预见的、非不可抗力造成的不属于商业风险的重大变化,继续履行合同对于一方当事人明显不公平或者不能实现合同目的,当事人可以请求人民法院变更或者解除合同,人民法院一般会根据公平原则,并结合案件的实际情况确定是否变更或者解除。除以上两种情况外的合同变更,一律由当事人各方协商一致,达不成协议便不发生合同变更的法律效力。

(3) 必须遵守法律要求的方式。对合同的变更,法律要求采取一定方式的,须遵守这种要求。基于情势变更原则变更合同,变更意思表示不真实的合同,须经法院裁决的方式。当事人协议变更合同,有时需要采用书面形式,有时则无此要求。法律、行政法规规定变更合同应当办理批准、登记等手续的,依照其规定。

8.6.2 合同的转让

1. 合同转让的概念和特征

合同的转让,实际上是合同权利和义务的转让,是指合同当事人一方依法将合同权利和义务全部或部分地转让给第三人。它包括合同权利的转让、合同义务的转让和合同权利和义务的概括转让。

合同的转让具有以下特征:

(1) 合同的转让并不改变合同原有的权利和义务内容。合同转让,只是改变履行合同权利和义务的主体,并不改变原订的合同权利和义务,转让后的权利人或义务人所享有的权利或义务仍是原合同约定的,因此,转让合同并不引起合同内容的变更,其内容应与原合同内容一致。

(2) 合同的转让使合同主体发生变化。合同转让,只是改变了原合同权利义务履行人主体,其直接结果是原合同关系的当事人之间的权利和义务消失,取而代之的是转让后的新的权利义务关系人,自转让成立起,第三人代替原合同关系的一方或加入原合同成为原合同的权利和义务主体,形成新的合同关系人。

(3) 合同转让改变了债权债务关系。合同转让会涉及原合同当事人之间的债权债务和转让人与受让人之间的债权债务关系,尽管合同转让是在转让人与受让人之间完成,但是合同转让必然涉及原合同当事人的利益,所以合同义务的转让应征得债权人的同意,合同权利的转让应通知原合同债务人。合同转让后,因转让合同纠纷提起的诉讼,债权人、债务人、出让人可列为第三人参与诉讼活动。

2. 合同权利的转让

合同权利的转让是指不改变合同的内容,合同债权人将其权利转让给第三人享有。合同权利转让可分为合同权利的部分转让和合同权利的全部转让。

合同权利转让的原因有:

(1) 依法律规定而转让。如依《中华人民共和国继承法》的规定,继承开始后,继承人承受被继承人财产上的一切权利和义务,包括合同权利。

(2) 依法律行为而转让。合同权利的转让有基于单方法律行为的,例如以遗嘱将合同权利转让给受遗赠人;但大多基于合同,该合同称为转让合同或让与合同。合同权利转让的要件有:第一,须有有效存在的合同权利,且转让不改变该权利的内容。合同权利的有效存在,是合同权利转让的根本前提。如果让与人即为享有撤销权的人,其转让合同权利的行为可视为撤销权的抛弃,此时转让的合同权利即可视为确定有效的合同权利;如果撤销权人为债务人,债务人于撤销权行使期限内行使撤销权从而使合同权利消灭的,成立让与人的不能履行。在这两种情形下,转让人均应担保其转让的合同权利有效。第二,转让人与受让人须就合同权利的转让达成协议。转让合同权利为处分行为,因此让与人首先应有转让合同权利的权限,具有民事行为能力。限制民事行为能力人转让或受让合同权利的,须由其法定代理人同意。转让合同还必须符合其他有效要件,如存在无效原因时,合同无效;存在可撤销原因时,撤销权人可以撤销它。第三,被转让的合同权利须具有让与性。根据《合同法》第七十九条规定,合同权利须具有让与性方可被转让。根据合同性质不得转让的合同权利、按照当事人约定不得转让的合同权利以及依照法律规定不得转让的合同权利,是被禁止转让的。例如,租赁权不允许擅自转让。第四,转让合同权利按照法律、行政法规的规定需要办理批准、登记等手续的,办妥这些手续方能生效。

3. 合同义务的转让

合同义务的转让是指不改变合同的内容,债务人将其合同义务全部或部分地转移给第三人。

合同义务转让的要件有:

(1) 须有有效的合同义务的存在。

(2) 被移转的合同义务具有可移转性。

(3) 第三人须与债务人就债务的移转达成合意。

(4) 债务转让须经权利人的同意才能生效。

债务人将其全部合同义务转让给第三人,由该第三人取代债务人的地位,称为免责的债务承担。它又可分为第三人与债权人订立债务承担合同和第三人与债务人订立债务承担合同两种方式。

债务人将其合同义务部分地转让给第三人,如果该债务人与第三人连带地向债权人负责,称为并存的债务承担。并存的债务承担成立后,债务人与第三人成为连带债务人。实践中,并存的债务承担往往因第三人以担保债的履行为目的加入合同关系而成立。

4. 合同权利和义务的概括移转

合同权利和义务的概括移转是指合同当事人一方将其合同权利和义务一并移转给第三人,由该第三人概括地继受。《合同法》第八十八条规定,当事人一方经对方同意,可以将自己在合同中的权利和义务一并转让给第三人。

合同权利和义务的概括移转通常有两种情形:一为合同承受,一为企业合并。

(1) 合同承受。合同承受指一方当事人与他人订立合同后,依照其与第三人的约定,并经过对方当事人的同意,将合同上的权利和义务一并移转给第三人,由第三人承受自己在合同上的地位,享受权利并负担义务。

合同承受的生效要件有:第一,须有合法有效的合同存在。合同承受以存在有效的合同为前提,在可撤销合同,原则上可成立合同承受。但在合同承受时,原合同当事人享有的撤销权视为已经抛弃,承受人也不得因承受前的原因主张合同的撤销。第二,承受的合同须为双务合同。单务合同中只能成立单纯的债权让与或债务承担,故不能成为承受合同的标的。第三,须原合同当事人与第三人达成合同承受的合意,依照法律规定应当由有关机关批准的合同,其合同承受必须经过原批准机关的批准。第四,须经对方当事人的同意。未经对方当事人同意,合同承受不发生效力。

合同承受的效力首先,在于承受人取得原合同当事人享有的一切权利和负担的一切义务,原合同当事人完全脱离合同关系。其次,因合同承受为无因行为,承受人得对抗原合同当事人的事由,不得用于对抗对方当事人。再次,《合同法司法解释》(一)第二十九条规定:"合同当事人一方经对方同意将其在合同中的权利和义务一并转让给受让人,对方与受让人因履行合同发生纠纷诉至人民法院,对方就合同权利义务提出抗辩的,可以将出让方列为第三人。"

(2) 企业合并。企业合并是指原存的两个或两个以上的企业合并为一个企业。《合同法》第九十条规定:"当事人订立合同后合并的,由合并后的法人或者其他组织行使合同权利,履行合同义务。当事人订立合同后分立的,除债权人和债务人另有约定以外,由分立的法人或者其他组织对合同的权利和义务享有连带债权,承担连带债务。"

不论企业合并由何种原因引起,均会发生债权债务移转的法律效果。企业合并后,吸收合并中的被吸收企业或新设合并中的原企业主体资格消灭,依照我国法律规定,其债权债务应由合并后的企业概括承受。合并后的企业即成为原企业债权债务关系新的当事人,享有一切债权,承担一切债务。

8.7 合同权利义务的终止

8.7.1 合同权利义务终止的概念

合同权利义务的终止,简称为合同的终止,是指依法生效的合同,因具备法定情形和当事人约定的情形,合同债权、债务归于消灭,债权人不再享有合同权利,债务人也不必再履行合同义务,合同当事人双方终止合同关系,合同的效力随之消灭。

合同权利义务的终止,使合同关系不复存在,同时使合同的担保及其他权利义务也归于消灭。合同的担保,包括抵押权、质权、留置权等。其他权利义务,如违约金债权、利息债权等。合同权利义务终止后,当事人应当遵循诚实信用原则,根据交易习惯,履行通知、协助、保密等义务。

8.7.2 合同权利义务终止的具体情形

根据我国《合同法》规定,有下列情形之一的,合同的权利义务终止。

1. 债务已经按照约定履行

债务已经按照约定履行是指债务人按照约定的标的、质量、数量、价款或报酬、履行期限、履行地点和方式全面履行。以下情况也属于合同按照约定履行:

(1) 当事人约定的第三人按照合同内容履行,产生债务消灭的后果。

(2) 债权人同意以他种给付代替合同原定给付。有时实际履行债务在法律上或者事实上不可能,如标的物灭失无法交付或者实际履行费用过高,这时经债权人同意,可以采用替代物履行的办法,达到债务消灭的目的。

(3) 当事人之外的第三人接受履行。当事人约定债务人向第三人履行,第三人已接受履行的,债务归于消灭。

2. 合同解除

合同解除是指合同有效成立后,因主客观情况发生变化,使合同的履行成为不必要或不可能,根据双方当事人达成的协议或一方当事人的意思表示提前终止合同效力。合同解除可以分为约定解除和法定解除两大类。

第一，约定解除。根据合同自愿原则，当事人在法律规定范围内享有自愿解除合同的权利。约定解除合同又可以细分为协商解除和约定解除权两类：①协商解除是指合同生效后，在未履行或未完全履行之前，当事人以解除合同为目的，经协商一致，订立一个解除原来合同的协议，使合同效力消灭的行为。②约定解除权是指当事人在合同中约定，合同履行过程中出现某种情况，当事人一方或双方有解除合同的权利。

第二，法定解除。在合同成立后，没有履行或没有完全履行之前，当事人一方或双方在法律规定的解除条件出现时，行使解除权而使合同关系消灭。《合同法》规定，有下列情形之一的，当事人可以解除合同：

(1) 因不可抗力致使不能实现合同目的。不可抗力是指不能预见、不能避免并不能克服的客观情况。

(2) 因预期违约解除合同。即在履行期限届满之前，当事人一方明确表示或者以自己的行为表明不履行主要债务的，对方当事人可以解除合同。

(3) 当事人一方迟延履行主要债务，经催告后在合理期限内仍未履行。

(4) 当事人一方迟延履行债务或者有其他违约行为致使不能实现合同目的。其他违约行为主要包括：完全不履行合同、履行质量与约定严重不符、部分履行合同等。

(5) 法律规定的其他情形。如：因行使不安抗辩权而中止履行合同，对方在合理期限内未恢复履行能力，也未提供适当担保的，中止履行的一方可以请求解除合同。合同解除后尚未履行的，终止履行；已经履行的，根据履行情况和合同性质，当事人可以要求恢复原状、采取其他补救措施，并有权要求赔偿损失。

3. 债务相互抵销

债务相互抵销是指合同双方当事人互负债务时，各方相互充抵债务，而使各自的债务在对等额内相互消灭。当事人互负到期债务，该债务的标的物种类、品质相同的，任何一方可以将自己的债务与对方的债务抵销，但依照法律规定或者按照合同性质不得抵销的除外。当事人主张抵销的，应当通知对方。通知自到达对方时生效。抵销不得附条件或者附期限。

根据法律规定，下列债务不能抵销：

(1) 按合同性质不能抵销。

(2) 按照约定应当向第三人给付的债务。

(3) 因故意实施侵权行为产生的债务。

(4) 法律规定不得抵销的其他情形。

《合同法解释(二)》第二十四条规定，当事人对合同法第九十六条、第九十九条规定的合同解除或者债务抵销虽有异议，但在约定的异议期限届满后才提出异议并向人民法院起诉的，人民法院不予支持；当事人没有约定异议期间，在解除合同或者债务抵销通知到达之日起3个月以后才向人民法院起诉的，人民法院不予支持。

4. 债务人依法将标的物提存

提存是指由于债权人的原因，债务人无法向其交付合同标的物而将该标的物交给提存机关，从而消灭债务、终止合同的制度。

有下列情形之一,难以履行债务的,债务人可以将标的物提存:
(1) 债权人无正当理由拒绝受领。
(2) 债权人下落不明。
(3) 债权人死亡未确定继承人或者丧失民事行为能力未确定监护人。
(4) 法律规定的其他情形。

标的物提存后,除债权人下落不明的以外,债务人应当及时通知债权人或者债权人的继承人、监护人。标的物不适于提存或者提存费用过高的,债务人依法可以拍卖或者变卖标的物,提存所得的价款。提存期间,标的物的孳息归债权人所有。提存费用由债权人负担。标的物提存后,毁损、灭失的风险由债权人承担。债权人领取提存物的权利,自提存之日起5年内不行使而消灭,提存物扣除提存物费用后归国家所有。

5. 债权人依法免除债务

债务的免除是指合同没有履行或未完全履行,权利人放弃自己的全部或部分权利,从而使合同义务减轻或使合同终止的一种形式。债务免除可以分为单方免除和协议免除。单方免除是指享有权利的一方单独向对方当事人作出意思表示,免除对方的义务。协议免除是指合同双方通过协商达成一致,债权人免除债务人的义务。

6. 混同

混同,即债权债务同归于一人。例如,由于甲、乙两企业合并,甲、乙企业之间原先订立的合同中的权利和义务同归于合并后的企业,债权债务关系自然终止。但是,有一种情况例外,《合同法》规定,债权和债务同归于一人的,合同的权利义务终止,但涉及第三人利益的除外。

7. 法律规定或者当事人约定终止的其他情形

例如,《合同法》规定,委托人或受托人死亡、丧失民事行为能力或破产的,委托合同终止。

8.7.3 合同权利义务终止的法律后果

合同权利义务终止产生的法律后果,主要有五个方面:
(1) 合同失效,双方当事人不必继续履行合同义务。
(2) 合同项下的从权利和从义务一并消灭。
(3) 负债字据的返还。
(4) 在合同当事人之间发生后合同义务。
(5) 合同中关于解决争议的方法、结算和清理条款继续有效,直至结算和清理完毕。

合同无效、被撤销或者终止的,不影响合同中独立存在的有关解决争议方法的条款的效力。合同的权利义务终止,不影响合同中结算和清理条款的效力。

8.8 违约责任

8.8.1 违约责任的概念

违约责任也称违反合同的民事责任,是指合同当事人因不履行合同义务或者履行合同义务不符合约定,而向对方承担的民事责任。违约责任与合同债务有密切联系。

一方面,违约责任的产生是以合同债务的有效存在为前提的。合同一旦生效,将在当事人之间产生法律约束力,当事人应按照合同的约定全面地、严格地履行合同义务。另一方面,承担违约责任是债务人不履行合同债务的法律后果。任何一方当事人因违反有效合同所规定的义务均应承担违约责任,所以违约责任是违反有效合同所规定的义务的后果。

8.8.2 承担违约责任的方式

《合同法》第一百零七条规定,"当事人一方不履行合同义务或者履行合同义务不符合约定的,应当承担继续履行、采取补救措施或者赔偿损失等违约责任"。

1. 继续履行

继续履行也称强制继续履行、依约履行、实际履行。作为一种违约后的补救方式,继续履行是指在一方违反合同时,另一方有权要求其依据合同的规定继续履行。

继续履行的特点是:第一,继续履行是一种违约后的补救方式。第二,继续履行的基本内容是要求违约方继续依据合同规定作出履行。第三,继续履行可以与违约金、赔偿损失和定金责任并用,但不能与解除合同的方式并用。

2. 采取补救措施

当事人一方履行合同义务不符合规定的,应当按照当事人的约定承担违约责任。如采取修理、更换、重做、退货、减少价款或报酬等措施,也可以选择解除合同、中止履行合同、通过提存履行债务、行使担保债权等补救措施。《合同法解释(三)》第二十一条规定,买受人依约保留部分价款作为质量保证金,出卖人在质量保证期间未及时解决质量问题而影响标的物的价值或者使用效果,出卖人主张支付该部分价款的,人民法院不予支持。

3. 赔偿损失

所谓赔偿损失又称违约赔偿损失,是指违约方因不履行或不完全履行合同义务而给对方造成损失,依法或依据合同的规定应承担赔偿损失的责任。履行合同义务不符合约定,给对方造成损失的,损失赔偿额应当相当于因违约所造成的损失,包括合同履行后可以获得的利益。只有赔偿全部损失才能在经济上相当于合同得到正常履行情况下的同等收益,由此才能督促当事人有效地履行合同。

《合同法解释(三)》第二十三条规定,标的物质量不符合约定,买受人依照合同法第一百一十一条的规定要求减少价款的,人民法院应予支持。当事人主张以符合约定的标的物和实际交付的标的物按交付时的市场价值计算差价的,人民法院应予支持。价款已经支付,买受人主张返还减价后多出部分价款的,人民法院应予支持。

根据《合同法》第一百一十三条规定,赔偿损失不得超过违反合同一方订立合同时预见到或者应当预见到的因违反合同可能造成的损失。我国《合同法》第一百一十九条规定:"当事人一方违约后,对方应当采取适当措施防止损失的扩大;没有采取适当措施致使损失扩大的,不得就扩大的损失要求赔偿。"受害人在采取措施减轻损害的过程中,也要支付一定的费用。根据《合同法》第一百一十九条的规定,只要受害人所支付的费用是合理的,则应由违约当事人承担这些费用。

4. 支付违约金

违约金是指由当事人通过协商预先确定的、在违约发生后作出的、独立于履行行为以外的给付。我国《合同法》第一百一十四条规定："当事人可以约定一方违约时应当根据违约情况向对方支付一定数额的违约金。"违约金具有以下特点：

（1）违约金是由当事人协商确定的。当事人约定违约金的权利是我国法律所确立的合同自愿原则的具体体现。《合同法解释（三）》第二十四条规定，买卖合同对付款期限作出的变更，不影响当事人关于逾期付款违约金的约定，但该违约金的起算点应当随之变更。

买卖合同约定逾期付款违约金，买受人以出卖人接受价款时未主张逾期付款违约金为由拒绝支付该违约金的，人民法院不予支持。

买卖合同约定逾期付款违约金，但对账单、还款协议等未涉及逾期付款责任，出卖人根据对账单、还款协议等主张欠款时请求买受人依约支付逾期付款违约金的，人民法院应予支持，但对账单、还款协议等明确载有本金及逾期付款利息数额或者已经变更买卖合同中关于本金、利息等约定内容的除外。

（2）违约金的数额是预先确定的。这样既能督促债务人履行合同，又利于当事人在订约时计算风险和成本，从而也有利于促进交易的发展。

（3）违约金是一种违约后生效的责任方式。换言之，违约金责任在订立时并不能立即生效，而只是在一方发生违约后才能产生效力。由于违约金的设立旨在督促当事人履行债务，因此也具有担保的功能。法律规定约定的违约金低于造成的损失的，当事人可以请求人民法院或者仲裁机构予以增加，增加后的违约金数额以不超过实际损失额为限。增加违约金以后，当事人不得请求对方赔偿损失。约定的违约金过分高于造成的损失的，当事人可以请求人民法院或者仲裁机构予以适当减少。当事人主张约定的违约金过高请求予以适当减少的，人民法院应当以实际损失为基础，兼顾合同的履行情况、当事人的过错程度以及预期利益等综合因素，根据公平原则和诚实信用原则予以衡量，并作出裁决。当事人约定的违约金超过造成损失的百分之三十的，一般可以认定为过分高于造成的损失。《合同法解释（二）》还规定，当事人主张约定的违约金过高请求减少时，人民法院应当以实际损失为基础，兼顾合同的履行情况、当事人的过错程度以及预期利益等因素，根据公平原则和诚实信用原则作出裁决。

5. 定金罚则

定金是指合同当事人为了确保合同的履行，约定由一方按合同标的额的一定比例预先给付对方的金钱。《合同法》第一百一十五条规定："当事人可以依照《中华人民共和国担保法》约定一方向对方给付定金作为债权的担保。债务人履行债务后，定金应当抵作价款或者收回。给付定金的一方不履行约定的债务的，无权要求返还定金；收受定金的一方不履行约定的债务的，应当双倍返还定金。"定金具有以下的特点：

（1）我国合同法所规定的定金在性质上属于违约定金，适用于债务不履行的行为。换言之，定金具有惩罚性，是对违约行为的惩罚。

（2）定金具有担保作用。此种责任不仅能够有效地制裁不法行为，而且能够起到督促债务人履行债务的作用。

（3）定金合同属于从合同，它以主合同的存在为必要条件。当主合同不成立、无效或被撤销时，定金条款也不能生效。主合同消灭，约定的定金也发生消灭。

（4）定金合同属于实践性合同。即定金的成立不仅需要有当事人的合意，而且还必须要有定金的现实的交付行为。

根据《中华人民共和国担保法》第九十一条的规定，定金的数额不得超过合同标的额的百分之二十。这一比例为强制性规定，当事人不得违反。如果当事人约定的定金比例超过了百分之二十，并非整个定金条款无效，而只是超过部分无效。例如，双方约定的定金比例为合同总价款的百分之二十五，则超过部分的百分之五为无效。

8.8.3 关于责任竞合

1. 责任竞合的概念和特征

所谓责任竞合是指由于某种法律事实的出现而导致两种或两种以上的责任产生，这些责任彼此之间是相互冲突的。在民法中，责任竞合主要表现为违约责任和侵权责任的竞合。

《合同法》第一百二十二条规定："因当事人一方的违约行为，侵害对方人身、财产权益的，受损害方有权选择依照法律要求其承担违约责任或者依照其他法律要求其承担侵权责任。"在民法上，责任竞合具有以下特点：

（1）责任竞合因某个违反义务的行为而引起。众所周知，有义务才有责任，责任乃是违反义务的结果。责任竞合的产生是由一个违反义务的行为所致。一个不法行为产生数个法律责任，是责任竞合构成的前提条件。若行为人实施数个不法行为，分别触犯不同的法律规定，并符合不同的责任构成要件，应使行为人承担不同的责任，而不能按责任竞合处理。

（2）某个违反义务的行为符合两个或两个以上的责任构成要件。这就是说，行为人虽然仅实施了一种行为，但该行为同时触犯了数个法律规定，并符合法律关于数个责任构成要件的规定。由此使行为人承担一种责任还是数种责任的问题，需要在法律上确定。

（3）数个责任彼此之间相互冲突。此处所说的相互冲突，一方面是指行为人承担不同的法律责任，在后果上是不同的；另一方面相互冲突意味着数责任既不能相互吸收，也不应相互并存。所谓相互吸收是指一种责任可以包容另一种责任。例如，在某些情况下，适用赔偿损失责任可以替代继续履行。所谓同时并存是指行为人依法应承担数种责任，如违约金和赔偿损失责任可以并用。如果数种责任是可以相互包容或同时并存的，则行为人所应承担的责任已经确定，不发生责任竞合的问题。

2. 违约责任和侵权责任竞合发生的原因

违约行为和侵权行为的区别主要体现在不法行为人与受害人之间是否存在着合同关系，不法行为人违反的是约定义务还是法定义务，侵害的是相对权（债权）还是绝对权（物权、人身权等），以及是否造成受害人的人身伤害、精神损害等。然而在现实生活中，上述的区别可能只是相对的，同一违法行为可能符合不同的责任构成要件（即同时发生违约责任和侵权责任的原因），具体来说：

（1）合同当事人的违约行为同时侵害了法律规定的强行性义务，包括保护、照顾、保密、忠实等附随义务和其他法定的不作为义务。

(2) 在某些情况下,侵权行为直接构成违约的原因,这就是所谓侵权性的违约行为。例如,保管人依据保管合同占有对方的财产并非法使用,造成财产毁损灭失。同时违约行为也可能造成侵权的后果,这就是所谓违约性的侵权行为。例如,供电部门因违约中止供电,导致对方财产和人身遭受损害。

(3) 不法行为人实施故意侵害他人权利并造成损害的侵权行为时,如果加害人与受害人之间事先存在一种合同关系,那么加害人对受害人的损害行为,不仅可以作为侵权行为对待,也可以作为违反了当事人事先规定的义务的违约行为对待。

3. 对违约责任和侵权责任竞合的处理

根据《合同法》第一百二十二条的规定,在发生违约责任和侵权责任的竞合的情况下,允许受害人选择一种责任提起诉讼。法律允许受害人选择责任,是因为在责任竞合的情况下,行为人的行为已符合两种责任的构成要件,受害人选择任何一种责任都是加害人所应当承担的。同时,允许受害人选择责任,也是因为违约责任和侵权责任在很多方面都是不同的,而选择不同的责任对受害人的保护也不同(即两种责任的区别)。具体来说:

(1) 归责原则的区别。根据我国侵权法,对侵权责任采取了过错责任、严格责任和公平责任原则,实际上是采用了多种归责原则。我国合同法采用的是以严格责任原则为主,以过错原则为辅的归责原则。

(2) 举证责任不同。根据我国民法的有关规定,在一般侵权责任中,受害人有义务就加害人的过错问题举证;而在特殊侵权责任中,应由加害人反证自己没有过错,或不考虑加害人是否有过错。而在合同责任中,一般情况下受害人只需证明违约方已构成违约,而不必证明其是否有过错。

(3) 责任构成要件不同。在违约责任中,行为人只要实施了违约行为且不具有有效的抗辩事由,就应承担违约责任。但是在侵权责任中,损害事实是侵权赔偿损失责任成立的前提条件,无损害事实便无侵权责任。

(4) 免责条件不同。在违约责任中,法定的免责条件仅限于不可抗力,但当事人可以事先约定免责条款和不可抗力的具体范围。在侵权责任中,当事人虽然难以事先约定免责条款和不可抗力的具体范围,但法定的免责条件不限于不可抗力,还包括意外事故、第三人的行为、正当防卫和紧急避险等。

(5) 责任形式不同。违约责任包括了赔偿损失、违约金、继续履行等责任形式,赔偿损失也可以由当事人事先约定。而侵权责任的主要形式是赔偿损失,此种赔偿不得由当事人事先约定。

(6) 赔偿损失的范围不同。违约赔偿损失主要是财产损失的赔偿,不包括精神伤害的赔偿责任,且法律采取了"可预见性"标准来限定赔偿的范围。对于侵权责任来说,赔偿损失不仅包括财产损失的赔偿,而且包括人身伤害和精神损害的赔偿。

(7) 对第三人的责任不同。在合同责任中,如果因第三人的过错导致合同债务不能履行,债务人首先应对债权人负责,然后才能向第三人追偿。而在侵权责任中,贯彻了为自己行为负责的原则,行为人一般仅对因自己的过错致他人的损害的后果负责。

此外,在时效期限、诉讼管辖等方面,侵权责任和违约责任也存在着区别。正是因为上述区别的存在,所以受害人选择不同的责任,将严重影响到对其利益的保护和对不法行为人的制裁。

8.8.4 免责事由

1. 免责事由的概念

免责是指在合同履行的过程中,因出现了法定的免责条件和合同约定的免责事由而导致合同不履行,债务人将被免除履行义务而不承担违约责任。这些法定的免责条件和约定的免责事由被统称为免责事由。

2. 不可抗力

合同法中的免责事由主要是不可抗力。《合同法》第一百一十七条规定,不可抗力"是指不能预见、不能避免并不能克服的客观情况"。不可抗力包括某些自然现象和某些社会现象(如战争等)。其主要特征在于:一方面,它具有不能预见性。在判断是否可以预见时,必须以一般人的预见能力及现有的科学技术水平作为能否预见的判断标准。另一方面,它具有不能避免并不能克服性。这就表明,对不可抗力事件,即使当事人已经尽到最大努力仍不能避免其发生,或者在事件发生以后,即使当事人已经尽到最大努力也不能克服事件所造成的损害后果并使合同得以履行。

不可抗力包括以下两类情况:第一类是自然灾害,如地震、台风、洪水、海啸、泥石流、山崩、雪崩、沙暴、蝗灾等。第二类是人的行为,包括战争、罢工、骚乱等。这些行为对于合同当事人来说,在订约时是不可预见的也无法避免和克服的,因此也可以称为不可抗力事件。

《合同法》第一百一十七条规定,"因不可抗力不能履行合同的,根据不可抗力的影响,部分或者全部免除责任,但法律另有规定的除外。当事人迟延履行后发生不可抗力的,不能免除责任"。可见,我国法律并不认为不可抗力发生后,当事人就自然被全部免除责任。在某些情况下,不可抗力的事由只是导致合同部分不能履行或暂时不能履行,这样,当事人只能部分被免除责任,或者暂时停止履行,在不可抗力事由消除以后如能够履行还要继续履行。所以,不可抗力是否导致当事人被免除责任,应视具体情况而定。

在不可抗力事件发生以后,当事人一方因不可抗力的原因而不能履行合同,应及时向对方通报合同不能履行或者需要迟延履行、部分履行的事由,并应当在合理期限内提供证明。因不可抗力不能履行合同的,根据不可抗力的影响,部分或者全部免除责任,但法律另有规定的除外。当事人迟延履行后发生不可抗力的,不能免除责任。

8.9 电子商务法相关规定

8.9.1 电子商务法概述

电子商务是指通过互联网等信息网络销售商品或者提供服务的经营活动。近年来,我国电子商务迅速发展,我国电子商务交易额超过二十万亿元;电子商务交易市场规模跃居全

球第一。为了保障电子商务各方主体的合法权益,规范电子商务行为,维护市场秩序,促进电子商务持续健康发展,2018年8月31日第十三届全国人民代表大会常务委员会第五次会议通过了《中华人民共和国电子商务法》(以下简称《电子商务法》),自2019年1月1日起施行。《电子商务法》规范了电子商务经营主体的经营行为,明确了其资质条件、公示和审验义务、服务安全等,对形成良好营商环境具有重要意义。该法着力解决电子商务发展中的突出问题,注重加强对电子商务消费者的保护力度,将近年来一些成熟的经验做法上升到法律作为制度确定下来,同时注重与相关法律、法规相衔接,为电子商务良性发展、互动创新奠定了制度基础。

中华人民共和国境内的电子商务活动,适用《电子商务法》。法律、行政法规对销售商品或者提供服务有规定的,适用其规定。金融类产品和服务,利用信息网络提供新闻信息、音视频节目、出版以及文化产品等内容方面的服务,不适用《电子商务法》。电子商务经营者从事经营活动,应当遵循自愿、平等、公平、诚信的原则,遵守法律和商业道德,公平参与市场竞争,履行消费者权益保护、环境保护、知识产权保护、网络安全与个人信息保护等方面的义务,承担产品和服务质量责任,接受政府和社会的监督。

8.9.2 电子商务经营者

电子商务经营者是指通过互联网等信息网络从事销售商品或者提供服务的经营活动的自然人、法人和非法人组织,包括电子商务平台经营者、平台内经营者以及通过自建网站、其他网络服务销售商品或者提供服务的电子商务经营者。电子商务平台经营者是指在电子商务中为交易双方或者多方提供网络经营场所、交易撮合、信息发布等服务,供交易双方或者多方独立开展交易活动的法人或者非法人组织。平台内经营者是指通过电子商务平台销售商品或者提供服务的电子商务经营者。

电子商务经营者应当依法办理市场主体登记。但是,个人销售自产农副产品、家庭手工业产品,个人利用自己的技能从事依法无须取得许可的便民劳务活动和零星小额交易活动,以及依照法律、行政法规不需要进行登记的除外。电子商务经营者从事经营活动,依法需要取得相关行政许可的,应当依法取得行政许可。电子商务经营者应当在其首页显著位置,持续公示营业执照信息、与其经营业务有关的行政许可信息、属于依照法不需要办理市场主体登记情形等信息,或者上述信息的链接标识。上述规定的信息发生变更的,电子商务经营者应当及时更新公示信息。电子商务经营者自行终止从事电子商务的,应当提前三十日在首页显著位置持续公示有关信息。未取得相关行政许可从事经营活动,或者销售、提供法律、行政法规禁止交易的商品、服务,依照有关法律、行政法规的规定处罚。电子商务经营者未在首页显著位置公示营业执照信息、行政许可信息、属于不需要办理市场主体登记情形等信息,或者上述信息的链接标识的,由有关主管部门责令限期改正;逾期不改正的,处二万元以上十万元以下的罚款;情节严重的,责令停业整顿,并处十万元以上五十万元以下的罚款。

电子商务经营者销售的商品或者提供的服务应当符合保障人身、财产安全的要求和环境保护要求,不得销售或者提供法律、行政法规禁止交易的商品或者服务。电子商务经营者应当全面、真实、准确、及时地披露商品或者服务信息,保障消费者的知情权和选择权。电子商务经营者搭售商品或者服务,应当以显著方式提请消费者注意,不得将搭售商品或者服务作为默认同意的选项。电子商务经营者按照约定向消费者收取押金的,应当明示押金退还的方式、程序,不得对押金退还设置不合理条件。消费者申请退还押金,符合押金退还条件的,电子商务经营者应当及时退还。电子商务经营者不得以虚构交易、编造用户评价等方式进行虚假或者引人误解的商业宣传,欺骗、误导消费者。

电子商务经营者销售商品或者提供服务应当依法出具纸质发票或者电子发票等购货凭证或者服务单据。电子发票与纸质发票具有同等法律效力。电子商务经营者应当依法履行纳税义务,并依法享受税收优惠。不需要办理市场主体登记的电子商务经营者在首次纳税义务发生后,应当依照税收征收管理法律、行政法规的规定申请办理税务登记,并如实申报纳税。

电子商务平台经营者应当要求申请进入平台销售商品或者提供服务的经营者提交其身份、地址、联系方式、行政许可等真实信息,进行核验、登记,建立登记档案,并定期核验更新。电子商务平台经营者应当按照规定向市场监督管理部门报送平台内经营者的身份信息,提示未办理市场主体登记的经营者依法办理登记,并配合市场监督管理部门,针对电子商务的特点,为应当办理市场主体登记的经营者办理登记提供便利。电子商务平台经营者发现平台内的商品或者服务信息存在违反《电子商务法》第十二条、第十三条规定情形的,应当依法采取必要的处置措施,并向有关主管部门报告。电子商务平台经营者应当采取技术措施和其他必要措施保证其网络安全、稳定运行,防范网络违法犯罪活动,有效应对网络安全事件,保障电子商务交易安全。

电子商务平台经营者不得利用服务协议、交易规则以及技术等手段,对平台内经营者在平台内的交易、交易价格以及与其他经营者的交易等进行不合理限制或者附加不合理条件,或者向平台内经营者收取不合理费用。电子商务平台经营者在其平台上开展自营业务的,应当以显著方式区分标记自营业务和平台内经营者开展的业务,不得误导消费者。电子商务平台经营者对其标记为自营的业务依法承担商品销售者或者服务提供者的民事责任。

电子商务平台经营者知道或者应当知道平台内经营者销售的商品或者提供的服务不符合保障人身、财产安全的要求,或者有其他侵害消费者合法权益行为,未采取必要措施的,依法与该平台内经营者承担连带责任。对关系消费者生命健康的商品或者服务,电子商务平台经营者对平台内经营者的资质资格未尽到审核义务,或者对消费者未尽到安全保障义务,造成消费者损害的,依法承担相应的责任。

电子商务平台经营者应当建立知识产权保护规则,与知识产权权利人加强合作,依法保护知识产权。知识产权权利人认为其知识产权受到侵害的,有权通知电子商务平台经营者采取删除、屏蔽、断开链接、终止交易和服务等必要措施。通知应当包括构成侵权的初步证据。电子商务平台经营者接到通知后,应当及时采取必要措施,并将该通知转送平台内经营者;未及时采取必要措施的,对损害的扩大部分与平台内经营者承担连带责任。因通知错误造成平台内经营者损害的,依法承担民事责任。恶意发出错误通知,造成平台内经营者损失的,加倍承担赔偿责任。

平台内经营者接到转送的通知后,可以向电子商务平台经营者提交不存在侵权行为的

声明。声明应当包括不存在侵权行为的初步证据。电子商务平台经营者接到声明后,应当将该声明转送发出通知的知识产权权利人,并告知其可以向有关主管部门投诉或者向人民法院起诉。电子商务平台经营者在转送声明到达知识产权权利人后十五日内,未收到权利人已经投诉或者起诉通知的,应当及时终止所采取的措施。

电子商务平台经营者知道或者应当知道平台内经营者侵犯知识产权的,应当采取删除、屏蔽、断开链接、终止交易和服务等必要措施;未采取必要措施的,与侵权人承担连带责任。

8.9.3 电子商务合同的订立与履行

电子商务当事人订立和履行合同,适用《电子商务法》和《中华人民共和国民法总则》《中华人民共和国合同法》《中华人民共和国电子签名法》等法律的规定。电子商务当事人使用自动信息系统订立或者履行合同的行为对使用该系统的当事人具有法律效力。在电子商务中推定当事人具有相应的民事行为能力。但是,有相反证据足以推翻的除外。电子商务经营者发布的商品或者服务信息符合要约条件的,用户选择该商品或者服务并提交订单成功,合同成立。当事人另有约定的,从其约定。电子商务经营者不得以格式条款等方式约定消费者支付价款后合同不成立;格式条款等含有该内容的,其内容无效。

电子商务经营者应当清晰、全面、明确地告知用户订立合同的步骤、注意事项、下载方法等事项,并保证用户能够便利、完整地阅览和下载。电子商务经营者应当保证用户在提交订单前可以更正输入错误。

合同标的为交付商品并采用快递物流方式交付的,收货人签收时间为交付时间。合同标的为提供服务的,生成的电子凭证或者实物凭证中载明的时间为交付时间;前述凭证没有载明时间或者载明时间与实际提供服务时间不一致的,实际提供服务的时间为交付时间。合同标的为采用在线传输方式交付的,合同标的进入对方当事人指定的特定系统并且能够检索识别的时间为交付时间。合同当事人对交付方式、交付时间另有约定的,从其约定。电子商务当事人可以约定采用快递物流方式交付商品。快递物流服务提供者为电子商务提供快递物流服务,应当遵守法律、行政法规,并应当符合承诺的服务规范和时限。快递物流服务提供者在交付商品时,应当提示收货人当面查验;交由他人代收的,应当经收货人同意。快递物流服务提供者应当按照规定使用环保包装材料,实现包装材料的减量化和再利用。快递物流服务提供者在提供快递物流服务的同时,可以接受电子商务经营者的委托提供代收货款服务。

电子商务当事人可以约定采用电子支付方式支付价款。电子支付服务提供者为电子商务提供电子支付服务,应当遵守国家规定,告知用户电子支付服务的功能、使用方法、注意事项、相关风险和收费标准等事项,不得附加不合理交易条件。电子支付服务提供者应当确保电子支付指令的完整性、一致性、可跟踪稽核和不可篡改。电子支付服务提供者应当向用户免费提供对账服务以及最近3年的交易记录。电子支付服务提供者提供电子支付服务不符合国家有关支付安全管理要求,造成用户损失的,应当承担赔偿责任。用户在发出支付指令前,应当核对支付指令所包含的金额、收款人等完整信息。支付指令发生错误的,电子支付服务提供者应当及时查找原因,并采取相关措施予以纠正。造成用户损失的,电子支付服务提供者应当承担赔偿责任,但能够证明支付错误非自身原因造成的除外。电子支付服务提供者完成电子支付后,应当及时准确地向用户提供符合约定方式的确认支付的信息。用户应当妥善保管交易密码、电子签名数据等安全工具。用户发现安全工具遗失、被盗用或者未经授权的支付的,应当及时通知电子支付服务提供者。

未经授权的支付造成的损失,由电子支付服务提供者承担;电子支付服务提供者能够证明未经授权的支付是因用户的过错造成的,不承担责任。电子支付服务提供者发现支付指令未经授权,或者收到用户支付指令未经授权的通知时,应当立即采取措施防止损失扩大。电子支付服务提供者未及时采取措施导致损失扩大的,对损失扩大部分承担责任。

思考题

1. 合同的概念和特征有哪些?
2. 合同的内容包括哪些条款?
3. 区分有偿合同与无偿合同有哪些意义?
4. 合同成立与合同生效的区别是什么?
5. 要约与要约邀请有哪些区别?
6. 缔约过失责任有哪些类型?
7. 有效合同、无效合同与效力待定合同有哪些区别?
8. 行使不安抗辩权应具备哪些条件?
9. 合同权利义务终止的情形有哪些?
10. 承担合同违约责任的具体方式有哪些?

第9章 票 据 法

汇票　本票　支票　出票　背书　承兑　票据权利

9.1　票据法概述

9.1.1　票据的含义

票据可以分为广义和狭义两种。广义的票据泛指商业活动中的各种凭证，如发票、提单、仓单、保险单、股票、债券、汇票、本票和支票等。狭义的票据特指票据法上的票据，它是一方当事人承诺自己或者委托他人在见票时或确定日期向第三方无条件支付确定金额的书面有价证券。

票据法所称的票据是指汇票、本票和支票。汇票是指出票人签发的，委托付款人在见票时或者在指定日期无条件支付确定的金额给收款人或者持票人的票据。汇票分为银行汇票和商业汇票。本票是指出票人签发的，承诺自己在见票时无条件支付确定的金额给收款人或者持票人的票据。我国票据法所称的本票是指银行本票。支票是出票人签发的，委托办理支票存款业务的银行或者其他金融机构在见票时无条件支付确定的金额给收款人或者持票人的票据。支票可以支取现金，也可以转账，用于转账时，应当在支票正面注明。支票中专门用于支取现金的，可以另行制作现金支票，现金支票只能用于支取现金。支票中专门用于转账的，可以另行制作转账支票，转账支票只能用于转账，不得支取现金。汇票、本票、支票的格式应当统一。

9.1.2　票据法的适用范围

为了规范票据行为，保障票据活动中当事人的合法权益，维护社会经济秩序，促进社会主义市场经济的发展，我国于 1996 年制定了《中华人民共和国票据法》(以下简称《票据法》)，2004 年予以修改。在中华人民共和国境内的票据活动，适用票据法。票据活动应当遵守法律、行政法规，不得损害社会公共利益。中国人民银行是票据的管理部门。票据管理应当遵守票据法以及有关法律、行政法规的规定，不得损害票据当事人的合法权益。

9.2 票据行为

票据行为是指能够引起票据法律关系的发生、变更、消灭的各种行为。票据行为具有独立性、无因性、要式性和文义性的特点。

9.2.1 出票

1. 出票的含义

出票是指出票人签发票据并将其交付给收款人的票据行为。对出票人来说,票据一旦开出,其就成为票据的主债务人,如果付款人拒绝对票据进行承兑或付款,出票人必须对正当持票人承担支付汇票金额的责任。银行汇票的出票人为经中国人民银行批准办理银行汇票业务的银行。商业汇票的出票人,为银行以外的企业和其他组织。

2. 汇票的出票

向银行申请办理汇票承兑的商业汇票的出票人,必须具备下列条件:①在承兑银行开立存款账户;②资信状况良好,并具有支付汇票金额的可靠资金来源。汇票的出票人必须与付款人具有真实的委托付款关系,并且具有支付汇票金额的可靠资金来源。不得签发无对价的汇票用以骗取银行或者其他票据当事人的资金。

汇票必须记载下列事项:①表明"汇票"的字样;②无条件支付的委托;③确定的金额;④付款人名称;⑤收款人名称;⑥出票日期;⑦出票人签章。银行汇票上的出票人的签章为该银行的汇票专用章加其法定代表人或者其授权的代理人的签名或者盖章。商业汇票上的出票人的签章为该单位的财务专用章或者公章加其法定代表人或者其授权的代理人的签名或者盖章。

出票人在票据上的签章不符合规定的,票据无效。票据当事人可以委托其代理人在票据上签章,并应当在票据上表明其代理关系。没有代理权而以代理人名义在票据上签章的,应当由签章人承担票据责任;代理人超越代理权限的,应当就其超越权限的部分承担票据责任。无民事行为能力人或者限制民事行为能力人在票据上签章的,其签章无效,但是不影响其他签章的效力。票据上的签章,为签名、盖章或者签名加盖章。法人和其他使用票据的单位在票据上的签章,为该法人或者该单位的盖章加其法定代表人或者其授权的代理人的签章。在票据上的签名,应当为该当事人的本名。票据上的记载事项必须符合票据法的规定。票据金额以中文大写和数码同时记载,两者必须一致;两者不一致的,票据无效。

票据金额、日期、收款人名称不得更改,更改的票据无效。对票据上的其他记载事项,原记载人可以更改,更改时应当由原记载人签章证明。汇票上未记载法律规定必须记载事项之一的,汇票无效。汇票上记载付款日期、付款地、出票地等事项的,应当清楚、明确。汇票上未记载付款日期的,为见票即付。汇票上未记载付款地的,付款人的营业场所、住所或者经常居住地为付款地。汇票上未记载出票地的,出票人的营业场所、住所或者经常居住地为出票地。汇票上可以记载票据法规定事项以外的其他出票事项,但是该记载事项不具有汇票上的效力。付款日期可以按照下列形式之一记载:①见票即付;②定日付款;③出票后定期付款;④见票后定期付款。付款日期为汇票到期日。出票人签发汇票后,即承担保证该汇票承兑和付款的责任。出票人在汇票得不到承兑或者付款时,应当向持票人清偿法律规定的金额和费用。

3. 本票的出票

本票的出票人必须具有支付本票金额的可靠资金来源,并保证支付。本票必须记载下列事项:①表明"本票"的字样;②无条件支付的承诺;③确定的金额;④收款人名称;⑤出票日期;⑥出票人签章。银行本票上的出票人的签章为该银行的本票专用章加其法定代表人或者其授权的代理人的签名或者盖章。

本票上未记载法律规定必须记载事项之一的,本票无效。本票上记载付款地、出票地等事项的,应当清楚、明确。本票上未记载付款地的,出票人的营业场所为付款地。本票上未记载出票地的,出票人的营业场所为出票地。本票的出票人在持票人提示见票时,必须承担付款的责任。本票自出票日起,付款期限最长不得超过两个月。

4. 支票的出票

支票的出票人为在经中国人民银行批准办理支票存款业务的银行、城市信用合作社和农村信用合作社开立支票存款账户的企业、其他组织和个人。开立支票存款账户,申请人必须使用其本名,并提交证明其身份的合法证件。本名是指符合法律、行政法规以及国家有关规定的身份证件上的姓名。开立支票存款账户和领用支票,应当有可靠的资信,并存入一定的资金。开立支票存款账户,申请人应当预留其本名的签名式样和印鉴。

支票必须记载下列事项:①表明"支票"的字样;②无条件支付的委托;③确定的金额;④付款人名称;⑤出票日期;⑥出票人签章。支票上的出票人的签章,出票人为单位的,为与该单位在银行预留签章一致的财务专用章或者公章加其法定代表人或者其授权的代理人的签名或者盖章;出票人为个人的,为与该个人在银行预留签章一致的签名或者盖章。支票上未记载法律规定事项之一的,支票无效。支票上的金额可以由出票人授权补记,未补记前的支票,不得使用。支票上未记载收款人名称的,经出票人授权,可以补记。

支票上未记载付款地的,付款人的营业场所为付款地。支票上未记载出票地的,出票人的营业场所、住所或者经常居住地为出票地。出票人可以在支票上记载自己为收款人。支票的出票人所签发的支票金额不得超过其付款时在付款人处实有的存款金额。出票人签发的支票金额超过其付款时在付款人处实有的存款金额的,为空头支票。禁止签发空头支票。支票的出票人不得签发与其预留本名的签名式样或者印鉴不符的支票。出票人必须按照签发的支票金额承担保证向该持票人付款的责任。

9.2.2 背书

1. 背书的含义

背书是指在票据背面或者粘单上记载有关事项并签章的票据行为。持票人可以将票据权利转让给他人行使。出票人在票据上记载"不得转让"字样的,票据不得转让,票据持有人背书转让的,背书行为无效。背书转让后的受让人不得享有票据权利,票据的出票人、承兑人对受让人不承担票据责任。出票人在票据上记载"不得转让"字样,其后手(后手是指在票据签章人之后签章的其他票据债务人)以此票据进行贴现、质押的,通过贴现、质押取得票据的持票人无权主张票据权利。票据凭证不能满足背书人记载事项的需要,可以加附粘单,粘附于票据凭证上。粘单上的第一记载人,应当在票据和粘单的粘接处签章。背书由背书人签章并记载背书日期。

汇票被拒绝承兑、被拒绝付款或者超过付款提示期限的,不得背书转让;背书转让的,背书人应当承担汇票责任。本票和支票的背书除法律另有规定外,适用票据法中有关汇票的规定。

2. 汇票的转让背书

汇票以背书转让或者以背书将一定的汇票权利授予他人行使时,必须记载被背书人名称。以背书转让的汇票,背书应当连续。持票人以背书的连续,证明其汇票权利;非经背书转让,而以其他合法方式取得汇票的,依法举证,证明其汇票权利。背书连续是指在票据转让中,转让汇票的背书人与受让汇票的被背书人在汇票上的签章依次前后衔接。连续背书的第一背书人应当是在票据上记载的收款人,最后的票据持有人应当是最后一次背书的被背书人。

以背书转让的汇票,后手应当对其直接前手背书的真实性负责。前手是指在票据签章人或者持有人之前签章的其他票据债务人。背书不得附有条件。背书时附有条件的,所附条件不具有汇票上的效力。将汇票金额的一部分转让的背书或者将汇票金额分别转让给两个人以上的背书无效。背书人在汇票上记载"不得转让"字样,其后手再背书转让的,原背书人对后手的被背书人不承担保证责任。背书人以背书转让汇票后,即承担保证其后手所持汇票承兑和付款的责任。背书人在汇票得不到承兑或者付款时,应当向持票人清偿法律规定的金额和费用。

3. 汇票的委托收款背书

背书记载"委托收款"字样的,被背书人有权代背书人行使被委托的汇票权利。但是,被背书人不得再以背书转让汇票权利。

4. 汇票的质押背书

汇票可以设定质押,质押时应当以背书记载"质押"字样。以汇票设定质押时,出质人在汇票上只记载了"质押"字样未在票据上签章的,或者出质人未在汇票、粘单上记载"质押"字样而另行签订质押合同、质押条款的,不构成票据质押。被背书人依法实现其质权时,可以行使汇票权利。

9.2.3 承兑

承兑是一般只在远期汇票上发生的票据行为。承兑是指汇票付款人承诺在汇票到期日支付汇票金额的票据行为。对承兑人来说,对汇票承兑之后就成为票据的主债务人,承担到期付款的义务。对持票人而言,远期汇票经过承兑以后,其收款就有了保障,并且还利于汇票的转让。因为受让人一般都不愿意接受未承兑的汇票。

承兑商业汇票的银行,必须具备下列条件:

(1) 与出票人具有真实的委托付款关系。

(2)具有支付汇票金额的可靠资金。

定日付款或者出票后定期付款的汇票,持票人应当在汇票到期日前向付款人提示承兑。提示承兑是指持票人向付款人出示汇票,并要求付款人承诺付款的行为。见票后定期付款的汇票,持票人应当自出票日起1个月内向付款人提示承兑。

汇票未按照规定期限提示承兑的,持票人丧失对其前手的追索权。见票即付的汇票无需提示承兑。付款人对向其提示承兑的汇票,应当自收到提示承兑的汇票之日起三日内承兑或者拒绝承兑。付款人收到持票人提示承兑的汇票时,应当向持票人签发收到汇票的回单。回单上应当记明汇票提示承兑日期并签章。付款人承兑汇票的,应当在汇票正面记载"承兑"字样和承兑日期并签章;见票后定期付款的汇票,应当在承兑时记载付款日期。付款人承兑汇票,不得附有条件;承兑附有条件的,视为拒绝承兑。付款人承兑汇票后,应当承担到期付款的责任。

9.2.4 保证

票据的保证是指非票据义务人为票据义务承担保证的行为。保证人是指具有代为清偿票据债务能力的法人、其他组织或者个人。国家机关、以公益为目的的事业单位、社会团体、企业法人的分支机构和职能部门作为票据保证人的,票据保证无效,但经国务院批准为使用外国政府或者国际经济组织贷款进行转贷,国家机关提供票据保证的,以及企业法人的分支机构在法人书面授权范围内提供票据保证的除外。票据保证无效的,票据的保证人应当承担与其过错相应的民事责任。保证人未在票据或者粘单上记载"保证"字样而另行签订保证合同或者保证条款的,不属于票据保证。保证对汇票、本票和支票都适用。

保证一般不得附有条件,附有条件的,不影响对票据的保证责任,但保证条件无效。保证人对票据保证后,保证人所负的票据责任与被保证人相同。我国票据法规定,两个或两个以上的保证人之间,保证人与被保证人之间对持票人承担连带责任。保证人清偿票据义务后,取得持票人地位,有权对被保证人及其前手进行追索。

汇票的债务可以由保证人承担保证责任。保证人由汇票债务人以外的他人担当。保证人必须在汇票或者粘单上记载下列事项:①表明"保证"的字样;②保证人名称和住所;③被保证人的名称;④保证日期;⑤保证人签章。保证人在汇票或者粘单上未记载被保证人的名称的,已承兑的汇票,承兑人为被保证人;未承兑的汇票,出票人为被保证人。保证不得附有条件;附有条件的,不影响对汇票的保证责任。保证人对合法取得汇票的持票人所享有的汇票权利,承担保证责任。但是,被保证人的债务因汇票记载事项欠缺而无效的除外。被保证的汇票,保证人应当与被保证人对持票人承担连带责任。汇票到期后得不到付款的,持票人有权向保证人请求付款,保证人应当足额付款。

保证人为两人以上的,保证人之间承担连带责任。保证人清偿汇票债务后,可以行使持票人对被保证人及其前手的追索权。

9.2.5 付款

付款是指即期票据或到期的远期票据的持票人向付款人出示票据时,付款人支付票款的行为。持票人应当按照下列期限提示付款：

(1) 见票即付的汇票,自出票日起1个月内向付款人提示付款。

(2) 定日付款、出票后定期付款或者见票后定期付款的汇票,自到期日起十日内向承兑人提示付款。持票人未按照法律规定期限提示付款的,在作出说明后,承兑人或者付款人仍应当继续对持票人承担付款责任。通过委托收款银行或者通过票据交换系统向付款人提示付款的,视同持票人提示付款。

持票人依照法律规定提示付款的,付款人必须在当日足额付款。持票人获得付款的,应当在汇票上签收,并将汇票交给付款人。持票人委托银行收款的,受委托的银行将代收的汇票金额转账收入持票人账户,视同签收。持票人委托的收款银行的责任,限于按照汇票上记载事项将汇票金额转入持票人账户。付款人委托的付款银行的责任,限于按照汇票上记载事项从付款人账户支付汇票金额。付款人及其代理付款人付款时,应当审查汇票背书的连续,并审查提示付款人的合法身份证明或者有效证件。付款人及其代理付款人以恶意或者有重大过失付款的,应当自行承担责任。对定日付款、出票后定期付款或者见票后定期付款的汇票,付款人在到期日前付款的,由付款人自行承担所产生的责任。汇票金额为外币的,按照付款日的市场汇价,以人民币支付。汇票当事人对汇票支付的货币种类另有约定的,从其约定。付款人依法足额付款后,全体汇票债务人的责任解除。

9.3 票据权利

9.3.1 票据权利的概念

票据权利是指持票人向票据债务人请求支付票据金额的权利,包括付款请求权和追索权。付款请求权是指持票人享有的依照法定期限提示付款,付款人必须在当日足额付款的权利。追索权是持票人享有在票据遭到拒付时,向其前手背书人、出票人、承兑人及其他债务人请求支付票据金额和相关费用的权利。

9.3.2 票据权利的取得

票据权利的取得也称票据权利的发生。票据权利是以持有票据为依据的,行为人合法取得票据,即取得了票据权利。一般来说,当事人取得票据主要有以下几种情况:第一,从出票人处取得。出票是创设票据权利的票据行为。第二,从持有票据的人处受让票据。票据通过背书转让方式可以转让他人,以此取得票据即获得票据权利。第三,依税收、继承、赠与、企业合并等方式获得票据。票据的取得,必须给付对价,即应当给付票据双方当事人认可的相对应的代价。因税收、继承、赠与可以依法无偿取得票据的,不受给付对价的限制。但是,所享有的票据权利不得优于其前手的权利。

以欺诈、偷盗或者胁迫等手段取得票据的,或者明知有前列情形,出于恶意取得票据的,不得享有票据权利。持票人因重大过失取得不符合票据法规定的票据的,也不得享有票据权利。票据债务人不得以自己与出票人或者与持票人的前手之间的抗辩事由,对抗持票人。

但是,持票人明知存在抗辩事由而取得票据的除外。票据债务人可以对不履行约定义务的与自己有直接债权债务关系的持票人进行抗辩。抗辩是指票据债务人根据票据法规定对票据债权人拒绝履行义务的行为。

9.3.3　票据权利行使的期间

票据权利在下列期限内不行使而消灭:①持票人对票据的出票人和承兑人的权利,自票据到期日起2年。见票即付的汇票、本票,自出票日起2年;②持票人对支票出票人的权利,自出票日起6个月;③持票人对前手的追索权,自被拒绝承兑或者被拒绝付款之日起6个月;④持票人对前手的再追索权,自清偿日或者被提起诉讼之日起3个月。持票人因超过票据权利时效或者因票据记载事项欠缺而丧失票据权利的,仍享有民事权利,可以请求出票人或者承兑人返还其与未支付的票据金额相当的利益。

9.3.4　追索权

汇票到期被拒绝付款的,持票人可以对背书人、出票人以及汇票的其他债务人行使追索权。汇票到期日前,有下列情形之一的,持票人也可以行使追索权:①汇票被拒绝承兑的;②承兑人或者付款人死亡、逃匿的;③承兑人或者付款人被依法宣告破产的或者因违法被责令终止业务活动的。持票人行使追索权时,应当提供被拒绝承兑或者被拒绝付款的有关证明。持票人提示承兑或者提示付款被拒绝的,承兑人或者付款人必须出具拒绝证明,或者出具退票理由书。未出具拒绝证明或者退票理由书的,应当承担由此产生的民事责任。

拒绝证明应当包括下列事项:①被拒绝承兑、付款的票据的种类及其主要记载事项;②拒绝承兑、付款的事实依据和法律依据;③拒绝承兑、付款的时间;④拒绝承兑人、拒绝付款人的签章。

退票理由书应当包括下列事项:①所退票据的种类;②退票的事实依据和法律依据;③退票时间;④退票人签章。

持票人因承兑人或者付款人死亡、逃匿或者其他原因,不能取得拒绝证明的,可以依法取得其他有关证明。其他有关证明是指:①医院或者有关单位出具的承兑人、付款人死亡的证明;②司法机关出具的承兑人、付款人逃匿的证明;③公证机关出具的具有拒绝证明效力的文书。承兑人或者付款人被人民法院依法宣告破产的,人民法院的有关司法文书具有拒绝证明的效力。承兑人或者付款人因违法被责令终止业务活动的,有关行政主管部门的处罚决定具有拒绝证明的效力。

持票人不能出示拒绝证明、退票理由书或者未按照规定期限提供其他合法证明的,丧失对其前手的追索权。但是,承兑人或者付款人仍应当对持票人承担责任。持票人应当自收到被拒绝承兑或者被拒绝付款的有关证明之日起三日内,将被拒绝事由书面通知其前手;其前手应当自收到通知之日起三日内书面通知其再前手。持票人也可以同时向各汇票债务人发出书面通知。未按照法律规定期限通知的,持票人仍可以行使追索权。因延期通知给其前手或者出票人造成损失的,由没有按照规定期限通知的汇票当事人,承担对该损失的赔偿责任,但是所赔偿的金额以汇票金额为限。在规定期限内将通知按照法定地址或者约定的地址邮寄的,视为已经发出通知。汇票的出票人、背书人、承兑人和保证人对持票人承担连带责任。

持票人可以不按照汇票债务人的先后顺序,对其中任何一人、数人或者全体行使追索权。持票人对汇票债务人中的一人或者数人已经进行追索的,对其他汇票债务人仍可以行使追索权。被追索人清偿债务后,与持票人享有同一权利。持票人为出票人的,对其前手无追索权。持票人为背书人的,对其后手无追索权。

持票人行使追索权,可以请求被追索人支付下列金额和费用:①被拒绝付款的汇票金额;②汇票金额自到期日或者提示付款日起至清偿日止,按照中国人民银行规定的利率计算的利息;③取得有关拒绝证明和发出通知书的费用。被追索人清偿债务时,持票人应当交出汇票和有关拒绝证明,并出具所收到利息和费用的收据。

被追索人清偿后,可以向其他汇票债务人行使再追索权,请求其他汇票债务人支付下列金额和费用:①已清偿的全部金额;②前项金额自清偿日起至再追索清偿日止,按照中国人民银行规定的利率计算的利息;③发出通知书的费用。行使再追索权的被追索人获得清偿时,应当交出汇票和有关拒绝证明,并出具所收到利息和费用的收据。被追索人清偿债务后,其责任解除。持票人行使票据权利,应当按照法定程序在票据上签章,并出示票据。

票据丧失,失票人可以及时通知票据的付款人挂失止付,但是,未记载付款人或者无法确定付款人及其代理付款人的票据除外。收到挂失止付通知的付款人,应当暂停支付。失票人应当在通知挂失止付后三日内,也可以在票据丧失后,依法向人民法院申请公示催告,或者向人民法院提起诉讼。

9.4 涉外票据的法律适用

涉外票据是指出票、背书、承兑、保证、付款等行为中,既有发生在中华人民共和国境内又有发生在中华人民共和国境外的票据。中华人民共和国缔结或者参加的国际条约同《票据法》有不同规定的,适用国际条约的规定。但是,中华人民共和国声明保留的条款除外。《票据法》和中华人民共和国缔结或者参加的国际条约没有规定的,可以适用国际惯例。

票据债务人的民事行为能力,适用其本国法律。票据债务人的民事行为能力,依照其本国法律为无民事行为能力或者为限制民事行为能力而依照行为地法律为完全民事行为能力的,适用行为地法律。汇票、本票出票时的记载事项,适用出票地法律。支票出票时的记载事项,适用出票地法律,经当事人协议,也可以适用付款地法律。票据的背书、承兑、付款和保证行为,适用行为地法律。票据追索权的行使期限,适用出票地法律。票据的提示期限、有关拒绝证明的方式、出具拒绝证明的期限,适用付款地法律。票据丧失时,失票人请求保全票据权利的程序,适用付款地法律。

9.5 法律责任

有下列票据欺诈行为之一的,依法追究刑事责任:①伪造、变造票据的;②故意使用伪

造、变造的票据的;③签发空头支票或者故意签发与其预留的本名签名式样或者印鉴不符的支票,骗取财物的;④签发无可靠资金来源的汇票、本票,骗取资金的;⑤汇票、本票的出票人在出票时作虚假记载,骗取财物的;⑥冒用他人的票据,或者故意使用过期或者作废的票据,骗取财物的;⑦付款人同出票人、持票人恶意串通,实施前六项所列行为之一的。有前述所列行为之一,情节轻微,不构成犯罪的,依照国家有关规定给予行政处罚。

金融机构工作人员在票据业务中玩忽职守,对违反《票据法》规定的票据予以承兑、付款或者保证的,给予处分;造成重大损失,构成犯罪的,依法追究刑事责任。由于金融机构工作人员因法律行为给当事人造成损失的,由该金融机构和直接责任人员依法承担赔偿责任。票据的付款人对见票即付或者到期的票据,故意压票,拖延支付的,由金融行政管理部门处以罚款,对直接责任人员给予处分。票据的付款人故意压票,拖延支付,给持票人造成损失的,依法承担赔偿责任。依照《票据法》规定承担赔偿责任以外的其他违反票据法规定的行为,给他人造成损失的,应当依法承担民事责任。

 **思考题**

1. 汇票、本票、支票必须记载的事项有哪些?
2. 持票人行使追索权的条件是什么?
3. 票据背书的种类有哪些?
4. 票据权利的内容有哪些?
5. 涉外票据的法律适用是什么?

第10章 证券法

证券 股票 公司债券 投资者 公开原则 发行 交易 上市公司收购 基金份额 申购 回赎

10.1 证券法概述

10.1.1 证券的概念

证券有广义和狭义之分。广义的证券一般指财物证券(如货运单、提单等)、货币证券(如支票、汇票、本票等)和资本证券(如股票、公司债券、投资基金份额等)。狭义的证券仅指资本证券。我国证券法规定的证券为股票、公司债券和国务院依法认定的其他证券。其他证券主要指投资基金份额、国家政府债券等。投资者是证券市场的核心元素,投资者的资金是证券市场的源泉,是证券市场赖以生存和发展的基础,投资者投资于证券市场的前提是其合法权益能得到充分保护。

10.1.2 证券法的适用范围

我国为了规范证券发行和交易行为,保护投资者的合法权益,维护社会经济秩序和社会公共利益,促进社会主义市场经济的发展,1998年12月29日由第九届全国人民代表大会常务委员会第六次会议通过了《中华人民共和国证券法》(以下简称《证券法》),2004年8月28日第十届全国人民代表大会常务委员会第十一次会议对其予以第一次修正,2005年10月27日第十届全国人民代表大会常务委员会第十八次会议对其予以修订,2013年6月29日第十二届全国人民代表大会常务委员会第三次会议对其予以第二次修正,2014年8月31日第十二届全国人民代表大会常务委员会第十次会议对其予以第三次修正,自2014年8月31日起施行。它是我国证券市场的基础证券法,标志着我国证券市场法制化进入了一个新阶段。在中华人民共和国境内,股票、公司债券和国务院依法认定的其他证券的发行和交易,适用证券法;证券法未规定,适用《公司法》和其他法律、行政法规的规定。政府债券、证券投资基金份额的上市交易,适用证券法;其他法律、行政法规另有规定的,适用其规定。

证券衍生品种发行、交易的管理办法,由国务院依照证券法的原则规定。

证券的发行、交易活动,必须实行公开、公平、公正的原则。证券发行、交易活动的当事人具有平等的法律地位,应当遵守自愿、有偿、诚实信用的原则。证券的发行、交易活动,必须遵守法律、行政法规;禁止欺诈、内幕交易和操纵证券市场的行为。证券业和银行业、信托业、保险业实行分业经营、分业管理,证券公司与银行、信托、保险业务机构分别设立。国家另有规定的除外。国务院证券监督管理机构依法对全国证券市场实行集中统一监督管理。国务院证券监督管理机构根据需要可以设立派出机构,按照授权履行监督管理职责。在国家对证券发行、交易活动实行集中统一监督管理的前提下,依法设立证券业协会,实行自律性管理。国家审计机关依法对证券交易所、证券公司、证券登记结算机构、证券监督管理机构进行审计监督。

10.2 证券的发行

10.2.1 公开发行股票

证券发行是指发行人以募集资金为目的向投资者出售代表一定权利的有价证券的活动。公开发行证券,必须符合法律、行政法规规定的条件,并依法报经国务院证券监督管理机构或者国务院授权的部门核准;未经依法核准,任何单位和个人不得公开发行证券。有下列情形之一的,为公开发行:①向不特定对象发行证券的;②向特定对象发行证券累计超过二百人的;③法律、行政法规规定的其他发行行为。非公开发行证券,不得采用广告、公开劝诱和变相公开方式。

发行人申请公开发行股票、可转换为股票的公司债券,依法采取承销方式的,或者公开发行法律、行政法规规定实行保荐制度的其他证券的,应当聘请具有保荐资格的机构担任保荐人。保荐人应当遵守业务规则和行业规范,诚实守信,勤勉尽责,对发行人的申请文件和信息披露资料进行审慎核查,督导发行人规范运作。保荐人的资格及其管理办法由国务院证券监督管理机构规定。

设立股份有限公司公开发行股票,应当符合《公司法》规定的条件和经国务院批准的国务院证券监督管理机构规定的其他条件,向国务院证券监督管理机构报送募股申请和下列文件:①公司章程;②发起人协议;③发起人姓名或者名称,发起人认购的股份数、出资种类及验资证明;④招股说明书;⑤代收股款银行的名称及地址;⑥承销机构名称及有关的协议。依照证券法规定聘请保荐人的,还应当报送保荐人出具的发行保荐书。法律、行政法规规定设立公司必须报经批准的,还应当提交相应的批准文件。

公司公开发行新股,应当符合下列条件:①具备健全且运行良好的组织机构;②具有持续盈利能力,财务状况良好;③最近3年财务会计文件无虚假记载,无其他重大违法行为;④经国务院批准的国务院证券监督管理机构规定的其他条件。上市公司非公开发行新股,应当符合经国务院批准的国务院证券监督管理机构规定的条件,并报国务院证券监督管理机构核准。

公司公开发行新股,应当向国务院证券监督管理机构报送募股申请和下列文件:①公司营业执照;②公司章程;③股东大会决议;④招股说明书;⑤财务会计报告;⑥代收股款银行的名称及地址;⑦承销机构名称及有关的协议。依照证券法规定聘请保荐人的,还应当报送保荐人出具的发行保荐书。公司对公开发行股票所募集资金,必须按照招股说明书所列资金用途使用。改变招股说明书所列资金用途,必须经股东大会作出决议。擅自改变用途而未作纠正的,或者未经股东大会认可的,不得公开发行新股。

10.2.2 公开发行公司债券

公开发行公司债券,应当符合下列条件:①股份有限公司的净资产不低于人民币三千万元,有限责任公司的净资产不低于人民币六千万元;②累计债券余额不超过公司净资产的百分之四十;③最近3年平均可分配利润足以支付公司债券1年的利息;④筹集的资金投向符合国家产业政策;⑤债券的利率不超过国务院限定的利率水平;⑥国务院规定的其他条件。公开发行公司债券筹集的资金,必须用于核准的用途,不得用于弥补亏损和非生产性支出。

上市公司发行可转换为股票的公司债券,除应当符合前述规定的条件外,还应当符合证券法关于公开发行股票的条件,并报国务院证券监督管理机构核准。申请公开发行公司债券,应当向国务院授权的部门或者国务院证券监督管理机构报送下列文件:①公司营业执照;②公司章程;③公司债券募集办法;④资产评估报告和验资报告;⑤国务院授权的部门或者国务院证券监督管理机构规定的其他文件。

依照证券法规定聘请保荐人的,还应当报送保荐人出具的发行保荐书。有下列情形之一的,不得再次公开发行公司债券:①前一次公开发行的公司债券尚未募足;②对已公开发行的公司债券或者其他债务有违约或者延迟支付本息的事实,仍处于继续状态;③违反证券法规定,改变公开发行公司债券所募资金的用途。发行人依法申请核准发行证券所报送的申请文件的格式、报送方式,由依法负责核准的机构或者部门规定。发行人向国务院证券监督管理机构或者国务院授权的部门报送的证券发行申请文件,必须真实、准确、完整。为证券发行出具有关文件的证券服务机构和人员,必须严格履行法定职责,保证其所出具文件的真实性、准确性和完整性。发行人申请首次公开发行股票的,在提交申请文件后,应当按照国务院证券监督管理机构的规定预先披露有关申请文件。

国务院证券监督管理机构设发行审核委员会,依法审核股票发行申请。发行审核委员会由国务院证券监督管理机构的专业人员和所聘请的该机构外的有关专家组成,以投票方式对股票发行申请进行表决,提出审核意见。发行审核委员会的具体组成办法、组成人员任期、工作程序,由国务院证券监督管理机构规定。国务院证券监督管理机构依照法定条件负责核准股票发行申请。核准程序应当公开,依法接受监督。参与审核和核准股票发行申请的人员,不得与发行申请人有利害关系,不得直接或者间接接受发行申请人的馈赠,不得持有所核准的发行申请的股票,不得私下与发行申请人进行接触。

国务院证券监督管理机构或者国务院授权的部门应当自受理证券发行申请文件之日起3个月内,依照法定条件和法定程序作出予以核准或者不予核准的决定,发行人根据要求补充、修改发行申请文件的时间不计算在内;不予核准的,应当说明理由。证券发行申请经核准,发行人应当依照法律、行政法规的规定,在证券公开发行前,公告公开发行募集文件,并将该文件置备于指定场所供公众查阅。发行证券的信息依法公开前,任何知情人不得公开或者泄露该信息。发行人不得在公告公开发行募集文件前发行证券。

国务院证券监督管理机构或者国务院授权的部门对已作出的核准证券发行的决定,发现不符合法定条件或者法定程序,尚未发行证券的,应当予以撤销,停止发行。已经发行尚未上市的,撤销发行核准决定,发行人应当按照发行价并加算银行同期存款利息返还证券持有人;保荐人应当与发行人承担连带责任,但是能够证明自己没有过错的除外;发行人的控股股东、实际控制人有过错的,应当与发行人承担连带责任。股票依法发行后,发行人经营与收益的变化,由发行人自行负责;由此变化引致的投资风险,由投资者自行负责。

10.2.3 证券的承销

证券承销是证券经营机构代理证券发行人发行证券的行为。发行人向不特定对象发行的证券,法律、行政法规规定应当由证券公司承销的,发行人应当同证券公司签订承销协议。证券承销业务采取代销或者包销方式。证券代销是指证券公司代发行人发售证券,在承销期结束时,将未售出的证券全部退还给发行人的承销方式。证券包销是指证券公司将发行人的证券按照协议全部购入或者在承销期结束时将售后剩余证券全部自行购入的承销方式。公开发行证券的发行人有权依法自主选择承销的证券公司。证券公司不得以不正当竞争手段招揽证券承销业务。

证券公司承销证券,应当同发行人签订代销或者包销协议,载明下列事项:

(1) 当事人的名称、住所及法定代表人姓名。
(2) 代销、包销证券的种类、数量、金额及发行价格。
(3) 代销、包销的期限及起止日期。
(4) 代销、包销的付款方式及日期。
(5) 代销、包销的费用和结算办法。
(6) 违约责任。
(7) 国务院证券监督管理机构规定的其他事项。

证券公司承销证券,应当对公开发行募集文件的真实性、准确性、完整性进行核查;发现有虚假记载、误导性陈述或者重大遗漏的,不得进行销售活动;已经销售的,必须立即停止销售活动,并采取纠正措施。向不特定对象发行的证券票面总值超过人民币五千万元的,应当由承销团承销。承销团应当由主承销和参与承销的证券公司组成。证券的代销、包销期限最长不得超过九十日。

证券公司在代销、包销期内,对所代销、包销的证券应当保证先行出售给认购人,证券公司不得为本公司预留所代销的证券和预先购入并留存所包销的证券。股票发行采取溢价发行的,其发行价格由发行人与承销的证券公司协商确定。股票发行采用代销方式,代销期限届满,向投资者出售的股票数量未达到拟公开发行股票数量百分之七十的,为发行失败。发行人应当按照发行价并加算银行同期存款利息返还股票认购人。公开发行股票,代销、包销期限届满,发行人应当在规定的期限内将股票发行情况报国务院证券监督管理机构备案。

10.3 证券交易

10.3.1 证券交易概述

证券交易是指证券持有人依照交易规则,将证券转让给其他投资者的行为。证券交易当事人依法买卖的证券,必须是依法发行并交付的证券。非依法发行的证券,不得买卖。依法发行的股票、公司债券及其他证券,法律对其转让期限有限制性规定的,在限定的期限内不得买卖。依法公开发行的股票、公司债券及其他证券,应当在依法设立的证券交易所上市交易或者在国务院批准的其他证券交易场所转让。证券在证券交易所上市交易,应当采用公开的集中交易方式或者国务院证券监督管理机构批准的其他方式。证券交易当事人买卖的证券可以采用纸面形式或者国务院证券监督管理机构规定的其他形式。证券交易以现货和国务院规定的其他方式进行交易。

证券交易所、证券公司和证券登记结算机构的从业人员、证券监督管理机构的工作人员以及法律、行政法规禁止参与股票交易的其他人员,在任期或者法定限期内,不得直接或者以化名、借他人名义持有、买卖股票,也不得收受他人赠送的股票。任何人在成为前述所列人员时,其原已持有的股票,必须依法转让。证券交易所、证券公司、证券登记结算机构必须依法为客户开立的账户保密。为股票发行出具审计报告、资产评估报告或者法律意见书等文件的证券服务机构和人员,在该股票承销期内和期满后6个月内,不得买卖该种股票。除前述规定外,为上市公司出具审计报告、资产评估报告或者法律意见书等文件的证券服务机构和人员,自接受上市公司委托之日起至上述文件公开后五日内,不得买卖该种股票。证券交易的收费必须合理,并公开收费项目、收费标准和收费办法。证券交易的收费项目、收费标准和管理办法由国务院有关主管部门统一规定。上市公司董事、监事、高级管理人员、持有上市公司股份百分之五以上的股东,将其持有的该公司的股票在买入后6个月内卖出,或者在卖出后6个月内又买入,由此所得收益归该公司所有,公司董事会应当收回其所得收益。但是,证券公司因包销购入售后剩余股票而持有百分之五以上股份的,卖出该股票不受6个月时间限制。公司董事会不按照前述规定执行的,股东有权要求董事会在三十日内执行。公司董事会未在上述期限内执行的,股东有权为了公司的利益以自己的名义直接向人民法院提起诉讼。公司董事会不按照前述的规定执行的,负有责任的董事依法承担连带责任。

10.3.2 证券上市

1. 证券上市的概念及意义

证券上市是指经国务院证券监督管理机构核准公开发行的股票、公司债券等证券,按照公司法、证券法规定的条件,经该证券的发行人提出申请并报经国务院证券监督管理机构核准,国务院证券监督管理机构可以授权证券交易所依法定条件和法定程序核准股票上市申请,同时由证券交易所依规定在证券交易所挂牌交易。在证券交易所上市买卖的证券,为上市证券。证券上市是连接证券发行市场与证券交易所的中间环节,对于投资者和上市公司而言,都具有十分重要的意义。

对投资者来说,证券上市方便投资者进行证券投资,更好地进行投资决策,而且有利于减少投资风险,降低投资成本。对于上市公司而言,证券上市有利于提高上市公司的信誉和知名度,促进上市公司改善经营管理,增强上市公司的筹资能力。申请证券上市交易,应当向证券交易所提出申请,由证券交易所依法审核同意,并由双方签订上市协议。证券交易所根据国务院授权的部门的决定安排政府债券上市交易。申请股票、可转换为股票的公司债券或者法律、行政法规规定实行保荐制度的其他证券上市交易,应当聘请具有保荐资格的机构担任保荐人。

2. 股票上市

股份有限公司申请股票上市,应当符合下列条件:①股票经国务院证券监督管理机构核准已公开发行;②公司股本总额不少于人民币三千万元;③公开发行的股份达到公司股份总数的百分之二十五以上;公司股本总额超过人民币四亿元的,公开发行股份的比例为百分之十以上;④公司最近3年无重大违法行为,财务会计报告无虚假记载。证券交易所可以规定高于前述规定的上市条件,并报国务院证券监督管理机构批准。国家鼓励符合产业政策并符合上市条件的公司股票上市交易。

申请股票上市交易,应当向证券交易所报送下列文件:①上市报告书;②申请股票上市的股东大会决议;③公司章程;④公司营业执照;⑤依法经会计师事务所审计的公司最近3年的财务会计报告;⑥法律意见书和上市保荐书;⑦最近一次的招股说明书;⑧证券交易所上市规则规定的其他文件。股票上市交易申请经证券交易所审核同意后,签订上市协议的公司应当在规定的期限内公告股票上市的有关文件,并将该文件置备于指定的场所供公众查阅。

签订上市协议的公司除公告前述规定的文件外,还应当公告下列事项:①股票获准在证券交易所交易的日期;②持有公司股份最多的前十名股东的名单和持股数额;③公司的实际控制人;④董事、监事、高级管理人员的姓名及其持有本公司股票和债券的情况。

上市公司有下列情形之一的,由证券交易所决定暂停其股票上市交易:①公司股本总额、股权分布等发生变化不再具备上市条件;②公司不按照规定公开其财务状况,或者对财务会计报告作虚假记载,可能误导投资者;③公司有重大违法行为;④公司最近3年连续亏损;⑤证券交易所上市规则规定的其他情形。

上市公司有下列情形之一的,由证券交易所决定终止其股票上市交易:①公司股本总额、股权分布等发生变化不再具备上市条件,在证券交易所规定的期限内仍不能达到上市条件;②公司不按照规定公开其财务状况,或者对财务会计报告作虚假记载,且拒绝纠正;③公司最近3年连续亏损,在其后一个年度内未能恢复盈利;④公司解散或者被宣告破产;⑤证券交易所上市规则规定的其他情形。

3. 公司债券上市

公司申请公司债券上市交易,应当符合下列条件:①公司债券的期限为1年以上;②公司债券实际发行额不少于人民币五千万元;③公司申请债券上市时仍符合法定的公司债券发行条件。

申请公司债券上市交易,应当向证券交易所报送下列文件:①上市报告书;②申请公司债券上市的董事会决议;③公司章程;④公司营业执照;⑤公司债券募集办法;⑥公司债券的实际发行数额;⑦证券交易所上市规则规定的其他文件。申请可转换为股票的公司债券上市交易,还应当报送保荐人出具的上市保荐书。公司债券上市交易申请经证券交易所审核同意后,签订上市协议的公司应当在规定的期限内公告公司债券上市文件及有关文件,并将其申请文件置备于指定的场所供公众查阅。

公司债券上市交易后,公司有下列情形之一的,由证券交易所决定暂停其公司债券上市交易:①公司有重大违法行为;②公司情况发生重大变化不符合公司债券上市条件;③发行公司债券所募集的资金不按照核准的用途使用;④未按照公司债券募集办法履行义务;⑤公司最近2年连续亏损。公司有前述第①项、第④项所列情形之一经查实后果严重的,或者有前述第②项、第③项、第⑤项所列情形之一,在限期内未能消除的,由证券交易所决定终止其公司债券上市交易。公司解散或者被宣告破产的,由证券交易所终止其公司债券上市交易。对证券交易所作出的不予上市、暂停上市、终止上市决定不服的,可以向证券交易所设立的复核机构申请复核。

10.3.3 持续信息公开

持续信息公开主要包括证券发行时初次信息披露和证券交易中的信息披露。发行人、上市公司依法披露的信息,必须真实、准确、完整,不得有虚假记载、误导性陈述或者重大遗漏。经国务院证券监督管理机构核准依法公开发行股票,或者经国务院授权的部门核准依法公开发行公司债券,应当公告招股说明书、公司债券募集办法。依法公开发行新股或者公司债券的,还应当公告财务会计报告。

上市公司和公司债券上市交易的公司,应当在每一会计年度的上半年结束之日起2个月内,向国务院证券监督管理机构和证券交易所报送记载以下内容的中期报告,并予公告:

(1) 公司财务会计报告和经营情况。

(2) 涉及公司的重大诉讼事项。

(3) 已发行的股票、公司债券变动情况。

(4) 提交股东大会审议的重要事项。

(5) 国务院证券监督管理机构规定的其他事项。

上市公司和公司债券上市交易的公司,应当在每一会计年度结束之日起4个月内,向国务院证券监督管理机构和证券交易所报送记载以下内容的年度报告,并予公告:

(1) 公司概况。

(2) 公司财务会计报告和经营情况。

(3) 董事、监事、高级管理人员简介及其持股情况。

(4) 已发行的股票、公司债券情况,包括持有公司股份最多的前十名股东的名单和持股数额。

(5) 公司的实际控制人。

(6) 国务院证券监督管理机构规定的其他事项。

发生可能对上市公司股票交易价格产生较大影响的重大事件,投资者尚未得知时,上市公司应当立即将有关该重大事件的情况向国务院证券监督管理机构和证券交易所报送临时报告,并予公告,说明事件的起因、目前的状态和可能产生的法律后果。下列情况为前述所称重大事件:

(1) 公司的经营方针和经营范围的重大变化。

(2) 公司的重大投资行为和重大的购置财产的决定。

(3) 公司订立重要合同,可能对公司的资产、负债、权益和经营成果产生重要影响。

(4) 公司发生重大债务和未能清偿到期重大债务的违约情况。

(5) 公司发生重大亏损或者重大损失。

(6) 公司生产经营的外部条件发生的重大变化。

(7) 公司的董事、三分之一以上监事或者经理发生变动。

(8) 持有公司百分之五以上股份的股东或者实际控制人,其持有股份或者控制公司的情况发生较大变化。

(9) 公司减资、合并、分立、解散及申请破产的决定。

(10) 涉及公司的重大诉讼,股东大会、董事会决议被依法撤销或者宣告无效。

(11) 公司涉嫌犯罪被司法机关立案调查,公司董事、监事、高级管理人员涉嫌犯罪被司法机关采取强制措施。

(12) 国务院证券监督管理机构规定的其他事项。

上市公司董事、高级管理人员应当对公司定期报告签署书面确认意见。上市公司监事会应当对董事会编制的公司定期报告进行审核并提出书面审核意见。上市公司董事、监事、高级管理人员应当保证上市公司所披露的信息真实、准确、完整。发行人、上市公司公告的招股说明书、公司债券募集办法、财务会计报告、上市报告文件、年度报告、中期报告、临时报告以及其他信息披露资料,有虚假记载、误导性陈述或者重大遗漏,致使投资者在证券交易中遭受损失的,发行人、上市公司应当承担赔偿责任;发行人、上市公司的董事、监事、高级管理人员和其他直接责任人员以及保荐人、承销的证券公司,应当与发行人、上市公司承担连带赔偿责任,但是能够证明自己没有过错的除外;发行人、上市公司的控股股东、实际控制人有过错的,应当与发行人、上市公司承担连带赔偿责任。依法必须披露的信息,应当在国务院证券监督管理机构指定的媒体发布,同时将其置备于公司住所、证券交易所,供社会公众查阅。

国务院证券监督管理机构对上市公司年度报告、中期报告、临时报告以及公告的情况进行监督,对上市公司分派或者配售新股的情况进行监督,对上市公司控股股东和信息披露义务人的行为进行监督。证券监督管理机构、证券交易所、保荐人、承销的证券公司及有关人员,对公司依照法律、行政法规规定必须作出的公告,在公告前不得泄露其内容。证券交易所决定暂停或者终止证券上市交易的,应当及时公告,并报国务院证券监督管理机构备案。

10.3.4 禁止的交易行为

1. 禁止的内幕交易行为

在证券交易活动中,涉及公司的经营、财务或者对该公司证券的市场价格有重大影响的

尚未公开的信息,为内幕信息。下列信息皆属内幕信息:

(1)《证券法》第六十七条第二款所列重大事件。
(2) 公司分配股利或者增资的计划。
(3) 公司股权结构的重大变化。
(4) 公司债务担保的重大变更。
(5) 公司营业用主要资产的抵押、出售或者报废一次超过该资产的百分之三十。
(6) 公司的董事、监事、高级管理人员的行为可能依法承担重大损害赔偿责任。
(7) 上市公司收购的有关方案。
(8) 国务院证券监督管理机构认定的对证券交易价格有显著影响的其他重要信息。

证券交易内幕信息的知情人和非法获取内幕信息的人,在内幕信息公开前,不得买卖该公司的证券,或者泄露该信息,或者建议他人买卖该证券。内幕交易行为给投资者造成损失的,行为人应当依法承担赔偿责任。

禁止证券交易内幕信息的知情人和非法获取内幕信息的人利用内幕信息从事证券交易活动。证券交易内幕信息的知情人包括:

(1) 发行人的董事、监事、高级管理人员。
(2) 持有公司百分之五以上股份的股东及其董事、监事、高级管理人员,公司的实际控制人及其董事、监事、高级管理人员。
(3) 发行人控股的公司及其董事、监事、高级管理人员。
(4) 由于所任公司职务可以获取公司有关内幕信息的人员。
(5) 证券监督管理机构工作人员以及由于法定职责对证券的发行、交易进行管理的其他人员。
(6) 保荐人、承销的证券公司、证券交易所、证券登记结算机构、证券服务机构的有关人员。
(7) 国务院证券监督管理机构规定的其他人。

2. 禁止操纵证券市场的行为

操纵证券市场行为是指行为人背离市场自由竞价和供求关系原则,以各种不正当的手段,影响证券市场价格或者证券交易量,制造证券市场假象,为自己谋取不正当利益或者转嫁风险的行为。

禁止任何人以下列手段操纵证券市场:

(1) 单独或者通过合谋,集中资金优势、持股优势或者利用信息优势联合或者连续买卖,操纵证券交易价格或者证券交易量。
(2) 与他人串通,以事先约定的时间、价格和方式相互进行证券交易,影响证券交易价格或者证券交易量。
(3) 在自己实际控制的账户之间进行证券交易,影响证券交易价格或者证券交易量。
(4) 以其他手段操纵证券市场。操纵证券市场行为给投资者造成损失的,行为人应当依法承担赔偿责任。

3. 禁止虚假陈述和信息误导的行为

虚假陈述和信息误导是指证券发行交易过程中不正确或不正当披露信息和陈述事实的

行为。禁止国家工作人员、传播媒介从业人员和有关人员编造、传播虚假信息,扰乱证券市场。禁止证券交易所、证券公司、证券登记结算机构、证券服务机构及其从业人员,证券业协会、证券监督管理机构及其工作人员,在证券交易活动中作出虚假陈述或者信息误导。各种传播媒介传播证券市场信息必须真实、客观,禁止误导。

4. 禁止欺诈客户的行为

欺诈客户是指证券经营机构或其工作人员在履行职责义务时实施的故意诱骗投资者买卖证券的行为。禁止证券公司及其从业人员从事下列损害客户利益的欺诈行为:

(1) 违背客户的委托为其买卖证券。
(2) 不在规定时间内向客户提供交易的书面确认文件。
(3) 挪用客户所委托买卖的证券或者客户账户上的资金。
(4) 未经客户的委托,擅自为客户买卖证券,或者假借客户的名义买卖证券。
(5) 为牟取佣金收入,诱使客户进行不必要的证券买卖。
(6) 利用传播媒介或者通过其他方式提供、传播虚假或者误导投资者的信息。
(7) 其他违背客户真实意思表示,损害客户利益的行为。

欺诈客户行为给客户造成损失的,行为人应当依法承担赔偿责任。

5. 其他禁止交易的行为

禁止法人非法利用他人账户从事证券交易;禁止法人出借自己或者他人的证券账户。依法拓宽资金入市渠道,禁止资金违规流入股市。禁止任何人挪用公款买卖证券。国有企业和国有资产控股的企业买卖上市交易的股票,必须遵守国家有关规定。证券交易所、证券公司、证券登记结算机构、证券服务机构及其从业人员对证券交易中发现的禁止的交易行为,应当及时向证券监督管理机构报告。

10.4 上市公司的收购

10.4.1 上市公司收购概述

上市公司收购是指投资者依法购买股份有限公司已发行上市的股份,从而获得该上市公司控制权的行为。上市公司收购在本质上即为证券买卖,具有证券交易的性质。公司收购通常涉及三方利益关系人,即收购方、出售者及目标公司或上市公司。上市公司收购针对的客体是上市公司发行在外的股票,收购客体不包括公司债券。投资者可以采取要约收购、协议收购及其他合法方式收购上市公司。

通过证券交易所的证券交易,投资者持有或者通过协议、其他安排与他人共同持有一个上市公司已发行的股份达到百分之五时,应当在该事实发生之日起三日内,向国务院证券监督管理机构、证券交易所作出书面报告,通知该上市公司,并予公告;在上述期限内,不得再行买卖该上市公司的股票。投资者持有或者通过协议、其他安排与他人共同持有一个上市公司已发行的股份达到百分之五后,其所持该上市公司已发行的股份比例每增加或者减少百分之五,应当依照前述规定进行报告和公告。在报告期限内作出报告、公告后两日内,不

得再行买卖该上市公司的股票。依照前述规定所作的书面报告和公告,应当包括下列内容:
(1) 持股人的名称、住所。
(2) 持有的股票的名称、数额。
(3) 持股达到法定比例或者持股增减变化达到法定比例的日期。

10.4.2 要约收购

要约收购是指通过公开向股东发出要约,达到控制目标公司的目的。它是各国证券市场最主要的收购形式。通过证券交易所的证券交易,投资者持有或者通过协议、其他安排与他人共同持有一个上市公司已发行的股份达到百分之三十时,继续进行收购的,应当依法向该上市公司所有股东发出收购上市公司全部或者部分股份的要约。

收购上市公司部分股份的收购要约应当约定,被收购公司股东承诺出售的股份数额超过预定收购的股份数额的,收购人按比例进行收购。依照前述规定发出收购要约,收购人必须公告上市公司收购报告书,并载明下列事项:

(1) 收购人的名称、住所。
(2) 收购人关于收购的决定。
(3) 被收购的上市公司名称。
(4) 收购目的。
(5) 收购股份的详细名称和预定收购的股份数额。
(6) 收购期限、收购价格。
(7) 收购所需资金额及资金保证。
(8) 公告上市公司收购报告书时持有被收购公司股份数占该公司已发行的股份总数的比例。

收购人还应当将上市公司收购报告书同时提交证券交易所。收购要约约定的收购期限不得少于三十日,并不得超过六十日。在收购要约确定的承诺期限内,收购人不得撤销其收购要约。收购人需要变更收购要约的,必须及时公告,载明具体变更事项。收购要约提出的各项收购条件,适用于被收购公司的所有股东。采取要约收购方式的,收购人在收购期限内,不得卖出被收购公司的股票,也不得采取要约规定以外的形式和超出要约的条件买入被收购公司的股票。

10.4.3 协议收购

协议收购是指收购人可以依照法律、行政法规的规定同被收购公司的股东以协议方式进行股份转让。以协议方式收购上市公司时,达成协议后,收购人必须在三日为将该收购协议向国务院证券监督管理机构及证券交易所作出书面报告,并予公告。在公告前不得履行收购协议。采取协议收购方式的,协议双方可以临时委托证券登记结算机构保管协议转让的股票,并将资金存放于指定的银行。

采取协议收购方式的,收购人收购或者通过协议、其他安排与他人共同收购一个上市公司已发行的股份达到百分之三十时,继续进行收购的,应当向该上市公司所有股东发出收上市公司全部或者部分股份的要约。但是,经国务院证券监督管理机构免除发出要约的除外。

收购期限届满,被收购公司股权分布不符合上市条件的,该上市公司的股票应当由证券交易所依法终止上市交易;其余仍持有被收购公司股票的股东,有权向收购人以收购要约的同等条件出售其股票,收购人应当收购。收购行为完成后,被收购公司不再具备股份有限公司条件的,应当依法变更企业形式。在上市公司收购中,收购人持有的被收购的上市公司的股票,在收购行为完成后的12个月内不得转让。收购行为完成后,收购人与被收购公司合并,并将该公司解散的,被解散公司的原有股票由收购人依法更换。收购行为完成后,收购人应当在十五日内将收购情况报告国务院证券监督管理机构和证券交易所,并予公告。收购上市公司中由国家授权投资的机构持有的股份,应当按照国务院的规定,经有关主管部门批准。

10.5 证券机构

10.5.1 证券交易所

证券交易所是为证券集中交易提供场所和设施,组织和监督证券交易,实行自律管理的法人。证券交易所的设立和解散,由国务院决定。设立证券交易所必须制定章程,证券交易所章程的制定和修改,必须经国务院证券监督管理机构批准。证券交易所必须在其名称中标明证券交易所字样,其他任何单位或者个人不得使用证券交易所或者近似的名称。证券交易所可以自行支配的各项费用收入,应当重点用于保证其证券交易场所和设施的正常运行并逐步改善。实行会员制的证券交易所的财产积累归会员所有,其权益由会员共同享有,在其存续期间,不得将其财产积累分配给会员。证券交易所设理事会。证券交易所设总经理一人,由国务院证券监督管理机构任免。

有《公司法》规定的情形或者下列情形之一的,不得担任证券交易所的负责人:

(1) 因违法行为或者违纪行为被解除职务的证券交易所、证券登记结算机构的负责人或者证券公司的董事、监事、高级管理人员,自被解除职务之日起未逾5年。

(2) 因违法行为或者违纪行为被撤销资格的律师、注册会计师或者投资咨询机构、财务顾问机构、资信评级机构、资产评估机构、验证机构的专业人员,自被撤销资格之日起未逾5年。因违法行为或者违纪行为被开除的证券交易所、证券登记结算机构、证券服务机构、证券公司的从业人员和被开除的国家机关工作人员,不得招聘为证券交易所的从业人员。进入证券交易所参与集中交易的,必须是证券交易所的会员。

投资者应当与证券公司签订证券交易委托协议,并在证券公司开立证券交易账户,以书面、电话以及其他方式,委托该证券公司代其买卖证券。证券公司根据投资者的委托,按照证券交易规则提出交易申报,参与证券交易所场内的集中交易,并根据成交结果承担相应的清算交收责任;证券登记结算机构根据成交结果,按照清算交收规则,与证券公司进行证券和资金的清算交收,并为证券公司客户办理证券的登记过户手续。证券交易所应当为组公平的集中交易提供保障,公布证券交易即时行情,并按交易日制作证券市场行情表,予以公布。未经证券交易所许可,任何单位和个人不得发布证券交易即时行情。

因突发性事件而影响证券交易的正常进行时,证券交易所可以采取技术性停牌的措施;因不可抗力的突发性事件或者为维护证券交易的正常秩序,证券交易所可以决定临时停市。证券交易所采取技术性停牌或者决定临时停市,必须及时报告国务院证券监督管理机构。证券交易所对证券交易实行实时监控,并按照国务院证券监督管理机构的要求,对异常的交易情况提出报告。

证券交易所应当对上市公司及相关信息披露义务人披露信息进行监督,督促其依法及时、准确地披露信息。证券交易所根据需要,可以对出现重大异常交易情况的证券账户限制交易,并报国务院证券监督管理机构备案。证券交易所应当从其收取的交易费用和会员费、席位费中提取一定比例的金额设立风险基金。风险基金由证券交易所理事会管理。风险基金提取的具体比例和使用办法,由国务院证券监督管理机构会同国务院财政部门规定。

证券交易所应当将收存的风险基金存入开户银行专门账户,不得擅自使用。证券交易所依照证券法律、行政法规制定上市规则、交易规则、会员管理规则和其他有关规则,并报国务院证券监督管理机构批准。证券交易所的负责人和其他从业人员在执行与证券交易有关的职务时,与其本人或者其亲属有利害关系的,应当回避。按照依法制定的交易规则进行的交易,不得改变其交易结果。对交易中违规交易者应负的民事责任不得免除;在违规交易中所获利益,依照有关规定处理。在证券交易所内从事证券交易的人员,违反证券交易所有关交易规则的,由证券交易所给予纪律处分;对情节严重的,撤销其资格,禁止其入场进行证券交易。

10.5.2 证券公司

证券公司是指依照《公司法》和《证券法》规定设立的经营证券业务的有限责任公司或者股份有限公司。设立证券公司,必须经国务院证券监督管理机构审查批准。未经国务院证券监督管理机构批准,任何单位和个人不得经营证券业务。

设立证券公司,应当具备下列条件:

(1) 有符合法律、行政法规规定的公司章程。

(2) 主要股东具有持续盈利能力,信誉良好,最近 3 年无重大违法违规记录,净资产不低于人民币两亿元。

(3) 有符合证券法规定的注册资本。

(4) 董事、监事、高级管理人员具备任职资格,从业人员具有证券从业资格。

(5) 有完善的风险管理与内部控制制度。

(6) 有合格的经营场所和业务设施。

(7) 法律、行政法规规定的和经国务院批准的国务院证券监督管理机构规定的其他条件。证券公司必须在其名称中标明证券有限责任公司或者证券股份有限公司字样。

经国务院证券监督管理机构批准,证券公司可以经营下列部分或者全部业务:①证券经纪;②证券投资咨询;③与证券交易、证券投资活动有关的财务顾问;④证券承销与保荐;

⑤证券自营;⑥证券资产管理;⑦其他证券业务。证券公司经营证券经纪、证券投资咨询、与证券交易、证券投资活动有关的财务顾问的,注册资本最低限额为人民币五千万元;经营第④项至第⑦项业务之一的,注册资本最低限额为人民币一亿元;经营第④项至第⑦项业务中两项以上的,注册资本最低限额为人民币五亿元。证券公司的注册资本应当是实缴资本。国务院证券监督管理机构根据审慎监管原则和各项业务的风险程度,可以调整注册资本最低限额,但不得少于前述规定的限额。国务院证券监督管理机构应当自受理证券公司设立申请之日起6个月内,依照法定条件和法定程序并根据审慎监管原则进行审查,作出批准或者不予批准的决定,并通知申请人;不予批准的,应当说明理由。

证券公司设立申请获得批准的,申请人应当在规定的期限内向公司登记机关申请设立登记,领取营业执照。证券公司应当自领取营业执照之日起十五日内,向国务院证券监督管理机构申请经营证券业务许可证。未取得经营证券业务许可证,证券公司不得经营证券业务。

证券公司设立、收购或者撤销分支机构,变更业务范围或者注册资本,变更持有百分之五以上股权的股东、实际控制人,变更公司章程中的重要条款,合并、分立、变更公司形式、停业、解散、破产,必须经国务院证券监督管理机构批准。证券公司在境外设立、收购或者参股证券经营机构,必须经国务院证券监督管理机构批准。国务院证券监督管理机构应当对证券公司的净资本,净资本与负债的比例、净资本与净资产的比例、净资本与自营、承销、资产管理等业务规模的比例、负债与净资产的比例,以及流动资产与流动负债的比例等风险控制指标作出规定。证券公司不得为其股东或者股东的关联人提供融资或者担保。

证券公司的董事、监事、高级管理人员,应当正直诚实,品行良好,熟悉证券法律、行政法规,具有履行职责所需的经营管理能力,并在任职前取得国务院证券监督管理机构核准的任职资格。有下列情形之一的,不得担任证券公司的董事、监事、高级管理人员:

(1) 无民事行为能力或者限制民事行为能力。

(2) 因贪污、贿赂、侵占财产、挪用财产或者破坏社会主义市场经济秩序,被判处刑罚,执行期满未逾5年,或者因犯罪被剥夺政治权利,执行期满未逾5年。

(3) 担任破产清算的公司、企业的董事或者厂长、经理,对该公司、企业的破产负有个人责任的,自该公司、企业破产清算完结之日起未逾3年。

(4) 担任因违法被吊销营业执照、责令关闭的公司、企业的法定代表人,并负有个人责任的,自该公司、企业被吊销营业执照之日起未逾3年。

(5) 个人所负数额较大的债务到期未清偿。

(6) 因违法行为或者违纪行为被解除职务的证券交易所、证券登记结算机构的负责人或者证券公司的董事、监事、高级管理人员,自被解除职务之日起未逾5年。

(7) 因违法行为或者违纪行为被撤销资格的律师、注册会计师或者投资咨询机构、财务顾问机构、资信评级机构、资产评估机构、验证机构的专业人员,自被撤销资格之日起未逾5年。因违法行为或者违纪行为被开除的证券交易所、证券登记结算机构、证券服务机构、证券公司的从业人员和被开除的国家机关工作人员,不得招聘为证券公司的从业人员。国家机关工作人员和法律、行政法规规定的禁止在公司中兼职的其他人员,不得在证券公司中兼任职务。

国家设立证券投资者保护基金。证券投资者保护基金由证券公司缴纳的资金及其他依法筹集的资金组成,其筹集、管理和使用的具体办法由国务院规定。证券公司从每年的税后利润中提取交易风险准备金,用于弥补证券交易的损失,其提取的具体比例由国务院证券监督管理机构规定。证券公司应当建立健全内部控制制度,采取有效隔离措施,防范公司与客户之间、不同客户之间的利益冲突。

证券公司必须将其证券经纪业务、证券承销业务、证券自营业务和证券资产管理业务分开办理,不得混合操作。证券公司的自营业务必须以自己的名义进行,不得假借他人名义或者以个人名义进行。证券公司的自营业务必须使用自有资金和依法筹集的资金。证券公司不得将其自营账户借给他人使用。证券公司依法享有自主经营的权利,其合法经营不受干涉。证券公司客户的交易结算资金应当存放在商业银行,以每个客户的名义单独立户管理。证券公司不得将客户的交易结算资金和证券归入其自有财产。

禁止任何单位或者个人以任何形式挪用客户的交易结算资金和证券。证券公司破产或者清算时,客户的交易结算资金和证券不属于其破产财产或者清算财产。非因客户本身的债务或者法律规定的其他情形,不得查封、冻结、扣划或者强制执行客户的交易结算资金和证券。

证券公司办理经纪业务,应当置备统一制定的证券买卖委托书,供委托人使用。采取其他委托方式的,必须作出委托记录。客户的证券买卖委托,不论是否成交,其委托记录应当按照规定的期限,保存于证券公司。证券公司接受证券买卖的委托,应当根据委托书载明的证券名称、买卖数量、出价方式、价格幅度等,按照交易规则代理买卖证券,如实进行交易记录;买卖成交后,应当按照规定制作买卖成交报告单交付客户。

证券交易中确认交易行为及其交易结果的对账单必须真实,并由交易经办人员以外的审核人员逐笔审核,保证账面证券余额与实际持有的证券相一致。证券公司为客户买卖证券提供融资融券服务,应当按照国务院的规定并经国务院证券监督管理机构批准。证券公司办理经纪业务,不得接受客户的全权委托而决定证券买卖、选择证券种类、决定买卖数量或者买卖价格。证券公司不得以任何方式对客户证券买卖的收益或者赔偿证券买卖的损失作出承诺。证券公司及其从业人员不得未经过其依法设立的营业场所私下接受客户委托买卖证券。证券公司的从业人员在证券交易活动中,执行所属的证券公司的指令或者利用职务违反交易规则的,由所属的证券公司承担全部责任。证券公司应当妥善保存客户开户资料、委托记录、交易记录和与内部管理、业务经营有关的各项资料,任何人不得隐匿、伪造、篡改或者毁损。资料的保存期限不得少于20年。

证券公司应当按照规定向国务院证券监督管理机构报送业务、财务等经营管理信息和资料。国务院证券监督管理机构有权要求证券公司及其股东、实际控制人在指定的期限内提供有关信息、资料。证券公司及其股东、实际控制人向国务院证券监督管理机构报送或者提供的信息、资料,必须真实、准确、完整。国务院证券监督管理机构认为有必要时,可以委托会计师事务所、资产评估机构对证券公司的财务状况、内部控制状况、资产价值进行审计或者评估。具体办法由国务院证券监督管理机构会同有关主管部门制定。

证券公司的净资本或者其他风险控制指标不符合规定的,国务院证券监督管理机构应当责令其限期改正;逾期未改正,或者其行为严重危及该证券公司的稳健运行、损害客户合法权益的,国务院证券监督管理机构可以区别情形,对其采取下列措施:

(1) 限制业务活动,责令暂停部分业务,停止批准新业务。
(2) 停止批准增设、收购营业性分支机构。
(3) 限制分配红利,限制向董事、监事、高级管理人员支付报酬、提供福利。
(4) 限制转让财产或者在财产上设定其他权利。
(5) 责令更换董事、监事、高级管理人员或者限制其权利。
(6) 责令控股股东转让股权或者限制有关股东行使股东权利。
(7) 撤销有关业务许可。

证券公司整改后,应当向国务院证券监督管理机构提交报告。国务院证券监督管理机构经验收,符合有关风险控制指标的,应当自验收完毕之日起三日内解除对其采取的前述规定的有关措施。

证券公司的股东有虚假出资、抽逃出资行为的,国务院证券监督管理机构应当责令其限期改正,并可责令其转让所持证券公司的股权。在前述规定的股东按照要求改正违法行为、转让所持证券公司的股权前,国务院证券监督管理机构可以限制其股东权利。证券公司的董事、监事、高级管理人员未能勤勉尽责,致使证券公司存在重大违法违规行为或者重大风险的,国务院证券监督管理机构可以撤销其任职资格,并责令公司予以更换。证券公司违法经营或者出现重大风险,严重危害证券市场秩序、损害投资者利益的,国务院证券监督管理机构可以对该证券公司采取责令停业整顿,指定其他机构托管、接管或者撤销等监管措施。

在证券公司被责令停业整顿、被依法指定托管、接管或者清算期间,或者出现重大风险时,经国务院证券监督管理机构批准,可以对该证券公司直接负责的董事、监事、高级管理人员和其他直接责任人员采取以下措施:

(1) 通知出境管理机关依法阻止其出境。
(2) 申请司法机关禁止其转移、转让或者以其他方式处分财产,或者在财产上设定其他权利。

10.5.3　证券登记结算机构

证券登记结算机构是为证券交易提供集中登记、存管与结算服务,不以营利为目的的法人。设立证券登记结算机构必须经国务院证券监督管理机构批准。设立证券登记结算机构,应当具备下列条件:①自有资金不少于人民币两亿元;②具有证券登记、存管和结算服务所必需的场所和设施;③主要管理人员和从业人员必须具有证券从业资格;④国务院证券监督管理机构规定的其他条件。证券登记结算机构的名称中应当标明证券登记结算字样。

证券登记结算机构履行下列职能:①证券账户、结算账户的设立;②证券的存管和过户;③证券持有人名册登记;④证券交易所上市证券交易的清算和交收;⑤受发行人的委托派发证券权益;⑥办理与上述业务有关的查询;⑦国务院证券监督管理机构批准的其他业务。

证券登记结算采取全国集中统一的运营方式。证券登记结算机构章程、业务规则应当依法制定,并经国务院证券监督管理机构批准。证券持有人持有的证券,在上市交易时,应当全部存管在证券登记结算机构。证券登记结算机构不得挪用客户的证券。证券登记结算机构应当向证券发行人提供证券持有人名册及其有关资料。证券登记结算机构应当根据证券登记结算的结果,确认证券持有人持有证券的事实,提供证券持有人登记资料。

证券登记结算机构应当保证证券持有人名册和登记过户记录真实、准确、完整,不得隐匿、伪造、篡改或者毁损。证券登记结算机构应当采取下列措施保证业务的正常进行:①具有必备的服务设备和完善的数据安全保护措施;②建立完善的业务、财务和安全防范等管理制度;③建立完善的风险管理系统。证券登记结算机构应当妥善保存登记、存管和结算的原始凭证及有关文件和资料。其保存期限不得少于20年。

证券登记结算机构应当设立证券结算风险基金,用于垫付或者弥补因违约交收、技术故障、操作失误、不可抗力造成的证券登记结算机构的损失。证券结算风险基金从证券登记结算机构的业务收入和收益中提取,并可以由结算参与人按照证券交易业务量的一定比例缴纳。证券结算风险基金的筹集、管理办法,由国务院证券监督管理机构会同国务院财政部门规定。证券结算风险基金应当存入指定银行的专门账户,实行专项管理。证券登记结算机构以证券结算风险基金赔偿后,应当向有关责任人追偿。证券登记结算机构申请解散,应当经国务院证券监督管理机构批准。

投资者委托证券公司进行证券交易,应当申请开立证券账户。证券登记结算机构应当按照规定以投资者本人的名义为投资者开立证券账户。投资者申请开立账户,必须持有证明中国公民身份或者中国法人资格的合法证件。国家另有规定的除外。证券登记结算机构为证券交易提供净额结算服务时,应当要求结算参与人按照货银对付的原则,足额交付证券和资金,并提供交收担保。在交收完成之前,任何人不得动用用于交收的证券、资金和担保物。结算参与人未按时履行交收义务的,证券登记结算机构有权按照业务规则处理前述所述财产。证券登记结算机构按照业务规则收取的各类结算资金和证券,必须存放于专门的清算交收账户,只能按业务规则用于已成交的证券交易的清算交收,不得被强制执行。

10.5.4　证券服务机构

证券服务机构是指依法设立的,从事证券服务业务的机构。主要包括证券投资咨询公司、信用评级机构、会计师事务所、资产评估机构等。投资咨询机构、财务顾问机构、资信评级机构、资产评估机构、会计师事务所从事证券服务业务,必须经国务院证券监督管理机构和有关主管部门批准。投资咨询机构、财务顾问机构、资信评级机构、资产评估机构、会计师事务所从事证券服务业务的审批管理办法,由国务院证券监督管理机构和有关主管部门制定。

投资咨询机构、财务顾问机构、资信评级机构从事证券服务业务的人员,必须具备证券专业知识和从事证券业务或者证券服务业务2年以上经验。认定其证券从业资格的标准和管理办法,由国务院证券监督管理机构制定。投资咨询机构及其从业人员从事证券服务业务不得有下列行为:

（1）代理委托人从事证券投资。
（2）与委托人约定分享证券投资收益或者分担证券投资损失。
（3）买卖本咨询机构提供服务的上市公司股票。
（4）利用传播媒介或者通过其他方式提供、传播虚假或者误导投资者的信息。
（5）法律、行政法规禁止的其他行为。

有前述所列行为之一，给投资者造成损失的，依法承担赔偿责任。从事证券服务业务的投资咨询机构和资信评级机构，应当按照国务院有关主管部门规定的标准或者收费办法收取服务费用。

证券服务机构为证券的发行、上市、交易等证券业务活动制作、出具审计报告、资产评估报告、财务顾问报告、资信评级报告或者法律意见书等文件，应当勤勉尽责，对所依据的文件资料内容的真实性、准确性、完整性进行核查和验证。其制作、出具的文件有虚假记载、误导性陈述或者重大遗漏，给他人造成损失的，应当与发行人、上市公司承担连带赔偿责任，但是能够证明自己没有过错的除外。

10.5.5　证券业协会

证券业协会是证券业的自律性组织，是社会团体法人。证券公司应当加入证券业协会。证券业协会的权力机构为全体会员组成的会员大会。证券业协会章程由会员大会制定，并报国务院证券监督管理机构备案。

证券业协会履行下列职责：
（1）教育和组织会员遵守证券法律、行政法规。
（2）依法维护会员的合法权益，向证券监督管理机构反映会员的建议和要求。
（3）收集整理证券信息，为会员提供服务。
（4）制定会员应遵守的规则，组织会员单位的从业人员的业务培训，开展会员间的业务交流。
（5）对会员之间、会员与客户之间发生的证券业务纠纷进行调解。
（6）组织会员就证券业的发展、运作及有关内容进行研究。
（7）监督、检查会员行为，对违反法律、行政法规或者协会章程的，按照规定给予纪律处分。
（8）证券业协会章程规定的其他职责。

证券业协会设理事会，理事会成员依章程的规定由选举产生。

10.5.6　证券监督管理机构

证券监督管理机构是指中国证券监督管理委员会。中国证券监督管理委员会是国务院直属事业单位，是全国证券期货市场的主管部门。国务院证券监督管理机构依法对证券市场实行监督管理，维护证券市场秩序，保障其合法运行。

国务院证券监督管理机构在对证券市场实施监督管理中履行下列职责：
（1）依法制定有关证券市场监督管理的规章、规则，并依法行使审批或者核准权。

(2) 依法对证券的发行、上市、交易、登记、存管、结算进行监督管理。

(3) 依法对证券发行人、上市公司、证券公司、证券投资基金管理公司、证券服务机构、证券交易所、证券登记结算机构的证券业务活动进行监督管理。

(4) 依法制定从事证券业务人员的资格标准和行为准则,并监督实施。

(5) 依法监督检查证券发行、上市和交易的信息公开情况。

(6) 依法对证券业协会的活动进行指导和监督。

(7) 依法对违反证券市场监督管理法律、行政法规的行为进行查处。

(8) 法律、行政法规规定的其他职责。

国务院证券监督管理机构可以和其他国家或者地区的证券监督管理机构建立监督管理合作机制,实施跨境监督管理。

国务院证券监督管理机构依法履行职责,有权采取下列措施:

(1) 对证券发行人、上市公司、证券公司、证券投资基金管理公司、证券服务机构、证券交易所、证券登记结算机构进行现场检查。

(2) 进入涉嫌违法行为发生场所调查取证。

(3) 询问当事人和与被调查事件有关的单位和个人,要求其对与被调查事件有关的事项作出说明。

(4) 查阅、复制与被调查事件有关的财产权登记、通讯记录等资料。

(5) 查阅、复制当事人和与被调查事件有关的单位和个人的证券交易记录、登记过户记录、财务会计资料及其他相关文件和资料;对可能被转移、隐匿或者毁损的文件和资料,可以予以封存。、

(6) 查询当事人和与被调查事件有关的单位和个人的资金账户、证券账户和银行账户;对有证据证明已经或者可能转移或者隐匿违法资金、证券等涉案财产或者隐匿、伪造、毁损重要证据的,经国务院证券监督管理机构主要负责人批准,可以冻结或者查封。

(7) 在调查操纵证券市场、内幕交易等重大证券违法行为时,经国务院证券监督管理机构主要负责人批准,可以限制被调查事件当事人的证券买卖,但限制的期限不得超过十五个交易日;案情复杂的,可以延长十五个交易日。

国务院证券监督管理机构依法履行职责,进行监督检查或者调查,其监督检查、调查的人员不得少于两人,并应当出示合法证件和监督检查、调查通知书。监督检查、调查的人员少于两人或者未出示合法证件和监督检查、调查通知书的,被检查、调查的单位有权拒绝。国务院证券监督管理机构工作人员必须忠于职守,依法办事,公正廉洁,不得利用职务便利牟取不正当利益,不得泄露所知悉的有关单位和个人的商业秘密。

国务院证券监督管理机构依法履行职责,被检查、调查的单位和个人应当配合,如实提供有关文件和资料,不得拒绝、阻碍和隐瞒。国务院证券监督管理机构依法制定的规章、规则和监督管理工作制度应当公开。国务院证券监督管理机构依据调查结果,对证券违法行为作出的处罚决定,应当公开。国务院证券监督管理机构应当与国务院其他金融监督管理机构建立监督管理信息共享机制。国务院证券监督管理机构依法履行职责,进行监督检查或者调查时,有关部门应当予以配合。国务院证券监督管理机构依法履行职责,发现证券违

法行为涉嫌犯罪的,应当将案件移送司法机关处理。国务院证券监督管理机构的人员不得在被监管的机构中任职。

10.6　违反证券法的法律责任

未经法定机关核准,擅自公开或者变相公开发行证券的,责令停止发行,退还所募资金并加算银行同期存款利息,处以非法所募资金金额百分之一以上百分之五以下的罚款;对擅自公开或者变相公开发行证券设立的公司,由依法履行监督管理职责的机构或者部门会同县级以上地方人民政府予以取缔。对直接负责的主管人员和其他直接责任人员给予警告,并处以三万元以上三十万元以下的罚款。

发行人不符合发行条件,以欺骗手段骗取发行核准,尚未发行证券的,处以三十万元以上六十万元以下的罚款;已经发行证券的,处以非法所募资金金额百分之一以上百分之五以下的罚款。对直接负责的主管人员和其他直接责任人员处以三万元以上三十万元以下的罚款。发行人的控股股东、实际控制人指使从事前述违法行为的,依照前述的规定处罚。

证券公司承销或者代理买卖未经核准擅自公开发行证券的,责令停止承销或者代理买卖,没收违法所得,并处以违法所得一倍以上五倍以下的罚款;没有违法所得或者违法所得不足三十万元的,处以三十万元以上六十万元以下的罚款。给投资者造成损失的,应当与发行人承担连带赔偿责任。对直接负责的主管人员和其他直接责任人员给予警告,撤销任职资格或者证券从业资格,并处以三万元以上三十万元以下的罚款。

证券公司承销证券,有下列行为之一的,责令改正,给予警告,没收违法所得,可以并处三十万元以上六十万元以下的罚款;情节严重的,暂停或者撤销相关业务许可。给其他证券承销机构或者投资者造成损失的,依法承担赔偿责任。对直接负责的主管人员和其他直接责任人员给予警告,可以并处三万元以上三十万元以下的罚款;情节严重的,撤销任职资格或者证券从业资格:

(1) 进行虚假的或者误导投资者的广告或者其他宣传推介活动。

(2) 以不正当竞争手段招揽承销业务。

(3) 其他违反证券承销业务规定的行为。

保荐人出具有虚假记载、误导性陈述或者重大遗漏的保荐书,或者不履行其他法定职责的,责令改正,给予警告,没收业务收入,并处以业务收入一倍以上五倍以下的罚款;情节严重的,暂停或者撤销相关业务许可。对直接负责的主管人员和其他直接责任人员给予警告,并处以三万元以上三十万元以下的罚款;情节严重的,撤销任职资格或者证券从业资格。发行人、上市公司或者其他信息披露义务人未按照规定披露信息,或者所披露的信息有虚假记载、误导性陈述或者重大遗漏的,责令改正,给予警告,并处以三十万元以上六十万元以下的罚款。对直接负责的主管人员和其他直接责任人员给予警告,并处以三万元以上三十万元以下的罚款。

发行人、上市公司或者其他信息披露义务人未按照规定报送有关报告,或者报送的报告有虚假记载、误导性陈述或者重大遗漏的,责令改正,给予警告,并处以三十万元以上六十万元以下的罚款。对直接负责的主管人员和其他直接责任人员给予警告,并处以三万元以上三十万元以下的罚款。发行人、上市公司或者其他信息披露义务人的控股股东、实际控制人指使从事前述违法行为的,依照前两款的规定处罚。发行人、上市公司擅自改变公开发行证券所募集资金的用途的,责令改正,对直接负责的主管人员和其他直接责任人员给予警告,并处以三万元以上三十万元以下的罚款。发行人、上市公司的控股股东、实际控制人指使从事前述违法行为的,给予警告,并处以三十万元以上六十万元以下的罚款。对直接负责的主管人员和其他直接责任人员依照前述的规定处罚。

证券服务机构未勤勉尽责,所制作、出具的文件有虚假记载、误导性陈述或者重大遗漏的,责令改正,没收业务收入,暂停或者撤销证券服务业务许可,并处以业务收入一倍以上五倍以下的罚款。对直接负责的主管人员和其他直接责任人员给予警告,撤销证券从业资格,并处以三万元以上十万元以下的罚款。违反证券法规定,发行、承销公司债券的,由国务院授权的部门依照证券法有关规定予以处罚。上市公司、证券公司、证券交易所、证券登记结算机构、证券服务机构,未按照有关规定保存有关文件和资料的,责令改正,给予警告,并处以三万元以上三十万元以下的罚款;隐匿、伪造、篡改或者毁损有关文件和资料的,给予警告,并处以三十万元以上六十万元以下的罚款。

违反证券法规定,构成犯罪的,依法追究刑事责任。违反证券法规定,应当承担民事赔偿责任和缴纳罚款、罚金,其财产不足以同时支付时,先承担民事赔偿责任。违反法律、行政法规或者国务院证券监督管理机构的有关规定,情节严重的,国务院证券监督管理机构可以对有关责任人员采取证券市场禁入的措施。前述所称证券市场禁入,是指在一定期限内直至终身不得从事证券业务或者不得担任上市公司董事、监事、高级管理人员的制度。依照证券法收缴的罚款和没收的违法所得,全部上缴国库。当事人对证券监督管理机构或者国务院授权的部门的处罚决定不服的,可以依法申请行政复议,或者依法直接向人民法院提起诉讼。

10.7 证券投资基金法

10.7.1 证券投资基金法概述

证券投资基金是指通过发售基金份额募集,由基金管理人管理,基金托管人托管,为基金份额持有人的利益,以资产组合方式进行的证券投资方式。证券投资基金作为一种现代化的投资工具,主要具有以下三个特征:首先,集合投资。它将零散的资金汇集起来,交给专业机构投资于各种金融工具,以谋取资产的增值。基金可以最广泛地吸收社会闲散资金,汇成规模巨大的投资资金。其次,分散风险。基金可以凭借其雄厚的资金,在法律规定的投资范围内进行科学的组合,分散投资于多种证券,利用不同的投资对象之间的互补性,达到分散投资风险的目的。最后,专业理财。基金实行专家管理制度,这些专业管理人员都经过专门训练,具有丰富的证券投资经验。他们善于运用先进的技术手段分析各种信息资料,能对金融市场上各种品种的价格变动趋势作出预测,最大限度地避免投资决策的失误,提高投

资成功率。为了规范证券投资基金活动,保护投资人及相关当事人的合法权益,促进证券投资基金和资本市场的健康发展,第十届全国人民代表大会常务委员会第五次会议于2003年10月28日通过《中华人民共和国证券投资基金法》(以下简称《证券投资基金法》),2012年12月28日第十一届全国人民代表大会常务委员会第三十次会议进行了修订,2015年4月24日第十二届全国人民代表大会常务委员会第十四次会议进行了修正,自2015年4月24日起施行。在中华人民共和国境内,公开或者非公开募集资金设立证券投资基金(以下简称基金),由基金管理人管理,基金托管人托管,为基金份额持有人的利益,进行证券投资活动,适用《证券投资基金法》;《证券投资基金法》未规定的,适用《中华人民共和国信托法》《中华人民共和国证券法》和其他有关法律、行政法规的规定。在中华人民共和国境内募集投资境外证券的基金,以及合格境外投资者在境内进行证券投资,应当经国务院证券监督管理机构批准,具体办法由国务院证券监督管理机构会同国务院有关部门规定,报国务院批准。公开或者非公开募集资金,以进行证券投资活动为目的设立的公司或者合伙企业,资产由基金管理人或者普通合伙人管理的,其证券投资活动适用《证券投资基金法》。

基金管理人、基金托管人和基金份额持有人的权利、义务,依照《证券投资基金法》在基金合同中约定。基金管理人、基金托管人依照《证券投资基金法》和基金合同的约定,履行受托职责。通过公开募集方式设立的基金(以下简称公开募集基金)的基金份额持有人按其所持基金份额享受收益和承担风险,通过非公开募集方式设立的基金(以下简称非公开募集基金)的收益分配和风险承担由基金合同约定。

从事证券投资基金活动,应当遵循自愿、公平、诚实信用的原则,不得损害国家利益和社会公共利益。基金财产的债务由基金财产本身承担,基金份额持有人以其出资为限对基金财产的债务承担责任。但基金合同依照《证券投资基金法》另有约定的,从其约定。基金财产独立于基金管理人、基金托管人的固有财产。基金管理人、基金托管人不得将基金财产归入其固有财产。基金管理人、基金托管人因基金财产的管理、运用或者其他情形而取得的财产和收益,归入基金财产。基金管理人、基金托管人因依法解散、被依法撤销或者被依法宣告破产等原因进行清算的,基金财产不属于其清算财产。基金财产的债权,不得与基金管理人、基金托管人固有财产的债务相抵销;不同基金财产的债权债务,不得相互抵销。非因基金财产本身承担的债务,不得对基金财产强制执行。基金财产投资的相关税收,由基金份额持有人承担,基金管理人或者其他扣缴义务人按照国家有关税收征收的规定代扣代缴。

基金管理人、基金托管人管理、运用基金财产,基金服务机构从事基金服务活动,应当恪尽职守,履行诚实信用、谨慎勤勉的义务。基金管理人运用基金财产进行证券投资,应当遵守审慎经营规则,制定科学合理的投资策略和风险管理制度,有效防范和控制风险。基金从业人员应当具备基金从业资格,遵守法律、行政法规,恪守职业道德和行为规范。

基金管理人、基金托管人和基金服务机构,应当依照《证券投资基金法》成立证券投资基金行业协会(以下简称基金行业协会),进行行业自律,协调行业关系,提供行业服务,促进行业发展。国务院证券监督管理机构依法对证券投资基金活动实施监督管理;其派出机构依照授权履行职责。

10.7.2 基金管理人

基金管理人是指凭借专门的知识与经验,运用所管理基金的资产,根据法律、法规及基金章程或基金契约的规定,按照科学的投资组合原理进行投资决策,谋求所管理的基金资产不断增值,并使基金持有人获取尽可能多收益的机构。基金管理人由依法设立的公司或者合伙企业担任。公开募集基金的基金管理人,由基金管理公司或者经国务院证券监督管理机构按照规定核准的其他机构担任。

设立管理公开募集基金的基金管理公司,应当具备下列条件,并经国务院证券监督管理机构批准:①有符合《证券投资基金法》和《中华人民共和国公司法》规定的章程;②注册资本不低于一亿元人民币,且必须为实缴货币资本;③主要股东应当具有经营金融业务或者管理金融机构的良好业绩、良好的财务状况和社会信誉,资产规模达到国务院规定的标准,最近3年没有违法记录;④取得基金从业资格的人员达到法定人数;⑤董事、监事、高级管理人员具备相应的任职条件;⑥有符合要求的营业场所、安全防范设施和与基金管理业务有关的其他设施;⑦有良好的内部治理结构、完善的内部稽核监控制度、风险控制制度;⑧法律、行政法规规定的和经国务院批准的国务院证券监督管理机构规定的其他条件。

国务院证券监督管理机构应当自受理基金管理公司设立申请之日起6个月内依照《证券投资基金法》第十三条规定的条件和审慎监管原则进行审查,作出批准或者不予批准的决定,并通知申请人;不予批准的,应当说明理由。基金管理公司变更持有百分之五以上股权的股东,变更公司的实际控制人,或者变更其他重大事项,应当报经国务院证券监督管理机构批准。国务院证券监督管理机构应当自受理申请之日起六十日内作出批准或者不予批准的决定,并通知申请人;不予批准的,应当说明理由。

有下列情形之一的,不得担任公开募集基金的基金管理人的董事、监事、高级管理人员和其他从业人员:①因犯有贪污贿赂、渎职、侵犯财产罪或者破坏社会主义市场经济秩序罪,被判处刑罚的;②对所任职的公司、企业因经营不善破产清算或者因违法被吊销营业执照负有个人责任的董事、监事、厂长、高级管理人员,自该公司、企业破产清算终结或者被吊销营业执照之日起未逾5年的;③个人所负债务数额较大,到期未清偿的;④因违法行为被开除的基金管理人、基金托管人、证券交易所、证券公司、证券登记结算机构、期货交易所、期货公司及其他机构的从业人员和国家机关工作人员;⑤因违法行为被吊销执业证书或者被取消资格的律师、注册会计师和资产评估机构、验证机构的从业人员、投资咨询从业人员;⑥法律、行政法规规定不得从事基金业务的其他人员。

公开募集基金的基金管理人的董事、监事和高级管理人员,应当熟悉证券投资方面的法律、行政法规,具有3年以上与其所任职务相关的工作经历;高级管理人员还应当具备基金从业资格。公开募集基金的基金管理人的董事、监事、高级管理人员和其他从业人员,其本人、配偶、利害关系人进行证券投资,应当事先向基金管理人申报,并不得与基金份额持有人发生利益冲突。公开募集基金的基金管理人应当建立前述规定人员进行证券投资的申报、登记、审查、处置等管理制度,并报国务院证券监督管理机构备案。

公开募集基金的基金管理人的董事、监事、高级管理人员和其他从业人员,不得担任基金托管人或者其他基金管理人的任何职务,不得从事损害基金财产和基金份额持有人利益的证券交易及其他活动。公开募集基金的基金管理人应当履行下列职责:①依法募集资金,办理基金份额的发售和登记事宜;②办理基金备案手续;③对所管理的不同基金财产分别管理、分别记账,进行证券投资;④按照基金合同的约定确定基金收益分配方案,及时向基金份额持有人分配收益;⑤进行基金会计核算并编制基金财务会计报告;⑥编制中期和年度基金报告;⑦计算并公告基金资产净值,确定基金份额申购、赎回价格;⑧办理与基金财产管理业务活动有关的信息披露事项;⑨按照规定召集基金份额持有人大会;⑩保存基金财产管理业务活动的记录、账册、报表和其他相关资料;⑪以基金管理人名义,代表基金份额持有人利益行使诉讼权利或者实施其他法律行为;⑫国务院证券监督管理机构规定的其他职责。

公开募集基金的基金管理人及其董事、监事、高级管理人员和其他从业人员不得有下列行为:①将其固有财产或者他人财产混同于基金财产从事证券投资;②不公平地对待其管理的不同基金财产;③利用基金财产或者职务之便为基金份额持有人以外的人牟取利益;④向基金份额持有人违规承诺收益或者承担损失;⑤侵占、挪用基金财产;⑥泄露因职务便利获取的未公开信息、利用该信息从事或者明示、暗示他人从事相关的交易活动;⑦玩忽职守,不按照规定履行职责;⑧法律、行政法规和国务院证券监督管理机构规定禁止的其他行为。

公开募集基金的基金管理人应当建立良好的内部治理结构,明确股东会、董事会、监事会和高级管理人员的职责权限,确保基金管理人独立运作。公开募集基金的基金管理人可以实行专业人士持股计划,建立长效激励约束机制。公开募集基金的基金管理人的股东、董事、监事和高级管理人员在行使权利或者履行职责时,应当遵循基金份额持有人利益优先的原则。公开募集基金的基金管理人应当从管理基金的报酬中计提风险准备金。公开募集基金的基金管理人因违法违规、违反基金合同等原因给基金财产或者基金份额持有人合法权益造成损失,应当承担赔偿责任的,可以优先使用风险准备金予以赔偿。

公开募集基金的基金管理人的股东、实际控制人应当按照国务院证券监督管理机构的规定及时履行重大事项报告义务,并不得有下列行为:①虚假出资或者抽逃出资;②未依法经股东会或者董事会决议擅自干预基金管理人的基金经营活动;③要求基金管理人利用基金财产为自己或者他人牟取利益,损害基金份额持有人利益;④国务院证券监督管理机构规定禁止的其他行为。公开募集基金的基金管理人的股东、实际控制人有前述行为或者股东不再符合法定条件的,国务院证券监督管理机构应当责令其限期改正,并可视情节责令其转让所持有或者控制的基金管理人的股权。在前述规定的股东、实际控制人按照要求改正违法行为、转让所持有或者控制的基金管理人的股权前,国务院证券监督管理机构可以限制有关股东行使股东权利。

公开募集基金的基金管理人违法违规,或者其内部治理结构、稽核监控和风险控制管理不符合规定的,国务院证券监督管理机构应当责令其限期改正;逾期未改正,或者其行为严重危及该基金管理人的稳健运行、损害基金份额持有人合法权益的,国务院证券监督管理机构可以区别情形,对其采取下列措施:①限制业务活动,责令暂停部分或者全部业务;②限制分配红利,限制向董事、监事、高级管理人员支付报酬、提供福利;③限制转让固有财产或者在固有财产上设定其他权利;④责令更换董事、监事、高级管理人员或者限制其权利;⑤责令有关股东转让股权或者限制有关股东行使股东权利。公开募集基金的基金管理人整改后,应当向国务院证券监督管理机构提交报告。国务院证券监督管理机构经验收,符合有关要求的,应当自验收完毕之日起三日内解除对其采取的有关措施。

公开募集基金的基金管理人的董事、监事、高级管理人员未能勤勉尽责,致使基金管理人存在重大违法违规行为或者重大风险的,国务院证券监督管理机构可以责令更换。公开募集基金的基金管理人违法经营或者出现重大风险,严重危害证券市场秩序、损害基金份额持有人利益的,国务院证券监督管理机构可以对该基金管理人采取责令停业整顿,指定其他机构托管、接管,取消基金管理资格或者撤销等监管措施。

在公开募集基金的基金管理人被责令停业整顿,被依法指定托管、接管或者清算期间,或者出现重大风险时,经国务院证券监督管理机构批准,可以对该基金管理人直接负责的董事、监事、高级管理人员和其他直接责任人员采取下列措施:①通知出境管理机关依法阻止其出境;②申请司法机关禁止其转移、转让或者以其他方式处分财产,或者在财产上设定其他权利。

有下列情形之一的,公开募集基金的基金管理人职责终止:①被依法取消基金管理资格;②被基金份额持有人大会解任;③依法解散、被依法撤销或者被依法宣告破产;④基金合同约定的其他情形。公开募集基金的基金管理人职责终止的,基金份额持有人大会应当在6个月内选任新基金管理人;新基金管理人产生前,由国务院证券监督管理机构指定临时基金管理人。公开募集基金的基金管理人职责终止的,应当妥善保管基金管理业务资料,及时办理基金管理业务的移交手续,新基金管理人或者临时基金管理人应当及时接收。

公开募集基金的基金管理人职责终止的,应当按照规定聘请会计师事务所对基金财产进行审计,并将审计结果予以公告,同时报国务院证券监督管理机构备案。

对非公开募集基金的基金管理人进行规范的具体办法,由国务院金融监督管理机构依照本章的原则制定。

10.7.3 基金托管人

基金托管人又称基金保管人,是根据法律、法规的要求,在证券投资基金运作中承担资产保管、交易监督、信息披露、资金清算与会计核算等相应职责的当事人。基金托管人是基金持有人权益的代表,通常由有实力的商业银行或信托投资公司担任。基金托管人与基金管理人签订托管协议。在托管协议规定的范围内履行自己的职责并收取一定的报酬。为充分保障基金投资者的权益,防止基金信托财产被挪作他用,许多国家的证券投资信托法规都规定:凡是基金都要设立基金托管机构,由基金托管人来对基金管理机构的投资操作进行监督和对基金资产进行保管。我国法律规定基金托管人由依法设立的商业银行或者其他金融机构担任。商业银行担任基金托管人的,由国务院证券监督管理机构会同国务院银行业监督管理机构核准;其他金融机构担任基金托管人的,由国务院证券监督管理机构核准。担任基金托管人,应当具备下列条件:①净资产和风险控制指标符合有关规定;②设有专门的基金托管部门;③取得基金从业资格的专职人员达到法定人数;④有安全保管基金财产的条件;⑤有安全高效的清算、交割系统;⑥有符合要求的营业场所、安全防范设施和与基金托业务有关的其他设施;⑦有完善的内部稽核监控制度和风险控制制度;⑧法律、行政法规规定的和经国务院批准的国务院证券监督管理机构、国务院银行业监督管理机构规定的其他条件。《证券投资基金法》第十五条、第十七条、第十八条规定,适用于基金托管人的专门基金托管部门的高级管理人员和其他从业人员。《证券投资基金法》第十六条规定,适用于基金托管人的专门基金托管部门的高级管理人员。

　　基金托管人与基金管理人不得为同一机构,不得相互出资或者持有股份。基金托管人应当履行下列职责:①安全保管基金财产;②按照规定开设基金财产的资金账户和证券账户;③对所托管的不同基金财产分别设置账户,确保基金财产的完整与独立;④保存基金托管业务活动的记录、账册、报表和其他相关资料;⑤按照基金合同的约定,根据基金管理人的投资指令,及时办理清算、交割事宜;⑥办理与基金托管业务活动有关的信息披露事项;⑦对基金财务会计报告、中期和年度基金报告出具意见;⑧复核、审查基金管理人计算的基金资产净值和基金份额申购、赎回价格;⑨按照规定召集基金份额持有人大会;⑩按照规定监督基金管理人的投资运作;⑪国务院证券监督管理机构规定的其他职责。

　　基金托管人发现基金管理人的投资指令违反法律、行政法规和其他有关规定,或者违反基金合同约定的,应当拒绝执行,立即通知基金管理人,并及时向国务院证券监督管理机构报告。基金托管人发现基金管理人依据交易程序已经生效的投资指令违反法律、行政法规和其他有关规定,或者违反基金合同约定的,应当立即通知基金管理人,并及时向国务院证券监督管理机构报告。《证券投资基金法》第二十条、第二十二条规定,适用于基金托管人。

　　基金托管人不再具备《证券投资基金法》规定的条件,或者未能勤勉尽责,在履行《证券投资基金法》规定的职责时存在重大失误的,国务院证券监督管理机构、国务院银行业监督管理机构应当责令其改正;逾期未改正,或者其行为严重影响所托管基金的稳健运行、损害基金份额持有人利益的,国务院证券监督管理机构、国务院银行业监督管理机构可以区别情形,对其采取下列措施:①限制业务活动,责令暂停办理新的基金托管业务;②责令更换负有责任的专门基金托管部门的高级管理人员。基金托管人整改后,应当向国务院证券监督管理机构、国务院银行业监督管理机构提交报告;经验收,符合有关要求的,应当自验收完毕之日起三日内解除对其采取的有关措施。

　　国务院证券监督管理机构、国务院银行业监督管理机构对有下列情形之一的基金托管人,可以取消其基金托管资格:①连续3年没有开展基金托管业务的;②违反《证券投资基金法》规定,情节严重的;③法律、行政法规规定的其他情形。有下列情形之一的,基金托管人职责终止:①被依法取消基金托管资格;②被基金份额持有人大会解任;③依法解散、被依法撤销或者被依法宣告破产;④基金合同约定的其他情形。

　　基金托管人职责终止的,基金份额持有人大会应当在6个月内选任新基金托管人;新基金托管人产生前,由国务院证券监督管理机构指定临时基金托管人。基金托管人职责终止的,应当妥善保管基金财产和基金托管业务资料,及时办理基金财产和基金托管业务的移交手续,新基金托管人或者临时基金托管人应当及时接收。基金托管人职责终止的,应当按照规定聘请会计师事务所对基金财产进行审计,并将审计结果予以公告,同时报国务院证券监督管理机构备案。

10.7.4　基金的运作方式和组织

基金合同应当约定基金的运作方式。基金的运作方式可以采用封闭式、开放式或者其他方式。采用封闭式运作方式的基金(以下简称封闭式基金),是指基金份额总额在基金合同期限内固定不变,基金份额持有人不得申请赎回的基金;采用开放式运作方式的基金(以下简称开放式基金),是指基金份额总额不固定,基金份额可以在基金合同约定的时间和场所申购或者赎回的基金。采用其他运作方式的基金的基金份额发售、交易、申购、赎回的办法,由国务院证券监督管理机构另行规定。

基金份额持有人享有下列权利:①分享基金财产收益;②参与分配清算后的剩余基金财产;③依法转让或者申请赎回其持有的基金份额;④按照规定要求召开基金份额持有人大会或者召集基金份额持有人大会;⑤对基金份额持有人大会审议事项行使表决权;⑥对基金管理人、基金托管人、基金服务机构损害其合法权益的行为依法提起诉讼;⑦基金合同约定的其他权利。公开募集基金的基金份额持有人有权查阅或者复制公开披露的基金信息资料;非公开募集基金的基金份额持有人对涉及自身利益的情况,有权查阅基金的财务会计账簿等财务资料。

基金份额持有人大会由全体基金份额持有人组成,行使下列职权:①决定基金扩募或者延长基金合同期限;②决定修改基金合同的重要内容或者提前终止基金合同;③决定更换基金管理人、基金托管人;④决定调整基金管理人、基金托管人的报酬标准;⑤基金合同约定的其他职权。按照基金合同约定,基金份额持有人大会可以设立日常机构,行使下列职权:①召集基金份额持有人大会;②提请更换基金管理人、基金托管人;③监督基金管理人的投资运作、基金托管人的托管活动;④提请调整基金管理人、基金托管人的报酬标准;⑤基金合同约定的其他职权。前述规定的日常机构,由基金份额持有人大会选举产生的人员组成;其议事规则,由基金合同约定。基金份额持有人大会及其日常机构不得直接参与或者干涉基金的投资管理活动。

10.7.5　基金的公开募集

公开募集基金,应当经国务院证券监督管理机构注册。未经注册,不得公开或者变相公开募集基金。前述所称公开募集基金,包括向不特定对象募集资金、向特定对象募集资金累计超过两百人,以及法律、行政法规规定的其他情形。公开募集基金应当由基金管理人管理,基金托管人托管。注册公开募集基金,由拟任基金管理人向国务院证券监督管理机构提交下列文件:①申请报告;②基金合同草案;③基金托管协议草案;④招募说明书草案;⑤律师事务所出具的法律意见书;⑥国务院证券监督管理机构规定提交的其他文件。

公开募集基金的基金合同应当包括下列内容:①募集基金的目的和基金名称;②基金管理人、基金托管人的名称和住所;③基金的运作方式;④封闭式基金的基金份额总额和基金合同期限,或者开放式基金的最低募集份额总额;⑤确定基金份额发售日期、价格和费用的原则;⑥基金份额持有人、基金管理人、基金托管人的权利和义务;⑦基金份额持有人大会召集、议事及表决的程序和规则;⑧基金份额发售、交易、申购、赎回的程序、时间、地点、费用计算方式,以及给付赎回款项的时间和方式;⑨基金收益分配原则、执行方式;⑩基金管理人、基金托管人报酬的提取、支付方式与比例;⑪与基金财产管理、运用有关的其他费用的提取、支付方式;⑫基金财产的投资方向和投资限制;⑬基金资产净值的计算方法和公告方式;⑭基金募集未达到法定要求的处理方式;⑮基金合同解除和终止的事由、程序以及基金财产清算方式;⑯争议解决方式;⑰当事人约定的其他事项。

公开募集基金的基金招募说明书应当包括下列内容:①基金募集申请的准予注册文件名称和注册日期;②基金管理人、基金托管人的基本情况;③基金合同和基金托管协议的内容摘要;④基金份额的发售日期、价格、费用和期限;⑤基金份额的发售方式、发售机构及登记机构名称;⑥出具法律意见书的律师事务所和审计基金财产的会计师事务所的名称和住所;⑦基金管理人、基金托管人报酬及其他有关费用的提取、支付方式与比例;⑧风险警示内容;⑨国务院证券监督管理机构规定的其他内容。

国务院证券监督管理机构应当自受理公开募集基金的募集注册申请之日起6个月内依照法律、行政法规及国务院证券监督管理机构的规定进行审查,作出注册或者不予注册的决定,并通知申请人;不予注册的,应当说明理由。基金募集申请经注册后,方可发售基金份额。基金份额的发售,由基金管理人或者其委托的基金销售机构办理。基金管理人应当在基金份额发售的三日前公布招募说明书、基金合同及其他有关文件。前述规定的文件应当真实、准确、完整。对基金募集所进行的宣传推介活动,应当符合有关法律、行政法规的规定,不得有《证券投资基金法》第七十七条所列行为。

基金管理人应当自收到准予注册文件之日起6个月内进行基金募集。超过6个月开始募集,原注册的事项未发生实质性变化的,应当报国务院证券监督管理机构备案;发生实质性变化的,应当向国务院证券监督管理机构重新提交注册申请。基金募集不得超过国务院证券监督管理机构准予注册的基金募集期限。基金募集期限自基金份额发售之日起计算。基金募集期限届满,封闭式基金募集的基金份额总额达到准予注册规模的百分之八十以上,开放式基金募集的基金份额总额超过准予注册的最低募集份额总额,并且基金份额持有人人数符合国务院证券监督管理机构规定的,基金管理人应当自募集期限届满之日起十日内聘请法定验资机构验资,自收到验资报告之日起十日内,向国务院证券监督管理机构提交验资报告,办理基金备案手续,并予以公告。基金募集期间募集的资金应当存入专门账户,在基金募集行为结束前,任何人不得动用。

投资人交纳认购的基金份额的款项时,基金合同成立;基金管理人依照《证券投资基金法》第五十八条的规定向国务院证券监督管理机构办理基金备案手续,基金合同生效。基金募集期限届满,不能满足《证券投资基金法》第五十八条规定的条件的,基金管理人应当承担下列责任:①以其固有财产承担因募集行为而产生的债务和费用;②在基金募集期限届满后三十日内返还投资人已交纳的款项,并加计银行同期存款利息。

10.7.6 公开募集基金的基金份额的交易、申购与赎回

1. 公开募集基金的基金份额的交易

申请基金份额上市交易,基金管理人应当向证券交易所提出申请,证券交易所依法审核

同意的,双方应当签订上市协议。基金份额上市交易,应当符合下列条件:①基金的募集符合《证券投资基金法》规定;②基金合同期限为5年以上;③基金募集金额不低于两亿元人民币;④基金份额持有人不少于一千人;⑤基金份额上市交易规则规定的其他条件。基金份额上市交易规则由证券交易所制定,报国务院证券监督管理机构批准。

基金份额上市交易后,有下列情形之一的,由证券交易所终止其上市交易,并报国务院证券监督管理机构备案:①不再具备《证券投资基金法》第六十二条规定的上市交易条件;②基金合同期限届满;③基金份额持有人大会决定提前终止上市交易;④基金合同约定的或者基金份额上市交易规则规定的终止上市交易的其他情形。

2. 公开募集基金的基金份额的申购与赎回

开放式基金的基金份额的申购、赎回、登记,由基金管理人或者其委托的基金服务机构办理。基金管理人应当在每个工作日办理基金份额的申购、赎回业务;基金合同另有约定的,从其约定。投资人交付申购款项,申购成立;基金份额登记机构确认基金份额时,申购生效。基金份额持有人递交赎回申请,赎回成立;基金份额登记机构确认赎回时,赎回生效。

基金管理人应当按时支付赎回款项,但是下列情形除外:①因不可抗力导致基金管理人不能支付赎回款项;②证券交易场所依法决定临时停市,导致基金管理人无法计算当日基金资产净值;③基金合同约定的其他特殊情形。发生上述情形之一的,基金管理人应当在当日报国务院证券监督管理机构备案。本条第一款规定的情形消失后,基金管理人应当及时支付赎回款项。开放式基金应当保持足够的现金或者政府债券,以备支付基金份额持有人的赎回款项。基金财产中应当保持的现金或者政府债券的具体比例,由国务院证券监督管理机构规定。

基金份额的申购、赎回价格,依据申购、赎回日基金份额净值加、减有关费用计算。基金份额净值计价出现错误时,基金管理人应当立即纠正,并采取合理的措施防止损失进一步扩大。计价错误达到基金份额净值百分之零点五时,基金管理人应当公告,并报国务院证券监督管理机构备案。因基金份额净值计价错误造成基金份额持有人损失的,基金份额持有人有权要求基金管理人、基金托管人予以赔偿。

10.7.7 公开募集基金的投资与信息披露

基金管理人运用基金财产进行证券投资,除国务院证券监督管理机构另有规定外,应当采用资产组合的方式。资产组合的具体方式和投资比例,依照《证券投资基金法》和国务院证券监督管理机构的规定在基金合同中约定。

基金财产应当用于下列投资:①上市交易的股票、债券;②国务院证券监督管理机构规定的其他证券及其衍生品种。基金财产不得用于下列投资或者活动:①承销证券;②违反规定向他人贷款或者提供担保;③从事承担无限责任的投资;④买卖其他基金份额,但是国务院证券监督管理机构另有规定的除外;⑤向基金管理人、基金托管人出资;⑥从事内幕交易、操纵证券交易价格及其他不正当的证券交易活动;⑦法律、行政法规和国务院证券监督管理机构规定禁止的其他活动。运用基金财产买卖基金管理人、基金托管人及其控股股东、实际控制人或者与其有其他重大利害关系的公司发行的证券或承销期内承销的证券,或者

从事其他重大关联交易的,应当遵循基金份额持有人利益优先的原则,防范利益冲突,符合国务院证券监督管理机构的规定,并履行信息披露义务。

基金管理人、基金托管人和其他基金信息披露义务人应当依法披露基金信息,并保证所披露信息的真实性、准确性和完整性。基金信息披露义务人应当确保应予披露的基金信息在国务院证券监督管理机构规定时间内披露,并保证投资人能够按照基金合同约定的时间和方式查阅或者复制公开披露的信息资料。公开披露的基金信息包括:①基金招募说明书、基金合同、基金托管协议;②基金募集情况;③基金份额上市交易公告书;④基金资产净值、基金份额净值;⑤基金份额申购、赎回价格;⑥基金财产的资产组合季度报告、财务会计报告及中期和年度基金报告;⑦临时报告;⑧基金份额持有人大会决议;⑨基金管理人、基金托管人的专门基金托管部门的重大人事变动;⑩涉及基金财产、基金管理业务、基金托管业务的诉讼或者仲裁;⑪国务院证券监督管理机构规定应予披露的其他信息。

公开披露基金信息,不得有下列行为:①虚假记载、误导性陈述或者重大遗漏;②对证券投资业绩进行预测;③违规承诺收益或者承担损失;④诋毁其他基金管理人、基金托管人或者基金销售机构;⑤法律、行政法规和国务院证券监督管理机构规定禁止的其他行为。

10.7.8 公开募集基金的基金合同的变更、终止与基金财产清算

1. 公开募集基金的基金合同的变更

按照基金合同的约定或者基金份额持有人大会的决议,基金可以转换运作方式或者与其他基金合并。封闭式基金扩募或者延长基金合同期限,应当符合下列条件,并报国务院证券监督管理机构备案:①基金运营业绩良好;②基金管理人最近2年内没有因违法违规行为受到行政处罚或者刑事处罚;③基金份额持有人大会决议通过;④《证券投资基金法》规定的其他条件。

2. 公开募集基金的基金合同的终止

有下列情形之一的,基金合同终止:①基金合同期限届满而未延期;②基金份额持有人大会决定终止;③基金管理人、基金托管人职责终止,在6个月内没有新基金管理人、新基金托管人承接;④基金合同约定的其他情形。

3. 基金财产清算

基金合同终止时,基金管理人应当组织清算组对基金财产进行清算。清算组由基金管理人、基金托管人以及相关的中介服务机构组成。清算组作出的清算报告经会计师事务所审计,律师事务所出具法律意见书后,报国务院证券监督管理机构备案并公告。清算后的剩余基金财产,应当按照基金份额持有人所持份额比例进行分配。

10.7.9 公开募集基金的基金份额持有人权利行使

基金份额持有人大会由基金管理人召集。基金份额持有人大会设立日常机构的,由该日常机构召集;该日常机构未召集的,由基金管理人召集。基金管理人未按规定召集或者不能召集的,由基金托管人召集。代表基金份额百分之十以上的基金份额持有人就同一事项要求召开基金份额持有人大会,而基金份额持有人大会的日常机构、基金管理人、基金托管

人都不召集的,代表基金份额百分之十以上的基金份额持有人有权自行召集,并报国务院证券监督管理机构备案。

召开基金份额持有人大会,召集人应当至少提前三十日公告基金份额持有人大会的召开时间、会议形式、审议事项、议事程序和表决方式等事项。基金份额持有人大会不得就未经公告的事项进行表决。基金份额持有人大会可以采取现场方式召开,也可以采取通讯等方式召开。每一基金份额具有一票表决权,基金份额持有人可以委托代理人出席基金份额持有人大会并行使表决权。基金份额持有人大会应当有代表二分之一以上基金份额的持有人参加,方可召开。参加基金份额持有人大会的持有人的基金份额低于前述规定比例的,召集人可以在原公告的基金份额持有人大会召开时间的3个月以后、6个月以内,就原定审议事项重新召集基金份额持有人大会。重新召集的基金份额持有人大会应当有代表三分之一以上基金份额的持有人参加,方可召开。

基金份额持有人大会就审议事项作出决定,应当经参加大会的基金份额持有人所持表决权的二分之一以上通过;但是,转换基金的运作方式、更换基金管理人或者基金托管人、提前终止基金合同、与其他基金合并,应当经参加大会的基金份额持有人所持表决权的三分之二以上通过。基金份额持有人大会决定的事项,应当依法报国务院证券监督管理机构备案,并予以公告。

10.7.10 非公开募集基金

非公开募集基金应当向合格投资者募集,合格投资者累计不得超过两百人。前述所称合格投资者是指达到规定资产规模或者收入水平,并且具备相应的风险识别能力和风险承担能力、基金份额认购金额不低于规定限额的单位和个人。合格投资者的具体标准由国务院证券监督管理机构规定。除基金合同另有约定外,非公开募集基金应当由基金托管人托管。担任非公开募集基金的基金管理人,应当按照规定向基金行业协会履行登记手续,报送基本情况。未经登记,任何单位或者个人不得使用"基金"或者"基金管理"字样或者近似名称进行证券投资活动;但是,法律、行政法规另有规定的除外。非公开募集基金,不得向合格投资者之外的单位和个人募集资金,不得通过报刊、电台、电视台、互联网等公众传播媒体或者讲座、报告会、分析会等方式向不特定对象宣传推介。

非公开募集基金,应当制定并签订基金合同。基金合同应当包括下列内容:①基金份额持有人、基金管理人、基金托管人的权利和义务;②基金的运作方式;③基金的出资方式、数额和认缴期限;④基金的投资范围、投资策略和投资限制;⑤基金收益分配原则、执行方式;⑥基金承担的有关费用;⑦基金信息提供的内容、方式;⑧基金份额的认购、赎回或者转让的程序和方式;⑨基金合同变更、解除和终止的事由、程序;⑩基金财产清算方式;⑪当事人约定的其他事项。基金份额持有人转让基金份额的,应当符合《证券投资基金法》第八十七条、第九十一条的规定。

按照基金合同约定,非公开募集基金可以由部分基金份额持有人作为基金管理人负责基金的投资管理活动,并在基金财产不足以清偿其债务时对基金财产的债务承担无限连带责任。前述规定的非公开募集基金,其基金合同还应载明:①承担无限连带责任的基金份额持有人和其他基金份额持有人的姓名或者名称、住所;②承担无限连带责任的基金份额持有人的除名条件和更换程序;③基金份额持有人增加、退出的条件、程序以及相关责任;④承担无限连带责任的基金份额持有人和其他基金份额持有人的转换程序。

非公开募集基金募集完毕,基金管理人应当向基金行业协会备案。对募集的资金总额或者基金份额持有人的人数达到规定标准的基金,基金行业协会应当向国务院证券监督管理机构报告。非公开募集基金财产的证券投资,包括买卖公开发行的股份有限公司股票、债券、基金份额,以及国务院证券监督管理机构规定的其他证券及其衍生品种。

基金管理人、基金托管人应当按照基金合同的约定,向基金份额持有人提供基金信息。专门从事非公开募集基金管理业务的基金管理人,其股东、高级管理人员、经营期限、管理的基金资产规模等符合规定条件的,经国务院证券监督管理机构核准,可以从事公开募集基金管理业务。

10.7.11　基金服务机构和基金行业协会

1. 基金服务机构

从事公开募集基金的销售、销售支付、份额登记、估值、投资顾问、评价、信息技术系统服务等基金服务业务的机构,应当按照国务院证券监督管理机构的规定进行注册或者备案。基金销售机构应当向投资人充分揭示投资风险,并根据投资人的风险承担能力销售不同风险等级的基金产品。基金销售支付机构应当按照规定办理基金销售结算资金的划付,确保基金销售结算资金安全、及时划付。基金销售结算资金、基金份额独立于基金销售机构、基金销售支付机构或者基金份额登记机构的自有财产。基金销售机构、基金销售支付机构或者基金份额登记机构破产或者清算时,基金销售结算资金、基金份额不属于其破产财产或者清算财产。非因投资人本身的债务或者法律规定的其他情形,不得查封、冻结、扣划或者强制执行基金销售结算资金、基金份额。基金销售机构、基金销售支付机构、基金份额登记机构应当确保基金销售结算资金、基金份额的安全、独立,禁止任何单位或者个人以任何形式挪用基金销售结算资金、基金份额。

基金管理人可以委托基金服务机构代为办理基金的份额登记、核算、估值、投资顾问等事项,基金托管人可以委托基金服务机构代为办理基金的核算、估值、复核等事项,但基金管理人、基金托管人依法应当承担的责任不因委托而免除。

基金份额登记机构以电子介质登记的数据,是基金份额持有人权利归属的根据。基金份额持有人以基金份额出质的,质权自基金份额登记机构办理出质登记时设立。基金份额登记机构应当妥善保存登记数据,并将基金份额持有人名称、身份信息及基金份额明细等数据备份至国务院证券监督管理机构认定的机构。其保存期限自基金账户销户之日起不得少于20年。基金份额登记机构应当保证登记数据的真实、准确、完整,不得隐匿、伪造、篡改或者毁损。

基金投资顾问机构及其从业人员提供基金投资顾问服务,应当具有合理的依据,对其服务能力和经营业绩进行如实陈述,不得以任何方式承诺或者保证投资收益,不得损害服务对象的合法权益。基金评价机构及其从业人员应当客观公正,按照依法制定的业务规则开展基金评价业务,禁止误导投资人,防范可能发生的利益冲突。

2. 基金行业协会

基金行业协会是证券投资基金行业的自律性组织,是社会团体法人。基金管理人、基金托管人应当加入基金行业协会,基金服务机构可以加入基金行业协会。基金行业协会的权力机构为全体会员组成的会员大会。基金行业协会设理事会。理事会成员依章程的规定由选举产生。基金行业协会章程由会员大会制定,并报国务院证券监督管理机构备案。

基金行业协会履行下列职责:①教育和组织会员遵守有关证券投资的法律、行政法规,维护投资人合法权益;②依法维护会员的合法权益,反映会员的建议和要求;③制定和实施行业自律规则,监督、检查会员及其从业人员的执业行为,对违反自律规则和协会章程的,按照规定给予纪律处分;④制定行业执业标准和业务规范,组织基金从业人员的从业考试、资质管理和业务培训;⑤提供会员服务,组织行业交流,推动行业创新,开展行业宣传和投资人教育活动;⑥对会员之间、会员与客户之间发生的基金业务纠纷进行调解;⑦依法办理非公开募集基金的登记、备案;⑧协会章程规定的其他职责。

10.7.12 监督管理与法律责任

1. 监督管理

国务院证券监督管理机构依法履行下列职责:①制定有关证券投资基金活动监督管理的规章、规则,并行使审批、核准或者注册权;②办理基金备案;③对基金管理人、基金托管人及其他机构从事证券投资基金活动进行监督管理,对违法行为进行查处,并予以公告;④制定基金从业人员的资格标准和行为准则,并监督实施;⑤监督检查基金信息的披露情况;⑥指导和监督基金行业协会的活动;⑦法律、行政法规规定的其他职责。

国务院证券监督管理机构依法履行职责,有权采取下列措施:①对基金管理人、基金托管人、基金服务机构进行现场检查,并要求其报送有关的业务资料;②进入涉嫌违法行为发生场所调查取证;③询问当事人和与被调查事件有关的单位和个人,要求其对与被调查事件有关的事项作出说明;④查阅、复制与被调查事件有关的财产权登记、通讯记录等资料;⑤查阅、复制当事人和与被调查事件有关的单位和个人的证券交易记录、登记过户记录、财务会计资料及其他相关文件和资料;对可能被转移、隐匿或者毁损的文件和资料,可以予以封存;⑥查询当事人和与被调查事件有关的单位和个人的资金账户、证券账户和银行账户;对有证据证明已经或者可能转移或者隐匿违法资金、证券等涉案财产或者隐匿、伪造、毁损重要证据的,经国务院证券监督管理机构主要负责人批准,可以冻结或者查封;⑦在调查操纵证券市场、内幕交易等重大证券违法行为时,经国务院证券监督管理机构主要负责人批准,可以限制被调查事件当事人的证券买卖,但限制的期限不得超过十五个交易日;案情复杂的,可以延长十五个交易日。国务院证券监督管理机构工作人员依法履行职责,进行调查或者检查时,不得少于两人,并应当出示合法证件;对调查或者检查中知悉的商业秘密负有保密的义务。

国务院证券监督管理机构工作人员应当忠于职守,依法办事,公正廉洁,接受监督,不得利用职务牟取私利。国务院证券监督管理机构依法履行职责时,被调查、检查的单位和个人应当配合,如实提供有关文件和资料,不得拒绝、阻碍和隐瞒。国务院证券监督管理机构依法履行职责,发现违法行为涉嫌犯罪的,应当将案件移送司法机关处理。国务院证券监督管理机构工作人员在任职期间,或者离职后在《中华人民共和国公务员法》规定的期限内,不得在被监管的机构中担任职务。

2. 法律责任

违反《证券投资基金法》规定,未经批准擅自设立基金管理公司或者未经核准从事公开募集基金管理业务的,由证券监督管理机构予以取缔或者责令改正,没收违法所得,并处违法所得一倍以上五倍以下罚款;没有违法所得或者违法所得不足一百万元的,并处十万元以上一百万元以下罚款。对直接负责的主管人员和其他直接责任人员给予警告,并处三万元以上三十万元以下罚款。基金管理公司违反《证券投资基金法》规定,擅自变更持有百分之五以上股权的股东、实际控制人或者其他重大事项的,责令改正,没收违法所得,并处违法所得一倍以上五倍以下罚款;没有违法所得或者违法所得不足五十万元的,并处五万元以上五十万元以下罚款。对直接负责的主管人员给予警告,并处三万元以上十万元以下罚款。

基金管理人的董事、监事、高级管理人员和其他从业人员,基金托管人的专门基金托管部门的高级管理人员和其他从业人员,未按照《证券投资基金法》第十七条第一款规定申报的,责令改正,处三万元以上十万元以下罚款。基金管理人、基金托管人违反《证券投资基金法》第十七条第二款规定的,责令改正,处十万元以上一百万元以下罚款;对直接负责的主管人员和其他直接责任人员给予警告,暂停或者撤销基金从业资格,并处三万元以上三十万元以下罚款。基金管理人的董事、监事、高级管理人员和其他从业人员,基金托管人的专门基金托管部门的高级管理人员和其他从业人员违反《证券投资基金法》第十八条规定的,责令改正,没收违法所得,并处违法所得一倍以上五倍以下罚款;没有违法所得或者违法所得不足一百万元的,并处十万元以上一百万元以下罚款;情节严重的,撤销基金从业资格。

基金管理人、基金托管人违反《证券投资基金法》规定,未对基金财产实行分别管理或者分账保管,责令改正,处五万元以上五十万元以下罚款;对直接负责的主管人员和其他直接责任人员给予警告,暂停或者撤销基金从业资格,并处三万元以上三十万元以下罚款。基金管理人、基金托管人及其董事、监事、高级管理人员和其他从业人员有《证券投资基金法》第二十条所列行为之一的,责令改正,没收违法所得,并处违法所得一倍以上五倍以下罚款;没有违法所得或者违法所得不足一百万元的,并处十万元以上一百万元以下罚款;基金管理人、基金托管人有上述行为的,还应当对其直接负责的主管人员和其他直接责任人员给予警告,暂停或者撤销基金从业资格,并处三万元以上三十万元以下罚款。基金管理人、基金托管人及其董事、监事、高级管理人员和其他从业人员侵占、挪用基金财产而取得的财产和收益,归入基金财产。但是,法律、行政法规另有规定的,依照其规定。

会计师事务所、律师事务所未勤勉尽责,所出具的文件有虚假记载、误导性陈述或者重大遗漏的,责令改正,没收业务收入,暂停或者撤销相关业务许可,并处业务收入一倍以上五倍以下罚款。对直接负责的主管人员和其他直接责任人员给予警告,并处三万元以上十万元以下罚款。基金服务机构未建立应急等风险管理制度和灾难备份系统,或者泄露与基金份额持有人、基金投资运作相关的非公开信息的,处十万元以上三十万元以下罚款;情节严重的,责令其停止基金服务业务。对直接负责的主管人员和其他直接责任人员给予警告,撤销基金从业资格,并处三万元以上十万元以下罚款。

违反《证券投资基金法》规定,给基金财产、基金份额持有人或者投资人造成损害的,依法承担赔偿责任。基金管理人、基金托管人在履行各自职责的过程中,违反《证券投资基金法》规定或者基金合同约定,给基金财产或者基金份额持有人造成损害的,应当分别对各自的行为依法承担赔偿责任;因共同行为给基金财产或者基金份额持有人造成损害的,应当承担连带赔偿责任。

证券监督管理机构工作人员玩忽职守、滥用职权、徇私舞弊或者利用职务上的便利索取或者收受他人财物的,依法给予行政处分。拒绝、阻碍证券监督管理机构及其工作人员依法行使监督检查、调查职权未使用暴力、威胁方法的,依法给予治安管理处罚。

违反法律、行政法规或者国务院证券监督管理机构的有关规定,情节严重的,国务院证券监督管理机构可以对有关责任人员采取证券市场禁入的措施。违反《证券投资基金法》规定,构成犯罪的,依法追究刑事责任。违反《证券投资基金法》规定,应当承担民事赔偿责任和缴纳罚款、罚金,其财产不足以同时支付时,先承担民事赔偿责任。依照《证券投资基金法》规定,基金管理人、基金托管人、基金服务机构应当承担的民事赔偿责任和缴纳的罚款、罚金,由基金管理人、基金托管人、基金服务机构以其固有财产承担。依法收缴的罚款、罚金和没收的违法所得,应当全部上缴国库。

1. 证券法的基本原则有哪些?
2. 公开发行股票的条件有哪些?
3. 公司债券发行应受哪些限制?
4. 证券承销的方式有哪些?
5. 持续信息公开制度的内容有哪些?
6. 上市公司的收购程序有哪些?
7. 开放式基金份额的申购与赎回内容是什么?

第 11 章 保 险 法

保险　保险利益　保险标的　保险事故　人身保险合同　财产保险合同　保险公司

11.1 保险法概述

11.1.1 保险的概念

保险是指投保人根据合同约定,向保险人支付保险费,保险人对于合同约定的可能发生的事故因其发生所造成的财产损失承担赔偿保险金责任,或者当被保险人死亡、伤残、疾病或者达到合同约定的年龄、期限等条件时承担给付保险金责任的商业保险行为。

11.1.2 保险法的适用范围

为了规范保险活动,保护保险活动当事人的合法权益,加强对保险业的监督管理,维护社会经济秩序和社会公共利益,促进保险事业的健康发展,1995 年 6 月 30 日第八届全国人民代表大会常务委员会第十四次会议通过了《中华人民共和国保险法》(以下简称《保险法》),2002 年 10 月 28 日第九届全国人民代表大会常务委员会第三十次会议对其进行了第一次修正。2009 年 2 月 28 日第十一届全国人民代表大会常务委员会第七次会议对其予以修订。2014 年 8 月 31 日第十二届全国人大常委会第十次会议对其进行了第二次修正。2015 年 4 月 24 日中华人民共和国第十二届全国人民代表大会常务委员会第十四次会议对《中华人民共和国保险法》进行了第三次修正,自 2015 年 4 月 24 日起施行。从事保险活动必须遵守法律、行政法规,尊重社会公德,不得损害社会公共利益。保险活动当事人行使权利、履行义务应当遵循诚实信用原则。保险业务由依照法律设立的保险公司以及法律、行政法规规定的其他保险组织经营,其他单位和个人不得经营保险业务。在中华人民共和国境内的法人和其他组织需要办理境内保险的,应当向中华人民共和国境内的保险公司投保。保险业和银行业、证券业、信托业实行分业经营、分业管理,保险公司与银行、证券、信托业务机构分别设立,国家另有规定的除外。

海上保险适用《中华人民共和国海商法》的有关规定;《中华人民共和国海商法》未规定

的,适用《保险法》的有关规定。中外合资保险公司、外资独资保险公司、外国保险公司分公司适用保险法规定;法律、行政法规另有规定的,适用其规定。国家支持发展为农业生产服务的保险事业,农业保险由法律、行政法规另行规定。强制保险,法律、行政法规另有规定的,适用其规定。国务院保险监督管理机构依法对保险业实施监督管理。国务院保险监督管理机构根据履行职责的需要设立派出机构,派出机构按照国务院保险监督管理机构的授权履行监督管理职责。

11.2 保险合同

11.2.1 保险合同概述

1. 保险合同的订立与生效

保险合同是投保人与保险人约定保险权利义务关系的协议。投保人是指与保险人订立保险合同,并按照合同约定负有支付保险费义务的人。保险人是指与投保人订立保险合同,并按照合同约定承担赔偿或者给付保险金责任的保险公司。订立保险合同,应当协商一致,遵循公平原则确定各方的权利和义务。除法律、行政法规规定必须保险的外,保险合同自愿订立。人身保险的投保人在保险合同订立时,对被保险人应当具有保险利益。财产保险的被保险人在保险事故发生时,对保险标的应当具有保险利益。人身保险是以人的寿命和身体为保险标的的保险。财产保险是以财产及其有关利益为保险标的的保险。被保险人是指其财产或者人身受保险合同保障,享有保险金请求权的人,投保人可以为被保险人。保险利益是指投保人或者被保险人对保险标的具有的法律上承认的利益。投保人提出保险要求,经保险人同意承保,保险合同成立。保险人应当及时向投保人签发保险单或者其他保险凭证。保险单或者其他保险凭证应当载明当事人双方约定的合同内容。当事人也可以约定采用其他书面形式载明合同内容。认定保险合同是否成立,适用合同订立时的法律。保险合同成立于保险法施行前而保险标的转让、保险事故、理赔、代位求偿等行为或事件,发生于保险法施行后的,适用保险法的规定。

依法成立的保险合同,自成立时生效。对于保险法施行前成立的保险合同,适用当时的法律认定无效而适用保险法认定有效的,适用保险法的规定。投保人和保险人可以对合同的效力约定附条件或者附期限。保险合同成立后,投保人按照约定交付保险费,保险人按照约定的时间开始承担保险责任。除法律另有规定或者保险合同另有约定外,保险合同成立后,投保人可以解除合同,保险人不得解除合同。订立保险合同,保险人就保险标的或者被保险人的有关情况提出询问的,投保人应当如实告知。投保人故意或者因重大过失未履行法律规定的如实告知义务,足以影响保险人决定是否同意承保或者提高保险费率的,保险人有权解除合同。合同解除权,自保险人知道有解除事由之日起,超过三十日不行使而消灭。自合同成立之日起超过2年的,保险人不得解除合同;发生保险事故的,保险人应当承担赔偿或者给付保险金的责任。投保人故意不履行如实告知义务的,保险人对于合同解除前发生的保险事故,不承担赔偿或者给付保险金的责任,并不退还保险费。投保人因重大过失未履行如实告知义务,对保险事故的发生有严重影响的,保险人对于合同解除前发生的保险事故,不承担赔偿或者给付保险金的责任,但应当退还保险费。保险人在合同订立时已经知道投保人未如实告知的情况的,保险人不得解除合同;发生保险事故的,保险人应当承担赔偿或者给付保险金的责任。保险事故是指保险合同约定的保险责任范围内的事故。

订立保险合同,采用保险人提供的格式条款的,保险人向投保人提供的投保单应当附格式条款,保险人应当向投保人说明合同的内容。对保险合同中免除保险人责任的条款,保险人在订立合同时应当在投保单、保险单或者其他保险凭证上作出足以引起投保人注意的提示,并对该条款的内容以书面或者口头形式向投保人作出明确说明;未作提示或者明确说明的,该条款不产生效力。

2. 保险合同的内容

保险合同应当包括下列事项:

(1) 保险人的名称和住所。

(2) 投保人、被保险人的姓名或者名称、住所,以及人身保险的受益人的姓名或者名称、住所。

(3) 保险标的。

(4) 保险责任和责任免除。

(5) 保险期间和保险责任开始时间。

(6) 保险金额。

(7) 保险费以及支付办法。

(8) 保险金赔偿或者给付办法。

(9) 违约责任和争议处理。

(10) 订立合同的年、月、日。

投保人和保险人可以约定与保险有关的其他事项。受益人是指人身保险合同中由被保险人或者投保人指定的享有保险金请求权的人。投保人、被保险人可以为受益人。保险金额是指保险人承担赔偿或者给付保险金责任的最高限额。

采用保险人提供的格式条款订立的保险合同中的下列条款无效:

(1) 免除保险人依法应承担的义务或者加重投保人、被保险人责任的。

(2) 排除投保人、被保险人或者受益人依法享有的权利的。

采用保险人提供的格式条款订立的保险合同,保险人与投保人、被保险人或者受益人对合同条款有争议的,应当按照通常理解予以解释。对合同条款有两种以上解释的,人民法院或者仲裁机构应当作出有利于被保险人和受益人的解释。

3. 保险合同的变更

保险合同成立后,投保人和保险人可以协商变更合同内容。变更保险合同的,应当由保险人在保险单或者其他保险凭证上批注或者附贴批单,或者由投保人和保险人订立变更的书面协议。

4. 保险合同的解除

因保险标的转让导致危险程度显著增加的,保险人自收到法律规定的通知之日起三十日内,可以按照合同约定增加保险费或者解除合同。保险人解除合同的,应当将已收取的保险费,按照合同约定扣除自保险责任开始之日起至合同解除之日止应收的部分后,退还投保人。被保险人、受让人未履行法律规定的通知义务的,因转让导致保险标的危险程度显著增加而发生的保险事故,保险人不承担赔偿保险金的责任。货物运输保险合同和运输工具航程保险合同,保险责任开始后,合同当事人不得解除合同。

被保险人应当遵守国家有关消防、安全、生产操作、劳动保护等方面的规定,维护保险标的的安全。保险人可以按照合同约定对保险标的的安全状况进行检查,及时向投保人、被保险人提出消除不安全因素和隐患的书面建议。投保人、被保险人未按照约定履行其对保险标的的安全应尽责任的,保险人有权要求增加保险费或者解除合同。保险人为维护保险标的的安全,经被保险人同意,可以采取安全预防措施。在合同有效期内,保险标的的危险程度显著增加的,被保险人应当按照合同约定及时通知保险人,保险人可以按照合同约定增加保险费或者解除合同。保险人解除合同的,应当将已收取的保险费,按照合同约定扣除自保险责任开始之日起至合同解除之日止应收的部分后,退还投保人。被保险人未履行法律规定的通知义务的,因保险标的的危险程度显著增加而发生的保险事故,保险人不承担赔偿保险金的责任。

有下列情形之一的,除合同另有约定外,保险人应当降低保险费,并按日计算退还相应的保险费:

(1) 据以确定保险费率的有关情况发生变化,保险标的的危险程度明显减少的。

(2) 保险标的的保险价值明显减少的。

保险责任开始前,投保人要求解除合同的,应当按照合同约定向保险人支付手续费,保险人应当退还保险费。保险责任开始后,投保人要求解除合同的,保险人应当将已收取的保险费,按照合同约定扣除自保险责任开始之日起至合同解除之日止应收的部分后,退还投保人。投保人和保险人约定保险标的的保险价值并在合同中载明的,保险标的发生损失时,以约定的保险价值为赔偿计算标准。投保人和保险人未约定保险标的的保险价值的,保险标的发生损失时,以保险事故发生时保险标的的实际价值为赔偿计算标准。保险金额不得超过保险价值。超过保险价值的,超过部分无效,保险人应当退还相应的保险费。

5. 保险合同的赔偿或给付

保险事故发生后,按照保险合同请求保险人赔偿或者给付保险金时,投保人、被保险人或者受益人应当向保险人提供其所能提供的与确认保险事故的性质、原因、损失程度等有关的证明和资料。保险人按照合同的约定,认为有关的证明和资料不完整的,应当及时一次性通知投保人、被保险人或者受益人补充提供。保险人收到被保险人或者受益人的赔偿或者给付保险金的请求后,应当及时作出核定;情形复杂的,应当在三十日内作出核定,但合同另有约定的除外。保险人应当将核定结果通知被保险人或者受益人;对属于保险责任的,在与被保险人或者受益人达成赔偿或者给付保险金的协议后十日内,履行赔偿或者给付保险金义务。保险合同对赔偿或者给付保险金的期限有约定的,保险人应当按照约定履行赔偿或者给付保险金义务。投保人、被保险人或者受益人知道保险事故发生后,应当及时通知保险人。故意或者因重大过失未及时通知,致使保险事故的性质、原因、损失程度等难以确定的,保险人对无法确定的部分,不承担赔偿或者给付保险金的责任,但保险人通过其他途径已经及时知道或者应当及时知道保险事故发生的除外。

保险人未及时履行法律规定义务的,除支付保险金外,应当赔偿被保险人或者受益人因此受到的损失。任何单位和个人不得非法干预保险人履行赔偿或者给付保险金的义务,也不得限制被保险人或者受益人取得保险金的权利。保险人依法作出核定后,对不属于保险责任的,应当自作出核定之日起三日内向被保险人或者受益人发出拒绝赔偿或者拒绝给付保险金通知书,并说明理由。保险人自收到赔偿或者给付保险金的请求和有关证明、资料之日起六十日内,对其赔偿或者给付保险金的数额不能确定的,应当根据已有证明和资料可以确定的数额先予支付;保险人最终确定赔偿或者给付保险金的数额后,应当支付相应的差额。

人寿保险以外的其他保险的被保险人或者受益人,向保险人请求赔偿或者给付保险金的诉讼时效期间为2年,自其知道或者应当知道保险事故发生之日起计算。人寿保险的被保险人或者受益人向保险人请求给付保险金的诉讼时效期间为5年,自其知道或者应当知道保险事故发生之日起计算。未发生保险事故,被保险人或者受益人谎称发生了保险事故,向保险人提出赔偿或者给付保险金请求的,保险人有权解除合同,并不退还保险费。投保人、被保险人故意制造保险事故的,保险人有权解除合同,不承担赔偿或者给付保险金的责任;除法律另有规定外,不退还保险费。

保险事故发生后,投保人、被保险人或者受益人以伪造、变造的有关证明、资料或者其他证据,编造虚假的事故原因或者夸大损失程度的,保险人对其虚报的部分不承担赔偿或者给付保险金的责任。投保人、被保险人或者受益人有前述行为之一,致使保险人支付保险金或者支出费用的,应当退回或者赔偿。保险事故发生时,被保险人对保险标的不具有保险利益的,不得向保险人请求赔偿保险金。保险标的转让的,保险标的的受让人承继被保险人的权利和义务。保险标的转让的,被保险人或者受让人应当及时通知保险人,但货物运输保险合同和另有约定的合同除外。

保险人将其承担的保险业务,以分保形式部分转移给其他保险人的,为再保险。应再保险接受人的要求,再保险分出人应当将其自负责任及原保险的有关情况书面告知再保险接受人。再保险接受人不得向原保险的投保人要求支付保险费。原保险的被保险人或者受益人不得向再保险接受人提出赔偿或者给付保险金的请求。再保险分出人不得以再保险接受人未履行再保险责任为由,拒绝履行或者迟延履行其原保险责任。

11.2.2 人身保险合同

人身保险合同是以人的寿命和身体为保险标的的保险合同。投保人对下列人员具有保险利益:①本人;②配偶、子女、父母;③前项以外与投保人有抚养、赡养或者扶养关系的家庭其他成员、近亲属;④与投保人有劳动关系的劳动者。除法律规定外,被保险人同意投保人为其订立合同的,视为投保人对被保险人具有保险利益。订立合同时,投保人对被保险人不具有保险利益的,合同无效。投保人申报的被保险人年龄不真实,并且其真实年龄不符合合同约定的年龄限制的,保险人可以解除合同,并按照合同约定退还保险单的现金价值。保险人行使合同解除权,应遵守保险法的相关规定。投保人申报的被保险人年龄不真实,致使投保人支付的保险费少于应付保险费的,保险人有权更正并要求投保人补交保险费,或者在给付保险金时按照实付保险费与应付保险费的比例支付。投保人申报的被保险人年龄不真实,致使投保人支付的保险费多于应付保险费的,保险人应当将多收的保险费退还投保人。

  投保人不得为无民事行为能力人投保以死亡为给付保险金条件的人身保险,保险人也不得承保。父母为其未成年子女投保的人身保险,不受法律规定限制。但是,因被保险人死亡给付的保险金总和不得超过国务院保险监督管理机构规定的限额。以死亡为给付保险金条件的合同,未经被保险人同意并认可保险金额的,合同无效。按照以死亡为给付保险金条件的合同所签发的保险单,未经被保险人书面同意,不得转让或者质押。父母为其未成年子女投保的人身保险,不受限制。投保人可以按照合同约定向保险人一次支付全部保险费或者分期支付保险费。合同约定分期支付保险费,投保人支付首期保险费后,除合同另有约定外,投保人自保险人催告之日起超过三十日未支付当期保险费,或者超过约定的期限六十日未支付当期保险费的,合同效力中止,或者由保险人按照合同约定的条件减少保险金额。被保险人在法律规定期限内发生保险事故的,保险人应当按照合同约定给付保险金,但可以扣减欠交的保险费。合同效力依照法律规定中止的,经保险人与投保人协商并达成协议,在投保人补交保险费后,合同效力恢复。但是,自合同效力中止之日起满2年双方未达成协议的,保险人有权解除合同。保险人依照法律规定解除合同的,应当按照合同约定退还保险单的现金价值。保险人对人寿保险的保险费,不得用诉讼方式要求投保人支付。

  人身保险的受益人由被保险人或者投保人指定。投保人指定受益人时须经被保险人同意。投保人为与其有劳动关系的劳动者投保人身保险,不得指定被保险人及其近亲属以外的人为受益人。被保险人为无民事行为能力人或者限制民事行为能力人的,可以由其监护人指定受益人。被保险人或者投保人可以指定一人或者数人为受益人,受益人为数人的,被保险人或者投保人可以确定受益顺序和受益份额;未确定受益份额的,受益人按照相等份额享有受益权。被保险人或者投保人可以变更受益人并书面通知保险人,保险人收到变更受益人的书面通知后,应当在保险单或者其他保险凭证上批注或者附贴批单。投保人变更受益人时须经被保险人同意。

  被保险人死亡后,有下列情形之一的,保险金作为被保险人的遗产,由保险人依照《中华人民共和国继承法》的规定履行给付保险金的义务:①没有指定受益人,或者受益人指定不明无法确定的;②受益人先于被保险人死亡,没有其他受益人的;③受益人依法丧失受益权或者放弃受益权,没有其他受益人的。受益人与被保险人在同一事件中死亡,且不能确定死亡先后顺序的,推定受益人死亡在先。投保人故意造成被保险人死亡、伤残或者疾病的,保险人不承担给付保险金的责任。投保人已交足2年以上保险费的,保险人应当按照合同约定向其他权利人退还保险单的现金价值。受益人故意造成被保险人死亡、伤残、疾病的,或者故意杀害被保险人未遂的,该受益人丧失受益权。

  以被保险人死亡为给付保险金条件的合同,自合同成立或者合同效力恢复之日起2年内,被保险人自杀的,保险人不承担给付保险金的责任,但被保险人自杀时为无民事行为能力人的除外。保险人依照法律规定不承担给付保险金责任的,应当按照合同约定退还保险

单的现金价值。因被保险人故意犯罪或者抗拒依法采取的刑事强制措施导致其伤残或者死亡的,保险人不承担给付保险金的责任。投保人已交足2年以上保险费的,保险人应当按照合同约定退还保险单的现金价值。被保险人因第三者的行为而发生死亡、伤残或者疾病等保险事故的,保险人向被保险人或者受益人给付保险金后,不享有向第三者追偿的权利,但被保险人或者受益人仍有权向第三者请求赔偿。投保人解除合同的,保险人应当自收到解除合同通知之日起三十日内,按照合同约定退还保险单的现金价值。

11.2.3 财产保险合同

1. 财产保险合同的概念

财产保险合同是投保人和保险人以财产或利益为保险标的,投保人向保险人交纳保险费,在保险事故发生造成所保财产或利益损失时,保险人在保险责任范围内承担赔偿责任,或在约定期限届满时,由保险人承担给付保险金的责任的协议。

2. 部分保险

保险金额不得超过保险价值,超过保险价值的,超过部分无效,保险人应当退还相应的保险费。保险金额低于保险价值的,除合同另有约定外,保险人按照保险金额与保险价值的比例承担赔偿保险金的责任。

3. 重复保险

重复保险是指投保人对同一保险标的、同一保险利益、同一保险事故分别与两个以上保险人订立保险合同,且保险金额总和超过保险价值的保险。重复保险的投保人应当将重复保险的有关情况通知各保险人。重复保险的各保险人赔偿保险金的总和不得超过保险价值,除合同另有约定外,各保险人按照其保险金额与保险金额总和的比例承担赔偿保险金的责任。重复保险的投保人可以就保险金额总和超过保险价值的部分,请求各保险人按比例返还保险费。

4. 保险人的代位权

因第三者对保险标的的损害而造成保险事故的,保险人自向被保险人赔偿保险金之日起,在赔偿金额范围内代位行使被保险人对第三者请求赔偿的权利。保险事故发生后,被保险人已经从第三者取得损害赔偿的,保险人赔偿保险金时,可以相应扣减被保险人从第三者已取得的赔偿金额。保险人依法行使代位请求赔偿的权利,不影响被保险人就未取得赔偿的部分向第三者请求赔偿的权利。保险事故发生后,保险人未赔偿保险金之前,被保险人放弃对第三者请求赔偿的权利的,保险人不承担赔偿保险金的责任。保险人向被保险人赔偿保险金后,被保险人未经保险人同意放弃对第三者请求赔偿的权利的,该行为无效。

被保险人故意或者因重大过失致使保险人不能行使代位请求赔偿的权利的,保险人可以扣减或者要求返还相应的保险金。除被保险人的家庭成员或者其组成人员故意造成保险事故外,保险人不得对被保险人的家庭成员或者其组成人员行使代位请求赔偿的权利。保险人向第三者行使代位请求赔偿的权利时,被保险人应当向保险人提供必要的文件和所知道的有关情况。

11.3 保险公司与保险经营规则

11.3.1 保险公司

1. 保险公司的设立与变更

(1) 保险公司的设立。设立保险公司应当经国务院保险监督管理机构批准,国务院保险监督管理机构审查保险公司的设立申请时,应当考虑保险业的发展和公平竞争的需要。保险公司应当加入保险行业协会,保险行业协会是保险业的自律性组织,是社会团体法人。设立保险公司应当具备下列条件:①主要股东具有持续盈利能力,信誉良好,最近3年内无重大违法违规记录,净资产不低于人民币两亿元;②有符合法律和《中华人民共和国公司法》规定的章程;③有符合法律规定的注册资本;④有具备任职专业知识和业务工作经验的董事、监事和高级管理人员;⑤有健全的组织机构和管理制度;⑥有符合要求的营业场所和与经营业务有关的其他设施;⑦法律、行政法规和国务院保险监督管理机构规定的其他条件。设立保险公司,其注册资本的最低限额为人民币两亿元。国务院保险监督管理机构根据保险公司的业务范围、经营规模,可以调整其注册资本的最低限额,但不得低于法律规定的限额。保险公司的注册资本必须为实缴货币资本。

申请设立保险公司,应当向国务院保险监督管理机构提出书面申请,并提交下列材料:①设立申请书,申请书应当载明拟设立的保险公司的名称、注册资本、业务范围等;②可行性研究报告;③筹建方案;④投资人的营业执照或者其他背景资料,经会计师事务所审计的上一年度财务会计报告;⑤投资人认可的筹备组负责人和拟任董事长、经理名单及本人认可证明;⑥国务院保险监督管理机构规定的其他材料。国务院保险监督管理机构应当对设立保险公司的申请进行审查,自受理之日起6个月内作出批准或者不批准筹建的决定,并书面通知申请人,决定不批准的,应当书面说明理由。申请人应当自收到批准筹建通知之日起1年内完成筹建工作;筹建期间不得从事保险经营活动。筹建工作完成后,申请人具备法律规定的设立条件的,可以向国务院保险监督管理机构提出开业申请。国务院保险监督管理机构应当自受理开业申请之日起六十日内,作出批准或者不批准开业的决定。决定批准的,颁发经营保险业务许可证;决定不批准的,应当书面通知申请人并说明理由。

(2) 保险公司的变更。保险公司有下列情形之一的,应当经保险监督管理机构批准:①变更名称;②变更注册资本;③变更公司或者分支机构的营业场所;④撤销分支机构;⑤公司分立或者合并;⑥修改公司章程;⑦变更出资额占有限责任公司资本总额百分之五以上的股东,或者变更持有股份有限公司股份百分之五以上的股东;⑧国务院保险监督管理机构规定的其他情形。

2. 保险公司分支机构的设立

保险公司在中华人民共和国境内设立分支机构,应当经保险监督管理机构批准。保险公司分支机构不具有法人资格,其民事责任由保险公司承担。保险公司申请设立分支机构,应当向保险监督管理机构提出书面申请,并提交下列材料:

（1）设立申请书。

（2）拟设机构3年业务发展规划和市场分析材料。

（3）拟任高级管理人员的简历及相关证明材料。

（4）国务院保险监督管理机构规定的其他材料。

保险监督管理机构应当对保险公司设立分支机构的申请进行审查,自受理之日起六十日内作出批准或者不批准的决定。决定批准的,颁发分支机构经营保险业务许可证;决定不批准的,应当书面通知申请人并说明理由。经批准设立的保险公司及其分支机构,凭经营保险业务许可证向工商行政管理机关办理登记,领取营业执照。保险公司及其分支机构自取得经营保险业务许可证之日起6个月内,无正当理由未向工商行政管理机关办理登记的,其经营保险业务许可证失效。

保险公司在中华人民共和国境外设立子公司、分支机构,应当经国务院保险监督管理机构批准。外国保险机构在中华人民共和国境内设立代表机构,应当经国务院保险监督管理机构批准,代表机构不得从事保险经营活动。

3. 保险公司的高级管理人员

保险公司的董事、监事和高级管理人员,应当品行良好,熟悉与保险相关的法律、行政法规,具有履行职责所需的经营管理能力,并在任职前取得保险监督管理机构核准的任职资格。保险公司高级管理人员的范围由国务院保险监督管理机构规定。有《公司法》规定的情形或者下列情形之一的,不得担任保险公司的董事、监事、高级管理人员:

（1）因违法行为或者违纪行为被金融监督管理机构取消任职资格的金融机构的董事、监事、高级管理人员,自被取消任职资格之日起未逾5年的。

（2）因违法行为或者违纪行为被吊销执业资格的律师、注册会计师或者资产评估机构、验证机构等机构的专业人员,自被吊销执业资格之日起未逾5年的。保险公司的董事、监事、高级管理人员执行公司职务时违反法律、行政法规或者公司章程的规定,给公司造成损失的,应当承担赔偿责任。

保险公司应当聘用专业人员,建立精算报告制度和合规报告制度。保险公司应当按照保险监督管理机构的规定,报送有关报告、报表、文件和资料。保险公司的偿付能力报告、财务会计报告、精算报告、合规报告及其他有关报告、报表、文件和资料必须如实记录保险业务事项,不得有虚假记载、误导性陈述和重大遗漏。保险公司应当按照国务院保险监督管理机构的规定妥善保管业务经营活动的完整账簿、原始凭证和有关资料。账簿、原始凭证和有关资料的保管期限,自保险合同终止之日起计算,保险期间在1年以下的不得少于5年,保险期间超过1年的不得少于10年。保险公司聘请或者解聘会计师事务所、资产评估机构、资信评级机构等中介服务机构,应当向保险监督管理机构报告;解聘会计师事务所、资产评估机构、资信评级机构等中介服务机构,应当说明理由。

4. 保险公司的解散

保险公司因分立、合并需要解散,或者股东会、股东大会决议解散,或者公司章程规定的解散事由出现,经国务院保险监督管理机构批准后解散。经营有人寿保险业务的保险公司,除因分立、合并或者被依法撤销外,不得解散。保险公司解散,应当依法成立清算组进行清算。

保险公司有《破产法》规定情形的,经国务院保险监督管理机构同意,保险公司或者其债权人可以依法向人民法院申请重整、和解或者破产清算;国务院保险监督管理机构也可以依法向人民法院申请对该保险公司进行重整或者破产清算。破产财产在优先清偿破产费用和共益债务后,按照下列顺序清偿:

(1) 所欠职工工资和医疗、伤残补助、抚恤费用,所欠应当划入职工个人账户的基本养老保险、基本医疗保险费用,以及法律、行政法规规定应当支付给职工的补偿金。

(2) 赔偿或者给付保险金。

(3) 保险公司欠缴的除第(1)项规定以外的社会保险费用和所欠税款。

(4) 普通破产债权。破产财产不足以清偿同一顺序的清偿要求的,按照比例分配。破产保险公司的董事、监事和高级管理人员的工资,按照该公司职工的平均工资计算。

经营有人寿保险业务的保险公司被依法撤销或者被依法宣告破产的,其持有的人寿保险合同及责任准备金,必须转让给其他经营有人寿保险业务的保险公司;不能同其他保险公司达成转让协议的,由国务院保险监督管理机构指定经营有人寿保险业务的保险公司接受转让。转让或者由国务院保险监督管理机构指定接受转让法律规定的人寿保险合同及责任准备金的,应当维护被保险人、受益人的合法权益。保险公司依法终止其业务活动,应当注销其经营保险业务许可证。

11.3.2 保险经营规则

保险公司应当在国务院保险监督管理机构依法批准的业务范围内从事保险经营活动。保险公司的业务范围:

(1) 人身保险业务,包括人寿保险、健康保险、意外伤害保险等保险业务。

(2) 财产保险业务,包括财产损失保险、责任保险、信用保险、保证保险等保险业务。

(3) 国务院保险监督管理机构批准的与保险有关的其他业务。

保险人不得兼营人身保险业务和财产保险业务。但是,经营财产保险业务的保险公司经国务院保险监督管理机构批准,可以经营短期健康保险业务和意外伤害保险业务。

经国务院保险监督管理机构批准,保险公司可以经营下列再保险业务:①分出保险;②分入保险。保险公司应当按照其注册资本总额的百分之二十提取保证金,存入国务院保险监督管理机构指定的银行,除公司清算时用于清偿债务外,不得动用。保险公司应当根据保障被保险人利益、保证偿付能力的原则,提取各项责任准备金。保险公司提取和结转责任准备金的具体办法,由国务院保险监督管理机构制定。保险公司应当依法提取公积金。保险公司应当缴纳保险保障基金。

保险保障基金应当集中管理,并在下列情形下统筹使用:

(1) 在保险公司被撤销或者被宣告破产时,向投保人、被保险人或者受益人提供救济。

(2) 在保险公司被撤销或者被宣告破产时,向依法接受其人寿保险合同的保险公司提供救济。

(3) 国务院规定的其他情形。保险保障基金筹集、管理和使用的具体办法,由国务院制定。

保险公司应当具有与其业务规模和风险程度相适应的最低偿付能力。保险公司认可的资产减去认可的负债的差额不得低于国务院保险监督管理机构规定的数额；低于规定数额的，应当按照国务院保险监督管理机构的要求采取相应措施达到规定的数额。经营财产保险业务的保险公司当年自留保险费，不得超过其实有资本金加公积金总和的四倍。保险公司对每一危险单位，即对一次保险事故可能造成的最大损失范围所承担的责任，不得超过其实有资本金加公积金总和的百分之十；超过的部分应当办理再保险。保险公司对危险单位的划分应当符合国务院保险监督管理机构的规定。保险公司对危险单位的划分方法和巨灾风险安排方案，应当报国务院保险监督管理机构备案。保险公司应当按照国务院保险监督管理机构的规定办理再保险，并审慎选择再保险接受人。

保险公司的资金运用必须稳健，遵循安全性原则。保险公司的资金运用限于下列形式：①银行存款；②买卖债券、股票、证券投资基金份额等有价证券；③投资不动产；④国务院规定的其他资金运用形式。保险公司资金运用的具体管理办法，由国务院保险监督管理机构依照前两款的规定制定。经国务院保险监督管理机构会同国务院证券监督管理机构批准，保险公司可以设立保险资产管理公司。

保险资产管理公司从事证券投资活动，应当遵守《证券法》等法律、行政法规的规定。保险资产管理公司的管理办法，由国务院保险监督管理机构会同国务院有关部门制定。保险公司应当按照国务院保险监督管理机构的规定，建立对关联交易的管理和信息披露制度。保险公司的控股股东、实际控制人、董事、监事、高级管理人员不得利用关联交易损害公司的利益。保险公司应当按照国务院保险监督管理机构的规定，真实、准确、完整地披露财务会计报告、风险管理状况、保险产品经营情况等重大事项。

保险公司从事保险销售的人员应当品行良好，具有保险销售所需的专业能力。保险销售人员的行为规范和管理办法，由国务院保险监督管理机构规定。保险公司应当建立保险代理人登记管理制度，加强对保险代理人的培训和管理，不得唆使、诱导保险代理人进行违背诚信义务的活动。保险公司及其分支机构应当依法使用经营保险业务许可证，不得转让、出租、出借经营保险业务许可证。

保险公司应当按照国务院保险监督管理机构的规定，公平、合理拟订保险条款和保险费率，不得损害投保人、被保险人和受益人的合法权益。保险公司应当按照合同约定和法律规定，及时履行赔偿或者给付保险金义务。保险公司开展业务，应当遵循公平竞争的原则，不得从事不正当竞争。保险公司及其工作人员在保险业务活动中不得有下列行为：

（1）欺骗投保人、被保险人或者受益人。

（2）对投保人隐瞒与保险合同有关的重要情况。

（3）阻碍投保人履行法律规定的如实告知义务，或者诱导其不履行法律规定的如实告知义务。

（4）给予或者承诺给予投保人、被保险人、受益人保险合同约定以外的保险费回扣或者其他利益。

（5）拒不依法履行保险合同约定的赔偿或者给付保险金义务。

（6）故意编造未曾发生的保险事故、虚构保险合同或者故意夸大已经发生的保险事故的损失程度进行虚假理赔,骗取保险金或者牟取其他不正当利益。

(7) 挪用、截留、侵占保险费。

(8) 委托未取得合法资格的机构从事保险销售活动。

(9) 利用开展保险业务为其他机构或者个人牟取不正当利益。

(10) 利用保险代理人、保险经纪人或者保险评估机构,从事以虚构保险中介业务或者编造退保等方式套取费用等违法活动。

(11) 以捏造、散布虚假事实等方式损害竞争对手的商业信誉,或者以其他不正当竞争行为扰乱保险市场秩序。

(12) 泄露在业务活动中知悉的投保人、被保险人的商业秘密。

(13) 违反法律、行政法规和国务院保险监督管理机构规定的其他行为。

11.4 保险代理人和保险经纪人

保险代理人是根据保险人的委托,向保险人收取佣金,并在保险人授权的范围内代为办理保险业务的机构或者个人。保险代理机构包括专门从事保险代理业务的保险专业代理机构和兼营保险代理业务的保险兼业代理机构。保险经纪人是基于投保人的利益,为投保人与保险人订立保险合同提供中介服务,并依法收取佣金的机构。保险代理人、保险经纪人可以加入保险行业协会。

保险代理机构、保险经纪人应当具备国务院保险监督管理机构规定的条件,取得保险监督管理机构颁发的经营保险代理业务许可证、保险经纪业务许可证。以公司形式设立保险专业代理机构、保险经纪人,其注册资本最低限额适用《公司法》的规定。国务院保险监督管理机构根据保险专业代理机构、保险经纪人的业务范围和经营规模,可以调整其注册资本的最低限额,但不得低于《公司法》规定的限额。保险专业代理机构、保险经纪人的注册资本或者出资额必须为实缴货币资本。保险专业代理机构、保险经纪人的高级管理人员,应当品行良好,熟悉保险法律、行政法规,具有履行职责所需的经营管理能力,并在任职前取得保险监督管理机构核准的任职资格。

个人保险代理人、保险代理机构的代理从业人员、保险经纪人的经纪从业人员,应当品行良好,具有从事保险代理业务或者保险经纪业务所需的专业能力。保险代理机构、保险经纪人应当有自己的经营场所,设立专门账簿记载保险代理业务、经纪业务的收支情况。保险代理机构、保险经纪人应当按照国务院保险监督管理机构的规定缴存保证金或者投保职业责任保险。个人保险代理人在代为办理人寿保险业务时,不得同时接受两个以上保险人的委托。

保险人委托保险代理人代为办理保险业务,应当与保险代理人签订委托代理协议,依法约定双方的权利和义务。保险代理人根据保险人的授权代为办理保险业务的行为,由保险人承担责任。保险代理人没有代理权、超越代理权或者代理权终止后以保险人名义订立合同,使投保人有理由相信其有代理权的,该代理行为有效。保险人可以依法追究越权的保险代理人的责任。保险经纪人因过错给投保人、被保险人造成损失的,依法承担赔偿责任。保险活动当事人可以委托保险公估机构等依法设立的独立评估机构或者具有相关专业知识的人员,对保险事故进行评估和鉴定。接受委托对保险事故进行评估和鉴定的机构和人员,应当依法、独立、客观、公正地进行评估和鉴定,任何单位和个人不得干涉。独立评估机构和相关人员,因故意或者过失给保险人或者被保险人造成损失的,依法承担赔偿责任。

保险佣金只限于向保险代理人、保险经纪人支付,不得向其他人支付。保险代理人、保险经纪人及其从业人员在办理保险业务活动中不得有下列行为:

(1) 欺骗保险人、投保人、被保险人或者受益人。

(2) 隐瞒与保险合同有关的重要情况。

(3) 阻碍投保人履行法律规定的如实告知义务,或者诱导其不履行法律规定的如实告知义务。

(4) 给予或者承诺给予投保人、被保险人或者受益人保险合同约定以外的利益。

(5) 利用行政权力、职务或者职业便利以及其他不正当手段强迫、引诱或者限制投保人订立保险合同。

(6) 伪造、擅自变更保险合同,或者为保险合同当事人提供虚假证明材料。

(7) 挪用、截留、侵占保险费或者保险金。

(8) 利用业务便利为其他机构或者个人牟取不正当利益。

(9) 串通投保人、被保险人或者受益人,骗取保险金。

(10) 泄露在业务活动中知悉的保险人、投保人、被保险人的商业秘密。

11.5 保险业监督管理

11.5.1 对保险公司的监管与整顿

保险监督管理机构依照法律和国务院规定的职责,遵循依法、公开、公正的原则,对保险业实施监督管理,维护保险市场秩序,保护投保人、被保险人和受益人的合法权益。国务院保险监督管理机构依照法律、行政法规制定并发布有关保险业监督管理的规章。关系社会公众利益的保险险种、依法实行强制保险的险种和新开发的人寿保险险种等的保险条款和保险费率,应当报国务院保险监督管理机构批准。国务院保险监督管理机构审批时,应当遵循保护社会公众利益和防止不正当竞争的原则。其他保险险种的保险条款和保险费率,应当报保险监督管理机构备案。保险条款和保险费率审批、备案的具体办法,由国务院保险监督管理机构依照法律规定制定。保险公司使用的保险条款和保险费率违反法律、行政法规或者国务院保险监督管理机构的有关规定的,由保险监督管理机构责令停止使用,限期修改;情节严重的,可以在一定期限内禁止申报新的保险条款和保险费率。国务院保险监督管理机构应当建立健全保险公司偿付能力监管体系,对保险公司的偿付能力实施监控。

对偿付能力不足的保险公司,国务院保险监督管理机构应当将其列为重点监管对象,并可以根据具体情况采取下列措施:

(1) 责令增加资本金、办理再保险。

(2) 限制业务范围。

(3)限制向股东分红。

(4)限制固定资产购置或者经营费用规模。

(5)限制资金运用的形式、比例。

(6)限制增设分支机构。

(7)责令拍卖不良资产、转让保险业务。

(8)限制董事、监事、高级管理人员的薪酬水平。

(9)限制商业性广告。

(10)责令停止接受新业务。

保险公司未依照法律规定提取或者结转各项责任准备金,或者未依照法律规定办理再保险,或者严重违反法律关于资金运用的规定的,由保险监督管理机构责令限期改正,并可以责令调整负责人及有关管理人员。

保险监督管理机构依照法律规定作出限期改正的决定后,保险公司逾期未改正的,国务院保险监督管理机构可以决定选派保险专业人员和指定该保险公司的有关人员组成整顿组,对公司进行整顿。整顿决定应当载明被整顿公司的名称、整顿理由、整顿组成员和整顿期限,并予以公告。整顿组有权监督被整顿保险公司的日常业务。被整顿公司的负责人及有关管理人员应当在整顿组的监督下行使职权。整顿过程中,被整顿保险公司的原有业务继续进行。但是,国务院保险监督管理机构可以责令被整顿公司停止部分原有业务、停止接受新业务,调整资金运用。被整顿保险公司经整顿已纠正其违反法律规定的行为,恢复正常经营状况的,由整顿组提出报告,经国务院保险监督管理机构批准,结束整顿,并由国务院保险监督管理机构予以公告。

11.5.2 对保险公司的接管

保险公司有下列情形之一的,国务院保险监督管理机构可以对其实行接管:①公司的偿付能力严重不足的;②违反法律规定,损害社会公共利益,可能严重危及或者已经严重危及公司的偿付能力的。被接管的保险公司的债权债务关系不因接管而变化。接管组的组成和接管的实施办法,由国务院保险监督管理机构决定,并予以公告。接管期限届满,国务院保险监督管理机构可以决定延长接管期限,但接管期限最长不得超过2年。接管期限届满,被接管的保险公司已恢复正常经营能力的,由国务院保险监督管理机构决定终止接管,并予以公告。被整顿、被接管的保险公司有《破产法》第二条规定情形的,即企业法人不能清偿到期债务,并且资产不足以清偿全部债务或者明显缺乏清偿能力的,或者有明显丧失清偿能力可能的,国务院保险监督管理机构可以依法向人民法院申请对该保险公司进行重整或者破产清算。保险公司因违法经营被依法吊销经营保险业务许可证的,或者偿付能力低于国务院保险监督管理机构规定标准,不予撤销将严重危害保险市场秩序、损害公共利益的,由国务院保险监督管理机构予以撤销并公告,依法及时组织清算组进行清算。国务院保险监督管理机构有权要求保险公司股东、实际控制人在指定的期限内提供有关信息和资料。保险公司的股东利用关联交易严重损害公司利益,危及公司偿付能力的,由国务院保险监督管理机构责令改正。在按照要求改正前,国务院保险监督管理机构可以限制其股东权利;拒不改正的,可以责令其转让所持的保险公司股权。

11.5.3 保险监督管理机构的措施

保险监督管理机构根据履行监督管理职责的需要,可以与保险公司董事、监事和高级管理人员进行监督管理谈话,要求其就公司的业务活动和风险管理的重大事项作出说明。保险公司在整顿、接管、撤销清算期间,或者出现重大风险时,国务院保险监督管理机构可以对该公司直接负责的董事、监事、高级管理人员和其他直接责任人员采取以下措施:①通知出境管理机关依法阻止其出境;②申请司法机关禁止其转移、转让或者以其他方式处分财产,或者在财产上设定其他权利。

保险监督管理机构依法履行职责,可以采取下列措施:

(1) 对保险公司、保险代理人、保险经纪人、保险资产管理公司、外国保险机构的代表机构进行现场检查。

(2) 进入涉嫌违法行为发生场所调查取证。

(3) 询问当事人及与被调查事件有关的单位和个人,要求其对与被调查事件有关的事项作出说明。

(4) 查阅、复制与被调查事件有关的财产权登记等资料。

(5) 查阅、复制保险公司、保险代理人、保险经纪人、保险资产管理公司、外国保险机构的代表机构以及与被调查事件有关的单位和个人的财务会计资料及其他相关文件和资料;对可能被转移、隐匿或者毁损的文件和资料予以封存。

(6) 查询涉嫌违法经营的保险公司、保险代理人、保险经纪人、保险资产管理公司、外国保险机构的代表机构以及与涉嫌违法事项有关的单位和个人的银行账户。

(7) 对有证据证明已经或者可能转移、隐匿违法资金等涉案财产或者隐匿、伪造、毁损重要证据的,经保险监督管理机构主要负责人批准,申请人民法院予以冻结或者查封。保险监督管理机构采取上述第(1)项、第(2)项、第(5)项措施的,应当经保险监督管理机构负责人批准;采取第(6)项措施的,应当经国务院保险监督管理机构负责人批准。

保险监督管理机构依法进行监督检查或者调查,其监督检查、调查的人员不得少于两人,并应当出示合法证件和监督检查、调查通知书;监督检查、调查的人员少于两人或者未出示合法证件和监督检查、调查通知书的,被检查、调查的单位和个人有权拒绝。保险监督管理机构依法履行职责,被检查、调查的单位和个人应当配合。保险监督管理机构工作人员应当忠于职守、依法办事、公正廉洁,不得利用职务便利牟取不正当利益,不得泄露所知悉的有关单位和个人的商业秘密。国务院保险监督管理机构应当与中国人民银行、国务院其他金融监督管理机构建立监督管理信息共享机制。保险监督管理机构依法履行职责,进行监督检查、调查时,有关部门应当予以配合。

11.6 法 律 责 任

违反《保险法》规定,擅自设立保险公司、保险资产管理公司或者非法经营商业保险业务的,由保险监督管理机构予以取缔,没收违法所得,并处违法所得一倍以上五倍以下的罚款;

没有违法所得或者违法所得不足二十万元的,处二十万元以上一百万元以下的罚款。违反法律规定,擅自设立保险专业代理机构、保险经纪人,或者未取得经营保险代理业务许可证、保险经纪业务许可证从事保险代理业务、保险经纪业务的,由保险监督管理机构予以取缔,没收违法所得,并处违法所得一倍以上五倍以下的罚款;没有违法所得或者违法所得不足五万元的,处五万元以上三十万元以下的罚款。

保险公司违反《保险法》规定,超出批准的业务范围经营的,由保险监督管理机构责令限期改正,没收违法所得,并处违法所得一倍以上五倍以下的罚款;没有违法所得或者违法所得不足十万元的,处十万元以上五十万元以下的罚款。逾期不改正或者造成严重后果的,责令停业整顿或者吊销业务许可证。

保险公司有下列行为之一的,由保险监督管理机构责令改正,处五万元以上三十万元以下的罚款;情节严重的,限制其业务范围、责令停止接受新业务或者吊销业务许可证。

(1) 欺骗投保人、被保险人或者受益人。

(2) 对投保人隐瞒与保险合同有关的重要情况。

(3) 阻碍投保人履行保险法规定的如实告知义务,或者诱导其不履行保险法规定的如实告知义务。

(4) 给予或者承诺给予投保人、被保险人、受益人保险合同约定以外的保险费回扣或者其他利益。

(5) 拒不依法履行保险合同约定的赔偿或者给付保险金义务。

(6) 故意编造未曾发生的保险事故、虚构保险合同或者故意夸大已经发生的保险事故的损失程度进行虚假理赔,骗取保险金或者牟取其他不正当利益。

(7) 挪用、截留、侵占保险费。

(8) 委托未取得合法资格的机构或者个人从事保险销售活动。

(9) 利用开展保险业务为其他机构或者个人牟取不正当利益。

(10) 利用保险代理人、保险经纪人或者保险评估机构,从事以虚构保险中介业务或者编造退保等方式套取费用等违法活动。

(11) 以捏造、散布虚假事实等方式损害竞争对手的商业信誉,或者以其他不正当竞争行为扰乱保险市场秩序。

(12) 泄露在业务活动中知悉的投保人、被保险人的商业秘密。

(13) 违反法律、行政法规和国务院保险监督管理机构规定的其他行为。

投保人、被保险人或者受益人有下列行为之一,进行保险诈骗活动,尚不构成犯罪的,依法给予行政处罚:

(1) 投保人故意虚构保险标的,骗取保险金的。

(2) 编造未曾发生的保险事故,或者编造虚假的事故原因或者夸大损失程度,骗取保险金的。

(3) 故意造成保险事故,骗取保险金的。保险事故的鉴定人、评估人、证明人故意提供虚假的证明文件,为投保人、被保险人或者受益人进行保险诈骗提供条件的,依照法律规定给予处罚。违反法律规定,给他人造成损害的,依法承担民事责任。

违反法律规定,构成犯罪的,依法追究刑事责任。

1. 保险合同成立与生效的条件有哪些?
2. 保险合同的内容有哪些?
3. 保险经营规则有哪些?
4. 设立保险公司应当具备的条件有哪些?
5. 人身保险合同与财产保险合同的异同有哪些?

第 12 章　消费者权益保护法

消费者　权益　经营者　消费者协会　双倍赔偿　安全权　知情权

12.1　消费者权益保护法概述

消费者一般是指为个人生活消费目的购买、使用商品或者接受服务的社会成员。我国于1993年10月31日通过《中华人民共和国消费者权益保护法》（以下简称《消费者权益保护法》），自1994年1月1日起施行。2009年8月27日第十一届全国人民代表大会常务委员会第十次会议予以第一次修正，2013年10月25日第十二届全国人大常委会第五次会议对《中华人民共和国消费者权益保护法》予以第二次修正，于2014年3月15日起正式施行。消费者为生活消费需要购买、使用商品或者接受服务，其权益受消费者权益保护法及相关法律的保护。农民购买、使用直接用于农业生产的生产资料，参照消费者权益保护法执行。经营者应当遵守消费者权益保护法及其他有关法律、法规。

经营者与消费者进行交易，应当遵循自愿、平等、公平、诚实信用的原则。国家保护消费者的合法权益不受侵害。国家采取措施，保障消费者依法行使权利，维护消费者的合法权益。国家倡导文明、健康、节约资源和保护环境的消费方式，反对浪费。保护消费者的合法权益是全社会的共同责任。国家鼓励、支持一切组织和个人对损害消费者合法权益的行为进行社会监督。大众传播媒介应当做好维护消费者合法权益的宣传，对损害消费者合法权益的行为进行舆论监督。

12.2　消费者的权利与经营者的义务

12.2.1　消费者的权利

1. 安全权

消费者在购买、使用商品和接受服务时，享有人身、财产安全不受损害的权利。消费者有权要求经营者提供的商品和服务，符合保障人身、财产安全的要求。安全权包括两方面内容：

一是人身安全权,二是财产安全权。人身安全权在这里是指生命健康权不受损害,即享有保持身体各器官及其机能的完整以及生命不受危害的权利。财产安全权是指消费者购买、使用的商品或接受的服务本身的安全,并包括除购买、使用的商品或接受服务之外的其他财产的安全。为了能使这一权利得到实现,消费者有权要求经营者提供的商品或服务符合保障人身、财产安全的要求。有国家标准、行业标准的,消费者有权要求商品和服务符合该国家标准、行业标准。对于没有国家标准、行业标准的,必须符合社会普遍公认的安全、卫生要求。

2. 知情权

消费者享有知悉其购买、使用的商品或者接受服务的真实情况的权利。消费者有权根据商品或者服务的不同情况,要求经营者提供商品的价格、产地、生产者、用途、性能、规格、等级、主要成分、生产日期、有效期限、检验合格证明、使用方法说明书、售后服务,或者服务的内容、规格、费用等有关情况。采用网络、电视、电话、邮购等方式提供商品或者服务的经营者,以及提供证券、保险、银行等金融服务的经营者,应当向消费者提供经营地址、联系方式、商品或者服务的数量和质量、价款或者费用、履行期限和方式、安全注意事项和风险警示、售后服务、民事责任等信息。为加强对消费者知情权的保护,《广告法》明确规定广告应当真实、合法,以健康的表现形式表达广告内容,符合社会主义精神文明建设和弘扬中华民族优秀传统文化的要求。广告不得含有虚假或者引人误解的内容,不得欺骗、误导消费者。广告主应当对广告内容的真实性负责。广告使用数据、统计资料、调查结果、文摘、引用语等引证内容的,应当真实、准确,并表明出处。引证内容有适用范围和有效期限的,应当明确表示。广告中涉及专利产品或者专利方法的,应当标明专利号和专利种类。未取得专利权的,不得在广告中谎称取得专利权。禁止使用未授予专利权的专利申请和已经终止、撤销、无效的专利作广告。广告应当具有可识别性,能够使消费者辨明其为广告。大众传播媒介不得以新闻报道形式变相发布广告。通过大众传播媒介发布的广告应当显著标明"广告",与其他非广告信息相区别,不得使消费者产生误解。

3. 自主选择权

消费者享有自主选择商品或者服务的权利。消费者有权自主选择提供商品或者服务的经营者,自主选择商品品种或者服务方式,自主决定购买或者不购买任何一种商品、接受或者不接受任何一项服务。消费者在自主选择商品或者服务时,有权进行比较、鉴别和挑选。

4. 公平交易权

消费者享有公平交易的权利。消费者在购买商品或者接受服务时,有权获得质量保障、价格合理、计量正确等公平交易条件,有权拒绝经营者的强制交易行为。

5. 求偿权

消费者因购买、使用商品或者接受服务受到人身、财产损害的,享有依法获得赔偿的权利。经营者提供商品或者服务,造成消费者或者其他受害人人身伤害的,应当支付医疗费、治疗期间的护理费、因误工减少的收入等费用,造成残疾的,还应当支付残疾者生活自助具费、生活补助费、残疾赔偿金以及由其扶养的人所必需的生活费等费用;经营者提供商品或者服务,造成消费者或者其他受害人死亡的,应当支付丧葬费、死亡赔偿金以及由死者生前扶养的人所必需的生活费等费用;经营者违反法律规定,侵害消费者的人格尊严或者侵犯消费者人身自由的,应当停止侵害、恢复名誉、消除影响、赔礼道歉,并赔偿损失。经营者提供商品或者服务,造成消费者财产损害的,应当按照消费者的要求,以修理、重作、更换、退货、补足商品数量、退还货款和服务费用或者赔偿损失等方式承担民事责任。

6. 结社权

消费者享有依法成立维护自身合法权益的社会团体的权利,它是宪法规定的结社权在消费领域的具体体现。虽然我国有很多政府机关在各自的职责范围内从不同的方面履行保护消费者权益的职责,但是消费者依法成立维护自身合法权益的社团组织仍有不可替代的重要作用。在我国,目前消费者社会团体主要是中国消费者协会和地方各级消费者协会。消费者依法成立的各级消费者协会,使消费者通过有组织的活动,在维护自身合法权益方面正发挥着越来越大的作用。

7. 受教育权

消费者享有获得有关消费和消费者权益保护方面的知识的权利。消费者应当努力掌握所需商品或者服务的知识和使用技能,正确使用商品,提高自我保护意识。消费者获得有关消费和消费者权益保护方面的知识,有利于提高消费者的自我保护能力,而且也是实现消费者其他权利的重要条件,特别是获得消费者权益保护方面的知识,可以使消费者在合法权益受到侵害时,有效地寻求解决消费纠纷的途径,及时获得赔偿。

8. 人格尊严权与民族风俗习惯获得尊重权

消费者在购买、使用商品和接受服务时,享有其人格尊严、民族风俗习惯得到尊重的权利。在市场交易过程中,消费者的人格尊严受到尊重,是消费者应享有的最起码的权利。其权利包括消费者的姓名权、名誉权、荣誉权、肖像权等。民族风俗习惯受尊重的权利,关系到各民族平等、民族团结,对民族风俗习惯应当给予充分的理解和尊重。

9. 享有个人信息依法得到保护的权利

经营者收集、使用消费者个人信息,应当遵循合法、正当、必要的原则,明示收集、使用信息的目的、方式和范围,并经消费者同意。经营者收集、使用消费者个人信息,应当公开其收集、使用规则,不得违反法律、法规的规定和双方的约定收集、使用信息。经营者及其工作人员对收集的消费者个人信息必须严格保密,不得泄露、出售或者非法向他人提供。经营者应当采取技术措施和其他必要措施,确保信息安全,防止消费者个人信息泄露、丢失。在发生或者可能发生信息泄露、丢失的情况时,应当立即采取补救措施。经营者未经消费者同意或者请求,或者消费者明确表示拒绝的,不得向其发送商业性信息。

为了加强对公民个人信息的保护,保护公民、法人和其他组织的合法权益,全国人民代表大会常务委员会第二十四次会议于2016年11月7日通过了《中华人民共和国网络安全法》,自2017年6月1日起施行。《中华人民共和国网络安全法》规定网络运营者应当对其收集的用户信息严格保密,并建立健全用户信息保护制度。网络运营者收集、使用个人信息,应当遵循合法、正当、必要的原则,公开收集、使用规则,明示收集、使用信息的目的、方式和范围,并经被收集者同意。

10. 监督权

消费者享有对商品和服务以及保护消费者权益工作进行监督的权利。消费者有权检举、控告侵害消费者权益的行为和国家机关及其工作人员在保护消费者权益工作中的违法失职行为,有权对保护消费者权益工作提出批评、建议。

11. 网购7日无理由退货权

经营者采用网络、电视、电话、邮购等方式销售商品,消费者有权自收到商品之日起七日内退货,且无需说明理由,但下列商品除外:①消费者定作的;②鲜活易腐的;③在线下载或者消费者拆封的音像制品、计算机软件等数字化商品;④交付的报纸、期刊。除前述所列商品外,其他根据商品性质并经消费者在购买时确认不宜退货的商品,不适用无理由退货。消费者退货的商品应当完好。经营者应当自收到退回商品之日起七日内返还消费者支付的商品价款。退回商品的运费由消费者承担;经营者和消费者另有约定的,按照约定。

12.2.2 经营者的义务

经营者向消费者提供商品或者服务,应当依照消费者权益保护法和其他有关法律、法规的规定履行义务。经营者和消费者有约定的,应当按照约定履行义务,但双方的约定不得违背法律、法规的规定。经营者向消费者提供商品或者服务,应当恪守社会公德,诚信经营,保障消费者的合法权益;不得设定不公平、不合理的交易条件,不得强制交易。经营者应当听取消费者对其提供的商品或者服务的意见,接受消费者的监督。经营者应当保证其提供的商品或者服务符合保障人身、财产安全的要求。对可能危及人身、财产安全的商品和服务,应当向消费者作出真实的说明和明确的警示,并说明和标明正确使用商品或者接受服务的方法以及防止危害发生的方法。

宾馆、商场、餐馆、银行、机场、车站、港口、影剧院等经营场所的经营者,应当对消费者尽到安全保障义务。

经营者发现其提供的商品或者服务存在缺陷,有危及人身、财产安全危险的,应当立即向有关行政部门报告和告知消费者,并采取停止销售、警示、召回、无害化处理、销毁、停止生产或者服务等措施。采取召回措施的,经营者应当承担消费者因商品被召回支出的必要费用。经营者向消费者提供有关商品或者服务的质量、性能、用途、有效期限等信息,应当真实、全面,不得作虚假或者引人误解的宣传。经营者对消费者就其提供的商品或者服务的质量和使用方法等问题提出的询问,应当作出真实、明确的答复。经营者提供商品或者服务应当明码标价。经营者应当标明其真实名称和标记。租赁他人柜台或者场地的经营者,应当标明其真实名称和标记。

经营者提供商品或者服务,应当按照国家有关规定或者商业惯例向消费者出具发票等购货凭证或者服务单据;消费者索要发票等购货凭证或者服务单据的,经营者必须出具。

经营者应当保证在正常使用商品或者接受服务的情况下其提供的商品或者服务应当具有的质量、性能、用途和有效期限;但消费者在购买该商品或者接受该服务前已经知道其存在瑕疵,且存在该瑕疵不违反法律强制性规定的除外。经营者以广告、产品说明、实物样品或者其他方式表明商品或者服务的质量状况的,应当保证其提供的商品或者服务的实际质量与表明的质量状况相符。经营者提供的机动车、计算机、电视机、电冰箱、空调器、洗衣机等耐用商品或者装饰装修等服务,消费者自接受商品或者服务之日起6个月内发现瑕疵,发生争议的,由经营者承担有关瑕疵的举证责任。经营者提供的商品或者服务不符合质量要求的,消费者可以依照国家规定、当事人约定退货,或者要求经营者履行更换、修理等义务。没有国家规定和当事人约定的,消费者可以自收到商品之日起七日内退货;七日后符合法定解除合同条件的,消费者可以及时退货,不符合法定解除合同条件的,可以要求经营者履行更换、修理等义务。依照前述规定进行退货、更换、修理的,经营者应当承担运输等必要费用。

经营者在经营活动中使用格式条款的,应当以显著方式提请消费者注意商品或者服务的数量和质量、价款或者费用、履行期限和方式、安全注意事项和风险警示、售后服务、民事责任等与消费者有重大利害关系的内容,并按照消费者的要求予以说明。经营者不得以格式条款、通知、声明、店堂告示等方式,作出排除或者限制消费者权利、减轻或者免除经营者责任、加重消费者责任等对消费者不公平、不合理的规定,不得利用格式条款并借助技术手段强制交易。格式合同、通知、声明、店堂告示等含有前述所列内容的,其内容无效。经营者不得对消费者进行侮辱、诽谤,不得搜查消费者的身体及其携带的物品,不得侵犯消费者的人身自由。

12.3 国家对消费者合法权益的保护

国家制定有关消费者权益的法律、法规、规章和强制性标准,应当听取消费者和消费者协会等组织的意见。各级人民政府应当加强领导,组织、协调、督促有关行政部门做好保护消费者合法权益的工作,落实保护消费者合法权益的职责。各级人民政府应当加强监督,预防危害消费者人身、财产安全行为的发生,及时制止危害消费者人身、财产安全的行为。各级人民政府工商行政管理部门和其他有关行政部门应当依照法律、法规的规定,在各自的职责范围内,采取措施,保护消费者的合法权益。

有关行政部门应当听取消费者和消费者协会等组织对经营者交易行为、商品和服务质量问题的意见,及时调查处理。有关行政部门在各自的职责范围内,应当定期或者不定期对经营者提供的商品和服务进行抽查检验,并及时向社会公布抽查检验结果。有关行政部门发现并认定经营者提供的商品或者服务存在缺陷,有危及人身、财产安全危险的,应当立即责令经营者采取停止销售、警示、召回、无害化处理、销毁、停止生产或者服务等措施。有关国家机关应当依照法律、法规的规定,惩处经营者在提供商品和服务中侵害消费者合法权益的违法犯罪行为。人民法院应当采取措施,方便消费者提起诉讼。对符合《中华人民共和国民事诉讼法》起诉条件的消费者权益争议,必须受理,及时审理。

12.4 消 费 者 组 织

消费者协会和其他消费者组织是依法成立的对商品和服务进行社会监督的保护消费者合法权益的社会组织。消费者协会履行下列公益性职责:

(1) 向消费者提供消费信息和咨询服务,提高消费者维护自身合法权益的能力,引导文

明、健康、节约资源和保护环境的消费方式；

（2）参与制定有关消费者权益的法律、法规、规章和强制性标准；

（3）参与有关行政部门对商品和服务的监督、检查；

（4）就有关消费者合法权益的问题，向有关部门反映、查询，提出建议；

（5）受理消费者的投诉，并对投诉事项进行调查、调解；

（6）投诉事项涉及商品和服务质量问题的，可以委托具备资格的鉴定人鉴定，鉴定人应当告知鉴定意见；

（7）就损害消费者合法权益的行为，支持受损害的消费者提起诉讼或者依法提起诉讼；《最高人民法院关于审理消费民事公益诉讼案件适用法律若干问题的解释》中对消费民事公益诉讼作出了具体规定。经营者提供的商品或者服务具有下列情形之一的，中国消费者协会以及在省、自治区、直辖市设立的消费者协会，可以向人民法院提起诉讼：①提供的商品或者服务存在缺陷，侵害众多不特定消费者合法权益的；②提供的商品或者服务可能危及消费者人身、财产安全，未作出真实的说明和明确的警示，未标明正确使用商品或者接受服务的方法以及防止危害发生方法的；对提供的商品或者服务质量、性能、用途、有效期限等信息作虚假或引人误解宣传的；③宾馆、商场、餐馆、银行、机场、车站、港口、影剧院、景区、娱乐场所等经营场所存在危及消费者人身、财产安全危险的；④以格式条款、通知、声明、店堂告示等方式，作出排除或者限制消费者权利、减轻或者免除经营者责任、加重消费者责任等对消费者不公平、不合理规定的；⑤其他侵害众多不特定消费者合法权益或者具有危及消费者人身、财产安全危险等损害社会公共利益的行为。

（8）对损害消费者合法权益的行为，通过大众传播媒介予以揭露、批评。各级人民政府对消费者协会履行职责应当予以必要的经费等支持。消费者协会应当认真履行保护消费者合法权益的职责，听取消费者的意见和建议，接受社会监督。依法成立的其他消费者组织依照法律、法规及其章程的规定，开展保护消费者合法权益的活动。消费者组织不得从事商品经营和营利性服务，不得以收取费用或者其他牟取利益的方式向消费者推荐商品和服务。

12.5　争议的解决与法律责任

12.5.1　争议的解决

消费者和经营者发生消费者权益争议的，可以通过下列途径解决：①与经营者协商和解；②请求消费者协会调解；③向有关行政部门申诉；④根据与经营者达成的仲裁协议提请仲裁机构仲裁；⑤向人民法院提起诉讼。

消费者在购买、使用商品时，其合法权益受到损害的，可以向销售者要求赔偿。销售者赔偿后，属于生产者的责任或者属于向销售者提供商品的其他销售者的责任的，销售者有权向生产者或者其他销售者追偿。消费者或者其他受害人因商品缺陷造成人身、财产损害的，可以向销售者要求赔偿，也可以向生产者要求赔偿。属于生产者责任的，销售者赔偿后，有权向生产者追偿。属于销售者责任的，生产者赔偿后，有权向销售者追偿。消费者在接受服务时，其合法权益受到损害的,可以向服务者要求赔偿。消费者在购买、使用商品或者接受服务时,其合法权益受到损害,因原企业分立、合并的,可以向变更后承受其权利和义务的企业要求赔偿。

使用他人营业执照的违法经营者提供商品或者服务,损害消费者合法权益的,消费者可以向其要求赔偿,也可以向营业执照的持有人要求赔偿。消费者在展销会、租赁柜台购买商品或者接受服务,其合法权益受到损害的,可以向销售者或者服务者要求赔偿。展销会结束或者柜台租赁期满后,也可以向展销会的举办者、柜台的出租者要求赔偿。展销会的举办者、柜台的出租者赔偿后,有权向销售者或者服务者追偿。

消费者因经营者利用虚假广告提供商品或者服务,其合法权益受到损害的,可以向经营者要求赔偿。广告的经营者发布虚假广告的,消费者可以请求行政主管部门予以惩处。广告的经营者不得提供经营者的真实名称、地址的,应当承担赔偿责任。

12.5.2 法律责任

1. 民事责任

经营者提供商品或者服务有下列情形之一的,除《消费者权益保护法》另有规定外,应当依照《中华人民共和国产品质量法》和其他有关法律、法规的规定,承担民事责任:

(1) 商品存在缺陷的。
(2) 不具备商品应当具备的使用性能而出售时未作说明的。
(3) 不符合在商品或者其包装上注明采用的商品标准的。
(4) 不符合商品说明、实物样品等方式表明的质量状况的。
(5) 生产国家明令淘汰的商品或者销售失效、变质的商品的。
(6) 销售的商品数量不足的。
(7) 服务的内容和费用违反约定的。
(8) 对消费者提出的修理、重作、更换、退货、补足商品数量、退还货款和服务费用或者赔偿损失的要求,故意拖延或者无理拒绝的。
(9) 法律、法规规定的其他损害消费者权益的情形。

经营者以邮购方式提供商品的,应当按照约定提供。未按照约定提供的,应当按照消费者的要求履行约定或者退回货款;并应当承担消费者必须支付的合理费用。经营者以预收款方式提供商品或者服务的,应当按照约定提供。未按照约定提供的,应当按照消费者的要求履行约定或者退回预付款;并应当承担预付款的利息、消费者必须支付的合理费用。依法经有关行政部门认定为不合格的商品,消费者要求退货的,经营者应当负责退货。经营者提供商品或者服务有欺诈行为的,应当按照消费者的要求增加赔偿其受到的损失,增加赔偿的金额为消费者购买商品的价款或者接受服务的费用的一倍。

违反《广告法》的规定,发布虚假广告,欺骗、误导消费者,使购买商品或者接受服务的消费者的合法权益受到损害的,由广告主依法承担民事责任。广告经营者、广告发布者不能提供广告主的真实名称、地址和有效联系方式的,消费者可以要求广告经营者、广告发布者先行赔偿。关系消费者生命健康的商品或者服务的虚假广告,造成消费者损害的,其广告经营者、广告发布者、广告代言人应当与广告主承担连带责任。

2. 行政责任

经营者有下列情形之一，《中华人民共和国产品质量法》和其他有关法律、法规对处罚机关和处罚方式有规定的，依照法律、法规的规定执行；法律、法规未作规定的，由工商行政管理部门责令改正，可以根据情节单处或者并处警告、没收违法所得、处以违法所得一倍以上五倍以下的罚款，没有违法所得的处以一万元以下的罚款；情节严重的，责令停业整顿、吊销营业执照：

（1）生产、销售的商品不符合保障人身、财产安全要求的。

（2）在商品中掺杂、掺假，以假充真，以次充好，或者以不合格商品冒充合格商品的。

（3）生产国家明令淘汰的商品或者销售失效、变质的商品的。

（4）伪造商品的产地，伪造或者冒用他人的厂名、厂址，伪造或者冒用认证标志、名优标志等质量标志的。

（5）销售的商品应当检验、检疫而未检验、检疫或者伪造检验、检疫结果的。

（6）对商品或者服务作引人误解的虚假宣传的。

（7）对消费者提出的修理、重作、更换、退货、补足商品数量、退还货款和服务费用或者赔偿损失的要求，故意拖延或者无理拒绝的。

（8）侵害消费者人格尊严或者侵犯消费者人身自由的。

（9）法律、法规规定的对损害消费者权益应当予以处罚的其他情形。

经营者对行政处罚决定不服的，可以自收到处罚决定之日起十五日内向上一级机关申请复议，对复议决定不服的，可以自收到复议决定书之日起十五日内向人民法院提起诉讼；也可以直接向人民法院提起诉讼。

3. 刑事责任

以暴力、威胁等方法阻碍有关行政部门工作人员依法执行职务的，依法追究刑事责任；拒绝、阻碍有关行政部门工作人员依法执行职务，未使用暴力、威胁方法的，由公安机关依照《中华人民共和国治安管理处罚条例》的规定处罚。国家机关工作人员玩忽职守或者包庇经营者侵害消费者合法权益的行为的，由其所在单位或者上级机关给予行政处分；情节严重，构成犯罪的，依法追究刑事责任。

思考题

1. 消费者享有的权利有哪些？
2. 消费者协会的职能有哪些？
3. 经营者对消费者应承担的法律义务有哪些？
4. 消费者和经营者发生消费者权益争议的解决途径有哪些？

第 13 章　产品质量法

基本概念

产品质量　生产者　销售者　产品质量　责任

13.1　产品质量法的适用范围

产品是指经过加工、制作，用于销售的产品。为了加强对产品质量的监督管理，提高产品质量水平，明确产品质量责任，保护消费者的合法权益，维护社会经济秩序，第七届全国人民代表大会常务委员会第三十次会议于 1993 年 2 月 22 日通过《中华人民共和国产品质量法》(以下简称《产品质量法》)，自 1993 年 9 月 1 日起施行，2000 年 7 月 8 日第九届全国人民代表大会常务委员会第十六次会议对其予以修正，2009 年 8 月 27 日第十一届全国人民代表大会常务委员会第十次会议对其予以第二次修正，第十三届全国人民代表大会常务委员会第七次会议对其予以第三次修正，自 2018 年 12 月 29 日施行。2018 年的修改的主要内容是为确保行政机关依法履行职责，进一步推进简政放权、放管结合、优化服务改革，更大程度上激发市场、社会的创新创造活力，根据《国务院机构改革方案》将国家工商行政管理总局、国家质量监督检验检疫总局、国家食品药品监督管理总局等部门的职责整合到国家市场监督管理总局，以期完善市场监管和执法体制。在中华人民共和国境内从事产品生产、销售活动，必须遵守产品质量法。建设工程不适用产品质量法的规定；但是，建设工程使用的建筑材料、建筑构配件和设备，属于产品质量法规定的产品范围的，适用产品质量法的规定。农产品适用《中华人民共和国农产品质量安全法》的规定。农产品是指来源于农业的初级产品，即在农业活动中获得的植物、动物、微生物及其产品。

13.2　产品质量的监督管理

13.2.1　监督管理主体及职责

国务院市场监督管理部门主管全国产品质量监督工作。国务院有关部门在各自的职责范围内负责产品质量监督工作。各级人民政府应当把提高产品质量纳入国民经济和社

会发展规划,加强对产品质量工作的统筹规划和组织领导,引导、督促生产者、销售者加强产品质量管理,提高产品质量,组织各有关部门依法采取措施,制止产品生产、销售中违反产品质量法规定的行为,保障产品质量法的施行。县级以上地方市场监督管理部门主管本行政区域内的产品质量监督工作。县级以上地方人民政府有关部门在各自的职责范围内负责产品质量监督工作。法律对产品质量的监督部门另有规定的,依照有关法律的规定执行。

各级人民政府工作人员和其他国家机关工作人员不得滥用职权、玩忽职守或者徇私舞弊,包庇、放纵本地区、本系统发生的产品生产、销售中违反产品质量法规定的行为,或者阻挠、干预依法对产品生产、销售中违反产品质量法规定的行为进行查处。各级地方人民政府和其他国家机关有包庇、放纵产品生产、销售中违反产品质量法规定的行为的,依法追究其主要负责人的法律责任。任何单位和个人有权对违反产品质量法规定的行为,向市场监督管理部门或者其他有关部门检举。产品质量监督部门和有关部门应当为检举人保密,并按照省、自治区、直辖市人民政府的规定给予奖励。任何单位和个人不得排斥非本地区或者非本系统企业生产的质量合格产品进入本地区、本系统。

13.2.2　产品质量标准制度

产品质量应当检验合格,不得以不合格产品冒充合格产品。可能危及人体健康和人身、财产安全的工业产品,必须符合保障人体健康和人身、财产安全的国家标准、行业标准;未制定国家标准、行业标准的,必须符合保障人体健康和人身、财产安全的要求。禁止生产、销售不符合保障人体健康和人身、财产安全的标准和要求的工业产品。企业生产的产品没有国家标准和行业标准的,应当制定企业标准,作为组织生产的依据。企业的产品标准须报当地政府标准化行政主管部门和有关行政主管部门备案。

已有国家标准或者行业标准的,国家鼓励企业制定严于国家标准或者行业标准的企业标准,在企业内部适用。国家标准、行业标准分为强制性标准和推荐性标准。保障人体健康,人身、财产安全的标准和法律、行政法规规定强制执行的标准是强制性标准,其他标准是推荐性标准。省、自治区、直辖市标准化行政主管部门制定的工业产品的安全、卫生要求的地方标准,在本行政区域内是强制性标准。制定标准应当有利于保障安全和人民的身体健康,保护消费者的利益,保护环境。制定标准应当有利于合理利用国家资源,推广科学技术成果,提高经济效益,并符合使用要求,有利于产品的通用互换,做到技术上先进,经济上合理。国家有强制性标准的,必须执行。

不符合强制性标准的产品,禁止生产、销售和进口。生产、销售、进口不符合强制性标准的产品的,由法律、行政法规规定的行政主管部门依法处理,法律、行政法规未作规定的,由工商行政管理部门没收产品和违法所得,并处罚款;造成严重后果构成犯罪的,对直接责任人员依法追究刑事责任。推荐性标准,国家鼓励企业自愿采用。

13.2.3　企业质量体系认证制度

国家根据国际通用的质量管理标准,推行企业质量体系认证制度。企业根据自愿原则可以向国务院产品质量监督部门认可的或者国务院市场监督管理部门授权的部门认可的认证机构申请企业质量体系认证。经认证合格的,由认证机构颁发企业质量体系认证证书。国家参照国际先进的产品标准和技术要求,推行产品质量认证制度。企业根据自愿原则可以向国务院市场监督管理部门认可的或者国务院市场监督管理部门授权的部门认可的认证机构申请产品质量认证。经认证合格的,由认证机构颁发产品质量认证证书,准许企业在产品或者其包装上使用产品质量认证标志。

13.2.4 产品质量检查制度

国家对产品质量实行以抽查为主要方式的监督检查制度,对可能危及人体健康和人身、财产安全的产品,影响国计民生的重要工业产品以及消费者、有关组织反映有质量问题的产品进行抽查。抽查的样品应当在市场上或者企业成品仓库内的待销产品中随机抽取。监督抽查工作由国务院市场监督管理部门规划和组织。县级以上地方市场监督管理部门在本行政区域内也可以组织监督抽查。法律对产品质量的监督检查另有规定的,依照有关法律的规定执行。国家监督抽查的产品,地方不得另行重复抽查;上级监督抽查的产品,下级不得另行重复抽查。根据监督抽查的需要,可以对产品进行检验。检验抽取样品的数量不得超过检验的合理需要,并不得向被检查人收取检验费用。监督抽查所需检验费用按照国务院规定列支。生产者、销售者对抽查检验的结果有异议的,可以自收到检验结果之日起十五日内向实施监督抽查的市场监督管理部门或者其上级市场监督管理部门申请复检,由受理复检的市场监督管理部门作出复检结论。

对依法进行的产品质量监督检查,生产者、销售者不得拒绝。依照产品质量法规定进行监督抽查的产品质量不合格的,由实施监督抽查的市场监督管理部门责令其生产者、销售者限期改正。逾期不改正的,由省级以上人民政府市场监督管理部门予以公告;公告后经复查仍不合格的,责令停业,限期整顿;整顿期满后经复查产品质量仍不合格的,吊销营业执照。监督抽查的产品有严重质量问题的,依法进行处罚。

县级以上市场监督管理部门根据已经取得的违法嫌疑证据或者举报,对涉嫌违反本法规定的行为进行查处时,可以行使下列职权:

(1) 对当事人涉嫌从事违反本法的生产、销售活动的场所实施现场检查;

(2) 向当事人的法定代表人、主要负责人和其他有关人员调查、了解与涉嫌从事违反本法的生产、销售活动有关的情况;

(3) 查阅、复制当事人有关的合同、发票、账簿以及其他有关资料;

(4) 对有根据认为不符合保障人体健康和人身、财产安全的国家标准、行业标准的产品或者有其他严重质量问题的产品,以及直接用于生产、销售该项产品的原辅材料、包装物、生产工具,予以查封或者扣押。产品质量检验机构必须具备相应的检测条件和能力,经省级以上人民政府市场监督管理部门或者其授权的部门考核合格后,方可承担产品质量检验工作。法律、行政法规对产品质量检验机构另有规定的,依照有关法律、行政法规的规定执行。

13.3　生产者的产品质量责任和义务

生产者应当对其生产的产品质量负责。产品质量应当符合下列要求：

（1）不存在危及人身、财产安全的不合理的危险，有保障人体健康和人身、财产安全的国家标准、行业标准的，应当符合该标准。

（2）具备产品应当具备的使用性能，但是，对产品存在使用性能的瑕疵作出说明的除外。

（3）符合在产品或者其包装上注明采用的产品标准，符合以产品说明、实物样品等方式表明的质量状况。

产品或者其包装上的标识必须真实，并符合下列要求：

（1）有产品质量检验合格证明。

（2）有中文标明的产品名称、生产厂厂名和厂址。

（3）根据产品的特点和使用要求，需要标明产品规格、等级、所含主要成分的名称和含量的，用中文相应予以标明；需要事先让消费者知晓的，应当在外包装上标明，或者预先向消费者提供有关资料。

（4）限期使用的产品，应当在显著位置清晰地标明生产日期和安全使用期或者失效日期。

（5）使用不当，容易造成产品本身损坏或者可能危及人身、财产安全的产品，应当有警示标志或者中文警示说明。裸装的食品和其他根据产品的特点难以附加标识的裸装产品，可以不附加产品标识。易碎、易燃、易爆、有毒、有腐蚀性、有放射性等危险物品以及储运中不能倒置和其他有特殊要求的产品，其包装质量必须符合相应要求，依照国家有关规定作出警示标志或者中文警示说明，标明储运注意事项。

生产者不得生产国家明令淘汰的产品。生产者不得伪造产地，不得伪造或者冒用他人的厂名、厂址。生产者不得伪造或者冒用认证标志等质量标志。生产者生产产品，不得掺杂、掺假，不得以假充真、以次充好，不得以不合格产品冒充合格产品。

13.4　销售者的产品质量责任和义务

销售者应当建立并执行进货检查验收制度，验明产品合格证明和其他标识。销售者应当采取措施，保持销售产品的质量。销售者不得销售国家明令淘汰并停止销售的产品和失效、变质的产品。销售者销售的产品的标识应当符合法律规定。销售者不得伪造产地，不得伪造或者冒用他人的厂名、厂址。销售者不得伪造或者冒用认证标志等质量标志。销售者销售产品，不得掺杂、掺假，不得以假充真、以次充好，不得以不合格产品冒充合格产品。

13.5 违反产品质量法的法律责任

13.5.1 民事责任

售出的产品有下列情形之一的,销售者应当负责修理、更换、退货;给购买产品的消费者造成损失的,销售者应当赔偿损失:

(1) 不具备产品应当具备的使用性能而事先未作说明的。

(2) 不符合在产品或者其包装上注明采用的产品标准的。

(3) 不符合以产品说明、实物样品等方式表明的质量状况的。

销售者依照法律规定负责修理、更换、退货、赔偿损失后,属于生产者的责任或者属于向销售者提供产品的供货者的责任的,销售者有权向生产者、供货者追偿。销售者未按照规定给予修理、更换、退货或者赔偿损失的,由市场监督管理部门责令改正。生产者之间,销售者之间,生产者与销售者之间订立的买卖合同、承揽合同有不同约定的,合同当事人按照合同约定执行。

因产品存在缺陷造成受害人人身伤害的,侵害人应当赔偿医疗费、治疗期间的护理费、因误工减少的收入等费用;造成残疾的,还应当支付残疾者生活自助具费、生活补助费、残疾赔偿金以及由其扶养的人所必需的生活费等费用;造成受害人死亡的,还应当支付丧葬费、死亡赔偿金以及由死者生前扶养的人所必需的生活费等费用。因产品存在缺陷造成受害人财产损失的,侵害人应当恢复原状或者折价赔偿。受害人因此遭受其他重大损失的,侵害人应当赔偿损失。产品缺陷是指产品存在危及人身、他人财产安全的不合理的危险;产品有保障人体健康和人身、财产安全的国家标准、行业标准的,是指不符合该标准。

由于销售者的过错使产品存在缺陷,造成人身、他人财产损害的,销售者应当承担赔偿责任。销售者不能指明缺陷产品的生产者也不能指明缺陷产品的供货者的,销售者应当承担赔偿责任。因产品存在缺陷造成人身、他人财产损害的,受害人可以向产品的生产者要求赔偿,也可以向产品的销售者要求赔偿。属于产品的生产者的责任,产品的销售者赔偿的,产品的销售者有权向产品的生产者追偿。属于产品的销售者的责任,产品的生产者赔偿的,产品的生产者有权向产品的销售者追偿。因产品缺陷危及人身、他人财产安全的,被侵权人有权请求生产者、销售者承担排除妨碍、消除危险等侵权责任。产品投入流通后发现存在缺陷的,生产者、销售者应当及时采取警示、召回等补救措施。未及时采取补救措施或者补救措施不力造成损害的,应当承担侵权责任。明知产品存在缺陷仍然生产、销售,造成他人死亡或者健康严重损害的,被侵权人有权请求相应的惩罚性赔偿。因产品存在缺陷造成人身、缺陷产品以外的他人财产损害的,生产者应当承担赔偿责任。生产者能够证明有下列情形之一的,不承担赔偿责任:

(1) 未将产品投入流通的。

(2) 产品投入流通时,引起损害的缺陷尚不存在的。

(3) 将产品投入流通时的科学技术水平尚不能发现缺陷的存在的。

因产品质量发生民事纠纷时,当事人可以通过协商或者调解解决。当事人不愿通过协商、调解解决或者协商、调解不成的,可以根据当事人各方的协议向仲裁机构申请仲裁;当事人各方没有达成仲裁协议或者仲裁协议无效的,可以直接向人民法院起诉。因产品存在缺陷造成损害要求赔偿的诉讼时效期间为2年,自当事人知道或者应当知道其权益受到损害时起计算。因产品存在缺陷造成损害要求赔偿的请求权,在造成损害的缺陷产品交付最初消费者满10年丧失;但是,尚未超过明示的安全使用期的除外。

13.5.2 行政责任和刑事责任

生产、销售不符合保障人体健康和人身、财产安全的国家标准、行业标准的产品的,责令停止生产、销售,没收违法生产、销售的产品,并处违法生产、销售产品货值金额等值以上三倍以下的罚款;货值金额以违法生产、销售产品的标价计算;没有标价的,按照同类产品的市场价格计算。有违法所得的,并处没收违法所得;情节严重的,吊销营业执照;构成犯罪的,依法追究刑事责任。在产品中掺杂、掺假,以假充真,以次充好,或者以不合格产品冒充合格产品的,责令停止生产、销售,没收违法生产、销售的产品,并处违法生产、销售产品货值金额百分之五十以上三倍以下的罚款;有违法所得的,并处没收违法所得;情节严重的,吊销营业执照;构成犯罪的,依法追究刑事责任。

生产国家明令淘汰的产品的,销售国家明令淘汰并停止销售的产品的,责令停止生产、销售,没收违法生产、销售的产品,并处违法生产、销售产品货值金额等值以下的罚款;有违法所得的,并处没收违法所得;情节严重的,吊销营业执照。销售失效、变质的产品的,责令停止销售,没收违法销售的产品,并处违法销售产品货值金额两倍以下的罚款;有违法所得的,并处没收违法所得;情节严重的,吊销营业执照;构成犯罪的,依法追究刑事责任。伪造产品产地的,伪造或者冒用他人厂名、厂址的,伪造或者冒用认证标志等质量标志的,责令改正,没收违法生产、销售的产品,并处违法生产、销售产品货值金额等值以下的罚款;有违法所得的,并处没收违法所得;情节严重的,吊销营业执照。

产品标识不符合《产品质量法》相关规定的,责令改正;有包装的产品标识不符合法律规定,情节严重的,责令停止生产、销售,并处违法生产、销售产品货值金额百分之三十以下的罚款;有违法所得的,并处没收违法所得。销售者销售产品质量法禁止销售的产品,有充分证据证明其不知道该产品为禁止销售的产品并如实说明其进货来源的,可以从轻或者减轻处罚。拒绝接受依法进行的产品质量监督检查的,给予警告,责令改正;拒不改正的,责令停业整顿;情节特别严重的,吊销营业执照。

产品质量检验机构、认证机构伪造检验结果或者出具虚假证明的,责令改正,对单位处五万元以上十万元以下的罚款,对直接负责的主管人员和其他直接责任人员处一万元以上五万元以下的罚款;有违法所得的,并处没收违法所得;情节严重的,取消其检验资格、认证资格;构成犯罪的,依法追究刑事责任。产品质量检验机构、认证机构出具的检验结果或者证明不实,造成损失的,应当承担相应的赔偿责任;造成重大损失的,撤销其检验资格、认证资格。产品质量认证机构违反法律规定,对不符合认证标准而使用认证标志的产品,未依法要求其改正或者取消其使用认证标志资格的,对因产品不符合认证标准给消费者造成的损失,与产品的生产者、销售者承担连带责任;情节严重的,撤销其认证资格。社会团体、社会中介机构对产品质量作出承诺、保证,而该产品又不符合其承诺、保证的质量要求,给消费者造成损失的,与产品的生产者、销售者承担连带责任。在广告中对产品质量作虚假宣传,欺骗和误导消费者的,依照《中华人民共和国广告法》的规定追究法律责任。

对生产者专门用于生产不符合保障人体健康和人身、财产安全的国家标准、行业标准的产品的和生产国家明令淘汰的产品的或者以假充真的产品的原辅材料、包装物、生产工具,应当予以没收。

知道或者应当知道属于法律规定禁止生产、销售的产品而为其提供运输、保管、仓储等便利条件的,或者为以假充真的产品提供制假生产技术的,没收全部运输、保管、仓储或者提供制假生产技术的收入,并处违法收入百分之五十以上三倍以下的罚款;构成犯罪的,依法追究刑事责任。

服务业的经营者将法律禁止销售的产品用于经营性服务的,责令停止使用;对知道或者应当知道所使用的产品属于法律规定禁止销售的产品的,按照违法使用的产品(包括已使用和尚未使用的产品)的货值金额,依照法律对销售者的处罚规定处罚。

隐匿、转移、变卖、损毁被市场监督管理部门查封、扣押的物品的,处被隐匿、转移、变卖、损毁物品货值金额等值以上三倍以下的罚款;有违法所得的,并处没收违法所得。违反法律规定,应当承担民事赔偿责任和缴纳罚款、罚金,其财产不足以同时支付时,先承担民事赔偿责任。

各级人民政府工作人员和其他国家机关工作人员有下列情形之一的,依法给予行政处分;构成犯罪的,依法追究刑事责任:

(1) 包庇、放纵产品生产、销售中违反本法规定行为的;

(2) 向从事违反本法规定的生产、销售活动的当事人通风报信,帮助其逃避查处的;

(3) 阻挠、干预市场监督管理部门依法对产品生产、销售中违反本法规定的行为进行查处,造成严重后果的。

市场监督管理部门在产品质量监督抽查中超过规定的数量索取样品或者向被检查人收取检验费用的,由上级市场监督管理部门或者监察机关责令退还;情节严重的,对直接负责的主管人员和其他直接责任人员依法给予行政处分。市场监督管理部门或者其他国家机关违反法律规定,向社会推荐生产者的产品或者以监制、监销等方式参与产品经营活动的,由其上级机关或者监察机关责令改正,消除影响,有违法收入的予以没收;情节严重的,对直接负责的主管人员和其他直接责任人员依法给予行政处分。产品质量检验机构有上述所列违法行为的,由市场监督管理部门责令改正,消除影响,有违法收入的予以没收,可以并处违法收入一倍以下的罚款;情节严重的,撤销其质量检验资格。

市场监督管理部门的工作人员滥用职权、玩忽职守、徇私舞弊,构成犯罪的,依法追究刑事责任;尚不构成犯罪的,依法给予行政处分。

以暴力、威胁方法阻碍市场监督管理部门的工作人员依法执行职务的,依法追究刑事责任;拒绝、阻碍未使用暴力、威胁方法的,由公安机关依照治安管理处罚法的规定处罚。

1. 生产者的产品质量责任和义务是什么?
2. 违反产品质量法的法律责任有哪些?
3. 销售者的产品质量责任和义务是什么?
4. 产品质量管理制度的主要内容有哪些?

第14章 食品安全法

 基本概念

食品安全 风险监测和评估 标准 食品检验 食品添加剂 食品召回 食品安全事故

14.1 食品安全法概述

14.1.1 食品安全法的适用范围

食品是指各种供人食用或者饮用的成品和原料以及按照传统既是食品又是中药材的物品,但是不包括以治疗为目的的物品。食品安全是指食品无毒、无害,符合应当有的营养要求,对人体健康不造成任何急性、亚急性或者慢性危害。食品添加剂是指为改善食品品质和色、香、味以及为防腐、保鲜和加工工艺的需要而加入食品中的人工合成或者天然物质,包括营养强化剂。

为保证食品安全,保障公众身体健康和生命安全,2009年2月28日第十一届全国人民代表大会常务委员会第七次会议通过了《中华人民共和国食品安全法》(以下简称《食品安全法》),自2009年6月1日起施行,《中华人民共和国食品卫生法》同时废止。2015年4月24日第十二届全国人民代表大会常务委员会第十四次会议修订,第十三届全国人民代表大会常务委员会第七次会议对其予以修正,自2018年12月29日起施行。修改后的《食品安全法》加大了食品从业者和监管者的责任,实行全程追溯制度,建立了严格的法律责任制度,强化了对食品安全违法行为的惩处力度,其宗旨在于确保食品安全。

在中华人民共和国境内从事下列活动,应当遵守《食品安全法》的规定:①食品生产和加工(以下称食品生产),食品销售和餐饮服务(以下称食品经营);②食品添加剂的生产经营;③用于食品的包装材料、容器、洗涤剂、消毒剂和用于食品生产经营的工具、设备(以下称食品相关产品)的生产经营;④食品生产经营者使用食品添加剂、食品相关产品;⑤食品的贮存和运输;⑥对食品、食品添加剂、食品相关产品的安全管理。供用用的源于农业的初级产品(以下称食用农产品)的质量安全管理,遵守《中华人民共和国农产品质量安全法》的规定。但是,食用农产品的市场销售、有关质量安全标准的制定、有关安全信息的公布和法律规定

对农业投入品作出规定的,应当遵守《食品安全法》的规定。国家鼓励和支持开展与食品安全有关的基础研究、应用研究,鼓励和支持食品生产经营者为提高食品安全水平采用先进技术和先进管理规范。国家对农药的使用实行严格的管理制度,加快淘汰剧毒、高毒、高残留农药,推动替代产品的研发和应用,鼓励使用高效低毒低残留农药。

食品安全工作实行预防为主、风险管理、全程控制、社会共治,建立科学、严格的监督管理制度。食品生产经营者对其生产经营食品的安全负责。食品生产经营者应当依照法律、法规和食品安全标准从事生产经营活动,保证食品安全,诚信自律,对社会和公众负责,接受社会监督,承担社会责任。新闻媒体应当开展食品安全法律、法规以及食品安全标准和知识的公益宣传,并对食品安全违法行为进行舆论监督。有关食品安全的宣传报道应当真实、公正。

食品行业协会应当加强行业自律,按照章程建立健全行业规范和奖惩机制,提供食品安全信息、技术等服务,引导和督促食品生产经营者依法生产经营,推动行业诚信建设,宣传、普及食品安全知识。消费者协会和其他消费者组织对违反《食品安全法》规定,损害消费者合法权益的行为,依法进行社会监督。

任何组织或者个人有权举报食品安全违法行为,依法向有关部门了解食品安全信息,对食品安全监督管理工作提出意见和建议。对在食品安全工作中做出突出贡献的单位和个人,按照国家有关规定给予表彰、奖励。

14.1.2 食品安全的管理机构

1. 食品安全委员会

国务院设立食品安全委员会,其职责由国务院规定。

2. 国务院行政部门

国务院设立食品安全委员会,其职责由国务院规定。国务院食品安全监督管理部门依照《食品安全法》和国务院规定的职责,对食品生产经营活动实施监督管理。国务院卫生行政部门依照《食品安全法》和国务院规定的职责,组织开展食品安全风险监测和风险评估,会同国务院食品安全监督管理部门制定并公布食品安全国家标准。国务院其他有关部门依照《食品安全法》和国务院规定的职责,承担有关食品安全工作。

3. 地方人民政府

县级以上地方人民政府实行食品安全监督管理责任制。上级人民政府负责对下一级人民政府的食品安全监督管理工作进行评议、考核。县级以上地方人民政府负责对本级食品安全监督管理部门和其他有关部门的食品安全监督管理工作进行评议、考核。县级以上人民政府应当将食品安全工作纳入本级国民经济和社会发展规划,将食品安全工作经费列入本级政府财政预算,加强食品安全监督管理能力建设,为食品安全工作提供保障。县级以上人民政府食品安全监督管理部门和其他有关部门应当加强沟通、密切配合,按照各自职责分工,依法行使职权,承担责任。

各级人民政府应当加强食品安全的宣传教育,普及食品安全知识,鼓励社会组织、基层群众性自治组织、食品生产经营者开展食品安全法律、法规以及食品安全标准和知识的普及工作,倡导健康的饮食方式,增强消费者食品安全意识和自我保护能力。

14.2 食品安全风险监测和评估

14.2.1 食品安全风险监测

国家建立食品安全风险监测制度,对食源性疾病、食品污染以及食品中的有害因素进行监测。国务院卫生行政部门会同国务院食品安全监督管理等部门,制定、实施国家食品安全风险监测计划。国务院食品安全监督管理部门和其他有关部门获知有关食品安全风险信息后,应当立即核实并向国务院卫生行政部门通报。对有关部门通报的食品安全风险信息以及医疗机构报告的食源性疾病等有关疾病信息,国务院卫生行政部门应当会同国务院有关部门分析研究,认为必要的,及时调整国家食品安全风险监测计划。

承担食品安全风险监测工作的技术机构应当根据食品安全风险监测计划和监测方案开展监测工作,保证监测数据真实、准确,并按照食品安全风险监测计划和监测方案的要求报送监测数据和分析结果。食品安全风险监测工作人员有权进入相关食用农产品种植养殖、食品生产经营场所采集样品、收集相关数据。采集样品应当按照市场价格支付费用。食品安全风险监测结果表明可能存在食品安全隐患的,县级以上人民政府卫生行政部门应当及时将相关信息通报同级食品安全监督管理等部门,并报告本级人民政府和上级人民政府卫生行政部门。食品安全监督管理等部门应当组织开展进一步调查。

14.2.2 食品安全风险评估

国家建立食品安全风险评估制度,运用科学方法,根据食品安全风险监测信息、科学数据以及有关信息,对食品、食品添加剂、食品相关产品中生物性、化学性和物理性危害因素进行风险评估。

国务院卫生行政部门负责组织食品安全风险评估工作,成立由医学、农业、食品、营养、生物、环境等方面的专家组成的食品安全风险评估专家委员会进行食品安全风险评估。食品安全风险评估结果由国务院卫生行政部门公布。对农药、肥料、兽药、饲料和饲料添加剂等的安全性评估,应当有食品安全风险评估专家委员会的专家参加。食品安全风险评估不得向生产经营者收取费用,采集样品应当按照市场价格支付费用。

有下列情形之一的,应当进行食品安全风险评估:①通过食品安全风险监测或者接到举报发现食品、食品添加剂、食品相关产品可能存在安全隐患的;②为制定或者修订食品安全国家标准提供科学依据需要进行风险评估的;③为确定监督管理的重点领域、重点品种需要进行风险评估的;④发现新的可能危害食品安全因素的;⑤需要判断某一因素是否构成食品安全隐患的;⑥国务院卫生行政部门认为需要进行风险评估的其他情形。国务院食品药品监督管理、农业行政等部门在监督管理工作中发现需要进行食品安全风险评估的,应当向国务院卫生行政部门提出食品安全风险评估的建议,并提供风险来源、相关检验数据和结论等信息、资料。属于《食品安全法》第十八条规定情形的,国务院卫生行政部门应当及时进行

食品安全风险评估,并向国务院有关部门通报评估结果。

省级以上人民政府卫生行政、农业行政部门应当及时相互通报食品、食用农产品安全风险监测信息。国务院卫生行政、农业行政部门应当及时相互通报食品、食用农产品安全风险评估结果等信息。食品安全风险评估结果是制定、修订食品安全标准和实施食品安全监督管理的科学依据。

经食品安全风险评估,得出食品、食品添加剂、食品相关产品不安全结论的,国务院食品药品监督管理等部门应当依据各自职责立即向社会公告,告知消费者停止食用或者使用,并采取相应措施,确保该食品、食品添加剂、食品相关产品停止生产经营;需要制定、修订相关食品安全国家标准的,国务院卫生行政部门应当会同国务院食品安全监督管理部门立即制定、修订。国务院食品安全监督管理部门应当会同国务院有关部门,根据食品安全风险评估结果、食品安全监督管理信息,对食品安全状况进行综合分析。对经综合分析表明可能具有较高程度安全风险的食品,国务院食品药品监督管理部门应当及时提出食品安全风险警示,并向社会公布。

14.3　食品安全标准

制定食品安全标准,应当以保障公众身体健康为宗旨,做到科学合理、安全可靠。食品安全标准是强制执行的标准。除食品安全标准外,不得制定其他食品强制性标准。

食品安全标准应当包括下列内容:①食品、食品添加剂、食品相关产品中的致病性微生物,农药残留、兽药残留、生物毒素、重金属等污染物质以及其他危害人体健康物质的限量规定;②食品添加剂的品种、使用范围、用量;③专供婴幼儿和其他特定人群的主辅食品的营养成分要求;④对与卫生、营养等食品安全要求有关的标签、标志、说明书的要求;⑤食品生产经营过程的卫生要求;⑥与食品安全有关的质量要求;⑦与食品安全有关的食品检验方法与规程;⑧其他需要制定为食品安全标准的内容。

食品安全国家标准由国务院卫生行政部门会同国务院食品安全监督管理部门制定、公布,国务院标准化行政部门提供国家标准编号。食品中农药残留、兽药残留的限量规定及其检验方法与规程由国务院卫生行政部门、国务院农业行政部门会同国务院食品安全监督管理部门制定。屠宰畜、禽的检验规程由国务院农业行政部门会同国务院卫生行政部门制定。

制定食品安全国家标准,应当依据食品安全风险评估结果并充分考虑食用农产品安全风险评估结果,参照相关的国际标准和国际食品安全风险评估结果,并将食品安全国家标准草案向社会公布,广泛听取食品生产经营者、消费者、有关部门等方面的意见。食品安全国家标准应当经国务院卫生行政部门组织的食品安全国家标准审评委员会审查通过。食品安全国家标准审评委员会由医学、农业、食品、营养、生物、环境等方面的专家以及国务院有关部门、食品行业协会、消费者协会的代表组成,对食品安全国家标准草案的科学性和实用性等进行审查。

对地方特色食品,没有食品安全国家标准的,省、自治区、直辖市人民政府卫生行政部门可以制定并公布食品安全地方标准,报国务院卫生行政部门备案。食品安全国家标准制定后,该地方标准即行废止。国家鼓励食品生产企业制定严于食品安全国家标准或者地方标准的企业标准,在本企业适用,并报省、自治区、直辖市人民政府卫生行政部门备案。省级以上人民政府卫生行政部门应当在其网站上公布制定和备案的食品安全国家标准、地方标准和企业标准,供公众免费查阅、下载。对食品安全标准执行过程中的问题,县级以上人民政府卫生行政部门应当会同有关部门及时给予指导、解答。

14.4 食品生产经营

14.4.1 食品生产经营的一般规定

食品生产经营应当符合食品安全标准,并符合下列要求:①具有与生产经营的食品品种、数量相适应的食品原料处理和食品加工、包装、贮存等场所,保持该场所环境整洁,并与有毒、有害场所以及其他污染源保持规定的距离;②具有与生产经营的食品品种、数量相适应的生产经营设备或者设施,有相应的消毒、更衣、盥洗、采光、照明、通风、防腐、防尘、防蝇、防鼠、防虫、洗涤以及处理废水、存放垃圾和废弃物的设备或者设施;③有专职或者兼职的食品安全专业技术人员、食品安全管理人员和保证食品安全的规章制度;④具有合理的设备布局和工艺流程,防止待加工食品与直接入口食品、原料与成品交叉污染,避免食品接触有毒物、不洁物;⑤餐具、饮具和盛放直接入口食品的容器,使用前应当洗净、消毒,炊具、用具用后应当洗净,保持清洁;⑥贮存、运输和装卸食品的容器、工具和设备应当安全、无害,保持清洁,防止食品污染,并符合保证食品安全所需的温度、湿度等特殊要求,不得将食品与有毒、有害物品一同贮存、运输;⑦直接入口的食品应当使用无毒、清洁的包装材料、餐具、饮具和容器;⑧食品生产经营人员应当保持个人卫生,生产经营食品时,应当将手洗净,穿戴清洁的工作衣、帽等;销售无包装的直接入口食品时,应当使用无毒、清洁的容器、售货工具和设备;⑨用水应当符合国家规定的生活饮用水卫生标准;⑩使用的洗涤剂、消毒剂应当对人体安全、无害;⑪法律、法规规定的其他要求。非食品生产经营者从事食品贮存、运输和装卸的,应当符合前述第⑥项的规定。

禁止生产经营下列食品、食品添加剂、食品相关产品:①用非食品原料生产的食品或者添加食品添加剂以外的化学物质和其他可能危害人体健康物质的食品,或者用回收食品作为原料生产的食品;②致病性微生物,农药残留、兽药残留、生物毒素、重金属等污染物质以及其他危害人体健康的物质含量超过食品安全标准限量的食品、食品添加剂、食品相关产品;③用超过保质期的食品原料、食品添加剂生产的食品、食品添加剂;④超范围、超限量使用食品添加剂的食品;⑤营养成分不符合食品安全标准的专供婴幼儿和其他特定人群的主辅食品;⑥腐败变质、油脂酸败、霉变生虫、污秽不洁、混有异物、掺假掺杂或者感官性状异常的食品、食品添加剂;⑦病死、毒死或者死因不明的禽、畜、兽、水产动物肉类及其制品;⑧未按规定进行检疫或者检疫不合格的肉类,或者未经检验或者检验不合格的肉类制品;⑨被包装材料、容器、运输工具等污染的食品、食品添加剂;⑩标注虚假生产日期、保质期或者超过保质期的食品、食品添加剂;⑪无标签的预包装食品、食品添加剂;⑫国家为防病等特殊需要明令禁止生产经营的食品;⑬其他不符合法律、法规或者食品安全标准的食品、食品添加剂、食品相关产品。

国家对食品生产经营实行许可制度。从事食品生产、食品销售、餐饮服务,应当依法取得许可。但是,销售食用农产品,不需要取得许可。县级以上地方人民政府食品安全监督管理部门应当依照《中华人民共和国行政许可法》的规定,审核申请人提交的《食品安全法》第三十三条第一款第一项至第四项规定要求的相关资料,必要时对申请人的生产经营场所进行现场核查;对符合规定条件的,准予许可;对不符合规定条件的,不予许可并书面说明理由。

食品生产加工小作坊和食品摊贩等从事食品生产经营活动,应当符合《食品安全法》规定的与其生产经营规模、条件相适应的食品安全要求,保证所生产经营的食品卫生、无毒、无害,食品药品监督管理部门应当对其加强监督管理。县级以上地方人民政府应当对食品生产加工小作坊、食品摊贩等进行综合治理,加强服务和统一规划,改善其生产经营环境,鼓励和支持其改进生产经营条件,进入集中交易市场、店铺等固定场所经营,或者在指定的临时经营区域、时段经营。食品生产加工小作坊和食品摊贩等的具体管理办法由省、自治区、直辖市制定。

利用新的食品原料生产食品,或者生产食品添加剂新品种、食品相关产品新品种,应当向国务院卫生行政部门提交相关产品的安全性评估材料。国务院卫生行政部门应当自收到申请之日起六十日内组织审查;对符合食品安全要求的,准予许可并公布;对不符合食品安全要求的,不予许可并书面说明理由。生产经营的食品中不得添加药品,但是可以添加按照传统既是食品又是中药材的物质。按照传统既是食品又是中药材的物质目录由国务院卫生行政部门会同国务院食品安全监督管理部门制定、公布。

国家对食品添加剂生产实行许可制度。从事食品添加剂生产,应当具有与所生产食品添加剂品种相适应的场所、生产设备或者设施、专业技术人员和管理制度,并依照《食品安全法》第三十五条第二款规定的程序,取得食品添加剂生产许可。生产食品添加剂应当符合法律、法规和食品安全国家标准。食品添加剂应当在技术上确有必要且经过风险评估证明安全可靠,方可列入允许使用的范围;有关食品安全国家标准应当根据技术必要性和食品安全风险评估结果及时修订。食品生产经营者应当按照食品安全国家标准使用食品添加剂。生产食品相关产品应当符合法律、法规和食品安全国家标准。对直接接触食品的包装材料等具有较高风险的食品相关产品,按照国家有关工业产品生产许可证管理的规定实施生产许可。食品安全监督管理部门应当加强对食品相关产品生产活动的监督管理。

国家建立食品安全全程追溯制度。食品生产经营者应当依照《食品安全法》的规定,建立食品安全追溯体系,保证食品可追溯。国家鼓励食品生产经营者采用信息化手段采集、留存生产经营信息,建立食品安全追溯体系。国务院食品安全监督管理部门会同国务院农业行政等有关部门建立食品安全全程追溯协作机制。地方各级人民政府应当采取措施鼓励食品规模化生产和连锁经营、配送。国家鼓励食品生产经营企业参加食品安全责任保险。

14.4.2 生产经营过程控制

食品生产经营企业应当建立健全食品安全管理制度,对职工进行食品安全知识培训,加强食品检验工作,依法从事生产经营活动。食品生产经营企业的主要负责人应当落实企业食品安全管理制度,对本企业的食品安全工作全面负责。食品生产经营企业应当配备食品安全管理人员,加强对其培训和考核。经考核不具备食品安全管理能力的,不得上岗。食品药品监督管理部门应当对企业食品安全管理人员随机进行监督抽查考核并公布考核情况。监督抽查考核不得收取费用。食品生产经营者应当建立并执行从业人员健康管理制度。患有国务院卫生行政部门规定的有碍食品安全疾病的人员,不得从事接触直接入口食品的工作。从事接触直接入口食品工作的食品生产经营人员应当每年进行健康检查,取得健康证明后方可上岗工作。

食品生产企业应当就下列事项制定并实施控制要求,保证所生产的食品符合食品安全标准:①原料采购、原料验收、投料等原料控制;②生产工序、设备、贮存、包装等生产关键环节控制;③原料检验、半成品检验、成品出厂检验等检验控制;④运输和交付控制。食品生产经营者应当建立食品安全自查制度,定期对食品安全状况进行检查评价。生产经营条件发生变化,不再符合食品安全要求的,食品生产经营者应当立即采取整改措施;有发生食品安全事故潜在风险的,应当立即停止食品生产经营活动,并向所在地县级人民政府食品安全监督管理部门报告。国家鼓励食品生产经营企业符合良好生产规范要求,实施危害分析与关键控制点体系,提高食品安全管理水平。对通过良好生产规范、危害分析与关键控制点体系认证的食品生产经营企业,认证机构应当依法实施跟踪调查;对不再符合认证要求的企业,应当依法撤销认证,及时向县级以上人民政府食品安全监督管理部门通报,并向社会公布。认证机构实施跟踪调查不得收取费用。县级以上人民政府农业行政部门应当加强对农业投入品使用的监督管理和指导,建立健全农业投入品安全使用制度。

食用农产品生产者应当按照食品安全标准和国家有关规定使用农药、肥料、兽药、饲料和饲料添加剂等农业投入品,严格执行农业投入品使用安全间隔期或者休药期的规定,不得使用国家明令禁止的农业投入品。禁止将剧毒、高毒农药用于蔬菜、瓜果、茶叶和中草药材等国家规定的农作物。食用农产品的生产企业和农民专业合作经济组织应当建立农业投入品使用记录制度。食品生产者采购食品原料、食品添加剂、食品相关产品,应当查验供货者的许可证和产品合格证明;对无法提供合格证明的食品原料,应当按照食品安全标准进行检验;不得采购或者使用不符合食品安全标准的食品原料、食品添加剂、食品相关产品。食品生产企业应当建立食品原料、食品添加剂、食品相关产品进货查验记录制度,如实记录食品原料、食品添加剂、食品相关产品的名称、规格、数量、生产日期或者生产批号、保质期、进货日期以及供货者名称、地址、联系方式等内容,并保存相关凭证。记录和凭证保存期限不得少于产品保质期满后6个月;没有明确保质期的,保存期限不得少于2年。

食品生产企业应当建立食品出厂检验记录制度,查验出厂食品的检验合格证和安全状况,如实记录食品的名称、规格、数量、生产日期或者生产批号、保质期、检验合格证号、销售日期以及购货者名称、地址、联系方式等内容,并保存相关凭证。记录和凭证保存期限应当符合《食品安全法》第五十条第二款的规定。食品、食品添加剂、食品相关产品的生产者,应当按照食品安全标准对所生产的食品、食品添加剂、食品相关产品进行检验,检验合格后方可出厂或者销售。食品经营者采购食品,应当查验供货者的许可证和食品出厂检验合格证或者其他合格证明(以下称合格证明文件)。食品经营企业应当建立食品进货查验记录制度,如实记录食品的名称、规格、数量、生产日期或者生产批号、保质期、进货日期以及供货者名称、地址、联系方式等内容,并保存相关凭证。记录和凭证保存期限应当符合《食品安全法》第五十条第二款的规定。

实行统一配送经营方式的食品经营企业,可以由企业总部统一查验供货者的许可证和食品合格证明文件,进行食品进货查验记录。从事食品批发业务的经营企业应当建立食品销售记录制度,如实记录批发食品的名称、规格、数量、生产日期或者生产批号、保质期、销售日期以及购货者名称、地址、联系方式等内容,并保存相关凭证。记录和凭证保存期限应当符合《食品安全法》第五十条第二款的规定。

食品经营者应当按照保证食品安全的要求贮存食品,定期检查库存食品,及时清理变质或者超过保质期的食品。食品经营者贮存散装食品,应当在贮存位置标明食品的名称、生产日期或者生产批号、保质期、生产者名称及联系方式等内容。

餐饮服务提供者应当制定并实施原料控制要求,不得采购不符合食品安全标准的食品原料。倡导餐饮服务提供者公开加工过程,公示食品原料及其来源等信息。餐饮服务提供者在加工过程中应当检查待加工的食品及原料,发现有《食品安全法》第三十四条第六项规定情形的,不得加工或者使用。餐饮服务提供者应当定期维护食品加工、贮存、陈列等设施、设备;定期清洗、校验保温设施及冷藏、冷冻设施。餐饮服务提供者应当按照要求对餐具、饮具进行清洗消毒,不得使用未经清洗消毒的餐具、饮具;餐饮服务提供者委托清洗消毒餐具、饮具的,应当委托符合《食品安全法》规定条件的餐具、饮具集中消毒服务单位。

学校、托幼机构、养老机构、建筑工地等集中用餐单位的食堂应当严格遵守法律、法规和食品安全标准;从供餐单位订餐的,应当从取得食品生产经营许可的企业订购,并按照要求对订购的食品进行查验。供餐单位应当严格遵守法律、法规和食品安全标准,当餐加工,确保食品安全。学校、托幼机构、养老机构、建筑工地等集中用餐单位的主管部门应当加强对集中用餐单位的食品安全教育和日常管理,降低食品安全风险,及时消除食品安全隐患。

餐具、饮具集中消毒服务单位应当具备相应的作业场所、清洗消毒设备或者设施,用水和使用的洗涤剂、消毒剂应当符合相关食品安全国家标准和其他国家标准、卫生规范。餐具、饮具集中消毒服务单位应当对消毒餐具、饮具进行逐批检验,检验合格后方可出厂,并应当随附消毒合格证明。消毒后的餐具、饮具应当在独立包装上标注单位名称、地址、联系方式、消毒日期以及使用期限等内容。

食品添加剂生产者应当建立食品添加剂出厂检验记录制度,查验出厂产品的检验合格证和安全状况,如实记录食品添加剂的名称、规格、数量、生产日期或者生产批号、保质期、检验合格证号、销售日期以及购货者名称、地址、联系方式等相关内容,并保存相关凭证。记录和凭证保存期限应当符合《食品安全法》第五十条第二款的规定。食品添加剂经营者采购食品添加剂,应当依法查验供货者的许可证和产品合格证明文件,如实记录食品添加剂的名称、规格、数量、生产日期或者生产批号、保质期、进货日期以及供货者名称、地址、联系方式等内容,并保存相关凭证。记录和凭证保存期限应当符合《食品安全法》第五十条第二款的规定。

集中交易市场的开办者、柜台出租者和展销会举办者,应当依法审查入场食品经营者的许可证,明确其食品安全管理责任,定期对其经营环境和条件进行检查,发现其有违反《食品安全法》规定行为的,应当及时制止并立即报告所在地县级人民政府食品安全监督管理部门。

网络食品交易第三方平台提供者应当对入网食品经营者进行实名登记,明确其食品安全管理责任;依法应当取得许可证的,还应当审查其许可证。网络食品交易第三方平台提供者发现入网食品经营者有违反《食品安全法》规定行为的,应当及时制止并立即报告所在地县级人民政府食品安全监督管理部门;发现严重违法行为的,应当立即停止提供网络交易平台服务。

国家建立食品召回制度。食品生产者发现其生产的食品不符合食品安全标准或者有证据证明可能危害人体健康的,应当立即停止生产,召回已经上市销售的食品,通知相关生产经营者和消费者,并记录召回和通知情况。食品经营者发现其经营的食品有前款规定情形的,应当立即停止经营,通知相关生产经营者和消费者,并记录停止经营和通知情况。食品生产者认为应当召回的,应当立即召回。由于食品经营者的原因造成其经营的食品有前款规定情形的,食品经营者应当召回。食品生产经营者应当对召回的食品采取无害化处理、销毁等措施,防止其再次流入市场。但是,对因标签、标志或者说明书不符合食品安全标准而被召回的食品,食品生产者在采取补救措施且能保证食品安全的情况下可以继续销售;销售时应当向消费者明示补救措施。

食品生产经营者应当将食品召回和处理情况向所在地县级人民政府食品安全监督管理部门报告;需要对召回的食品进行无害化处理、销毁的,应当提前报告时间、地点。食品安全监督管理部门认为必要的,可以实施现场监督。食品生产经营者未依照本条规定召回或者停止经营的,县级以上人民政府食品安全监督管理部门可以责令其召回或者停止经营。食用农产品批发市场应当配备检验设备和检验人员或者委托符合《食品安全法》规定的食品检验机构,对进入该批发市场销售的食用农产品进行抽样检验;发现不符合食品安全标准的,应当要求销售者立即停止销售,并向食品安全监督管理部门报告。食用农产品销售者应当建立食用农产品进货查验记录制度,如实记录食用农产品的名称、数量、进货日期以及供货者名称、地址、联系方式等内容,并保存相关凭证。记录和凭证保存期限不得少于 6 个月。进入市场销售的食用农产品在包装、保鲜、贮存、运输中使用保鲜剂、防腐剂等食品添加剂和包装材料等食品相关产品,应当符合食品安全国家标准。

14.4.3 标签、说明书和广告

预包装食品的包装上应当有标签。标签应当标明下列事项:①名称、规格、净含量、生产日期;②成分或者配料表;③生产者的名称、地址、联系方式;④保质期;⑤产品标准代号;⑥贮存条件;⑦所使用的食品添加剂在国家标准中的通用名称;⑧生产许可证编号;⑨法律、

法规或者食品安全标准规定应当标明的其他事项。专供婴幼儿和其他特定人群的主辅食品,其标签还应当标明主要营养成分及其含量。食品安全国家标准对标签标注事项另有规定的,从其规定。

食品经营者销售散装食品,应当在散装食品的容器、外包装上标明食品的名称、生产日期或者生产批号、保质期以及生产经营者名称、地址、联系方式等内容。生产经营转基因食品应当按照规定显著标示。食品添加剂应当有标签、说明书和包装。标签、说明书应当载明《食品安全法》第六十七条第一款第一项至第六项、第八项、第九项规定的事项,以及食品添加剂的使用范围、用量、使用方法,并在标签上载明"食品添加剂"字样。食品和食品添加剂的标签、说明书,不得含有虚假内容,不得涉及疾病预防、治疗功能。生产经营者对其提供的标签、说明书的内容负责。食品和食品添加剂的标签、说明书应当清楚、明显,生产日期、保质期等事项应当显著标注,容易辨识。食品和食品添加剂与其标签、说明书的内容不符的,不得上市销售。

食品经营者应当按照食品标签标示的警示标志、警示说明或者注意事项的要求销售食品。食品广告的内容应当真实合法,不得含有虚假内容,不得涉及疾病预防、治疗功能。食品生产经营者对食品广告内容的真实性、合法性负责。县级以上人民政府食品安全监督管理部门和其他有关部门以及食品检验机构、食品行业协会不得以广告或者其他形式向消费者推荐食品。消费者组织不得以收取费用或者其他牟取利益的方式向消费者推荐食品。

14.4.4 特殊食品

国家对保健食品、特殊医学用途配方食品和婴幼儿配方食品等特殊食品实行严格监督管理。保健食品声称保健功能,应当具有科学依据,不得对人体产生急性、亚急性或者慢性危害。保健食品原料目录和允许保健食品声称的保健功能目录,由国务院食品安全监督管理部门会同国务院卫生行政部门、国家中医药管理部门制定、调整并公布。

保健食品原料目录应当包括原料名称、用量及其对应的功效;列入保健食品原料目录的原料只能用于保健食品生产,不得用于其他食品生产。使用保健食品原料目录以外原料的保健食品和首次进口的保健食品应当经国务院食品安全监督管理部门注册。但是,首次进口的保健食品中属于补充维生素、矿物质等营养物质的,应当报国务院食品安全监督管理部门备案。其他保健食品应当报省、自治区、直辖市人民政府食品安全监督管理部门备案。进口的保健食品应当是出口国(地区)主管部门准许上市销售的产品。依法应当注册的保健食品,注册时应当提交保健食品的研发报告、产品配方、生产工艺、安全性和保健功能评价、标签、说明书等材料及样品,并提供相关证明文件。国务院食品安全监督管理部门经组织技术审评,对符合安全和功能声称要求的,准予注册;对不符合要求的,不予注册并书面说明理由。对使用保健食品原料目录以外原料的保健食品作出准予注册决定的,应当及时将该原料纳入保健食品原料目录。依法应当备案的保健食品,备案时应当提交产品配方、生产工艺、标签、说明书以及表明产品安全性和保健功能的材料。保健食品的标签、说明书不得涉及疾病预防、治疗功能,内容应当真实,与注册或者备案的内容相一致,载明适宜人群、不适宜人群、功效成分或者标志性成分及其含量等,并声明"本品不能代替药物"。保健食品的功能和成分应当与标签、说明书相一致。保健食品广告除应当符合《食品安全法》第七十三条第一款的规定外,还应当声明"本品不能代替药物";其内容应当经生产企业所在地省、自治区、直辖市人民政府食品安全监督管理部门审查批准,取得保健食品广告批准文件。省、自治区、直辖市人民政府食品安全监督管理部门应当公布并及时更新已经批准的保健食品广告目录以及批准的广告内容。

特殊医学用途配方食品应当经国务院食品安全监督管理部门注册。注册时,应当提交产品配方、生产工艺、标签、说明书以及表明产品安全性、营养充足性和特殊医学用途临床效果的材料。特殊医学用途配方食品广告适用《中华人民共和国广告法》和其他法律、行政法规关于药品广告管理的规定。保健食品广告不得含有下列内容:①表示功效、安全性的断言或者保证;②涉及疾病预防、治疗功能;③声称或者暗示广告商品为保障健康所必需的;④与药品、其他保健食品进行比较;⑤利用广告代言人作推荐、证明;⑥法律、行政法规规定禁止的其他内容。保健食品广告应当显著标明"本品不能代替药物"。广播电台、电视台、报刊音像出版单位、互联网信息服务提供者不得以介绍健康、养生知识等形式变相发布医疗、药品、医疗器械、保健食品广告。

婴幼儿配方食品生产企业应当实施从原料进厂到成品出厂的全过程质量控制,对出厂的婴幼儿配方食品实施逐批检验,保证食品安全。生产婴幼儿配方食品使用的生鲜乳、辅料等食品原料、食品添加剂等,应当符合法律、行政法规的规定和食品安全国家标准,保证婴幼儿生长发育所需的营养成分。婴幼儿配方食品生产企业应当将食品原料、食品添加剂、产品配方及标签等事项向省、自治区、直辖市人民政府食品安全监督管理部门备案。婴幼儿配方乳粉的产品配方应当经国务院食品安全监督管理部门注册。注册时,应当提交配方研发报告和其他表明配方科学性、安全性的材料。不得以分装方式生产婴幼儿配方乳粉,同一企业不得用同一配方生产不同品牌的婴幼儿配方乳粉。禁止在大众传播媒介或者公共场所发布声称全部或者部分替代母乳的婴儿乳制品、饮料和其他食品广告。

保健食品、特殊医学用途配方食品、婴幼儿配方乳粉的注册人或者备案人应当对其提交材料的真实性负责。省级以上人民政府食品安全监督管理部门应当及时公布注册或者备案的保健食品、特殊医学用途配方食品、婴幼儿配方乳粉目录,并对注册或者备案中获知的企业商业秘密予以保密。保健食品、特殊医学用途配方食品、婴幼儿配方乳粉生产企业应当按照注册或者备案的产品配方、生产工艺等技术要求组织生产。生产保健食品、特殊医学用途配方食品、婴幼儿配方食品和其他专供特定人群的主辅食品的企业,应当按照良好生产规范的要求建立与所生产食品相适应的生产质量管理体系,定期对该体系的运行情况进行自查,保证其有效运行,并向所在地县级人民政府食品安全监督管理部门提交自查报告。

14.5 食品检验

食品检验机构按照国家有关认证认可的规定取得资质认定后,方可从事食品检验活动。但是,法律另有规定的除外。食品检验机构的资质认定条件和检验规范,由国务院食品安全监督管理部门规定。符合《食品安全法》规定的食品检验机构出具的检验报告具有同等效力。县级以上人民政府应当整合食品检验资源,实现资源共享。食品检验由食品检验机构指定的检验人独立进行。检验人应当依照有关法律、法规的规定,并按照食品安全标准和检验规范对食品进行检验,尊重科学,恪守职业道德,保证出具的检验数据和结论客观、公正,不得出具虚假检验报告。

食品检验实行食品检验机构与检验人负责制。食品检验报告应当加盖食品检验机构公章,并有检验人的签名或者盖章。食品检验机构和检验人对出具的食品检验报告负责。县级以上人民政府食品安全监督管理部门应当对食品进行定期或者不定期的抽样检验,并依据有关规定公布检验结果,不得免检。进行抽样检验,应当购买抽取的样品,委托符合《食品安全法》规定的食品检验机构进行检验,并支付相关费用;不得向食品生产经营者收取检验费和其他费用。对依照《食品安全法》规定实施的检验结论有异议的,食品生产经营者可以自收到检验结论之日起七个工作日内向实施抽样检验的食品安全监督管理部门或者其上一级食品安全监督管理部门提出复检申请,由受理复检申请的食品安全监督管理部门在公布的复检机构名录中随机确定复检机构进行复检。复检机构出具的复检结论为最终检验结论。复检机构与初检机构不得为同一机构。复检机构名录由国务院认证认可监督管理、食品安全监督管理、卫生行政、农业行政等部门共同公布。采用国家规定的快速检测方法对食用农产品进行抽查检测,被抽查人对检测结果有异议的,可以自收到检测结果时起四小时内申请复检。复检不得采用快速检测方法。

食品生产企业可以自行对所生产的食品进行检验,也可以委托符合《食品安全法》规定的食品检验机构进行检验。食品行业协会和消费者协会等组织、消费者需要委托食品检验机构对食品进行检验的,应当委托符合《食品安全法》规定的食品检验机构进行。食品添加剂的检验,适用《食品安全法》有关食品检验的规定。

14.6 食品进出口

国家出入境检验检疫部门对进出口食品安全实施监督管理。进口的食品、食品添加剂、食品相关产品应当符合我国食品安全国家标准。进口的食品、食品添加剂应当经出入境检验检疫机构依照进出口商品检验相关法律、行政法规的规定检验合格。进口的食品、食品添加剂应当按照国家出入境检验检疫部门的要求随附合格证明材料。

进口尚无食品安全国家标准的食品,由境外出口商、境外生产企业或者其委托的进口商向国务院卫生行政部门提交所执行的相关国家(地区)标准或者国际标准。国务院卫生行政部门对相关标准进行审查,认为符合食品安全要求的,决定暂予适用,并及时制定相应的食品安全国家标准。进口利用新的食品原料生产的食品或者进口食品添加剂新品种、食品相关产品新品种,依照《食品安全法》第三十七条的规定办理。出入境检验检疫机构按照国务院卫生行政部门的要求,对前款规定的食品、食品添加剂、食品相关产品进行检验。检验结果应当公开。

境外出口商、境外生产企业应当保证向我国出口的食品、食品添加剂、食品相关产品符合《食品安全法》以及我国其他有关法律、行政法规的规定和食品安全国家标准的要求,并对标签、说明书的内容负责。进口商应当建立境外出口商、境外生产企业审核制度，重点审核前述规定的内容；审核不合格的，不得进口。发现进口食品不符合我国食品安全国家标准或者有证据证明可能危害人体健康的，进口商应当立即停止进口，并依照《食品安全法》第六十三条的规定召回。

境外发生的食品安全事件可能对我国境内造成影响，或者在进口食品、食品添加剂、食品相关产品中发现严重食品安全问题的，国家出入境检验检疫部门应当及时采取风险预警或者控制措施，并向国务院食品安全监督管理、卫生行政、农业行政部门通报。接到通报的部门应当及时采取相应措施。

14.7　食品安全事故处置

国务院组织制定国家食品安全事故应急预案。县级以上地方人民政府应当根据有关法律、法规的规定和上级人民政府的食品安全事故应急预案以及本行政区域的实际情况，制定本行政区域的食品安全事故应急预案，并报上一级人民政府备案。食品安全事故应急预案应当对食品安全事故分级、事故处置组织指挥体系与职责、预防预警机制、处置程序、应急保障措施等作出规定。食品生产经营企业应当制定食品安全事故处置方案，定期检查本企业各项食品安全防范措施的落实情况，及时消除事故隐患。

发生食品安全事故的单位应当立即采取措施，防止事故扩大。事故单位和接收病人进行治疗的单位应当及时向事故发生地县级人民政府食品安全监督管理、卫生行政部门报告。县级以上人民政府质量监督、农业行政等部门在日常监督管理中发现食品安全事故或者接到事故举报，应当立即向同级食品安全监督管理部门通报。发生食品安全事故，接到报告的县级人民政府食品安全监督管理部门应当按照应急预案的规定向本级人民政府和上级人民政府食品安全监督管理部门报告。县级人民政府和上级人民政府食品安全监督管理部门应当按照应急预案的规定上报。任何单位和个人不得对食品安全事故隐瞒、谎报、缓报，不得隐匿、伪造、毁灭有关证据。医疗机构发现其接收的病人属于食源性疾病病人或者疑似病人的，应当按照规定及时将相关信息向所在地县级人民政府卫生行政部门报告。县级人民政府卫生行政部门认为与食品安全有关的，应当及时通报同级食品安全监督管理部门。县级以上人民政府卫生行政部门在调查处理传染病或者其他突发公共卫生事件中发现与食品安全相关的信息，应当及时通报同级食品安全监督管理部门。

县级以上人民政府食品安全监督管理部门接到食品安全事故的报告后，应当立即会同同级卫生行政、农业行政等部门进行调查处理，并依法采取措施，防止或者减轻社会危害。

14.8　食品安全的监督管理与法律责任

14.8.1　食品安全的监督管理

县级以上人民政府食品安全监督管理部门根据食品安全风险监测、风险评估结果和食

品安全状况等,确定监督管理的重点、方式和频次,实施风险分级管理。县级以上地方人民政府组织本级食品安全监督管理、农业行政等部门制定本行政区域的食品安全年度监督管理计划,向社会公布并组织实施。食品安全年度监督管理计划应当将下列事项作为监督管理的重点:①专供婴幼儿和其他特定人群的主辅食品;②保健食品生产过程中的添加行为和按照注册或者备案的技术要求组织生产的情况,保健食品标签、说明书以及宣传材料中有关功能宣传的情况;③发生食品安全事故风险较高的食品生产经营者;④食品安全风险监测结果表明可能存在食品安全隐患的事项。

食品生产经营者、食品行业协会、消费者协会等发现食品安全执法人员在执法过程中有违反法律、法规规定的行为以及不规范执法行为的,可以向本级或者上级人民政府食品安全监督管理等部门或者监察机关投诉、举报。接到投诉、举报的部门或者机关应当进行核实,并将经核实的情况向食品安全执法人员所在部门通报;涉嫌违法违纪的,按照《食品安全法》和有关规定处理。

14.8.2 法律责任

违反《食品安全法》规定,未取得食品生产经营许可从事食品生产经营活动,或者未取得食品添加剂生产许可从事食品添加剂生产活动的,由县级以上人民政府食品药品监督管理部门没收违法所得和违法生产经营的食品、食品添加剂以及用于违法生产经营的工具、设备、原料等物品;违法生产经营的食品、食品添加剂货值金额不足一万元的,并处五万元以上十万元以下罚款;货值金额一万元以上的,并处货值金额十倍以上二十倍以下罚款。明知从事前款规定的违法行为,仍为其提供生产经营场所或者其他条件的,由县级以上人民政府食品安全监督管理部门责令停止违法行为,没收违法所得,并处五万元以上十万元以下罚款;使消费者的合法权益受到损害的,应当与食品、食品添加剂生产经营者承担连带责任。

违反《食品安全法》规定,网络食品交易第三方平台提供者未对入网食品经营者进行实名登记、审查许可证,或者未履行报告、停止提供网络交易平台服务等义务的,由县级以上人民政府食品安全监督管理部门责令改正,没收违法所得,并处五万元以上二十万元以下罚款;造成严重后果的,责令停业,直至由原发证部门吊销许可证;使消费者的合法权益受到损害的,应当与食品经营者承担连带责任。消费者通过网络食品交易第三方平台购买食品,其合法权益受到损害的,可以向入网食品经营者或者食品生产者要求赔偿。网络食品交易第三方平台提供者不能提供入网食品经营者的真实名称、地址和有效联系方式的,由网络食品交易第三方平台提供者赔偿。网络食品交易第三方平台提供者赔偿后,有权向入网食品经营者或者食品生产者追偿。网络食品交易第三方平台提供者作出更有利于消费者承诺的,应当履行其承诺。

对食品作虚假宣传且情节严重的,由省级以上人民政府食品安全监督管理部门决定暂停销售该食品,并向社会公布;仍然销售该食品的,由县级以上人民政府食品安全监督管理部门没收违法所得和违法销售的食品,并处两万元以上五万元以下罚款。违反《食品安全法》规定,编造、散布虚假食品安全信息,构成违反治安管理行为的,由公安机关依法给予治安管理处罚。媒体编造、散布虚假食品安全信息的,由有关主管部门依法给予处罚,并对直

接负责的主管人员和其他直接责任人员给予处分;使公民、法人或者其他组织的合法权益受到损害的,依法承担消除影响、恢复名誉、赔偿损失、赔礼道歉等民事责任。

违反《食品安全法》规定,造成人身、财产或者其他损害的,依法承担赔偿责任。生产经营者财产不足以同时承担民事赔偿责任和缴纳罚款、罚金时,先承担民事赔偿责任。消费者因不符合食品安全标准的食品受到损害的,可以向经营者要求赔偿损失,也可以向生产者要求赔偿损失。接到消费者赔偿要求的生产经营者,应当实行首负责任制,先行赔付,不得推诿;属于生产者责任的,经营者赔偿后有权向生产者追偿;属于经营者责任的,生产者赔偿后有权向经营者追偿。生产不符合食品安全标准的食品或者经营明知是不符合食品安全标准的食品,消费者除要求赔偿损失外,还可以向生产者或者经营者要求支付价款十倍或者损失三倍的赔偿金;增加赔偿的金额不足一千元的,为一千元。但是,食品的标签、说明书存在不影响食品安全且不会对消费者造成误导的瑕疵的除外。违反《食品安全法》规定,构成犯罪的,依法追究刑事责任。

 **思考题**

1. 食品安全标准包括的内容有哪些?
2. 禁止生产经营的食品有哪些?
3. 食品召回制度的内容有哪些?
4. 食品安全事故应如何处置?
5. 食品安全风险监测和评估的主要内容有哪些?

第 15 章 竞 争 法

 基本概念

不正当竞争　诚实信用原则　商业秘密　限制竞争　垄断协议　市场支配地位　经营者集中

15.1 反不正当竞争法

15.1.1 反不正当竞争法概述

正当竞争是指经营者采用符合国家法律法规、遵守社会公认的商业道德和符合诚实信用原则的商业手段进行竞争的行为。不正当竞争是指经营者违反法律规定，损害其他经营者的合法权益，扰乱社会经济秩序的行为。不正当竞争行为不仅直接或者间接地损害了竞争者和消费者的利益，更重要的是危害了市场竞争机制的正常作用。

为保障社会主义市场经济健康发展，鼓励和保护公平竞争，制止不正当竞争行为，保护经营者和消费者的合法权益，第八届全国人民代表大会常务委员会第三次会议于 1993 年 9 月 2 日通过《中华人民共和国反不正当竞争法》，2017 年 11 月 4 日第十二届全国人民代表大会常务委员会第三十次会议对其予以修订，2019 年 4 月 23 日第十三届全国人民代表大会常务委员会第十次会议对其予以修正，自 2019 年 4 月 23 日施行。经营者在市场交易中，应当遵循自愿、平等、公平、诚实信用的原则，遵守公认的商业道德。经营者是指从事商品经营或者营利性服务的法人、其他经济组织和个人。

15.1.2 不正当竞争行为的表现

1. 混淆行为

经营者不得实施下列混淆行为，引人误认为是他人商品或者与他人存在特定联系：

(1) 擅自使用与他人有一定影响的商品名称、包装、装潢等相同或者近似的标识。

(2) 擅自使用他人有一定影响的企业名称(包括简称、字号等)、社会组织名称(包括简称等)、姓名(包括笔名、艺名、译名等)。

(3) 擅自使用他人有一定影响的域名主体部分、网站名称、网页等。

(4) 其他足以引人误认为是他人商品或者与他人存在特定联系的混淆行为。

经营者违反上述规定实施混淆行为的,由监督检查部门责令停止违法行为,没收违法商品。违法经营额五万元以上的,可以并处违法经营额五倍以下的罚款;没有违法经营额或者违法经营额不足五万元的,可以并处二十五万元以下的罚款。情节严重的,吊销营业执照。经营者登记的企业名称违反反不正当竞争法第六条规定的,应当及时办理名称变更登记;名称变更前,由原企业登记机关以统一社会信用代码代替其名称。

2. 商业贿赂行为

商业贿赂行为是指经营者采用财物或者其他手段进行贿赂,以销售商品或者购买商品的不正当竞争行为。商业贿赂行为是一种典型的不正当竞争行为,这种行为损害了其他经营者的合法权益,扰乱了社会经济秩序,同时,该行为也严重地损害了广大消费者的利益,因此各国的法律都对此种行为予以制止。反不正当法规定经营者不得采用财物或者其他手段贿赂下列单位或者个人,以谋取交易机会或者竞争优势:

(1) 交易相对方的工作人员。

(2) 受交易相对方委托办理相关事务的单位或者个人。

(3) 利用职权或者影响力影响交易的单位或者个人。

经营者在交易活动中,可以以明示方式向交易相对方支付折扣,或者向中间人支付佣金。经营者向交易相对方支付折扣、向中间人支付佣金的,应当如实入账。接受折扣、佣金的经营者也应当如实入账。经营者的工作人员进行贿赂的,应当认定为经营者的行为;但是,经营者有证据证明该工作人员的行为与为经营者谋取交易机会或者竞争优势无关的除外。经营者违反法律规定贿赂他人的,由监督检查部门没收违法所得,处十万元以上三百万元以下的罚款。情节严重的,吊销营业执照。

3. 虚假宣传行为

经营者不得对其商品的性能、功能、质量、销售状况、用户评价、曾获荣誉等作虚假或者引人误解的商业宣传,欺骗、误导消费者。经营者不得通过组织虚假交易等方式,帮助其他经营者进行虚假或者引人误解的商业宣传。

经营者违反法律规定对其商品作虚假或者引人误解的商业宣传,或者通过组织虚假交易等方式帮助其他经营者进行虚假或者引人误解的商业宣传的,由监督检查部门责令停止违法行为,处二十万元以上一百万元以下的罚款;情节严重的,处一百万元以上二百万元以下的罚款,可以吊销营业执照。经营者违反反不正当竞争法第八条规定,属于发布虚假广告的,依照《中华人民共和国广告法》的规定处罚。

4. 侵犯商业秘密行为

商业秘密是指不为公众所知悉、具有商业价值并经权利人采取相应保密措施的技术信息、经营信息等商业信息。构成商业秘密的客户名单,一般是指客户的名称、地址、联系方式以及交易的习惯、意向、内容等构成的区别于相关公知信息的特殊客户信息,包括汇集众多客户的客户名册,以及保持长期稳定交易关系的特定客户。侵犯商业秘密行为是指以不正当手段获取、披露、使用他人商业秘密的行为。经营者不得实施下列侵犯商业秘密的行为:

(1) 以盗窃、贿赂、欺诈、胁迫、电子侵入或者其他不正当手段获取权利人的商业秘密。

（2）披露、使用或者允许他人使用以前项手段获取的权利人的商业秘密。

（3）违反保密义务或者违反权利人有关保守商业秘密的要求，披露、使用或者允许他人使用其所掌握的商业秘密。

（4）教唆、引诱、帮助他人违反保密义务或者违反权利人有关保守商业秘密的要求，获取、披露、使用或者允许他人使用权利人的商业秘密。经营者以外的其他自然人、法人和非法人组织实施上述所列违法行为的，视为侵犯商业秘密。第三人明知或者应知商业秘密权利人的员工、前员工或者其他单位、个人实施上述所列违法行为，仍获取、披露、使用或者允许他人使用该商业秘密的，视为侵犯商业秘密。

经营者以及其他自然人、法人和非法人组织违反上述规定侵犯商业秘密的，由监督检查部门责令停止违法行为，没收违法所得，处十万元以上一百万元以下的罚款；情节严重的，处五十万元以上五百万元以下的罚款。权利人因被侵权所受到的实际损失、侵权人因侵权所获得的利益难以确定的，由人民法院根据侵权行为的情节判决给予权利人五百万元以下的赔偿。在侵犯商业秘密的民事审判程序中，商业秘密权利人提供初步证据，证明其已经对所主张的商业秘密采取保密措施，且合理表明商业秘密被侵犯，涉嫌侵权人应当证明权利人所主张的商业秘密不属于本法规定的商业秘密。商业秘密权利人提供初步证据合理表明商业秘密被侵犯，且提供以下证据之一的，涉嫌侵权人应当证明其不存在侵犯商业秘密的行为：

（1）有证据表明涉嫌侵权人有渠道或者机会获取商业秘密，且其使用的信息与该商业秘密实质上相同。

（2）有证据表明商业秘密已经被涉嫌侵权人披露、使用或者有被披露、使用的风险。

（3）有其他证据表明商业秘密被涉嫌侵权人侵犯。

具有下列情形之一的，可以认定有关信息不构成不为公众所知悉：

（1）该信息为其所属技术或者经济领域的人的一般常识或者行业惯例。

（2）该信息仅涉及产品的尺寸、结构、材料、部件的简单组合等内容，进入市场后相关公众通过观察产品即可直接获得。

（3）该信息已经在公开出版物或者其他媒体上公开披露。

（4）该信息已通过公开的报告会、展览等方式公开。

（5）该信息从其他公开渠道可以获得。

（6）该信息无需付出一定的代价而容易获得。

有关信息具有现实的或者潜在的商业价值，能为权利人带来竞争优势的，应当认定为能为权利人带来经济利益、具有实用性。权利人为防止信息泄露所采取的与其商业价值等具体情况相适应的合理保护措施，应当认定为保密措施。一般根据所涉信息载体的特性、权利人保密的意愿、保密措施的可识别程度、他人通过正当方式获得的难易程度等因素，认定权利人是否采取了保密措施。具有下列情形之一，在正常情况下足以防止涉密信息泄露的，应当认定权利人采取了保密措施：

（1）限定涉密信息的知悉范围，只对必须知悉的相关人员告知其内容。

（2）对于涉密信息载体采取加锁等防范措施。

（3）在涉密信息的载体上标有保密标志。

(4) 对于涉密信息采用密码或者代码等。

(5) 签订保密协议。

(6) 对于涉密的机器、厂房、车间等场所限制来访者或者提出保密要求。

(7) 确保信息秘密的其他合理措施。

通过自行开发研制或者反向工程等方式获得的商业秘密,不认定为以盗窃、利诱、胁迫或者其他不正当手段获取权利人的商业秘密或披露、使用或者允许他人使用以前项手段获取的权利人的商业秘密。反向工程是指通过技术手段对从公开渠道取得的产品进行拆卸、测绘、分析等而获得该产品的有关技术信息。

当事人指称他人侵犯其商业秘密的,应当对其拥有的商业秘密符合法定条件、对方当事人的信息与其商业秘密相同或者实质相同以及对方当事人采取不正当手段的事实负举证责任。其中,商业秘密符合法定条件的证据,包括商业秘密的载体、具体内容、商业价值和对该项商业秘密所采取的具体保密措施等。因侵权行为导致商业秘密已为公众所知悉的,应当根据该项商业秘密的商业价值确定损害赔偿额。商业秘密的商业价值,根据其研究开发成本、实施该项商业秘密的收益、可得利益、可保持竞争优势的时间等因素确定。

5. 不当有奖销售行为

不当有奖销售行为是指经营者以提供物品、金钱或其他条件作为奖励来推销商品的行为。有奖销售是一种促销手段,法律并不禁止所有的有奖销售行为,而仅仅对破坏竞争规则和损害消费者利益的有奖销售加以禁止。经营者进行有奖销售不得存在下列情形:

(1) 所设奖的种类、兑奖条件、奖金金额或者奖品等有奖销售信息不明确,影响兑奖。

(2) 采用谎称有奖或者故意让内定人员中奖的欺骗方式进行有奖销售。

(3) 抽奖式的有奖销售,最高奖的金额超过五万元。

6. 诋毁商誉行为

诋毁商誉行为是指经营者捏造、散布虚假事实,损害竞争对手的商业信誉、商品声誉,从而削弱其竞争力的行为。商誉是社会公众对市场经营主体名誉的综合性积极评价。它是经营者长期努力追求,并投入一定的金钱、时间及精力才取得的,良好的商誉本身就是经营者的无形财富。法律对通过积极劳动获得的良好商誉给予尊重和保护,对以不正当手段侵犯竞争者商誉的行为予以严厉制裁。反不正当竞争法规定,经营者不得捏造、散布虚伪事实,损害竞争对手的商业信誉、商品声誉。

7. 妨碍、破坏其他经营者合法提供网络产品或者服务正常运行的行为

经营者利用网络从事生产经营活动,应当遵守反不正当竞争法的各项规定。经营者不得利用技术手段,通过影响用户选择或者其他方式,实施下列妨碍、破坏其他经营者合法提供网络产品或者服务正常运行的行为:

(1) 未经其他经营者同意,在其合法提供的网络产品或者服务中,插入链接、强制进行目标跳转。

(2) 误导、欺骗、强迫用户修改、关闭、卸载其他经营者合法提供的网络产品或者服务。

(3) 恶意对其他经营者合法提供的网络产品或者服务实施不兼容。

(4) 其他妨碍、破坏其他经营者合法提供的网络产品或者服务正常运行的行为。

经营者违反上述规定妨碍、破坏其他经营者合法提供的网络产品或者服务正常运行的，由监督检查部门责令停止违法行为，处十万元以上五十万元以下的罚款；情节严重的，处五十万元以上三百万元以下的罚款。

15.1.3 监督检查与法律责任

1. 监督检查

各级人民政府应当采取措施，制止不正当竞争行为，为公平竞争创造良好的环境和条件。县级以上人民政府工商行政管理部门对不正当竞争行为进行监督检查；法律、行政法规规定由其他部门监督检查的，依照其规定。国家鼓励、支持和保护一切组织和个人对不正当竞争行为进行社会监督。国家机关工作人员不得支持、包庇不正当竞争行为。

监督检查部门调查涉嫌不正当竞争行为，可以采取下列措施：

（1）进入涉嫌不正当竞争行为的经营场所进行检查。

（2）询问被调查的经营者、利害关系人及其他有关单位、个人，要求其说明有关情况或者提供与被调查行为有关的其他资料。

（3）查询、复制与涉嫌不正当竞争行为有关的协议、账簿、单据、文件、记录、业务函电和其他资料。

（4）查封、扣押与涉嫌不正当竞争行为有关的财物。

（5）查询涉嫌不正当竞争行为的经营者的银行账户。

采取前述规定的措施，应当向监督检查部门主要负责人书面报告，并经批准。采取前述第（4）项、第（5）项规定的措施，应当向设区的市级以上人民政府监督检查部门主要负责人书面报告，并经批准。监督检查部门调查涉嫌不正当竞争行为，应当遵守《中华人民共和国行政强制法》和其他有关法律、行政法规的规定，并应当将查处结果及时向社会公开。监督检查部门调查涉嫌不正当竞争行为，被调查的经营者、利害关系人及其他有关单位、个人应当如实提供有关资料或者情况。监督检查部门及其工作人员对调查过程中知悉的商业秘密负有保密义务。

对涉嫌不正当竞争行为，任何单位和个人有权向监督检查部门举报，监督检查部门接到举报后应当依法及时处理。监督检查部门应当向社会公开受理举报的电话、信箱或者电子邮件地址，并为举报人保密。对实名举报并提供相关事实和证据的，监督检查部门应当将处理结果告知举报人。

2. 法律责任

经营者违反反不正当竞争法规定，给他人造成损害的，应当依法承担民事责任。经营者的合法权益受到不正当竞争行为损害的，可以向人民法院提起诉讼。因不正当竞争行为受到损害的经营者的赔偿数额，按照其因被侵权所受到的实际损失确定；实际损失难以计算的，按照侵权人因侵权所获得的利益确定。经营者恶意实施侵犯商业秘密行为，情节严重的，可以在按照上述方法确定数额的一倍以上五倍以下确定赔偿数额。赔偿数额还应当包括经营者为制止侵权行为所支付的合理开支。

经营者违反法律规定从事不正当竞争，有主动消除或者减轻违法行为危害后果等法定情形的,依法从轻或者减轻行政处罚;违法行为轻微并及时纠正,没有造成危害后果的,不予行政处罚。经营者违反法律规定从事不正当竞争,受到行政处罚的,由监督检查部门记入信用记录,并依照有关法律、行政法规的规定予以公示。

妨害监督检查部门依法履行职责,拒绝、阻碍调查的,由监督检查部门责令改正,对个人可以处五千元以下的罚款,对单位可以处五万元以下的罚款,并可以由公安机关依法给予治安管理处罚。当事人对监督检查部门作出的决定不服的,可以依法申请行政复议或者提起行政诉讼。监督检查部门的工作人员滥用职权、玩忽职守、徇私舞弊或者泄露调查过程中知悉的商业秘密的,依法给予处分。违反反不正当竞争法的规定,构成犯罪的,依法追究刑事责任。

经营者违反反不正当竞争法的规定,应当承担民事责任、行政责任和刑事责任,其财产不足以支付的,优先用于承担民事责任。

15.2 反 垄 断 法

15.2.1 反垄断法概述

反垄断法是国家为保护和促进竞争反对垄断的法律制度。它是市场经济国家重要的法律制度,是维护市场秩序和市场竞争的基本法律。世界大部分国家已经普遍地认识到,垄断不仅会损害企业的效率,损害消费者的利益,而且还会遏制一个国家或者民族的竞争精神,而这种竞争精神对一个国家的经济发展具有至关重要的作用。反垄断法的任务就是防止市场上出现垄断,以及对合法产生的垄断企业进行监督,防止它们滥用市场优势地位。

我国为了预防和制止垄断行为,保护市场公平竞争,提高经济运行效率,维护消费者利益和社会公共利益,促进社会主义市场经济健康发展,于2007年8月30日第十届全国人民代表大会常务委员会第二十九次会议通过《中华人民共和国反垄断法》(以下简称《反垄断法》),自2008年8月1日起施行。中华人民共和国境内经济活动中的垄断行为,适用反垄断法;中华人民共和国境外的垄断行为,对境内市场竞争产生排除、限制影响的,也适用反垄断法。经营者依照有关知识产权的法律、行政法规规定行使知识产权的行为,不适用反垄断法;但是,经营者滥用知识产权,排除、限制竞争的行为,适用反垄断法。反垄断与保护知识产权具有共同的目标,即促进竞争和创新,提高经济运行效率,维护消费者利益和社会公共利益。为了保护市场公平竞争和激励创新,制止经营者滥用知识产权排除、限制竞争的行为,国家工商行政管理总局根据《中华人民共和国反垄断法》,制定了《关于禁止滥用知识产权排除、限制竞争行为的规定》,自2015年8月1日施行。农业生产者及农村经济组织在农产品生产、加工、销售、运输、储存等经营活动中实施的联合或者协同行为,不适用反垄断法。反垄断法是制止垄断行为、保护市场竞争和维护市场秩序的基本法律,也是完善市场结构、保障经济安全和确保市场配置资源基础性作用的重要法律。反垄断法对于维护经营者和消费者合法权益,促进技术创新和技术进步,提高企业竞争力,维护公平竞争的市场秩序,保证国民经济的健康、持续、协调发展,具有极为重要的作用。

15.2.2 反垄断的机构

为了对垄断行为进行有效的规制,《反垄断法》规定国务院设立反垄断委员会,负责组织、协调、指导反垄断工作。反垄断委员会履行下列职责:

(1) 研究拟订有关竞争政策。
(2) 组织调查、评估市场总体竞争状况,发布评估报告。
(3) 制定、发布反垄断指南。
(4) 协调反垄断行政执法工作。
(5) 国务院规定的其他职责。

国务院规定的承担反垄断执法职责的机构依照法律规定,负责反垄断执法工作。国务院反垄断执法机构根据工作需要,可以授权省、自治区、直辖市人民政府相应的机构,依照法律规定负责有关反垄断执法工作。

行业协会应当加强行业自律,引导本行业的经营者依法竞争,维护市场竞争秩序。经营者是指从事商品生产、经营或者提供服务的自然人、法人和其他组织。行业协会不得组织本行业的经营者从事法律禁止的垄断行为。

15.2.3 垄断行为

1. 垄断协议

垄断协议是指排除、限制竞争的协议、决定或者其他协同行为。禁止具有竞争关系的经营者达成下列垄断协议:①固定或者变更商品价格;②限制商品的生产数量或者销售数量;③分割销售市场或者原材料采购市场;④限制购买新技术、新设备或者限制开发新技术、新产品;⑤联合抵制交易;⑥国务院反垄断执法机构认定的其他垄断协议。禁止经营者与交易相对人达成下列垄断协议:①固定向第三人转售商品的价格;②限定向第三人转售商品的最低价格;③国务院反垄断执法机构认定的其他垄断协议。

经营者能够证明所达成的协议属于下列情形之一的,不属于禁止之列:

(1) 为改进技术、研究开发新产品的。
(2) 为提高产品质量、降低成本、增进效率,统一产品规格、标准或者实行专业化分工的。
(3) 为提高中小经营者经营效率,增强中小经营者竞争力的。
(4) 为实现节约能源、保护环境、救灾救助等社会公共利益的。
(5) 因经济不景气,为缓解销售量严重下降或者生产明显过剩的。
(6) 为保障对外贸易和对外经济合作中的正当利益的。
(7) 法律和国务院规定的其他情形。属于第(1)项至第(5)项情形,经营者还应当证明所达成的协议不会严重限制相关市场的竞争,并且能够使消费者分享由此产生的利益。

2. 滥用市场支配地位

市场支配地位是指经营者在相关市场内具有能够控制商品价格、数量或者其他交易条件,或者能够阻碍、影响其他经营者进入相关市场能力的市场地位。相关市场是指经营者在一定时期内就特定商品或服务进行竞争的商品范围和地域范围。经营者可以通过公平竞争、自愿联合,依法实施集中,扩大经营规模,提高市场竞争能力。具有市场支配地位的经营者,不得滥用市场支配地位,排除、限制竞争。

禁止具有市场支配地位的经营者从事下列滥用市场支配地位的行为:
(1) 以不公平的高价销售商品或者以不公平的低价购买商品。
(2) 没有正当理由,以低于成本的价格销售商品。
(3) 没有正当理由,拒绝与交易相对人进行交易。
(4) 没有正当理由,限定交易相对人只能与其进行交易或者只能与其指定的经营者进行交易。
(5) 没有正当理由搭售商品,或者在交易时附加其他不合理的交易条件。
(6) 没有正当理由,对条件相同的交易相对人在交易价格等交易条件上实行差别待遇。
(7) 国务院反垄断执法机构认定的其他滥用市场支配地位的行为。

认定经营者具有市场支配地位,应当依据下列因素:
(1) 该经营者在相关市场的市场份额,以及相关市场的竞争状况。
(2) 该经营者控制销售市场或者原材料采购市场的能力。
(3) 该经营者的财力和技术条件。
(4) 其他经营者对该经营者在交易上的依赖程度。
(5) 其他经营者进入相关市场的难易程度。
(6) 与认定该经营者市场支配地位有关的其他因素。

有下列情形之一的,可以推定经营者具有市场支配地位:
(1) 一个经营者在相关市场的市场份额达到二分之一的。
(2) 两个经营者在相关市场的市场份额合计达到三分之二的。
(3) 三个经营者在相关市场的市场份额合计达到四分之三的。

有第(2)项、第(3)项规定的情形,其中有的经营者市场份额不足十分之一的,不应当推定该经营者具有市场支配地位。被推定具有市场支配地位的经营者,有证据证明不具有市场支配地位的,不应当认定其具有市场支配地位。

国有经济占控制地位的关系国民经济命脉和国家安全的行业以及依法实行专营专卖的行业,国家对其经营者的合法经营活动予以保护,并对经营者的经营行为及其商品和服务的价格依法实施监管和调控,维护消费者利益,促进技术进步。这些行业的经营者应当依法经营,诚实守信,严格自律,接受社会公众的监督,不得利用其控制地位或者专营专卖地位损害消费者利益。

3. 经营者集中

经营者集中是指下列情形:
(1) 经营者合并。
(2) 经营者通过取得股权或者资产的方式取得对其他经营者的控制权。
(3) 经营者通过合同等方式取得对其他经营者的控制权或者能够对其他经营者施加决定性影响。

经营者集中达到国务院规定的申报标准的,经营者应当事先向国务院反垄断执法机构申报,未申报的不得实施集中。

为了明确经营者集中的申报标准,国务院公布了《国务院关于经营者集中申报标准的规定》,于2008年8月1日起施行。经营者集中达到下列标准之一的,经营者应当事先向国务院商务主管部门申报,未申报的不得实施集中:

(1) 参与集中的所有经营者上一会计年度在全球范围内的营业额合计超过一百亿元人民币,并且其中至少两个经营者上一会计年度在中国境内的营业额均超过四亿元人民币。

(2) 参与集中的所有经营者上一会计年度在中国境内的营业额合计超过二十亿元人民币,并且其中至少两个经营者上一会计年度在中国境内的营业额均超过四亿元人民币。营业额的计算,应当考虑银行、保险、证券、期货等特殊行业、领域的实际情况,具体办法由国务院商务主管部门会同国务院有关部门制定。

经营者集中未达到规定申报标准的,但按照规定程序收集的事实和证据表明该经营者集中具有或者可能具有排除、限制竞争效果的,国务院商务主管部门应当依法进行调查。

经营者集中有下列情形之一的,可以不向国务院反垄断执法机构申报:

(1) 参与集中的一个经营者拥有其他每个经营者百分之五十以上有表决权的股份或者资产的。

(2) 参与集中的每个经营者百分之五十以上有表决权的股份或者资产被同一个未参与集中的经营者拥有的。

经营者向国务院反垄断执法机构申报集中,应当提交下列文件、资料:①申报书;②集中对相关市场竞争状况影响的说明;③集中协议;④参与集中的经营者经会计师事务所审计的上一会计年度财务会计报告;⑤国务院反垄断执法机构规定的其他文件、资料。申报书应当载明参与集中的经营者的名称、住所、经营范围、预定实施集中的日期和国务院反垄断执法机构规定的其他事项。经营者提交的文件、资料不完备的,应当在国务院反垄断执法机构规定的期限内补交文件、资料。经营者逾期未补交文件、资料的,视为未申报。

国务院反垄断执法机构应当自收到经营者提交的符合法律规定的文件、资料之日起三十日内,对申报的经营者集中进行初步审查,作出是否实施进一步审查的决定,并书面通知经营者。国务院反垄断执法机构作出决定前,经营者不得实施集中。国务院反垄断执法机构作出不实施进一步审查的决定或者逾期未作出决定的,经营者可以实施集中。国务院反垄断执法机构决定实施进一步审查的,应当自决定之日起九十日内审查完毕,作出是否禁止经营者集中的决定,并书面通知经营者。作出禁止经营者集中的决定,应当说明理由。审查期间,经营者不得实施集中。

有下列情形之一的,国务院反垄断执法机构经书面通知经营者,可以延长前述规定的审查期限,但最长不得超过六十日:

(1) 经营者同意延长审查期限的。

(2) 经营者提交的文件、资料不准确,需要进一步核实的。

(3) 经营者申报后有关情况发生重大变化的。国务院反垄断执法机构逾期未作出决定的,经营者可以实施集中。

审查经营者集中,应当考虑下列因素:

(1) 参与集中的经营者在相关市场的市场份额及其对市场的控制力。

(2) 相关市场的市场集中度。

(3) 经营者集中对市场进入、技术进步的影响。

(4) 经营者集中对消费者和其他有关经营者的影响。

(5) 经营者集中对国民经济发展的影响。

(6) 国务院反垄断执法机构认为应当考虑的影响市场竞争的其他因素。

经营者集中具有或者可能具有排除、限制竞争效果的,国务院反垄断执法机构应当作出禁止经营者集中的决定。但是,经营者能够证明该集中对竞争产生的有利影响明显大于不利影响,或者符合社会公共利益的,国务院反垄断执法机构可以作出对经营者集中不予禁止的决定。对不予禁止的经营者集中,国务院反垄断执法机构可以决定附加减少集中对竞争产生不利影响的限制性条件。国务院反垄断执法机构应当将禁止经营者集中的决定或者对经营者集中附加限制性条件的决定,及时向社会公布。

对外资并购境内企业或者以其他方式参与经营者集中,涉及国家安全的,除依照法律规定进行经营者集中审查外,还应当按照国家有关规定进行国家安全审查。

4. 滥用行政权力排除、限制竞争

行政机关和法律、法规授权的具有管理公共事务职能的组织不得滥用行政权力,限定或者变相限定单位或者个人经营、购买、使用其指定的经营者提供的商品。行政机关和法律、法规授权的具有管理公共事务职能的组织不得滥用行政权力,实施下列行为,妨碍商品在地区之间的自由流通:

(1) 对外地商品设定歧视性收费项目、实行歧视性收费标准,或者规定歧视性价格。

(2) 对外地商品规定与本地同类商品不同的技术要求、检验标准,或者对外地商品采取重复检验、重复认证等歧视性技术措施,限制外地商品进入本地市场。

(3) 采取专门针对外地商品的行政许可,限制外地商品进入本地市场。

(4) 设置关卡或者采取其他手段,阻碍外地商品进入或者本地商品运出。

(5) 妨碍商品在地区之间自由流通的其他行为。

行政机关和法律、法规授权的具有管理公共事务职能的组织不得滥用行政权力,以设定歧视性资质要求、评审标准或者不依法发布信息等方式,排斥或者限制外地经营者参加本地的招标投标活动。行政机关和法律、法规授权的具有管理公共事务职能的组织不得滥用行政权力,采取与本地经营者不平等待遇等方式,排斥或者限制外地经营者在本地投资或者设立分支机构。行政机关和法律、法规授权的具有管理公共事务职能的组织不得滥用行政权力,强制经营者从事法律规定的垄断行为。行政机关不得滥用行政权力,制定含有排除、限制竞争内容的规定。

公平竞争是市场经济的基本原则,是市场机制高效运行的重要基础。随着经济体制改革的不断深化,全国统一市场基本形成,公平竞争环境逐步建立。但同时也要看到,地方保护、区域封锁、行业壁垒、企业垄断,违法给予优惠政策或减损市场主体利益等不符合建设全

国统一市场和公平竞争的现象仍然存在。为规范政府有关行为,防止出台排除、限制竞争的政策措施,逐步清理废除妨碍全国统一市场和公平竞争的规定和做法,2016年6月国务院公布了《国务院关于在市场体系建设中建立公平竞争审查制度的意见》,旨在有效约束政府行为,预防政府行为对市场竞争形成不当影响。这是在我国《反垄断法》实施近8年之后,再次对维护市场公平竞争作出重大的制度性安排,是我国完善社会主义市场经济历程中的里程碑事件,将对我国经济社会发展产生重大而深远的影响。

15.2.4 对涉嫌垄断行为的调查

反垄断执法机构依法对涉嫌垄断行为进行调查。对涉嫌垄断行为,任何单位和个人有权向反垄断执法机构举报。反垄断执法机构应当为举报人保密。举报采用书面形式并提供相关事实和证据的,反垄断执法机构应当进行必要的调查。反垄断执法机构调查涉嫌垄断行为,可以采取下列措施:

(1) 进入被调查的经营者的营业场所或者其他有关场所进行检查。

(2) 询问被调查的经营者、利害关系人或者其他有关单位或者个人,要求其说明有关情况。

(3) 查阅、复制被调查的经营者、利害关系人或者其他有关单位或者个人的有关单证、协议、会计账簿、业务函电、电子数据等文件、资料。

(4) 查封、扣押相关证据。

(5) 查询经营者的银行账户。反垄断执法机构调查涉嫌垄断行为,执法人员不得少于两人,并应当出示执法证件。

执法人员进行询问和调查,应当制作笔录,并由被询问人或者被调查人签字。反垄断执法机构及其工作人员对执法过程中知悉的商业秘密负有保密义务。被调查的经营者、利害关系人或者其他有关单位或者个人应当配合反垄断执法机构依法履行职责,不得拒绝、阻碍反垄断执法机构的调查。被调查的经营者、利害关系人有权陈述意见。反垄断执法机构应当对被调查的经营者、利害关系人提出的事实、理由和证据进行核实。

反垄断执法机构对涉嫌垄断行为调查核实后,认为构成垄断行为的,应当依法作出处理决定,并可以向社会公布。对反垄断执法机构调查的涉嫌垄断行为,被调查的经营者承诺在反垄断执法机构认可的期限内采取具体措施消除该行为后果的,反垄断执法机构可以决定中止调查。中止调查的决定应当载明被调查的经营者承诺的具体内容。反垄断执法机构决定中止调查的,应当对经营者履行承诺的情况进行监督。经营者履行承诺的,反垄断执法机构可以决定终止调查。有下列情形之一的,反垄断执法机构应当恢复调查:

(1) 经营者未履行承诺的。

(2) 作出中止调查决定所依据的事实发生重大变化的。

(3) 中止调查的决定是基于经营者提供的不完整或者不真实的信息作出的。

15.2.5 法律责任

经营者滥用知识产权排除、限制竞争的行为构成垄断协议的,由工商行政管理机关责令停止违法行为,没收违法所得,并处上一年度销售额百分之一以上百分之十以下的罚款;尚未实施所达成的垄断协议的,可以处五十万元以下的罚款。经营者滥用知识产权排除、限制竞争的行为构成滥用市场支配地位的,由工商行政管理机关责令停止违法行为,没收违法所得,并处上一年度销售额百分之一以上百分之十以下的罚款。工商行政管理机关确定具体罚款数额时,应当考虑违法行为的性质、情节、程度、持续的时间等因素。

经营者违反法律规定,达成并实施垄断协议的,由反垄断执法机构责令停止违法行为,没收违法所得,并处上一年度销售额百分之一以上百分之十以下的罚款;尚未实施所达成的垄断协议的,可以处五十万元以下的罚款。经营者主动向反垄断执法机构报告达成垄断协议的有关情况并提供重要证据的,反垄断执法机构可以酌情减轻或者免除对该经营者的处罚。行业协会违反法律规定,组织本行业的经营者达成垄断协议的,反垄断执法机构可以处五十万元以下的罚款;情节严重的,社会团体登记管理机关可以依法撤销登记。

经营者违反法律规定,滥用市场支配地位的,由反垄断执法机构责令停止违法行为,没收违法所得,并处上一年度销售额百分之一以上百分之十以下的罚款。经营者违反法律规定实施集中的,由国务院反垄断执法机构责令停止实施集中、限期处分股份或者资产、限期转让营业以及采取其他必要措施恢复到集中前的状态,可以处五十万元以下的罚款。

经营者实施垄断行为,给他人造成损失的,依法承担民事责任。为正确审理因垄断行为引发的民事纠纷案件,制止垄断行为,保护和促进市场公平竞争,维护消费者利益和社会公共利益,根据《反垄断法》《中华人民共和国侵权责任法》《合同法》和《中华人民共和国民事诉讼法》(以下简称《民事诉讼法》)等法律的相关规定,最高人民法院通过了《关于审理因垄断行为引发的民事纠纷案件应用法律若干问题的规定》,这是最高人民法院在反垄断审判领域出台的第一部司法解释。该司法解释于2012年6月1日起正式施行。反垄断司法解释规定了公民可以直接起诉垄断企业。因垄断行为引发的垄断民事纠纷案件是指因垄断行为受到损失以及因合同内容、行业协会的章程等违反反垄断法而发生争议的自然人、法人或者其他组织,向人民法院提起的民事诉讼案件。原告直接向人民法院提起民事诉讼,或者在反垄断执法机构认定构成垄断行为的处理决定发生法律效力后向人民法院提起民事诉讼,并符合法律规定的其他受理条件的,人民法院应当受理。

第一审垄断民事纠纷案件,由省、自治区、直辖市人民政府所在地的市、计划单列市中级人民法院以及最高人民法院指定的中级人民法院管辖。经最高人民法院批准,基层人民法院可以管辖第一审垄断民事纠纷案件。垄断民事纠纷案件的地域管辖,根据案件具体情况,依照民事诉讼法及相关司法解释有关侵权纠纷、合同纠纷等的管辖规定确定。民事纠纷案件立案时的案由并非垄断纠纷,被告以原告实施了垄断行为为由提出抗辩或者反诉且有证据支持,或者案件需要依据反垄断法作出裁判,但受诉人民法院没有垄断民事纠纷案件管辖权的,应当将案件移送有管辖权的人民法院。两个或者两个以上原告因同一垄断行为向有管辖权的同一法院分别提起诉讼的,人民法院可以合并审理。两个或者两个以上原告因同一垄断行为向有管辖权的不同法院分别提起诉讼的,后立案的法院在得知有关法院先立案的情况后,应当在七日内裁定将案件移送先立案的法院;受移送的法院可以合并审理。被告应当在答辩阶段主动向受诉人民法院提供其因同一行为在其他法院涉诉的相关信息。

被诉垄断行为属于公用企业或者其他依法具有独占地位的经营者滥用市场支配地位的,人民法院可以根据市场结构和竞争状况的具体情况,认定被告在相关市场内具有支配地位,但有相反证据足以推翻的除外。原告可以以被告对外发布的信息作为证明其具有市场支配地位的证据。被告对外发布的信息能够证明其在相关市场内具有支配地位的,人民法院可以据此作出认定,但有相反证据足以推翻的除外。证据涉及国家秘密、商业秘密、个人隐私或者其他依法应当保密的内容的,人民法院可以依职权或者当事人的申请采取不公开开庭、限制或者禁止复制、仅对代理律师展示、责令签署保密承诺书等保护措施。当事人可以向人民法院申请一至二名具有相应专门知识的人员出庭,就案件的专门性问题进行说明。当事人可以向人民法院申请委托专业机构或者专业人员就案件的专门性问题作出市场调查或者经济分析报告。经人民法院同意,双方当事人可以协商确定专业机构或者专业人员;协商不成的,由人民法院指定。

被告实施垄断行为,给原告造成损失的,根据原告的诉讼请求和查明的事实,人民法院可以依法判令被告承担停止侵害、赔偿损失等民事责任。根据原告的请求,人民法院可以将原告因调查、制止垄断行为所支付的合理开支计入损失赔偿范围。被诉合同内容、行业协会的章程等违反反垄断法或者其他法律、行政法规的强制性规定的,人民法院应当依法认定其无效。因垄断行为产生的损害赔偿请求权诉讼时效期间,从原告知道或者应当知道权益受侵害之日起计算。

原告向反垄断执法机构举报被诉垄断行为的,诉讼时效从其举报之日起中断。反垄断执法机构决定不立案、撤销案件或者决定终止调查的,诉讼时效期间从原告知道或者应当知道不立案、撤销案件或者终止调查之日起重新计算。反垄断执法机构调查后认定构成垄断行为的,诉讼时效期间从原告知道或者应当知道反垄断执法机构认定构成垄断行为的处理决定发生法律效力之日起重新计算。原告起诉时被诉垄断行为已经持续超过2年,被告提出诉讼时效抗辩的,损害赔偿应当自原告向人民法院起诉之日起向前推算2年计算。

行政机关和法律、法规授权的具有管理公共事务职能的组织滥用行政权力,实施排除、限制竞争行为的,由上级机关责令改正;对直接负责的主管人员和其他直接责任人员依法给予处分。反垄断执法机构可以向有关上级机关提出依法处理的建议。法律、行政法规对行政机关和法律、法规授权的具有管理公共事务职能的组织滥用行政权力实施排除、限制竞争行为的处理另有规定的,依照其规定。对反垄断执法机构依法实施的审查和调查,拒绝提供有关材料、信息,或者提供虚假材料、信息,或者隐匿、销毁、转移证据,或者有其他拒绝、阻碍调查行为的,由反垄断执法机构责令改正,对个人可以处两万元以下的罚款,对单位可以处二十万元以下的罚款;情节严重的,对个人处两万元以上十万元以下的罚款,对单位处二十万元以上一百万元以下的罚款;构成犯罪的,依法追究刑事责任。反垄断执法机构工作人员滥用职权、玩忽职守、徇私舞弊或者泄露执法过程中知悉的商业秘密,构成犯罪的,依法追究刑事责任;尚不构成犯罪的,依法给予处分。

思考题

1. 什么是不正当竞争?
2. 不正当竞争行为的表现有哪些?
3. 垄断行为包括哪些?
4. 反垄断委员会的职责有哪些?
5. 认定经营者具有市场支配地位应考虑的因素有哪些?
6. 反垄断执法机构调查涉嫌垄断行为可以采取的措施有哪些?
7. 公民可以直接起诉垄断企业的情形有哪些?

第16章 会计法与审计法

会计核算　会计监督　会计机构　审计　职责　权限

16.1 会　计　法

16.1.1 会计法概述

1. 会计的概念与《会计法》的适用范围

会计是以会计凭证为依据，以货币为主要计量单位，运用一系列专门的技术方法，对企业、机关、事业单位和其他组织的经济活动进行全面、连续、系统地核算和监督，并向相关会计信息使用者提供符合会计法律、法规和规章制度要求的会计信息的一项管理工作。为了规范会计行为，保证会计资料真实、完整，加强经济管理和财务管理，提高经济效益，维护社会主义市场经济秩序，1985 年第六届全国人民代表大会常务委员会第十二次会议通过《中华人民共和国会计法》(以下简称《会计法》)，1999 年对其予以修正，2017 年 11 月 4 日第十二届全国人民代表大会常务委员会第十三次会议对其予以第二次修正，自 2017 年 11 月 5 日起施行。国家机关、社会团体、公司、企业、事业单位和其他组织必须依照会计法办理会计事务。各单位必须依法设置会计账簿，并保证其真实、完整。个体工商户会计管理的具体办法，由国务院财政部门根据会计法的原则另行规定。

2. 会计工作的管理

国务院财政部门主管全国的会计工作。县级以上地方各级人民政府财政部门管理本行政区域内的会计工作。国家实行统一的会计制度。国家统一的会计制度是指国务院财政部门根据会计法制定的关于会计核算、会计监督、会计机构和会计人员以及会计工作管理的制度。国务院有关部门可以依照会计法和国家统一的会计制度制定对会计核算和会计监督有特殊要求的行业实施国家统一的会计制度的具体办法或者补充规定，报国务院财政部门审核批准。中国人民解放军总后勤部可以依照会计法和国家统一的会计制度制定。军队实施国家统一的会计制度的具体办法，报国务院财政部门备案。

单位负责人对本单位的会计工作和会计资料的真实性、完整性负责。单位负责人是指单位法定代表人或者法律、行政法规规定代表单位行使职权的主要负责人。会计机构、会计人员依照会计法规定进行会计核算,实行会计监督。任何单位或者个人不得以任何方式授意、指使、强令会计机构、会计人员伪造、变造会计凭证、会计账簿和其他会计资料,提供虚假财务会计报告。任何单位或者个人不得对依法履行职责、抵制违反会计法规定行为的会计人员实行打击报复。对认真执行会计法,忠于职守,坚持原则,作出显著成绩的会计人员,给予精神的或者物质的奖励。

16.1.2 会计核算

会计核算是指主要运用货币计量形式,通过确认、计量、记录和报告,从数量上连续、系统和完整地反映各个单位的经济活动情况,为加强经济管理和提高经济效益提供会计信息。各单位必须根据实际发生的经济业务事项进行会计核算,填制会计凭证,登记会计账簿,编制财务会计报告。任何单位不得以虚假的经济业务事项或者资料进行会计核算。下列经济业务事项,应当办理会计手续,进行会计核算:①款项和有价证券的收付;②财物的收发、增减和使用;③债权债务的发生和结算;④资本、基金的增减;⑤收入、支出、费用、成本的计算;⑥财务成果的计算和处理;⑦需要办理会计手续、进行会计核算的其他事项。会计年度自公历1月1日起至12月31日止。会计核算以人民币为记账本位币。业务收支以人民币以外的货币为主的单位,可以选定其中一种货币作为记账本位币,但是编报的财务会计报告应当折算为人民币。会计凭证、会计账簿、财务会计报告和其他会计资料,必须符合国家统一的会计制度的规定。使用电子计算机进行会计核算的,其软件及其生成的会计凭证、会计账簿、财务会计报告和其他会计资料,也必须符合国家统一的会计制度的规定。

任何单位和个人不得伪造、变造会计凭证、会计账簿及其他会计资料,不得提供虚假的财务会计报告。会计凭证包括原始凭证和记账凭证。办理会计法规定的款项和有价证券的收付等经济业务事项,必须填制或者取得原始凭证并及时送交会计机构。会计机构、会计人员必须按照国家统一的会计制度的规定对原始凭证进行审核,对不真实、不合法的原始凭证有权不予接受,并向单位负责人报告;对记载不准确、不完整的原始凭证予以退回,并要求按照国家统一的会计制度的规定更正、补充。原始凭证记载的各项内容均不得涂改;原始凭证有错误的,应当由出具单位重开或者更正,更正处应当加盖出具单位印章。原始凭证金额有错误的,应当由出具单位重开,不得在原始凭证上更正。

记账凭证应当根据经过审核的原始凭证及有关资料编制。会计账簿登记,必须以经过审核的会计凭证为依据,并符合有关法律、行政法规和国家统一的会计制度的规定。会计账簿包括总账、明细账、日记账和其他辅助性账簿。会计账簿应当按照连续编号的页码顺序登记。会计账簿记录发生错误或者隔页、缺号、跳行的,应当按照国家统一的会计制度规定的方法更正,并由会计人员和会计机构负责人在更正处盖章。

使用电子计算机进行会计核算的,其会计账簿的登记、更正,应当符合国家统一的会计制度的规定。各单位发生的各项经济业务事项应当在依法设置的会计账簿上统一登记、核算,不得违反会计法和国家统一的会计制度的规定私设会计账簿登记、核算。各单位应当定期将会计账簿记录与实物、款项及有关资料相互核对,保证会计账簿记录与实物及款项的实有数额相符,会计账簿记录与会计凭证的有关内容相符,会计账簿之间相对应的记录相符,会计账簿记录与会计报表的有关内容相符。

各单位采用的会计处理方法,前后各期应当一致,不得随意变更;确有必要变更的,应当按照国家统一的会计制度的规定变更,并将变更的原因、情况及影响在财务会计报告中说明。单位提供的担保、未决诉讼等或有事项,应当按照国家统一的会计制度的规定,在财务会计报告中予以说明。财务会计报告应当根据经过审核的会计账簿记录和有关资料编制,并符合会计法和国家统一的会计制度关于财务会计报告的编制要求、提供对象和提供期限的规定;其他法律、行政法规另有规定的,从其规定。

财务会计报告由会计报表、会计报表附注和财务情况说明书组成。向不同的会计资料使用者提供的财务会计报告,其编制依据应当一致。有关法律、行政法规规定会计报表、会计报表附注和财务情况说明书须经注册会计师审计的,注册会计师及其所在的会计师事务所出具的审计报告应当随同财务会计报告一并提供。财务会计报告应当由单位负责人和主管会计工作的负责人、会计机构负责人签名并盖章;设置总会计师的单位,还须由总会计师签名并盖章。单位负责人应当保证财务会计报告真实、完整。

会计记录的文字应当使用中文。在民族自治地方,会计记录可以同时使用当地通用的一种民族文字。在中华人民共和国境内的外商投资企业、外国企业和其他外国组织的会计记录可以同时使用一种外国文字。各单位对会计凭证、会计账簿、财务会计报告和其他会计资料应当建立档案,妥善保管。会计档案的保管期限和销毁办法,由国务院财政部门会同有关部门制定。

16.1.3 公司、企业会计核算的特别规定

公司、企业必须根据实际发生的经济业务事项,按照国家统一的会计制度的规定确认、计量和记录资产、负债、所有者权益、收入、费用、成本和利润。公司、企业进行会计核算不得有下列行为:

(1) 随意改变资产、负债、所有者权益的确认标准或者计量方法,虚列、多列、不列或者少列资产、负债、所有者权益。

(2) 虚列或者隐瞒收入,推迟或者提前确认收入。

(3) 随意改变费用、成本的确认标准或者计量方法,虚列、多列、不列或者少列费用、成本。

(4) 随意调整利润的计算、分配方法,编造虚假利润或者隐瞒利润。

(5) 违反国家统一的会计制度规定的其他行为。

16.1.4 会计监督

会计监督是指对特定主体经济活动和相关会计核算的合法性、合理性进行审查。会计法规定,各单位应当建立、健全本单位内部会计监督制度。单位内部会计监督制度应当符合下列要求:

(1) 记账人员与经济业务事项和会计事项的审批人员、经办人员、财物保管人员的职责权限应当明确,并相互分离、相互制约。

（2）重大对外投资、资产处置、资金调度和其他重要经济业务事项的决策和执行的相互监督、相互制约程序应当明确。

（3）财产清查的范围、期限和组织程序应当明确。

（4）对会计资料定期进行内部审计的办法和程序应当明确。

单位负责人应当保证会计机构、会计人员依法履行职责，不得授意、指使、强令会计机构、会计人员违法办理会计事项。会计机构、会计人员对违反会计法和国家统一的会计制度规定的会计事项，有权拒绝办理或者按照职权予以纠正。会计机构、会计人员发现会计账簿记录与实物、款项及有关资料不相符的，按照国家统一的会计制度的规定有权自行处理的，应当及时处理；无权处理的，应当立即向单位负责人报告，请求查明原因，作出处理。

任何单位和个人对违反会计法和国家统一的会计制度规定的行为，有权检举。收到检举的部门有权处理的，应当依法按照职责分工及时处理；无权处理的，应当及时移送有权处理的部门处理。收到检举的部门、负责处理的部门应当为检举人保密，不得将检举人姓名和检举材料转给被检举单位和被检举人个人。有关法律、行政法规规定，须经注册会计师进行审计的单位，应当向受委托的会计师事务所如实提供会计凭证、会计账簿、财务会计报告和其他会计资料以及有关情况。

任何单位或者个人不得以任何方式要求或者示意注册会计师及其所在的会计师事务所出具不实或者不当的审计报告。财政部门有权对会计师事务所出具审计报告的程序和内容进行监督。财政部门对各单位的下列情况实施监督：

（1）是否依法设置会计账簿。

（2）会计凭证、会计账簿、财务会计报告和其他会计资料是否真实、完整。

（3）会计核算是否符合会计法和国家统一的会计制度的规定。

（4）从事会计工作的人员是否具备专业能力、遵守职业道德。

在对前述第（2）项所列事项实施监督，发现重大违法嫌疑时，国务院财政部门及其派出机构可以向与被监督单位有经济业务往来的单位和被监督单位开立账户的金融机构查询有关情况，有关单位和金融机构应当给予支持。

财政、审计、税务、人民银行、证券监管、保险监管等部门应当依照有关法律、行政法规规定的职责，对有关单位的会计资料实施监督检查。前述所列监督检查部门对有关单位的会计资料依法实施监督检查后，应当出具检查结论。有关监督检查部门已经作出的检查结论能够满足其他监督检查部门履行本部门职责需要的，其他监督检查部门应当加以利用，避免重复查账。依法对有关单位的会计资料实施监督检查的部门及其工作人员对在监督检查中知悉的国家秘密和商业秘密负有保密义务。各单位必须依照有关法律、行政法规的规定，接受有关监督检查部门依法实施的监督检查，如实提供会计凭证、会计账簿、财务会计报告和其他会计资料以及有关情况，不得拒绝、隐匿、谎报。

16.1.5 会计机构和会计人员

1. 会计机构

会计机构是指单位内部所设置的、专门办理会计事项的机构。会计法规定各单位应当

根据会计业务的需要,设置会计机构,或者在有关机构中设置会计人员并指定会计主管人员;不具备设置条件的,应当委托经批准设立从事会计代理记账业务的中介机构代理记账。国有的和国有资产占控股地位或者主导地位的大、中型企业必须设置总会计师。总会计师的任职资格、任免程序、职责权限由国务院规定。会计机构内部应当建立稽核制度。出纳人员不得兼任稽核、会计档案保管和收入、支出、费用、债权债务账目的登记工作。

2. 会计人员

会计人员是指从事会计工作的专职人员。会计人员按职权划分主要有总会计师、会计机构负责人、会计主管人员、一般会计;按照专业技术职务划分为高级会计师、会计师、助理会计师、会计员。会计法规定会计人员应当具备从事会计工作所需要的专业能力。担任单位会计机构负责人(会计主管人员)的,还应当具备会计师以上专业技术职务资格或者从事会计工作3年以上经历。会计人员的范围由国务院财政部门规定。会计人员应当遵守职业道德,提高业务素质。对会计人员的教育和培训工作应当加强。因有提供虚假财务会计报告,做假账,隐匿或者故意销毁会计凭证、会计账簿、财务会计报告,贪污,挪用公款,职务侵占等与会计职务有关的违法行为被依法追究刑事责任的人员,不得再从事会计工作。

会计人员调动工作或者离职,必须与接管人员办清交接手续。一般会计人员办理交接手续,由会计机构负责人监交;会计机构负责人办理交接手续,由单位负责人监交,必要时主管单位可以派人会同监交。

16.1.6 法律责任

违反《会计法》规定,有下列行为之一的,由县级以上人民政府财政部门责令限期改正,可以对单位并处三千元以上五万元以下的罚款;对其直接负责的主管人员和其他直接责任人员,可以处两千元以上两万元以下的罚款;属于国家工作人员的,还应当由其所在单位或者有关单位依法给予行政处分:

(1) 不依法设置会计账簿的。

(2) 私设会计账簿的。

(3) 未按照规定填制、取得原始凭证或者填制、取得的原始凭证不符合规定的。

(4) 以未经审核的会计凭证为依据登记会计账簿或者登记会计账簿不符合规定的。

(5) 随意变更会计处理方法的。

(6) 向不同的会计资料使用者提供财务会计报告编制依据不一致的。

(7) 未按照规定使用会计记录文字或者记账本位币的。

(8) 未按照规定保管会计资料,致使会计资料毁损、灭失的。

(9) 未按照规定建立并实施单位内部会计监督制度或者拒绝依法实施的监督或者不如实提供有关会计资料及有关情况的。

(10) 任用会计人员不符合会计法规定的。

有前述行为之一,情节严重的,依法追究刑事责任。会计人员有前述所列行为之一,情节严重的,5年内不得从事会计工作。有关法律另有规定的,依有关法律的规定办理。伪造、变造会计凭证、会计账簿,编制虚假财务会计报告,构成犯罪的,依法追究刑事责任。有前述行为,尚不构成犯罪的,由县级以上人民政府财政部门予以通报,可以对单位并处五千元以上十万元以下的罚款;对其直接负责的主管人员和其他直接责任人员,可以处三千元以上五万元以下的罚款;属于国家工作人员的,还应当由其所在单位或者有关单位依法给予撤职直至开除的行政处分;对其中的会计人员,并由县级以上人民政府财政部门吊销会计从业资格证书。隐匿或者故意销毁依法应当保存的会计凭证、会计账簿、财务会计报告,构成犯罪的,依法追究刑事责任。有前述行为,尚不构成犯罪的,由县级以上人民政府财政部门予以通报,可以对单位并处五千元以上十万元以下的罚款;对其直接负责的主管人员和其他直接责任人员,可以处三千元以上五万元以下的罚款;属于国家工作人员的,还应当由其所在单位或者有关单位依法给予撤职直至开除的行政处分;其中的会计人员,五年内不得从事会计工作。

授意、指使、强令会计机构、会计人员及其他人员伪造、变造会计凭证、会计账簿,编制虚假财务会计报告或者隐匿、故意销毁依法应当保存的会计凭证、会计账簿、财务会计报告,构成犯罪的,依法追究刑事责任;尚不构成犯罪的,可以处五千元以上五万元以下的罚款;属于国家工作人员的,还应当由其所在单位或者有关单位依法给予降级、撤职、开除的行政处分。单位负责人对依法履行职责、抵制违反会计法规定行为的会计人员以降级、撤职、调离工作岗位、解聘或者开除等方式实行打击报复,构成犯罪的,依法追究刑事责任;尚不构成犯罪的,由其所在单位或者有关单位依法给予行政处分。对受打击报复的会计人员,应当恢复其名誉和原有职务、级别。

财政部门及有关行政部门的工作人员在实施监督管理中滥用职权、玩忽职守、徇私舞弊或者泄露国家秘密、商业秘密,构成犯罪的,依法追究刑事责任;尚不构成犯罪的,依法给予行政处分。违反《会计法》的规定,将检举人姓名和检举材料转给被检举单位和被检举人个人的,由所在单位或者有关单位依法给予行政处分。违反《会计法》规定,同时违反其他法律规定的,由有关部门在各自职权范围内依法进行处罚。

16.2 审 计 法

16.2.1 审计法概述

1. 审计的概念

审计是指审计机关依法独立检查被审计单位的会计凭证、会计账簿、财务会计报告以及其他与财政收支、财务收支有关的资料和资产,监督财政收支、财务收支真实、合法和效益的行为。财政收支是指依照《中华人民共和国预算法》和国家其他有关规定,纳入预算管理的收入和支出,以及下列财政资金中未纳入预算管理的收入和支出:①行政事业性收费;②国有资源、国有资产收入;③应当上缴的国有资本经营收益;④政府举借债务筹措的资金;⑤其他未纳入预算管理的财政资金。财务收支是指国有的金融机构、企业事业组织以及依法应当接受审计机关审计监督的其他单位,按照国家财务会计制度的规定,实行会计核算的各项收入和支出。

2.《审计法》的适用范围

为了加强国家的审计监督,维护国家财政经济秩序,提高财政资金使用效益,促进廉政建设,保障国民经济和社会健康发展,1994年8月31日第八届全国人民代表大会常务委员会第九次会议通过了《中华人民共和国审计法》(以下简称《审计法》),2006年2月28日第十届全国人民代表大会常务委员会第二十次会议予以修正,并于2006年6月1日起施行。国务院和县级以上地方人民政府设立审计机关。国务院各部门和地方各级人民政府及其各部门的财政收支,国有的金融机构和企业事业组织的财务收支,以及其他依照审计法规定应当接受审计的财政收支、财务收支,依照审计法规定接受审计监督。审计机关对前述所列财政收支或者财务收支的真实、合法和效益,依法进行审计监督。

审计机关依据有关财政收支、财务收支的法律、法规和国家其他有关规定进行审计评价,在法定职权范围内作出审计决定,对被审计单位违反国家规定的财政收支、财务收支行为,在法定职权范围内作出处理、处罚的决定。

16.2.2 审计机关和审计人员

1. 审计机关

审计机关是指依照国家法律规定设立的代表国家行使审计监督职权的国家机关。审计机关依照法律规定独立行使审计监督权,不受其他行政机关、社会团体和个人的干涉。审计机关和审计人员办理审计事项,应当客观公正,实事求是,廉洁奉公,保守秘密。设立审计机关进行审计监督,是实行现代管理和监督财政经济活动的重要手段之一,是健全社会主义财政经济法制的一项重要措施。

审计机关实行双重领导体制,对本级人民政府和上一级审计机关负责并报告工作,审计业务以上级审计机关领导为主。审计法规定国务院设立审计署,在国务院总理领导下,主管全国的审计工作,履行审计法和国务院规定的职责。审计长是审计署的行政首长。省、自治区、直辖市、设区的市、自治州、县、自治县、不设区的市、市辖区的人民政府的审计机关,分别在省长、自治区主席、市长、州长、县长、区长和上一级审计机关的领导下,负责本行政区域内的审计工作,履行法律、法规和本级人民政府规定的职责。地方各级审计机关对本级人民政府和上一级审计机关负责并报告工作,审计业务以上级审计机关领导为主。

审计机关根据工作需要,经本级人民政府批准,可以在其审计管辖范围内设立派出机构。派出机构根据审计机关的授权,依法进行审计工作。审计机关履行职责所必需的经费,应当列入财政预算,由本级人民政府予以保证。审计机关编制年度经费预算草案的依据主要包括:①法律、法规;②本级人民政府的决定和要求;③审计机关的年度审计工作计划;④定员定额标准;⑤上一年度经费预算执行情况和本年度的变化因素。

2. 审计人员

审计人员是指审计机关或者其他审计机构中从事审计工作的专门人员。审计人员执行职务的原则有以下三项:

(1)回避原则。审计人员办理审计事项,有下列情形之一的,应当申请回避,被审计单位也有权申请审计人员回避:①与被审计单位负责人或者有关主管人员有夫妻关系、直系血亲关系、三代以内旁系血亲或者近姻亲关系的。②与被审计单位或者审计事项有经济利益关系的。③与被审计单位、审计事项、被审计单位负责人或者有关主管人员有其他利害关系,可能影响公正执行公务的。审计人员的回避,由审计机关负责人决定;审计机关负责人办理审计事项时的回避,由本级人民政府或者上一级审计机关负责人决定。

(2) 保密原则。审计人员对其在执行职务中知悉的国家秘密和被审计单位的商业秘密,负有保密的义务。

(3) 受法律保护原则。审计人员依法执行职务,受法律保护。任何组织和个人不得拒绝、阻碍审计人员依法执行职务,不得打击报复审计人员。

审计人员应当具备与其从事的审计工作相适应的专业知识和业务能力。审计人员实行审计专业技术资格制度。审计机关根据工作需要,可以聘请具有与审计事项相关专业知识的人员参加审计工作。

审计机关负责人依照法定程序任免。审计机关负责人没有违法失职或者其他不符合任职条件的情况的,不得随意撤换。地方各级审计机关负责人的任免,应当事先征求上一级审计机关的意见。

16.2.3 审计机关职责与权限

1. 审计机关的职责

审计机关的职责是对有关单位的规定事项依法进行审计监督。审计机关对本级人民政府财政部门具体组织本级预算执行的情况,本级预算收入征收部门征收预算收入的情况,与本级人民政府财政部门直接发生预算缴款、拨款关系的部门、单位的预算执行情况和决算,下级人民政府的预算执行情况和决算,以及其他财政收支情况,依法进行审计监督。经本级人民政府批准,审计机关对其他取得财政资金的单位和项目接受、运用财政资金的真实、合法和效益情况,依法进行审计监督。

审计机关对本级预算收入和支出的执行情况进行审计监督的内容包括:

(1) 财政部门按照本级人民代表大会批准的本级预算向本级各部门(含直属单位)批复预算的情况、本级预算执行中调整情况和预算收支变化情况。

(2) 预算收入征收部门依照法律、行政法规的规定和国家其他有关规定征收预算收入情况。

(3) 财政部门按照批准的年度预算、用款计划,以及规定的预算级次和程序,拨付本级预算支出资金情况。

(4) 财政部门依照法律、行政法规的规定和财政管理体制,拨付和管理政府间财政转移支付资金情况以及办理结算、结转情况。

(5) 国库按照国家有关规定办理预算收入的收纳、划分、留解情况和预算支出资金的拨付情况。

(6) 本级各部门(含直属单位)执行年度预算情况。

(7) 依照国家有关规定实行专项管理的预算资金收支情况。

(8) 法律、法规规定的其他预算执行情况。

审计署在国务院总理领导下,对中央预算执行情况和其他财政收支情况进行审计监督,向国务院总理提出审计结果报告。地方各级审计机关分别在省长、自治区主席、市长、州长、县长、区长和上一级审计机关的领导下,对本级预算执行情况和其他财政收支情况进行审计监督,向本级人民政府和上一级审计机关提出审计结果报告。审计结果报告,应当包括下列内容:

(1) 本级预算执行和其他财政收支的基本情况。

(2) 审计机关对本级预算执行和其他财政收支情况作出的审计评价。

(3) 本级预算执行和其他财政收支中存在的问题以及审计机关依法采取的措施。

(4) 审计机关提出的改进本级预算执行和其他财政收支管理工作的建议。

(5) 本级人民政府要求报告的其他情况。

审计署对中央银行的财务收支,进行审计监督。审计机关对国有金融机构的资产、负债、损益,进行审计监督。审计署向国务院总理提出的中央预算执行和其他财政收支情况审计结果报告,应当包括对中央银行的财务收支的审计情况。审计机关对国家的事业组织和使用财政资金的其他事业组织的财务收支,进行审计监督。审计机关对国有企业的资产、负债、损益,进行审计监督。对国有资本占控股地位或者主导地位的企业、金融机构的审计监督,由国务院规定。国有资本占控股地位或者主导地位的企业、金融机构,包括:

(1) 国有资本占企业、金融机构资本(股本)总额的比例超过百分之五十的。

(2) 国有资本占企业、金融机构资本(股本)总额的比例在百分之五十以下,但国有资本投资主体拥有实际控制权的。

审计机关对政府投资和以政府投资为主的建设项目的预算执行情况和决算,进行审计监督。政府投资和以政府投资为主的建设项目,包括:

(1) 全部使用预算内投资资金、专项建设基金、政府举借债务筹措的资金等财政资金的。

(2) 未全部使用财政资金,财政资金占项目总投资的比例超过百分之五十,或者占项目总投资的比例在百分之五十以下,但政府拥有项目建设、运营实际控制权的。

审计机关对前述规定的建设项目的总预算或者概算的执行情况、年度预算的执行情况和年度决算、单项工程结算、项目竣工决算,依法进行审计监督;对前述规定的建设项目进行审计时,可以对直接有关的设计、施工、供货等单位取得建设项目资金的真实性、合法性进行调查。

审计机关对政府部门管理的和其他单位受政府委托管理的社会保障基金、社会捐赠资金以及其他有关基金、资金的财务收支,进行审计监督。社会保障基金,包括社会保险、社会救助、社会福利基金以及发展社会保障事业的其他专项基金。所称社会捐赠资金,包括来源于境内外的货币、有价证券和实物等各种形式的捐赠。审计机关对国际组织和外国政府援助、贷款项目的财务收支,进行审计监督。国际组织和外国政府援助、贷款项目,包括:

(1) 国际组织、外国政府及其机构向中国政府及其机构提供的贷款项目。

(2) 国际组织、外国政府及其机构向中国企业事业组织以及其他组织提供的由中国政府及其机构担保的贷款项目。

（3）国际组织、外国政府及其机构向中国政府及其机构提供的援助和赠款项目。

（4）国际组织、外国政府及其机构向受中国政府委托管理有关基金、资金的单位提供的援助和赠款项目。

（5）国际组织、外国政府及其机构提供援助、贷款的其他项目。

审计机关按照国家有关规定，对国家机关和依法属于审计机关审计监督对象的其他单位的主要负责人，在任职期间对本地区、本部门或者本单位的财政收支、财务收支以及有关经济活动应负经济责任的履行情况，进行审计监督。除审计法规定的审计事项外，审计机关对其他法律、行政法规规定应当由审计机关进行审计的事项，依照审计法和有关法律、行政法规的规定进行审计监督。审计机关有权对与国家财政收支有关的特定事项，向有关地方、部门、单位进行专项审计调查，并向本级人民政府和上一级审计机关报告审计调查结果。审计机关根据被审计单位的财政、财务隶属关系或者国有资产监督管理关系，确定审计管辖范围。

审计机关之间对审计管辖范围有争议的，由其共同的上级审计机关确定。上级审计机关对下级审计机关审计管辖范围内的重大审计事项，可以直接进行审计，但是应当防止不必要的重复审计。依法属于审计机关审计监督对象的单位，应当按照国家有关规定建立健全内部审计制度；其内部审计工作应当接受审计机关的业务指导和监督。社会审计机构审计的单位依法属于审计机关审计监督对象的，审计机关按照国务院的规定，有权对该社会审计机构出具的相关审计报告进行核查。

2. 审计机关的权限

为了保证审计机关能够顺利地履行其职责，《审计法》赋予了审计机关相应的权限。审计机关有权要求被审计单位按照审计机关的规定提供预算或者财务收支计划、预算执行情况、决算、财务会计报告，运用电子计算机储存、处理的财政收支、财务收支电子数据和必要的电子计算机技术文档，在金融机构开立账户的情况，社会审计机构出具的审计报告，以及其他与财政收支或者财务收支有关的资料，被审计单位不得拒绝、拖延、谎报。被审计单位负责人对本单位提供的财务会计资料的真实性和完整性负责。

审计机关进行审计时，有权检查被审计单位的会计凭证、会计账簿、财务会计报告和运用电子计算机管理财政收支、财务收支电子数据的系统，以及其他与财政收支、财务收支有关的资料和资产，被审计单位不得拒绝。审计机关进行审计时，有权就审计事项的有关问题向有关单位和个人进行调查，并取得有关证明材料。有关单位和个人应当支持、协助审计机关工作，如实向审计机关反映情况，提供有关证明材料。审计机关经县级以上人民政府审计机关负责人批准，有权查询被审计单位在金融机构的账户。审计机关有证据证明被审计单位以个人名义存储公款的，经县级以上人民政府审计机关主要负责人批准，有权查询被审计单位以个人名义在金融机构的存款。

审计机关进行审计时，被审计单位不得转移、隐匿、篡改、毁弃会计凭证、会计账簿、财务会计报告以及其他与财政收支或者财务收支有关的资料，不得转移、隐匿所持有的违反国家规定取得的资产。审计机关对被审计单位违反前述规定的行为，有权予以制止；必要时，经县级以上人民政府审计机关负责人批准，有权封存有关资料和违反国家规定取得的资产；违

反国家规定取得的资产,包括:

(1) 弄虚作假骗取的财政拨款、实物以及金融机构贷款。

(2) 违反国家规定享受国家补贴、补助、贴息、免息、减税、免税、退税等优惠政策取得的资产。

(3) 违反国家规定向他人收取的款项、有价证券、实物。

(4) 违反国家规定处分国有资产取得的收益。

(5) 违反国家规定取得的其他资产。

审计机关封存被审计单位有关资料和违反国家规定取得的资产时,应当持县级以上人民政府审计机关负责人签发的封存通知书,并在依法收集与审计事项相关的证明材料或者采取其他措施后解除封存。封存的期限为七日以内;有特殊情况需要延长的,经县级以上人民政府审计机关负责人批准,可以适当延长,但延长的期限不得超过七日。对封存的资料、资产,审计机关可以指定被审计单位负责保管,被审计单位不得损毁或者擅自转移。对其中在金融机构的有关存款需要予以冻结的,应当向人民法院提出申请。

审计机关对被审计单位正在进行的违反国家规定的财政收支、财务收支行为,有权予以制止;制止无效的,经县级以上人民政府审计机关负责人批准,通知财政部门和有关主管部门暂停拨付与违反国家规定的财政收支、财务收支行为直接有关的款项,已经拨付的,暂停使用。审计机关采取前述规定的措施不得影响被审计单位合法的业务活动和生产经营活动。审计机关认为被审计单位所执行的上级主管部门有关财政收支、财务收支的规定与法律、行政法规相抵触的,应当建议有关主管部门纠正;有关主管部门不予纠正的,审计机关应当提请有权处理的机关依法处理。

审计机关可以向政府有关部门通报或者向社会公布审计结果。审计机关通报或者公布审计结果,应当依法保守国家秘密和被审计单位的商业秘密,遵守国务院的有关规定。审计机关经与有关主管机关协商,可以在向社会公布的审计、专项审计调查结果中,一并公布对社会审计机构相关审计报告核查的结果。审计机关拟向社会公布对上市公司的审计、专项审计调查结果的,应当在五日前将拟公布的内容告知上市公司。审计机关履行审计监督职责,可以提请公安、监察、财政、税务、海关、价格、工商行政管理等机关予以协助。

16.2.4 审计程序

审计程序是指为完成审计工作所需详细步骤。合理的审计程序能保证查核方向以节约时间和成本。审计法规定审计机关应根据审计项目计划确定的审计事项组成审计组,并应当在实施审计三日前,向被审计单位送达审计通知书;遇有特殊情况,经本级人民政府批准,审计机关可以直接持审计通知书实施审计。特殊情况主要包括:①办理紧急事项的;②被审计单位涉嫌严重违法违规的。被审计单位应当配合审计机关的工作,并提供必要的工作条件。审计机关应当提高审计工作效率。

审计人员实施审计时,应当按照下列规定办理:

(1) 通过检查、查询、监督盘点、发函询证等方法实施审计。

(2) 通过收集原件、原物或者复制、拍照等方法取得证明材料。

(3) 对与审计事项有关的会议和谈话内容作出记录,或者要求被审计单位提供会议记录材料。

(4) 记录审计实施过程和查证结果。

审计人员通过审查会计凭证、会计账簿、财务会计报告,查阅与审计事项有关的文件、资料,检查现金、实物、有价证券,向有关单位和个人调查等方式进行审计,并取得证明材料。审计人员向有关单位和个人进行调查时,应当出示审计人员的工作证件和审计通知书副本。审计组对审计事项实施审计后,应当向审计机关提出审计组的审计报告。审计组的审计报告报送审计机关前,应当征求被审计对象的意见。被审计对象应当自接到审计组的审计报告之日起十日内,将其书面意见送交审计组。审计组应当将被审计对象的书面意见一并报送审计机关。

审计机关按照审计署规定的程序对审计组的审计报告进行审议,并对被审计对象对审计组的审计报告提出的意见一并研究后,提出审计机关的审计报告;对违反国家规定的财政收支、财务收支行为,依法应当给予处理、处罚的,在法定职权范围内作出审计决定或者向有关主管机关提出处理、处罚的意见。审计机关应当将审计机关的审计报告和审计决定送达被审计单位和有关主管机关、单位。审计决定自送达之日起生效。上级审计机关认为下级审计机关作出的审计决定违反国家有关规定的,可以责成下级审计机关予以变更或者撤销,必要时也可以直接作出变更或者撤销的决定。

16.2.5　法律责任

被审计单位违反《审计法》规定,拒绝或者拖延提供与审计事项有关的资料的,或者提供的资料不真实、不完整的,或者拒绝、阻碍检查的,由审计机关责令改正,可以通报批评,给予警告;拒不改正的,依法追究责任。被审计单位违反《审计法》规定,转移、隐匿、篡改、毁弃会计凭证、会计账簿、财务会计报告以及其他与财政收支、财务收支有关的资料,或者转移、隐匿所持有的违反国家规定取得的资产,审计机关认为对直接负责的主管人员和其他直接责任人员依法应当给予处分的,应当提出给予处分的建议,被审计单位或者其上级机关、监察机关应当依法及时作出决定,并将结果书面通知审计机关;构成犯罪的,依法追究刑事责任。

审计机关、人民政府或者有关主管部门对本级各部门含直属单位和下级政府违反预算的行为或者其他违反国家规定的财政收支行为,在法定职权范围内,依照法律、行政法规的规定,区别情况采取下列处理措施:

(1) 责令限期缴纳应当上缴的款项。

(2) 责令限期退还被侵占的国有资产。

(3) 责令限期退还违法所得。

(4) 责令按照国家统一的会计制度的有关规定进行处理。

(5) 其他处理措施。

审计机关在法定职权范围内作出的审计决定,被审计单位应当执行。

审计机关依法责令被审计单位上缴应当上缴的款项,被审计单位拒不执行的,审计机关应当通报有关主管部门,有关主管部门应当依照有关法律、行政法规的规定予以扣缴或者采

取其他处理措施,并将结果书面通知审计机关。被审计单位对审计机关作出的有关财务收支的审计决定不服的,可以依法申请行政复议或者提起行政诉讼。被审计单位对审计机关作出的有关财政收支的审计决定不服的,可以提请审计机关的本级人民政府裁决,本级人民政府的裁决为最终决定。被审计单位的财政收支、财务收支违反国家规定,审计机关认为对直接负责的主管人员和其他直接责任人员依法应当给予处分的,应当提出给予处分的建议,被审计单位或者其上级机关、监察机关应当依法及时作出决定,并将结果书面通知审计机关。

被审计单位的财政收支、财务收支违反法律、行政法规的规定,构成犯罪的,依法追究刑事责任。报复陷害审计人员的,依法给予处分;构成犯罪的,依法追究刑事责任。审计人员滥用职权、徇私舞弊、玩忽职守或者泄露所知悉的国家秘密、商业秘密的,依法给予处分;构成犯罪的,依法追究刑事责任。

思考题

1. 会计的概念是什么?
2. 会计法的基本原则是什么?
3. 审计机关的职责有哪些?
4. 审计机关有哪些权限?
5. 单位负责人在会计监督方面的义务是什么?

第 17 章　劳动合同法与社会保险法

基本概念

劳动者　用人单位　劳动合同　经济补偿金　劳务派遣　调解　仲裁　社会保险　社会保险基金

17.1　劳动合同法

17.1.1　劳动合同法概述

1. 劳动合同的概念

劳动合同是指劳动者与用工单位之间确立劳动关系,明确双方权利和义务的协议。劳动合同的主体具有特定性,一方为劳动者,另一方为用人单位;劳动合同的内容具有劳动权利和义务的对应性;劳动合同的客体是劳动行为;劳动合同具有诺成、有偿合同的特性。劳动合同是劳动者实现劳动权的重要保障。

2. 《劳动合同法》的适用范围

第十届全国人民代表大会常务委员会第二十八次会议通过了《中华人民共和国劳动合同法》(以下简称《劳动合同法》),自 2008 年 1 月 1 日起施行。2012 年 12 月 28 日第十一届全国人民代表大会常务委员会第三十次会议对《中华人民共和国劳动合同法》予以修订,修改后的劳动合同法自 2013 年 7 月 1 日起施行。中华人民共和国境内的企业、个体经济组织、民办非企业单位等组织与劳动者建立劳动关系,订立、履行、变更、解除或者终止劳动合同,适用劳动合同法律的规定。国家机关、事业单位、社会团体和与其建立劳动关系的劳动者,订立、履行、变更、解除或者终止劳动合同,依照劳动合同法律执行。

事业单位与实行聘用制的工作人员订立、履行、变更、解除或者终止劳动合同,法律、行政法规或者国务院另有规定的,依照其规定;未作规定的,依照劳动合同法有关规定执行。

17.1.2　用人单位的规章制度

用人单位应当依法建立和完善劳动规章制度,保障劳动者享有劳动权利、履行劳动义务。用人单位在制定、修改或者决定有关劳动报酬、工作时间、休息休假、劳动安全卫生、保

险福利、职工培训、劳动纪律以及劳动定额管理等直接涉及劳动者切身利益的规章制度或者重大事项时,应当经职工代表大会或者全体职工讨论,提出方案和意见,与工会或者职工代表平等协商确定。在规章制度和重大事项决定实施过程中,工会或者职工认为不适当的,有权向用人单位提出,通过协商予以修改完善。用人单位应当将直接涉及劳动者切身利益的规章制度和重大事项决定公示,或者告知劳动者。

县级以上人民政府劳动行政部门会同工会和企业方面代表,建立健全协调劳动关系三方机制,共同研究解决有关劳动关系的重大问题。工会应当帮助、指导劳动者与用人单位依法订立和履行劳动合同,并与用人单位建立集体协商机制,维护劳动者的合法权益。

17.1.3 劳动合同的订立、变更、解除与终止

1. 劳动合同的订立

(1) 订立劳动合同应遵守的法律规定。劳动合同的订立是用人单位同劳动者之间确定劳动关系,明确相互权利义务的过程。订立劳动合同,应当遵循合法、公平、平等自愿、协商一致、诚实信用的原则。签订劳动合同的双方当事人必须具备合同的主体资格。用人单位是指中华人民共和国境内的企业、个体经济组织、民办非企业单位、国家机关、事业单位、社会团体、居民委员会以及依法成立的会计师事务所、律师事务所等合伙组织和基金会。企业设立的分支机构,依法取得营业执照或者登记证书的,属于用人单位;未依法取得营业执照或者登记证书的,不属于用人单位,但可以受用人单位的委托与劳动者订立劳动合同。自然人、家庭和农村承包经营户不属于用人单位。劳动者一方必须具备劳动行为能力和劳动权利能力,劳动者的年龄应满十六周岁。劳动合同由用人单位与劳动者协商一致,并经用人单位与劳动者在劳动合同文本上签字或者盖章生效。劳动合同文本由用人单位和劳动者各执一份。

用人单位招用人员,除国家规定的不适合妇女的工种或者岗位外,不得以性别为由拒绝录用妇女或者提高对妇女的录用标准。凡适合妇女从事劳动的单位,不得拒绝招收女职工。用人单位录用女职工,不得在劳动合同中规定限制女职工结婚、生育的内容。禁止安排女职工从事矿山井下、国家规定的第四级体力劳动强度的劳动和其他女职工禁忌从事的劳动。用人单位招用人员,应当依法对少数民族劳动者给予适当照顾。用人单位招用人员,不得歧视残疾人。用人单位招用人员,不得以是传染病病原携带者为由拒绝录用。但是,经医学鉴定传染病病原携带者在治愈前或者排除传染嫌疑前,不得从事法律、行政法规和国务院卫生行政部门规定禁止从事的易使传染病扩散的工作。农村劳动者进城就业享有与城镇劳动者平等的劳动权利,不得对农村劳动者进城就业设置歧视性限制。

在签订劳动合同时,用人单位应严格遵守国家关于劳动基准方面的相关规定。劳动基准主要包括工时基准、工资基准和劳动保护基准。劳动合同履行地与用人单位注册地不一致的,有关劳动者的最低工资标准、劳动保护、劳动条件、职业危害防护等事项,按照劳动合同履行地的有关规定执行;用人单位注册地的有关标准高于劳动合同履行地的有关标准,且用人单位与劳动者约定按照用人单位注册地的有关规定执行的,从其约定。在工时方面,《劳动法》和《国务院关于职工工作时间的规定》中规定:职工每日工作八小时、每周工作四

十小时。一般称为标准工时制。在特殊条件下从事劳动和有特殊情况,需要在每周工作四十小时的基础上再适当缩短工作时间的,应在保证完成生产和工作任务的前提下,根据相关法律规定,由企业根据实际情况决定。因工作性质或生产特点的限制,不能实行每日工作八小时、每周工作四十小时标准工时制度的,可以实行不定时工作制或综合计算工时工作制等其他工作和休息办法,并按照劳动部《关于企业实行不定时工作制和综合计算工时工作制的审批办法》执行。任何单位和个人不得擅自延长职工工作时间。企业由于生产经营需要而延长职工工作时间的,用人单位由于生产经营需要,经与工会和劳动者协商后可以延长工作时间,一般每日不得超过一小时;因特殊原因需要延长工作时间的在保障劳动者身体健康的条件下延长工作时间每日不得超过三小时,但是每月不得超过三十六小时。

有下列特殊情形和紧急任务之一的,延长工作时间不受关于加班时间规定的限制:①发生自然灾害、事故或者因其他原因,使人民的安全健康和国家资财遭到严重威胁,需要紧急处理的;②生产设备、交通运输线路、公共设施发生故障,影响生产和公众利益,必须及时抢修的;③必须利用法定节日或公休假日的停产期间进行设备检修、保养的;④为完成国防紧急任务,或者完成上级在国家计划外安排的其他紧急生产任务,以及商业、供销企业在旺季完成收购、运输、加工农副产品紧急任务的。

延长工作时间的,企业应当按照法律规定,给职工支付工资报酬或安排补休。用人单位应当按照下列标准支付高于劳动者正常工作时间工资的工资报酬:①安排劳动者延长时间的,支付不低于工资的百分之一百五十的工资报酬;②休息日安排劳动者工作又不能安排补休的,支付不低于工资的百分之二百的工资报酬;③法定休假日安排劳动者工作的,支付不低于工资的百分之三百的工资报酬。

在工资基准方面,国家实行最低工资保障制度。最低工资的具体标准由省、自治区、直辖市人民政府规定,报国务院备案。确定和调整最低工资标准应当综合参考下列因素:①劳动者本人及平均赡养人口的最低生活费用;②社会平均工资水平;③劳动生产率;④就业状况;⑤地区之间经济发展水平的差异。工资分配应当遵循按劳分配原则,实行同工同酬。用人单位根据本单位的生产经营特点和经济效益,依法自主确定本单位的工资分配方式和工资水平。工资应当以法定货币支付。不得以实物及有价证券替代货币支付。不得克扣或者无故拖欠劳动者的工资。用人单位应将工资支付给劳动者本人。劳动者本人因故不能领取工资时,可由其亲属或委托他人代领。用人单位可委托银行代发工资。工资至少每月支付一次,实行周、日、小时工资制的可按周、日、小时支付工资。劳动者依法享受年休假、探亲假、婚假、丧假期间,用人单位应按劳动合同规定的标准支付劳动者工资。用人单位不得克扣劳动者工资。有下列情况之一的,用人单位可以代扣劳动者工资:①用人单位代扣代缴的个人所得税;②用人单位代扣代缴的应由劳动者个人负担的各项社会保险费用;③法院判决、裁定中要求代扣的抚养费、赡养费;④法律、法规规定可以从劳动者工资中扣除的其他费用。因劳动者本人原因给用人单位造成经济损失的,用人单位可按照劳动合同的约定要求其赔偿经济损失。经济损失的赔偿,可从劳动者本人的工资中扣除。但每月扣除的部分不得超过劳动者当月工资的百分之二十。若扣除后的剩余工资部分低于当地月最低工资标准,则按最低工资标准支付。

在劳动保护基准方面,《劳动法》和《安全生产法》等相关的法律法规作出了具体规定。用人单位必须建立、健全劳动卫生制度,严格执行国家劳动安全卫生规程和标准,对劳动者进行劳动安全卫生教育,防止劳动过程中的事故,减少职业危害。劳动安全卫生设施必须符合国家规定的标准。新建、改建、扩建工程的劳动安全卫生设施必须与主题同时设计、同时施工、同时投入生产和使用。用人单位必须为劳动者提供符合国家规定的劳动安全卫生条件和必要的劳动防护用品,对从事有职业危害作业的劳动者应当定期进行健康检查。从事特种作业的劳动者必须经过专门培训并取得特种作业资格。劳动者在劳动过程中必须严格遵守安全操作规程。劳动者对用人单位管理人员违章指挥、强令冒险作业,有权拒绝执行;对危害生命安全和身体健康的行为,有权提出批评、检举和控告。

用人单位招用劳动者时,应当如实告知劳动者工作内容、工作条件、工作地点、职业危害、安全生产状况、劳动报酬,以及劳动者要求了解的其他情况;用人单位有权了解劳动者与劳动合同直接相关的基本情况,劳动者应当如实说明。用人单位招用劳动者,不得扣押劳动者的居民身份证和其他证件,不得要求劳动者提供担保或者以其他名义向劳动者收取财物。职业中介机构不得提供虚假就业信息,为无合法证照的用人单位提供职业中介服务。职业中介机构不得扣押劳动者居民身份证等证件和向劳动者收取押金,否则由劳动行政部门责令限期退还劳动者,并依照有关法律规定给予处罚。

用人单位自用工之日起即与劳动者建立劳动关系。用人单位应当建立职工名册备查。建立劳动关系,应当订立书面劳动合同。已建立劳动关系,未同时订立书面劳动合同的,应当自用工之日起1个月内订立书面劳动合同。自用工之日起1个月内,经用人单位书面通知后,劳动者不与用人单位订立书面劳动合同的,用人单位应当书面通知劳动者终止劳动关系,无需向劳动者支付经济补偿,但是应当依法向劳动者支付其实际工作时间的劳动报酬。用人单位与劳动者在用工前订立劳动合同的,劳动关系自用工之日起建立。用人单位自用工之日起超过1个月不满1年未与劳动者订立书面劳动合同的,应当向劳动者每月支付两倍的工资。劳动者不与用人单位订立书面劳动合同的,用人单位应当书面通知劳动者终止劳动关系,并依照劳动合同法的规定支付经济补偿。用人单位违反法律规定不与劳动者订立无固定期限劳动合同的,自应当订立无固定期限劳动合同之日起向劳动者每月支付二倍的工资。用人单位未在用工的同时订立书面劳动合同,与劳动者约定的劳动报酬不明确的,新招用的劳动者的劳动报酬按照集体合同规定的标准执行;没有集体合同或者集体合同未规定的,实行同工同酬。

集体合同是指工会或者职工推举的职工代表代表职工与用人单位依照法律规定就劳动报酬、工作条件、工作时间、休息休假、劳动安全卫生、社会保险福利等事项,在平等协商的基础上进行协商谈判所缔结的书面协议。就效力来说,集体合同效力高于劳动合同,用人单位与劳动者订立的劳动合同中劳动报酬和劳动条件等标准不得低于集体合同规定的标准。集体合同草案应当提交职工代表大会或者全体职工讨论通过。集体合同由工会代表企业职工一方与用人单位订立;尚未建立工会的用人单位,由上级工会指导劳动者推举的代表与用人单位订立。企业职工一方与用人单位可以订立劳动安全卫生、女职工权益保护、工资调整机制等专项集体合同。在县级以下区域内,建筑业、采矿业、餐饮服务业等行业可以由工会与企业方面代表订立行业性集体合同,或者订立区域性集体合同。集体合同订立后,应当报送劳动行政部门;劳动行政部门自收到集体合同文本之日起十五日内未提出异议的,集体合同即行生效。依法订立的集体合同对用人单位和劳动者具有约束力。行业性、区域性集体合同对当地本行业、本区域的用人单位和劳动者具有约束力。集体合同中劳动报酬和劳动条件等标准不得低于当地人民政府规定的最低标准;用人单位违反集体合同,侵犯职工劳动权益的,工会可以依法要求用人单位承担责任;因履行集体合同发生争议,经协商解决不成的,工会可以依法申请仲裁、提起诉讼。劳动合同对劳动报酬和劳动条件等标准约定不明确,引发争议的,用人单位与劳动者可以重新协商;协商不成的,适用集体合同规定;没有集体合同或者集体合同未规定劳动报酬的,实行同工同酬;没有集体合同或者集体合同未规定劳动条件等标准的,适用国家有关规定。

(2) 劳动合同的主要内容。劳动合同应当具备以下条款:①用人单位的名称、住所和法定代表人或者主要负责人;用人单位设立的分支机构,依法取得营业执照或者登记证书的,可以作为用人单位与劳动者订立劳动合同;未依法取得营业执照或者登记证书的,受用人单位委托可以与劳动者订立劳动合同。②劳动者的姓名、住址和居民身份证或者其他有效身份证件号码。③劳动合同期限;劳动合同分为固定期限劳动合同、无固定期限劳动合同和以完成一定工作任务为期限的劳动合同。固定期限劳动合同是指用人单位与劳动者约定合同终止时间的劳动合同。无固定期限劳动合同是指用人单位与劳动者约定无确定终止时间的劳动合同。有下列情形之一,劳动者提出或者同意续订、订立劳动合同的,除劳动者提出订立固定期限劳动合同外,应当订立无固定期限劳动合同:第一,劳动者在该用人单位连续工作满10年的,自用人单位用工之日起计算,包括劳动合同法施行前的工作年限,劳动者非因本人原因从原用人单位被安排到新用人单位工作的,劳动者在原用人单位的工作年限合并计算为新用人单位的工作年限;第二,用人单位初次实行劳动合同制度或者国有企业改制重新订立劳动合同时,劳动者在该用人单位连续工作满10年且距法定退休年龄不足10年的;第三,连续订立两次固定期限劳动合同,且劳动者没有劳动合同法第三十九条和第四十条第一项、第二项规定的情形,续订劳动合同的。用人单位自用工之日起满1年不与劳动者订立书面劳动合同的,视为用人单位与劳动者已订立无固定期限劳动合同。④工作内容和工作地点。⑤工作时间和休息休假。⑥劳动报酬。⑦社会保险。⑧劳动保护、劳动条件和职业危害防护。⑨法律、法规规定应当纳入劳动合同的其他事项。劳动合同除法律规定的必备条款外,用人单位与劳动者可以约定试用期、培训、保守秘密、补充保险和福利待遇等其他事项。

试用期是用人单位考察劳动者是否与录用要求相一致的时间。除以完成一定工作任务为期限的劳动合同或者劳动合同期限不满3个月的,不得约定试用期外,劳动合同可以约定试用期。试用期是供用人单位考察劳动者是否适合其工作岗位的一项制度,以避免用人单位遭受不必要的损失。为保护劳动者的利益,劳动合同法对试用期及工资作出了具体规定。劳动合同期限3个月以上不满1年的,试用期不得超过1个月;劳动合同期限1年以上不满3年的,试用期不得超过2个月;3年以上固定期限和无固定期限的劳动合同,试用期不得超过6个月。同一用人单位与同一劳动者只能约定一次试用期。以完成一定工作任务为期限的劳动合同或者劳动合同期限不满3个月的,不得约定试用期。试用期包含在劳动合同期限内。劳动合同仅约定试用期的,试用期不成立,该期限为劳动合同期限。劳动者在试用期的工资不得低于本单位相同岗位最低档工资或者劳动合同约定工资的百分之八十,并不得低于用人单位所在地的最低工资标准。在试用期中,除劳动者有法律规定的情形外,用人单位不得解除劳动合同。用人单位在试用期解除劳动合同的,应当向劳动者说明理由。

用人单位为劳动者提供专项培训费用,对其进行专业技术培训的,可以与该劳动者订立协议,约定服务期。劳动者违反服务期约定的,应当按照约定向用人单位支付违约金。违约金的数额不得超过用人单位提供的培训费用。用人单位要求劳动者支付的违约金不得超过服务期尚未履行部分所应分摊的培训费用。用人单位与劳动者约定了服务期,劳动者依照劳动合同法第三十八条的规定解除劳动合同的,不属于违反服务期的约定,用人单位不得要求劳动者支付违约金。

有下列情形之一,用人单位与劳动者解除约定服务期的劳动合同的,劳动者应当按照劳动合同的约定向用人单位支付违约金:①劳动者严重违反用人单位的规章制度的;②劳动者严重失职,营私舞弊,给用人单位造成重大损害的;③劳动者同时与其他用人单位建立劳动关系,对完成本单位的工作任务造成严重影响,或者经用人单位提出,拒不改正的;④劳动者以欺诈、胁迫的手段或者乘人之危,使用人单位在违背真实意思的情况下订立或者变更劳动合同的;⑤劳动者被依法追究刑事责任的。用人单位与劳动者约定服务期的,不影响按照正常的工资调整机制提高劳动者在服务期期间的劳动报酬。用人单位与劳动者可以在劳动合同中约定保守用人单位的商业秘密和与知识产权相关的保密事项。对负有保密义务的劳动者,用人单位可以在劳动合同或者保密协议中与劳动者约定竞业限制条款,并约定在解除或者终止劳动合同后,在竞业限制期限内按月给予劳动者经济补偿。劳动者违反竞业限制约定的,应当按照约定向用人单位支付违约金。竞业限制的人员限于用人单位的高级管理人员、高级技术人员和其他负有保密义务的人员。竞业限制的范围、地域、期限由用人单位与劳动者约定,竞业限制的约定不得违反法律、法规的规定。在解除或者终止劳动合同后,法律规定的人员到与本单位生产或者经营同类产品、从事同类业务的有竞争关系的其他用人单位,或者自己开业生产或者经营同类产品、从事同类业务的竞业限制期限,不得超过2年。除法律规定的情形外,用人单位不得与劳动者约定由劳动者承担违约金。

(3)无效劳动合同。无效劳动合同是指当事人违反法律规定订立的不具有法律效力的劳动合同。无效劳动合同从订立时起就没有法律约束力。劳动合同法规定下列劳动合同无效或者部分无效:①以欺诈、胁迫的手段或者乘人之危,使对方在违背真实意思的情况下订立或者变更劳动合同的;②用人单位免除自己的法定责任、排除劳动者权利的;③违反法律、行政法规强制性规定的。对劳动合同的无效或者部分无效有争议的,由劳动争议仲裁机构或者人民法院确认。劳动合同部分无效,不影响其他部分效力的,其他部分仍然有效。劳动合同被确认无效,劳动者已付出劳动的,用人单位应当向劳动者支付劳动报酬。劳动报酬的数额,参照本单位相同或者相近岗位劳动者的劳动报酬确定。

2. 劳动合同的变更

劳动合同的变更是指在劳动合同订立后但尚未完全履行之前,因订立劳动合同的主客观条件发生了变化,当事人依照法律规定的条件和程序,对原合同中的某些条款进行修改、补充的法律行为。用人单位与劳动者协商一致,可以变更劳动合同约定的内容。变更劳动合同,应当采用书面形式。变更后的劳动合同文本由用人单位和劳动者各执一份。用人单位变更名称、法定代表人、主要负责人或者投资人等事项,不影响劳动合同的履行。用人单位发生合并或者分立等情况,原劳动合同继续有效,劳动合同由承继其权利和义务的用人单位继续履行。

3. 劳动合同的解除与终止

(1) 劳动者可以依法解除的情形。劳动合同的解除是指当事人双方提前终止劳动合同的法律效力,解除双方的权利义务关系。有下列情形之一的,依照《劳动合同法》规定的条件、程序,劳动者可以与用人单位解除固定期限劳动合同、无固定期限劳动合同或者以完成一定工作任务为期限的劳动合同:①劳动者与用人单位协商一致的;②劳动者提前三十日以书面形式通知用人单位的;③劳动者在试用期内提前三日通知用人单位的;④用人单位未按照劳动合同约定提供劳动保护或者劳动条件的;⑤用人单位未及时足额支付劳动报酬的;⑥用人单位未依法为劳动者缴纳社会保险费的;⑦用人单位的规章制度违反法律、法规的规定,损害劳动者权益的;⑧用人单位以欺诈、胁迫的手段或者乘人之危,使劳动者在违背真实意思的情况下订立或者变更劳动合同的;⑨用人单位在劳动合同中免除自己的法定责任、排除劳动者权利的;⑩用人单位违反法律、行政法规强制性规定的;⑪用人单位以暴力、威胁或者非法限制人身自由的手段强迫劳动者劳动的;⑫用人单位违章指挥、强令冒险作业危及劳动者人身安全的;⑬法律、行政法规规定劳动者可以解除劳动合同的其他情形。对于用人单位以暴力、威胁或者非法限制人身自由的手段强迫劳动者劳动的,或者用人单位违章指挥、强令冒险作业危及劳动者人身安全的,劳动者可以立即解除劳动合同,不需事先告知用人单位。

(2) 用人单位可以解除劳动合同的情形。有下列情形之一的,依照《劳动合同法》规定的条件、程序,用人单位可以与劳动者解除固定期限劳动合同、无固定期限劳动合同或者以完成一定工作任务为期限的劳动合同:①用人单位与劳动者协商一致的;②劳动者在试用期间被证明不符合录用条件的;③劳动者严重违反用人单位的规章制度的;④劳动者严重失职,营私舞弊,给用人单位造成重大损害的;⑤劳动者同时与其他用人单位建立劳动关系,对完成本单位的工作任务造成严重影响,或者经用人单位提出,拒不改正的;⑥劳动者以欺诈、胁迫的手段或者乘人之危,使用人单位在违背真实意思的情况下订立或者变更劳动合同的;⑦劳动者被依法追究刑事责任的;⑧劳动者患病或者非因工负伤,在规定的医疗期满后不能从事原工作,也不能从事由用人单位另行安排工作的;⑨劳动者不能胜任工作,经过培训或者调整工作岗位,仍不能胜任工作的;⑩劳动合同订立时所依据的客观情况发生重大变化,致使劳动合同无法履行,经用人单位与劳动者协商,未能就变更劳动合同内容达成协议的;⑪用人单位依照企业破产法规定进行重整的;⑫用人单位生产经营发生严重困难的;⑬企业转产、重大技术革新或者经营方式调整,经变更劳动合同后,仍需裁减人员的;⑭其他因劳动合同订立时所依据的客观经济情况发生重大变化,致使劳动合同无法履行的。用人单位单方解除劳动合同,应当事先将理由通知工会。用人单位违反法律、行政法规规定或者劳动合

同约定的,工会有权要求用人单位纠正。用人单位应当研究工会的意见,并将处理结果书面通知工会。用人单位违反法律规定未向劳动者出具解除或者终止劳动合同的书面证明,由劳动行政部门责令改正;给劳动者造成损害的,应当承担赔偿责任。用人单位招用与其他用人单位尚未解除或者终止劳动合同的劳动者,给其他用人单位造成损失的,应当承担连带赔偿责任。劳动者违反法律规定解除劳动合同,或者违反劳动合同中约定的保密义务或者竞业限制,给用人单位造成损失的,应当承担赔偿责任。

(3) 劳动合同的终止。劳动合同的终止是指劳动合同中双方权利与义务的终止,双方不再履行合同。有下列情形之一的,劳动合同终止:①劳动合同期满的;②劳动者开始依法享受基本养老保险待遇的;③劳动者死亡,或者被人民法院宣告死亡或者宣告失踪的;④用人单位被依法宣告破产的;⑤用人单位被吊销营业执照、责令关闭、撤销或者用人单位决定提前解散的;⑥法律、行政法规规定的其他情形。

劳动合同期满,劳动者有下列情形之一的,劳动合同应当续延至相应的情形消失时终止:①从事接触职业病危害作业的劳动者未进行离岗前职业健康检查,或者疑似职业病病人在诊断或者医学观察期间的;②在本单位患职业病或者因工负伤并被确认丧失或者部分丧失劳动能力的;③患病或者非因工负伤,在规定的医疗期内的;④女职工在孕期、产期、哺乳期;⑤在本单位连续工作满 15 年,且距法定退休年龄不足 5 年的;⑥法律、行政法规规定的其他情形。用人单位与劳动者不得在法律规定的劳动合同终止情形之外约定其他的劳动合同终止条件。

17.1.4 经济补偿

经济补偿是指在劳动合同解除或终止后,由用人单位依法一次性支付给劳动者的经济上的补助。劳动合同法规定有下列情形之一的,用人单位应当向劳动者支付经济补偿:①劳动者依照《劳动合同法》第三十八条规定解除劳动合同的;②用人单位依照《劳动合同法》第三十六条规定向劳动者提出解除劳动合同并与劳动者协商一致解除劳动合同的;③用人单位依照《劳动合同法》第四十条规定解除劳动合同的;④用人单位因依法裁员而解除劳动合同的;⑤除用人单位维持或者提高劳动合同约定条件续订劳动合同,劳动者不同意续订的情形外,因劳动合同期满而终止固定期限劳动合同的;⑥用人单位被依法宣告破产的及用人单位被吊销营业执照、责令关闭、撤销或者用人单位决定提前解散而终止劳动合同的;⑦法律、行政法规规定的其他情形。

经济补偿按劳动者在本单位工作的年限,每满 1 年支付 1 个月工资的标准向劳动者支付。6 个月以上不满 1 年的,按 1 年计算;不满 6 个月的,向劳动者支付半个月工资的经济补偿。劳动者月工资高于用人单位所在直辖市、设区的市级人民政府公布的本地区上年度职工月平均工资三倍的,向其支付经济补偿的标准按职工月平均工资三倍的数额支付,向其支付经济补偿的年限最高不超过 12 年。月工资是指劳动者在劳动合同解除或者终止前 12 个月的平均工资。

用人单位违反法律规定解除或者终止劳动合同,劳动者要求继续履行劳动合同的,用人单位应当继续履行;劳动者不要求继续履行劳动合同或者劳动合同已经不能继续履行的,用人单位应当依照法律规定的经济补偿标准的两倍向劳动者支付赔偿金。用人单位应当在解除或者终止劳动合同时出具解除或者终止劳动合同的证明,并在十五日内为劳动者办理档案和社会保险关系转移手续。劳动者应当按照双方约定,办理工作交接。用人单位依照《劳动合同法》有关规定应当向劳动者支付经济补偿的,在办结工作交接时支付。用人单位对已经解除或者终止的劳动合同的文本,至少保存2年备查。

17.1.5 劳务派遣

劳务派遣是指由劳务派遣机构与派遣劳动者订立劳动合同,劳动合同关系存在于派遣机构与派遣劳工之间,但劳动力给付的事实则发生于派遣劳动者与实际用工单位之间的一种新型用工方式。劳务派遣的最显著特征就是劳动力的雇佣和使用分离。劳动派遣机构不同于职业介绍机构,它成为与劳动者签订劳动合同的一方当事人。劳动合同用工是我国的企业基本用工形式。劳务派遣用工是补充形式,只能在临时性、辅助性或者替代性的工作岗位上实施。临时性工作岗位是指存续时间不超过6个月的岗位;辅助性工作岗位是指为主营业务岗位提供服务的非主营业务岗位;替代性工作岗位是指用工单位的劳动者因脱产学习、休假等原因无法工作的一定期间内,可以由其他劳动者替代工作的岗位。用工单位应当严格控制劳务派遣用工数量,不得超过其用工总量的一定比例,具体比例由国务院劳动行政部门规定。用人单位不得设立劳务派遣单位向本单位或者所属单位派遣劳动者。劳务派遣单位应当与被派遣劳动者订立2年以上的固定期限劳动合同,按月支付劳动报酬;被派遣劳动者在无工作期间,劳务派遣单位应当按照所在地人民政府规定的最低工资标准,向其按月支付报酬。

经营劳务派遣业务应当具备下列条件:①注册资本不得少于人民币两百万元;②有与开展业务相适应的固定的经营场所和设施;③有符合法律、行政法规规定的劳务派遣管理制度;④法律、行政法规规定的其他条件。经营劳务派遣业务,应当向劳动行政部门依法申请行政许可;经许可的,依法办理相应的公司登记。未经许可,任何单位和个人不得经营劳务派遣业务。

劳务派遣单位是用人单位,应当履行用人单位对劳动者的义务。劳务派遣单位与被派遣劳动者订立的劳动合同,除应当载明一般事项外,还应当载明被派遣劳动者的用工单位以及派遣期限、工作岗位等情况。劳务派遣单位应当与被派遣劳动者订立2年以上的固定期限劳动合同,按月支付劳动报酬;被派遣劳动者在无工作期间,劳务派遣单位应当按照所在地人民政府规定的最低工资标准,向其按月支付报酬。

劳务派遣单位派遣劳动者应当与接受以劳务派遣形式用工的单位订立劳务派遣协议。劳务派遣协议应当约定派遣岗位和人员数量、派遣期限、劳动报酬和社会保险费的数额与支付方式以及违反协议的责任。劳务派遣单位不得以非全日制用工形式招用被派遣劳动者。用工单位应当根据工作岗位的实际需要与劳务派遣单位确定派遣期限,不得将连续用工期限分割订立数个短期劳务派遣协议。劳务派遣单位应当将劳务派遣协议的内容告知被派遣劳动者。劳务派遣单位不得克扣用工单位按照劳务派遣协议支付给被派遣劳动者的劳动报酬。劳务派遣单位和用工单位不得向被派遣劳动者收取费用。

劳务派遣单位跨地区派遣劳动者的,被派遣劳动者享有的劳动报酬和劳动条件,按照用工单位所在地的标准执行。用工单位应当履行下列义务:

(1) 执行国家劳动标准,提供相应的劳动条件和劳动保护。

(2) 告知被派遣劳动者的工作要求和劳动报酬。

(3) 支付加班费、绩效奖金,提供与工作岗位相关的福利待遇。

(4) 对在岗被派遣劳动者进行工作岗位所必需的培训。

(5) 连续用工的,实行正常的工资调整机制。

用工单位不得将被派遣劳动者再派遣到其他用人单位。被派遣劳动者享有与用工单位的劳动者同工同酬的权利。用工单位应当按照同工同酬原则,对被派遣劳动者与本单位同类岗位的劳动者实行相同的劳动报酬分配办法。用工单位无同类岗位劳动者的,参照用工单位所在地相同或者相近岗位劳动者的劳动报酬确定。劳务派遣单位与被派遣劳动者订立的劳动合同和与用工单位订立的劳务派遣协议,载明或者约定的向被派遣劳动者支付的劳动报酬应当符合法律规定。

被派遣劳动者有权在劳务派遣单位或者用工单位依法参加或者组织工会,维护自身的合法权益。劳务派遣单位依照《劳动合同法》有关规定,可以与劳动者解除劳动合同。派遣员工因执行工作任务造成他人损害的,由接受劳务派遣的用工单位承担侵权责任;劳务派遣单位有过错的,承担相应的补充责任。

17.1.6 非全日制用工

非全日制用工是指以小时计酬为主,劳动者在同一用人单位一般平均每日工作时间不超过四小时,每周工作时间累计不超过二十四小时的用工形式。非全日制用工双方当事人可以订立口头协议。从事非全日制用工的劳动者可以与一个或者一个以上用人单位订立劳动合同;但是,后订立的劳动合同不得影响先订立的劳动合同的履行。

非全日制用工双方当事人不得约定试用期。非全日制用工双方当事人任何一方都可以随时通知对方终止用工。终止用工,用人单位不向劳动者支付经济补偿。非全日制用工小时计酬标准不得低于用人单位所在地人民政府规定的最低小时工资标准。非全日制用工劳动报酬结算支付周期最长不得超过十五日。

17.1.7 劳动争议的调解与仲裁

1. 劳动争议与劳动争议调解仲裁法

劳动争议是指劳动关系的当事人之间因劳动权利与义务发生分歧而引起的争议。为了公正及时解决劳动争议,保护当事人合法权益,促进劳动关系和谐稳定,我国于2007年12月29日由第十届全国人民代表大会常务委员会第三十一次会议通过《中华人民共和国劳动争议调解仲裁法》(以下简称《劳动争议调解仲裁法》),自2008年5月1日起施行。我国境内的用人单位与劳动者发生的下列劳动争议,适用调解仲裁法:

(1) 因确认劳动关系发生的争议。

(2) 因订立、履行、变更、解除和终止劳动合同发生的争议。

(3) 因除名、辞退和辞职、离职发生的争议。

(4) 因工作时间、休息休假、社会保险、福利、培训以及劳动保护发生的争议。

(5) 因劳动报酬、工伤医疗费、经济补偿或者赔偿金等发生的争议。

(6) 法律、法规规定的其他劳动争议。

发生劳动争议，劳动者可以与用人单位协商，也可以请工会或者第三方共同与用人单位协商，达成和解协议。发生劳动争议，当事人不愿协商、协商不成或者达成和解协议后不履行的，可以向调解组织申请调解；不愿调解、调解不成或者达成调解协议后不履行的，可以向劳动争议仲裁委员会申请仲裁；对仲裁裁决不服的，除法律另有规定的外，可以向人民法院提起诉讼。解决劳动争议，应当根据事实，遵循合法、公正、及时、着重调解的原则，依法保护当事人的合法权益。

当事人对自己提出的主张，有责任提供证据。与争议事项有关的证据属于用人单位掌握管理的，用人单位应当提供；用人单位不提供的，应当承担不利后果。发生劳动争议的劳动者一方在十人以上，并有共同请求的，可以推举代表参加调解、仲裁或者诉讼活动。劳动争议仲裁不收费。劳动争议仲裁委员会的经费由财政予以保障。县级以上人民政府劳动行政部门会同工会和企业方面代表建立协调劳动关系三方机制，共同研究解决劳动争议的重大问题。用人单位违反国家规定，拖欠或者未足额支付劳动报酬，或者拖欠工伤医疗费、经济补偿或者赔偿金的，劳动者可以向劳动行政部门投诉，劳动行政部门应当依法处理。

2. 调解

劳动争议调解是指由调解组织对当事人的劳动争议进行和解性处理的法律制度。发生劳动争议，当事人可以到下列调解组织申请调解：

(1) 企业劳动争议调解委员会。

(2) 依法设立的基层人民调解组织。

(3) 在乡镇、街道设立的具有劳动争议调解职能的组织。

企业劳动争议调解委员会由职工代表和企业代表组成。职工代表由工会成员担任或者由全体职工推举产生，企业代表由企业负责人指定。企业劳动争议调解委员会主任由工会成员或者双方推举的人员担任。

劳动争议调解组织的调解员应当由公道正派、联系群众、热心调解工作，并具有一定法律知识、政策水平和文化水平的成年公民担任。当事人申请劳动争议调解可以书面申请，也可以口头申请。口头申请的，调解组织应当当场记录申请人基本情况、申请调解的争议事项、理由和时间。调解劳动争议，应当充分听取双方当事人对事实和理由的陈述，耐心疏导，帮助其达成协议。经调解达成协议的，应当制作调解协议书。调解协议书由双方当事人签名或者盖章，经调解员签名并加盖调解组织印章后生效，对双方当事人具有约束力，当事人应当履行。自劳动争议调解组织收到调解申请之日起十五日内未达成调解协议的，当事人可以依法申请仲裁。

达成调解协议后，一方当事人在协议约定期限内不履行调解协议的，另一方当事人可以依法申请仲裁。因支付拖欠劳动报酬、工伤医疗费、经济补偿或者赔偿金事项达成调解协议，用人单位在协议约定期限内不履行的，劳动者可以持调解协议书依法向人民法院申请支付令。人民法院应当依法发出支付令。

3. 仲裁

（1）劳动争议仲裁委员会。劳动争议仲裁是指劳动争议仲裁委员会根据当事人的申请，依法对劳动争议作出裁决的一种法律制度。劳动争议仲裁委员会按照统筹规划、合理布局和适应实际需要的原则设立。省、自治区人民政府可以决定在市、县设立；直辖市人民政府可以决定在区、县设立。直辖市、设区的市也可以设立一个或者若干个劳动争议仲裁委员会。劳动争议仲裁委员会不按行政区划层层设立。国务院劳动行政部门依照法律有关规定制定仲裁规则。省、自治区、直辖市人民政府劳动行政部门对本行政区域的劳动争议仲裁工作进行指导。劳动争议仲裁委员会由劳动行政部门代表、工会代表和企业方面代表组成。劳动争议仲裁委员会组成人员应当是单数。

劳动争议仲裁委员会依法履行下列职责：①聘任、解聘专职或者兼职仲裁员；②受理劳动争议案件；③讨论重大或者疑难的劳动争议案件；④对仲裁活动进行监督。劳动争议仲裁委员会下设办事机构，负责办理劳动争议仲裁委员会的日常工作。劳动争议仲裁委员会应当设仲裁员名册。仲裁员应当公道正派并符合下列条件之一：①曾任审判员的；②从事法律研究、教学工作并具有中级以上职称的；③具有法律知识，从事人力资源管理或者工会等专业工作满5年的；④律师执业满3年的。

劳动争议仲裁委员会负责管辖本区域内发生的劳动争议。劳动争议由劳动合同履行地或者用人单位所在地的劳动争议仲裁委员会管辖。双方当事人分别向劳动合同履行地和用人单位所在地的劳动争议仲裁委员会申请仲裁的，由劳动合同履行地的劳动争议仲裁委员会管辖。发生劳动争议的劳动者和用人单位为劳动争议仲裁案件的双方当事人。劳务派遣单位或者用工单位与劳动者发生劳动争议的，劳务派遣单位和用工单位为共同当事人。与劳动争议案件的处理结果有利害关系的第三人，可以申请参加仲裁活动或者由劳动争议仲裁委员会通知其参加仲裁活动。当事人可以委托代理人参加仲裁活动。委托他人参加仲裁活动，应当向劳动争议仲裁委员会提交有委托人签名或者盖章的委托书，委托书应当载明委托事项和权限。丧失或者部分丧失民事行为能力的劳动者，由其法定代理人代为参加仲裁活动；无法定代理人的，由劳动争议仲裁委员会为其指定代理人。劳动者死亡的，由其近亲属或者代理人参加仲裁活动。

（2）申请与受理。劳动争议申请仲裁的时效期间为1年。仲裁时效期间从当事人知道或者应当知道其权利被侵害之日起计算。仲裁时效，因当事人一方向对方当事人主张权利，或者向有关部门请求权利救济，或者对方当事人同意履行义务而中断。从中断时起，仲裁时效期间重新计算。因不可抗力或者有其他正当理由，当事人不能在调解仲裁法规定的仲裁时效期间申请仲裁的，仲裁时效中止。从中止时效的原因消除之日起，仲裁时效期间继续计算。劳动关系存续期间因拖欠劳动报酬发生争议的，劳动者申请仲裁不受调解仲裁法规定的仲裁时效期间的限制；但是，劳动关系终止的，应当自劳动关系终止之日起1年内提出。申请人申请仲裁应当提交书面仲裁申请，并按照被申请人人数提交副本。仲裁申请书应当载明下列事项：①劳动者的姓名、性别、年龄、职业、工作单位和住所，用人单位的名称、住所和法定代表人或者主要负责人的姓名、职务；②仲裁请求和所根据的事实、理由；③证据和证据来源、证人姓名和住所。

书写仲裁申请书确有困难的,可以口头申请,由劳动争议仲裁委员会记入笔录,并告知对方当事人。劳动争议仲裁委员会收到仲裁申请之日起五日内,认为符合受理条件的,应当受理,并通知申请人;认为不符合受理条件的,应当书面通知申请人不予受理,并说明理由。对劳动争议仲裁委员会不予受理或者逾期未作出决定的,申请人可以就该劳动争议事项向人民法院提起诉讼。劳动争议仲裁委员会受理仲裁申请后,应当在五日内将仲裁申请书副本送达被申请人。被申请人收到仲裁申请书副本后,应当在十日内向劳动争议仲裁委员会提交答辩书。劳动争议仲裁委员会收到答辩书后,应当在五日内将答辩书副本送达申请人。被申请人未提交答辩书的,不影响仲裁程序的进行。

(3)开庭和裁决。劳动争议仲裁委员会裁决劳动争议案件实行仲裁庭制。仲裁庭由三名仲裁员组成,设首席仲裁员。简单劳动争议案件可以由一名仲裁员独任仲裁。劳动争议仲裁公开进行,但当事人协议不公开进行或者涉及国家秘密、商业秘密和个人隐私的除外。劳动争议仲裁委员会应当在受理仲裁申请之日起五日内将仲裁庭的组成情况书面通知当事人。仲裁员有下列情形之一,应当回避,当事人也有权以口头或者书面方式提出回避申请:①是本案当事人或者当事人、代理人的近亲属的;②与本案有利害关系的;③与本案当事人、代理人有其他关系,可能影响公正裁决的;④私自会见当事人、代理人,或者接受当事人、代理人的请客送礼的。劳动争议仲裁委员会对回避申请应当及时作出决定,并以口头或者书面方式通知当事人。仲裁员有私自会见当事人、代理人,或者接受当事人、代理人的请客送礼的或者有索贿受贿、徇私舞弊、枉法裁决行为的,应当依法承担法律责任。劳动争议仲裁委员会应当将其解聘。

仲裁庭应当在开庭五日前,将开庭日期、地点书面通知双方当事人。当事人有正当理由的,可以在开庭三日前请求延期开庭。是否延期,由劳动争议仲裁委员会决定。申请人收到书面通知,无正当理由拒不到庭或者未经仲裁庭同意中途退庭的,可以视为撤回仲裁申请。被申请人收到书面通知,无正当理由拒不到庭或者未经仲裁庭同意中途退庭的,可以缺席裁决。仲裁庭对专门性问题认为需要鉴定的,可以交由当事人约定的鉴定机构鉴定;当事人没有约定或者无法达成约定的,由仲裁庭指定的鉴定机构鉴定。根据当事人的请求或者仲裁庭的要求,鉴定机构应当派鉴定人参加开庭。当事人经仲裁庭许可,可以向鉴定人提问。当事人在仲裁过程中有权进行质证和辩论。质证和辩论终结时,首席仲裁员或者独任仲裁员应当征询当事人的最后意见。当事人提供的证据经查证属实的,仲裁庭应当将其作为认定事实的根据。

劳动者无法提供由用人单位掌握管理的与仲裁请求有关的证据,仲裁庭可以要求用人单位在指定期限内提供。用人单位在指定期限内不提供的,应当承担不利后果。仲裁庭应当将开庭情况记入笔录。当事人和其他仲裁参加人认为对自己陈述的记录有遗漏或者差错的,有权申请补正。如果不予补正,应当记录该申请。笔录由仲裁员、记录人员、当事人和其他仲裁参加人签名或者盖章。

当事人申请劳动争议仲裁后,可以自行和解。达成和解协议的,可以撤回仲裁申请。仲裁庭在作出裁决前,应当先行调解。调解达成协议的,仲裁庭应当制作调解书。调解书应当写明仲裁请求和当事人协议的结果。调解书由仲裁员签名,加盖劳动争议仲裁委员会印章,送达双方当事人。调解书经双方当事人签收后,发生法律效力。

调解不成或者调解书送达前,一方当事人反悔的,仲裁庭应当及时作出裁决。仲裁庭裁决劳动争议案件,应当自劳动争议仲裁委员会受理仲裁申请之日起四十五日内结束。案情复杂需要延期的,经劳动争议仲裁委员会主任批准,可以延期并书面通知当事人,但是延长期限不得超过十五日。逾期未作出仲裁裁决的,当事人可以就该劳动争议事项向人民法院提起诉讼。

劳动争议案件时,其中一部分事实已经清楚,可以就该部分先行裁决。仲裁庭对追索劳动报酬、工伤医疗费、经济补偿或者赔偿金的案件,根据当事人的申请,可以裁决先予执行,移送人民法院执行。仲裁庭裁决先予执行的,应当符合下列条件:①当事人之间权利义务关系明确;②不先予执行将严重影响申请人的生活。劳动者申请先予执行的,可以不提供担保。裁决应当按照多数仲裁员的意见作出,少数仲裁员的不同意见应当记入笔录。仲裁庭不能形成多数意见时,裁决应当按照首席仲裁员的意见作出。裁决书应当载明仲裁请求、争议事实、裁决理由、裁决结果和裁决日期。裁决书由仲裁员签名,加盖劳动争议仲裁委员会印章。对裁决持不同意见的仲裁员,可以签名,也可以不签名。

下列劳动争议,除《劳动争议调解仲裁法》另有规定的外,仲裁裁决对用人单位来说为终局裁决,裁决书自作出之日起发生法律效力:①追索劳动报酬、工伤医疗费、经济补偿或者赔偿金,不超过当地月最低工资标准12个月金额的争议;②因执行国家的劳动标准在工作时间、休息休假、社会保险等方面发生的争议。劳动者对仲裁裁决不服的,可以自收到仲裁裁决书之日起十五日内向人民法院提起诉讼。

用人单位有证据证明追索劳动报酬、工伤医疗费、经济补偿或者赔偿金,不超过当地月最低工资标准12个月金额的争议和因执行国家的劳动标准在工作时间、休息休假、社会保险等方面发生的争议仲裁裁决有下列情形之一,可以自收到仲裁裁决书之日起三十日内向劳动争议仲裁委员会所在地的中级人民法院申请撤销裁决:①适用法律、法规确有错误的;②劳动争议仲裁委员会无管辖权的;③违反法定程序的;④裁决所根据的证据是伪造的;⑤对方当事人隐瞒了足以影响公正裁决的证据的;⑥仲裁员在仲裁该案时有索贿受贿、徇私舞弊、枉法裁决行为的。人民法院经组成合议庭审查核实裁决有前述规定情形之一的,应当裁定撤销。仲裁裁决被人民法院裁定撤销的,当事人可以自收到裁定书之日起十五日内就该劳动争议事项向人民法院提起诉讼。

当事人对发生法律效力的调解书、裁决书,应当依照规定的期限履行。一方当事人逾期不履行的,另一方当事人可以依照民事诉讼法的有关规定向人民法院申请执行。受理申请的人民法院应当依法执行。

17.1.8 监督检查与法律责任

1. 监督检查

国务院劳动行政部门负责全国劳动合同制度实施的监督管理。县级以上地方人民政府劳动行政部门负责本行政区域内劳动合同制度实施的监督管理。县级以上各级人民政府劳动行政部门在劳动合同制度实施的监督管理工作中,应当听取工会、企业方面代表以及有关行业主管部门的意见。县级以上地方人民政府劳动行政部门依法对下列实施劳动合同制度的情况进行监督检查:

(1) 用人单位制定直接涉及劳动者切身利益的规章制度及其执行的情况。

(2) 用人单位与劳动者订立和解除劳动合同的情况。

(3) 劳务派遣单位和用工单位遵守劳务派遣有关规定的情况。

(4) 用人单位遵守国家关于劳动者工作时间和休息休假规定的情况。

(5) 用人单位支付劳动合同约定的劳动报酬和执行最低工资标准的情况。

(6) 用人单位参加各项社会保险和缴纳社会保险费的情况。

(7) 法律、法规规定的其他劳动监察事项。

县级以上地方人民政府劳动行政部门实施监督检查时,有权查阅与劳动合同、集体合同有关的材料,有权对劳动场所进行实地检查,用人单位和劳动者都应当如实提供有关情况和材料。劳动行政部门的工作人员进行监督检查,应当出示证件,依法行使职权,文明执法。县级以上人民政府建设、卫生、安全生产监督管理等有关主管部门在各自职责范围内,对用人单位执行劳动合同制度的情况进行监督管理。劳动者合法权益受到侵害的,有权要求有关部门依法处理,或者依法申请仲裁、提起诉讼。工会依法维护劳动者的合法权益,对用人单位履行劳动合同、集体合同的情况进行监督。用人单位违反劳动法律、法规和劳动合同、集体合同的,工会有权提出意见或者要求纠正;劳动者申请仲裁、提起诉讼的,工会依法给予支持和帮助。任何组织或者个人对违反劳动法律的行为都有权举报,县级以上人民政府劳动行政部门应当及时核实、处理,并对举报有功人员给予奖励。

用人单位直接涉及劳动者切身利益的规章制度违反法律、法规规定的,由劳动行政部门责令改正,给予警告;给劳动者造成损害的,应当承担赔偿责任。用人单位提供的劳动合同文本未载明法律规定的劳动合同必备条款或者用人单位未将劳动合同文本交付劳动者的,由劳动行政部门责令改正;给劳动者造成损害的,应当承担赔偿责任。用人单位违反法律规定与劳动者约定试用期的,由劳动行政部门责令改正;违法约定的试用期已经履行的,由用人单位以劳动者试用期满月工资为标准,按已经履行的超过法定试用期的期间向劳动者支付赔偿金。用人单位违反法律规定,扣押劳动者居民身份证等证件的,由劳动行政部门责令限期退还劳动者本人,并依照有关法律规定给予处罚。

2. 法律责任

用人单位违反《合同法》规定,以担保或者其他名义向劳动者收取财物的,由劳动行政部门责令限期退还劳动者本人,并以每人五百元以上两千元以下的标准处以罚款;给劳动者造成损害的,应当承担赔偿责任。劳动者依法解除或者终止劳动合同,用人单位扣押劳动者档案或者其他物品的,依照法律规定处罚。

用人单位有下列情形之一的,由劳动行政部门责令限期支付劳动报酬、加班费或者经济补偿;劳动报酬低于当地最低工资标准的,应当支付其差额部分;逾期不支付的,责令用人单位按应付金额百分之五十以上百分之一百以下的标准向劳动者加付赔偿金:

(1) 未按照劳动合同的约定或者国家规定及时足额支付劳动者劳动报酬的。

(2) 低于当地最低工资标准支付劳动者工资的。
(3) 安排加班不支付加班费的。
(4) 解除或者终止劳动合同,未依照法律规定向劳动者支付经济补偿的。

劳动合同依照法律规定被确认无效,给对方造成损害的,有过错的一方应当承担赔偿责任。用人单位违反《劳动合同法》规定解除或者终止劳动合同的,应当依照《劳动合同法》第四十七条规定的经济补偿标准的两倍向劳动者支付赔偿金。

用人单位有下列情形之一的,依法给予行政处罚;构成犯罪的,依法追究刑事责任;给劳动者造成损害的,应当承担赔偿责任:
(1) 以暴力、威胁或者非法限制人身自由的手段强迫劳动的。
(2) 违章指挥或者强令冒险作业危及劳动者人身安全的。
(3) 侮辱、体罚、殴打、非法搜查或者拘禁劳动者的。
(4) 劳动条件恶劣、环境污染严重,给劳动者身心健康造成严重损害的。

违反劳动合同法规定,未经许可,擅自经营劳务派遣业务的,由劳动行政部门责令停止违法行为,没收违法所得,并处违法所得一倍以上五倍以下的罚款;没有违法所得的,可以处五万元以下的罚款。劳务派遣单位、用工单位违反法律有关劳务派遣规定的,由劳动行政部门责令限期改正;逾期不改正的,以每人五千元以上一万元以下的标准处以罚款,对劳务派遣单位,吊销其劳务派遣业务经营许可证。用工单位给被派遣劳动者造成损害的,劳务派遣单位与用工单位承担连带赔偿责任。

对不具备合法经营资格的用人单位的违法犯罪行为,依法追究法律责任;劳动者已经付出劳动的,该单位或者其出资人应当依照法律有关规定向劳动者支付劳动报酬、经济补偿、赔偿金;给劳动者造成损害的,应当承担赔偿责任。个人承包经营违反法律规定招用劳动者,给劳动者造成损害的,发包的组织与个人承包经营者承担连带赔偿责任。劳动行政部门和其他有关主管部门及其工作人员玩忽职守、不履行法定职责,或者违法行使职权,给劳动者或者用人单位造成损害的,应当承担赔偿责任;对直接负责的主管人员和其他直接责任人员,依法给予行政处分;构成犯罪的,依法追究刑事责任。

17.2 社会保险法

17.2.1 社会保险法概述

1. 社会保险

社会保险是一种为丧失劳动能力、暂时失去劳动岗位或因健康原因造成损失的人提供收入或补偿的一种社会和经济制度。社会保险一般由政府举办,强制某一群体将其收入的一部分作为社会保险税或费的方式形成社会保险基金,在满足规定条件的情况下,被保险人可从基金获得一定的收入或损失的补偿,它是一种再分配制度,它的主要目标是保证劳动力的再生产和社会的稳定。社会保险存在的客观基础是劳动领域中存在的各种风险。社会保险一般属于强制性的保险,它是一国社会保障制度的一个最重要的组成部分。

2. 社会保险法的适用范围

我国为了规范社会保险关系,维护公民参加社会保险和享受社会保险待遇的合法权益,使公民共享发展成果,促进社会和谐稳定,第十一届全国人民代表大会常务委员会第十七次会议通过了《中华人民共和国社会保险法》,第十三届全国人民代表大会常务委员会第七次会议对其予以修正,自2018年12月29日起施行。国家建立基本养老保险、基本医疗保险、工伤保险、失业保险、生育保险等社会保险制度,保障公民在年老、疾病、工伤、失业、生育等情况下依法从国家和社会获得物质帮助的权利。

中华人民共和国境内的用人单位和个人依法缴纳社会保险费,有权查询缴费记录、个人权益记录,要求社会保险经办机构提供社会保险咨询等相关服务。个人依法享受社会保险待遇,有权监督本单位为其缴费情况。进城务工的农村居民依照社会保险法的规定参加社会保险。征收农村集体所有的土地,应当足额安排被征地农民的社会保险费,按照国务院规定将被征地农民纳入相应的社会保险制度。外国人在中国境内就业的,参照社会保险法的规定参加社会保险。

3. 社会保险的规划与管理

县级以上人民政府将社会保险事业纳入国民经济和社会发展规划。社会保险制度坚持广覆盖、保基本、多层次、可持续的方针,社会保险水平应当与经济社会发展水平相适应。国家多渠道筹集社会保险资金。县级以上人民政府对社会保险事业给予必要的经费支持。国家通过税收优惠政策支持社会保险事业。

国家对社会保险基金实行严格监管。国务院和省、自治区、直辖市人民政府建立健全社会保险基金监督管理制度,保障社会保险基金安全、有效运行。县级以上人民政府采取措施,鼓励和支持社会各方面参与社会保险基金的监督。国务院社会保险行政部门负责全国的社会保险管理工作,国务院其他有关部门在各自的职责范围内负责有关的社会保险工作。

县级以上地方人民政府社会保险行政部门负责本行政区域的社会保险管理工作,县级以上地方人民政府其他有关部门在各自的职责范围内负责有关的社会保险工作。社会保险经办机构提供社会保险服务,负责社会保险登记、个人权益记录、社会保险待遇支付等工作。工会依法维护职工的合法权益,有权参与社会保险重大事项的研究,参加社会保险监督委员会,对与职工社会保险权益有关的事项进行监督。

17.2.2 基本养老保险

基本养老保险是国家根据法律、法规的规定,由用人单位和劳动者依法缴纳养老保险费,在劳动者达到国家规定的退休年龄或因其他原因而退出劳动岗位后,社会保险经办机构依法向其支付养老金等待遇,从而保障其基本生活的一种社会保险制度。社会保险法规定职工应当参加基本养老保险,由用人单位和职工共同缴纳基本养老保险费。无雇工的个体工商户、未在用人单位参加基本养老保险的非全日制从业人员以及其他灵活就业人员可以参加基本养老保险,由个人缴纳基本养老保险费。公务员和参照公务员法管理的工作人员养老保险的办法由国务院规定。

基本养老保险实行社会统筹与个人账户相结合。基本养老保险基金由用人单位和个人缴费以及政府补贴等组成。用人单位应当按照国家规定的本单位职工工资总额的比例缴纳基本养老保险费，计入基本养老保险统筹基金。职工应当按照国家规定的本人工资的比例缴纳基本养老保险费，记入个人账户。无雇工的个体工商户、未在用人单位参加基本养老保险的非全日制从业人员以及其他灵活就业人员参加基本养老保险的，应当按照国家规定缴纳基本养老保险费，分别记入基本养老保险统筹基金和个人账户。

国有企业、事业单位职工参加基本养老保险前，视同缴费年限期间应当缴纳的基本养老保险费由政府承担。基本养老保险基金出现支付不足时，政府给予补贴。个人账户不得提前支取，记账利率不得低于银行定期存款利率，免征利息税。个人死亡的，个人账户余额可以继承。基本养老金由统筹养老金和个人账户养老金组成。基本养老金根据个人累计缴费年限、缴费工资、当地职工平均工资、个人账户金额、城镇人口平均预期寿命等因素确定。个人跨统筹地区就业的，其基本养老保险关系随本人转移，缴费年限累计计算。个人达到法定退休年龄时，基本养老金分段计算、统一支付。

参加基本养老保险的个人，达到法定退休年龄时累计缴费不足15年的，可以缴费至满15年，按月领取基本养老金；也可以转入新型农村社会养老保险或者城镇居民社会养老保险，按照国务院规定享受相应的养老保险待遇。参加基本养老保险的个人，因病或者非因工死亡的，其遗属可以领取丧葬补助金和抚恤金；在未达到法定退休年龄时因病或者非因工致残完全丧失劳动能力的，可以领取病残津贴。所需资金从基本养老保险基金中支付。国家建立基本养老金正常调整机制。根据职工平均工资增长、物价上涨情况，适时提高基本养老保险待遇水平。

国家建立和完善新型农村社会养老保险制度。新型农村社会养老保险实行个人缴费、集体补助和政府补贴相结合。新型农村社会养老保险待遇由基础养老金和个人账户养老金组成。参加新型农村社会养老保险的农村居民，符合国家规定条件的，按月领取新型农村社会养老保险待遇。国家建立和完善城镇居民社会养老保险制度。省、自治区、直辖市人民政府根据实际情况，可以将城镇居民社会养老保险和新型农村社会养老保险合并实施。

17.2.3 基本医疗保险

基本医疗保险是通过用人单位和个人缴费，建立医疗保险基金，参保人员患病就诊发生医疗费用后，由医疗保险经办机构给予一定的经济补偿的社会保险制度。职工应当参加职工基本医疗保险，由用人单位和职工按照国家规定共同缴纳基本医疗保险费。无雇工的个体工商户、未在用人单位参加职工基本医疗保险的非全日制从业人员以及其他灵活就业人员可以参加职工基本医疗保险，由个人按照国家规定缴纳基本医疗保险费。

国家建立和完善城镇居民基本医疗保险制度。城镇居民基本医疗保险实行个人缴费和政府补贴相结合。享受最低生活保障的人、丧失劳动能力的残疾人、低收入家庭六十周岁以上的老年人和未成年人等所需个人缴费部分，由政府给予补贴。职工基本医疗保险、新型农村合作医疗和城镇居民基本医疗保险的待遇标准按照国家规定执行。参加职工基本医疗保险的个人，达到法定退休年龄时累计缴费达到国家规定年限的，退休后不再缴纳基本医疗保险费，按照国家规定享受基本医疗保险待遇；未达到国家规定年限的，可以缴费至国家规定年限。符合基本医疗保险药品目录、诊疗项目、医疗服务设施标准以及急诊、抢救的医疗费用,按国家规定从基本医疗保险基金中支付。参保人员医疗费用中应当由基本医疗保险基金支付的部分,由社会保险经办机构与医疗机构、药品经营单位直接结算。社会保险行政部门和卫生行政部门应当建立异地就医医疗费用结算制度,方便参保人员享受基本医疗保险待遇。下列医疗费用不纳入基本医疗保险基金支付范围:

(1) 应当从工伤保险基金中支付的。

(2) 应当由第三人负担的。

(3) 应当由公共卫生负担的。

(4) 在境外就医的。医疗费用依法应当由第三人负担,第三人不支付或者无法确定第三人的,由基本医疗保险基金先行支付。基本医疗保险基金先行支付后,有权向第三人追偿。

社会保险经办机构根据管理服务的需要,可以与医疗机构、药品经营单位签订服务协议,规范医疗服务行为。医疗机构应当为参保人员提供合理、必要的医疗服务。个人跨统筹地区就业的,其基本医疗保险关系随本人转移,缴费年限累计计算。

17.2.4 工伤保险

工伤保险是指劳动者在工作中或在规定的特殊情况下,遭受意外伤害或患职业病导致暂时或永久丧失劳动能力以及死亡时,劳动者或其近亲属从国家和社会获得物质帮助的一种社会保险制度。由于职业危害无所不在,无时不在,任何人都不能完全避免职业伤害。因此工伤保险作为抗御职业危害的保险制度适用于所有职工,任何职工发生工伤事故或遭受职业疾病,都应获得工伤保险待遇。建立工伤保险有利于促进安全生产,保护和发展社会生产力。工伤保险与生产单位改善劳动条件、防病防伤、安全教育、医疗康复、社会服务等工作紧密相关,对提高生产经营单位和职工的安全生产,防止或减少工伤、职业病,保护职工的身体健康,至关重要。工伤保险保障了受伤害职工的合法权益,有利于妥善处理事故和恢复生产,维护正常的生产、生活秩序,维护社会安定。社会保险法规定职工应当参加工伤保险,由用人单位缴纳工伤保险费,职工不缴纳工伤保险费。国家根据不同行业的工伤风险程度确定行业的差别费率,并根据使用工伤保险基金、工伤发生率等情况在每个行业内确定费率档次。行业差别费率和行业内费率档次由国务院社会保险行政部门制定,报国务院批准后公布施行。社会保险经办机构根据用人单位使用工伤保险基金、工伤发生率和所属行业费率档次等情况,确定用人单位缴费费率。用人单位应当按照本单位职工工资总额,根据社会保险经办机构确定的费率缴纳工伤保险费。职工因工作原因受到事故伤害或者患职业病,且经工伤认定的,享受工伤保险待遇;其中,经劳动能力鉴定丧失劳动能力的,享受伤残待遇。

工伤认定和劳动能力鉴定应当简捷、方便。职工因下列情形之一导致本人在工作中伤亡的,不认定为工伤:①故意犯罪;②醉酒或者吸毒;③自残或者自杀;④法律、行政法规规定的其他情形。

因工伤发生的下列费用,按照国家规定从工伤保险基金中支付:①治疗工伤的医疗费用和康复费用;②住院伙食补助费;③到统筹地区以外就医的交通食宿费;④安装配置伤残辅助器具所需费用；⑤生活不能自理的，经劳动能力鉴定委员会确认的生活护理费；⑥一次性伤残补助金和一至四级伤残职工按月领取的伤残津贴；⑦终止或者解除劳动合同时，应当享受的一次性医疗补助金；⑧因工死亡的，其遗属领取的丧葬补助金、供养亲属抚恤金和因工死亡补助金；⑨劳动能力鉴定费。

因工伤发生的下列费用，按照国家规定由用人单位支付：①治疗工伤期间的工资福利；②五级、六级伤残职工按月领取的伤残津贴；③终止或者解除劳动合同时，应当享受的一次性伤残就业补助金。

工伤职工符合领取基本养老金条件的，停发伤残津贴，享受基本养老保险待遇。基本养老保险待遇低于伤残津贴的，从工伤保险基金中补足差额。职工所在用人单位未依法缴纳工伤保险费，发生工伤事故的，由用人单位支付工伤保险待遇。用人单位不支付的，从工伤保险基金中先行支付。

从工伤保险基金中先行支付的工伤保险待遇应当由用人单位偿还。用人单位不偿还的，社会保险经办机构可以依法追偿。

由于第三人的原因造成工伤，第三人不支付工伤医疗费用或者无法确定第三人的，由工伤保险基金先行支付。工伤保险基金先行支付后，有权向第三人追偿。工伤职工有下列情形之一的，停止享受工伤保险待遇：①丧失享受待遇条件的；②拒不接受劳动能力鉴定的；③拒绝治疗的。

17.2.5 失业保险

失业保险是指国家通过立法强制实行的，由国家集中建立基金，对因失业而暂时中断生活来源的劳动者提供物质帮助的制度。它是社会保障体系的重要组成部分。社会保险法规定职工应当参加失业保险，由用人单位和职工按照国家规定共同缴纳失业保险费。失业人员符合下列条件的，从失业保险基金中领取失业保险金：①失业前用人单位和本人已经缴纳失业保险费满1年的；②非因本人意愿中断就业的；③已经进行失业登记，并有求职要求的。失业人员失业前用人单位和本人累计缴费满1年不足5年的，领取失业保险金的期限最长为12个月；累计缴费满5年不足10年的，领取失业保险金的期限最长为18个月；累计缴费10年以上的，领取失业保险金的期限最长为24个月。重新就业后，再次失业的，缴费时间重新计算，领取失业保险金的期限与前次失业应当领取而尚未领取的失业保险金的期限合并计算，最长不超过24个月。失业保险金的标准，由省、自治区、直辖市人民政府确定，不得低于城市居民最低生活保障标准。失业人员在领取失业保险金期间，参加职工基本医疗保险，享受基本医疗保险待遇。失业人员应当缴纳的基本医疗保险费从失业保险基金中支付，个人不缴纳基本医疗保险费。失业人员在领取失业保险金期间死亡的，参照当地对在职职工死亡的规定，向其遗属发给一次性丧葬补助金和抚恤金。所需资金从失业保险基金中支付。个人死亡同时符合领取基本养老保险丧葬补助金、工伤保险丧葬补助金和失业保险丧葬补助金条件的，其遗属只能选择领取其中的一项。

用人单位应当及时为失业人员出具终止或者解除劳动关系的证明，并将失业人员的名单自终止或者解除劳动关系之日起十五日内告知社会保险经办机构。失业人员应当持本单位为其出具的终止或者解除劳动关系的证明,及时到指定的公共就业服务机构办理失业登记。失业人员凭失业登记证明和个人身份证明,到社会保险经办机构办理领取失业保险金的手续。失业保险金领取期限自办理失业登记之日起计算。失业人员在领取失业保险金期间有下列情形之一的,停止领取失业保险金,并同时停止享受其他失业保险待遇:①重新就业的;②应征服兵役的;③移居境外的;④享受基本养老保险待遇的;⑤无正当理由,拒不接受当地人民政府指定部门或者机构介绍的适当工作或者提供的培训的。职工跨统筹地区就业的,其失业保险关系随本人转移,缴费年限累计计算。

17.2.6　生育保险

生育保险是国家通过社会保险立法,对生育职工给予经济、物质等方面帮助的一项社会政策。其宗旨在于通过向生育女职工提供生育津贴保障,她们因生育而暂时丧失劳动能力时的基本经济收入和医疗保健,帮助生育女职工恢复劳动能力,重返工作岗位,从而体现国家和社会对妇女在这一特殊时期给予的支持和爱护。职工应当参加生育保险,由用人单位按照国家规定缴纳生育保险费,职工不缴纳生育保险费。用人单位已经缴纳生育保险费的,其职工享受生育保险待遇;职工未就业配偶按照国家规定享受生育医疗费用待遇。所需资金从生育保险基金中支付。生育保险待遇包括生育医疗费用和生育津贴。

生育医疗费用包括下列各项:①生育的医疗费用;②计划生育的医疗费用;③法律、法规规定的其他项目费用。

职工有下列情形之一的,可以按照国家规定享受生育津贴:①女职工生育享受产假;②享受计划生育手术休假;③法律、法规规定的其他情形。生育津贴按照职工所在用人单位上年度职工月平均工资计发。

17.2.7　社会保险费征缴

用人单位应当自成立之日起三十日内凭营业执照、登记证书或者单位印章,向当地社会保险经办机构申请办理社会保险登记。社会保险经办机构应当自收到申请之日起十五日内予以审核,发给社会保险登记证件。用人单位的社会保险登记事项发生变更或者用人单位依法终止的,应当自变更或者终止之日起三十日内,到社会保险经办机构办理变更或者注销社会保险登记。市场监督管理部门、民政部门和机构编制管理机关应当及时向社会保险经办机构通报用人单位的成立、终止情况,公安机关应当及时向社会保险经办机构通报个人的出生、死亡以及户口登记、迁移、注销等情况。

用人单位应当自用工之日起三十日内为其职工向社会保险经办机构申请办理社会保险登记。未办理社会保险登记的,由社会保险经办机构核定其应当缴纳的社会保险费。自愿参加社会保险的无雇工的个体工商户、未在用人单位参加社会保险的非全日制从业人员以及其他灵活就业人员,应当向社会保险经办机构申请办理社会保险登记。国家建立全国统一的个人社会保障号码,个人社会保障号码为公民身份号码。县级以上人民政府加强社会保险费的征收工作。社会保险费实行统一征收,实施步骤和具体办法由国务院规定。

用人单位应当自行申报、按时足额缴纳社会保险费,非因不可抗力等法定事由不得缓缴、减免。职工应当缴纳的社会保险费由用人单位代扣代缴，用人单位应当按月将缴纳社会保险费的明细情况告知本人。无雇工的个体工商户、未在用人单位参加社会保险的非全日制从业人员以及其他灵活就业人员，可以直接向社会保险费征收机构缴纳社会保险费。社会保险费征收机构应当依法按时足额征收社会保险费，并将缴费情况定期告知用人单位和个人。

用人单位未按规定申报应当缴纳的社会保险费数额的，按照该单位上月缴费额的百分之一百一十确定应当缴纳数额；缴费单位补办申报手续后，由社会保险费征收机构按照规定结算。用人单位未按时足额缴纳社会保险费的，由社会保险费征收机构责令其限期缴纳或者补足。用人单位逾期仍未缴纳或者补足社会保险费的，社会保险费征收机构可以向银行和其他金融机构查询其存款账户；并可以申请县级以上有关行政部门作出划拨社会保险费的决定，书面通知其开户银行或者其他金融机构划拨社会保险费。用人单位账户余额少于应当缴纳的社会保险费的，社会保险费征收机构可以要求该用人单位提供担保，签订延期缴费协议。

用人单位未足额缴纳社会保险费且未提供担保的，社会保险费征收机构可以申请人民法院扣押、查封、拍卖其价值相当于应当缴纳社会保险费的财产，以拍卖所得抵缴社会保险费。

17.2.8 社会保险基金

社会保险基金是指为了保障保险对象的社会保险待遇，按照国家法律、法规，由缴费单位和缴费个人分别按缴费基数的一定比例缴纳以及通过其他合法方式筹集的专项资金。社会保险基金是国家为举办社会保险事业而筹集的，用于支付劳动者因暂时或永久丧失劳动能力或劳动机会时所享受的保险金和津贴的资金。社会保险基金包括基本养老保险基金、基本医疗保险基金、工伤保险基金、失业保险基金和生育保险基金。除基本医疗保险基金与生育保险基金合并建账及核算外，其他各项社会保险基金按照社会保险险种分别建账，分账核算社会保险基金，执行国家统一的会计制度。社会保险基金专款专用，任何组织和个人不得侵占或者挪用。基本养老保险基金逐步实行全国统筹，其他社会保险基金逐步实行省级统筹。统筹范围表明社会保险的社会化程度和保障水平。社会保险基金通过预算实现收支平衡。县级以上人民政府在社会保险基金出现支付不足时，给予补贴。

社会保险基金按照统筹层次设立预算。除基本医疗保险基金与生育保险基金预算合并编制外，其他社会保险基金预算按照社会保险项目分别编制。社会保险基金预算、决算草案的编制、审核和批准，依照法律和国务院规定执行。社会保险基金存入财政专户，具体管理办法由国务院规定。社会保险基金在保证安全的前提下，按照国务院规定投资运营实现保值增值。社会保险基金不得违规投资运营，不得用于平衡其他政府预算，不得用于兴建、改建办公场所和支付人员经费、运行费用、管理费用，或者违反法律、行政法规规定挪作其他用途。社会保险经办机构应当定期向社会公布参加社会保险情况以及社会保险基金的收入、支出、结余和收益情况。国家设立全国社会保障基金，由中央财政预算拨款以及国务院批准的其他方式筹集的资金构成，用于社会保障支出的补充、调剂。全国社会保障基金由全国社会保障基金管理运营机构负责管理运营,在保证安全的前提下实现保值增值。

全国社会保障基金应当定期向社会公布收支、管理和投资运营的情况。国务院财政部门、社会保险行政部门、审计机关对全国社会保障基金的收支、管理和投资运营情况实施监督。各级人民代表大会常务委员会听取和审议本级人民政府对社会保险基金的收支、管理、投资运营以及监督检查情况的专项工作报告,组织对法律实施情况的执法检查等,依法行使监督职权。县级以上人民政府社会保险行政部门应当加强对用人单位和个人遵守社会保险法律、法规情况的监督检查。社会保险行政部门实施监督检查时,被检查的用人单位和个人应当如实提供与社会保险有关的资料,不得拒绝检查或者谎报、瞒报。

财政部门、审计机关按照各自职责,对社会保险基金的收支、管理和投资运营情况实施监督。社会保险行政部门对社会保险基金的收支、管理和投资运营情况进行监督检查,发现存在问题的,应当提出整改建议,依法作出处理决定或者向有关行政部门提出处理建议。社会保险基金检查结果应当定期向社会公布。

社会保险行政部门对社会保险基金实施监督检查,有权采取下列措施:

(1) 查阅、记录、复制与社会保险基金收支、管理和投资运营相关的资料,对可能被转移、隐匿或者灭失的资料予以封存。

(2) 询问与调查事项有关的单位和个人,要求其对与调查事项有关的问题作出说明、提供有关证明材料。

(3) 对隐匿、转移、侵占、挪用社会保险基金的行为予以制止并责令改正。

统筹地区人民政府成立由用人单位代表、参保人员代表,以及工会代表、专家等组成的社会保险监督委员会,掌握、分析社会保险基金的收支、管理和投资运营情况,对社会保险工作提出咨询意见和建议,实施社会监督。社会保险经办机构应当定期向社会保险监督委员会汇报社会保险基金的收支、管理和投资运营情况。社会保险监督委员会可以聘请会计师事务所对社会保险基金的收支、管理和投资运营情况进行年度审计和专项审计。审计结果应当向社会公开。

社会保险监督委员会发现社会保险基金收支、管理和投资运营中存在问题的,有权提出改正建议;对社会保险经办机构及其工作人员的违法行为,有权向有关部门提出依法处理建议。社会保险行政部门和其他有关行政部门、社会保险经办机构、社会保险费征收机构及其工作人员,应当依法为用人单位和个人的信息保密,不得以任何形式泄露。任何组织或者个人有权对违反社会保险法律、法规的行为进行举报、投诉。

为了规范全国社会保障基金的管理运营,加强对全国社会保障基金的监督,在保证安全的前提下实现保值增值,根据《中华人民共和国社会保险法》,国务院公布了《全国社会保障基金条例》,自 2016 年 5 月 1 日起施行。《全国社会保障基金条例》中规定国家设立全国社会保障基金,全国社会保障基金由中央财政预算拨款、国有资本划转、基金投资收益和以国务院批准的其他方式筹集的资金构成。全国社会保障基金是国家社会保障储备基金,用于人口老龄化高峰时期的养老保险等社会保障支出的补充、调剂。国家根据人口老龄化趋势和经济社会发展状况,确定和调整全国社会保障基金规模。全国社会保障基金的筹集和使用方案,由国务院确定。

17.2.9　社会保险经办机构

社会保险经办机构是国家或社会对社会保险实行行政性、事业性管理的职能机构。统筹地区设立社会保险经办机构。社会保险经办机构根据工作需要，经所在地的社会保险行政部门和机构编制管理机关批准，可以在本统筹地区设立分支机构和服务网点。社会保险经办机构的人员经费和经办社会保险发生的基本运行费用、管理费用，由同级财政按照国家规定予以保障。社会保险经办机构应当建立健全业务、财务、安全和风险管理制度。社会保险经办机构应当按时足额支付社会保险待遇。

17.2.10　法律责任

用人单位不办理社会保险登记的，由社会保险行政部门责令限期改正；逾期不改正的，对用人单位处应缴社会保险费数额一倍以上三倍以下的罚款，对其直接负责的主管人员和其他直接责任人员处五百元以上三千元以下的罚款。用人单位未按时足额缴纳社会保险费的，由社会保险费征收机构责令限期缴纳或者补足，并自欠缴之日起，按日加收万分之五的滞纳金；逾期仍不缴纳的，由有关行政部门处欠缴数额一倍以上三倍以下的罚款。

社会保险经办机构以及医疗机构、药品经营单位等社会保险服务机构以欺诈、伪造证明材料或者其他手段骗取社会保险基金支出的，由社会保险行政部门责令退回骗取的社会保险金，处骗取金额两倍以上五倍以下的罚款；属于社会保险服务机构的，解除服务协议；直接负责的主管人员和其他直接责任人员有执业资格的，依法吊销其执业资格。以欺诈、伪造证明材料或者其他手段骗取社会保险待遇的，由社会保险行政部门责令退回骗取的社会保险金，处骗取金额两倍以上五倍以下的罚款。

社会保险经办机构及其工作人员有下列行为之一的，由社会保险行政部门责令改正；给社会保险基金、用人单位或者个人造成损失的，依法承担赔偿责任；对直接负责的主管人员和其他直接责任人员依法给予处分：

（1）未履行社会保险法定职责的。

（2）未将社会保险基金存入财政专户的。

（3）克扣或者拒不按时支付社会保险待遇的。

（4）丢失或者篡改缴费记录、享受社会保险待遇记录等社会保险数据、个人权益记录的。

（5）有违反社会保险法律、法规的其他行为的。

社会保险费征收机构擅自更改社会保险费缴费基数、费率，导致少收或者多收社会保险费的，由有关行政部门责令其追缴应当缴纳的社会保险费或者退还不应当缴纳的社会保险费；对直接负责的主管人员和其他直接责任人员依法给予处分。违反法律规定，隐匿、转移、侵占、挪用社会保险基金或者违规投资运营的，由社会保险行政部门、财政部门、审计机关责令追回；有违法所得的，没收违法所得；对直接负责的主管人员和其他直接责任人员依法给予处分。

社会保险行政部门和其他有关行政部门、社会保险经办机构、社会保险费征收机构及其工作人员泄露用人单位和个人信息的,对直接负责的主管人员和其他直接责任人员依法给予处分;给用人单位或者个人造成损失的,应当承担赔偿责任。国家工作人员在社会保险管理、监督工作中滥用职权、玩忽职守、徇私舞弊的,依法给予处分。违反法律规定,构成犯罪的,依法追究刑事责任。

思考题

1. 劳动合同应当具备的条款有哪些?
2. 劳动者可以单方解除劳动合同的情形是什么?
3. 用人单位可以单方解除劳动合同的情形是什么?
4. 用人单位应当向劳动者支付经济补偿金的情形是什么?
5. 社会保险的种类有哪些?
6. 社会保险基金的管理制度是什么?

第18章 经济仲裁与经济诉讼

基本概念

仲裁协议　裁决　诉讼管辖　当事人　第一审普通程序　第二审程序　审判监督程序
执行程序

18.1 经济仲裁

18.1.1 经济仲裁概述

经济仲裁是一种解决经济纠纷的方法,指经济纠纷的当事人双方发生争议时,当事人双方自愿将争议的事项提交给双方同意的仲裁机构进行裁决,由其作出对双方均有法律约束力的裁决。经济仲裁最主要的特点是充分尊重当事人的意思自治和实行一裁终局的制度。为了保证公正、及时地仲裁经济纠纷,保护当事人的合法权益,保障社会主义市场经济健康发展,我国于1994年8月31日第八届全国人民代表大会常务委员会第九次会议通过了《中华人民共和国仲裁法》(以下简称《仲裁法》),并于1995年9月1日起施行。2009年8月27日第十一届全国人民代表大会常务委员会第十次会议进行了修正,2017年9月1日第十二届全国人民代表大会常务委员会第二十九次会议对其予以第二次修正,自2018年1月1日起施行。

平等主体的公民、法人和其他组织之间发生的合同纠纷和其他财产权益纠纷,可以仲裁。下列纠纷不能仲裁：①婚姻、收养、监护、扶养、继承纠纷；②依法应当由行政机关处理的行政争议。当事人采用仲裁方式解决纠纷,应当双方自愿,达成仲裁协议。没有仲裁协议,一方申请仲裁的,仲裁委员会不予受理。当事人达成仲裁协议,一方向人民法院起诉的,人民法院不予受理,但仲裁协议无效的除外。仲裁委员会应当由当事人协议选定。仲裁不实行级别管辖和地域管辖。仲裁应当根据事实,符合法律规定,公平合理地解决纠纷。仲裁依法独立进行,不受行政机关、社会团体和个人的干涉。仲裁实行一裁终局的制度。裁决作出后,当事人就同一纠纷再申请仲裁或者向人民法院起诉的,仲裁委员会或者人民法院不予受理。裁决被人民法院依法裁定撤销或者不予执行的,当事人就该纠纷可以根据双方重新达成的仲裁协议申请仲裁,也可以向人民法院

起诉。

18.1.2 仲裁委员会和仲裁协会

1. 仲裁委员会

仲裁委员会是常设性仲裁机构。仲裁委员会可以在直辖市和省、自治区人民政府所在地的市设立，也可以根据需要在其他设区的市设立，不按行政区划层层设立。仲裁委员会由前述规定的市的人民政府组织有关部门和商会统一组建。设立仲裁委员会，应当经省、自治区、直辖市的司法行政部门登记。仲裁委员会应当具备下列条件：①有自己的名称、住所和章程；②有必要的财产；③有该委员会的组成人员；④有聘任的仲裁员。仲裁委员会的章程应当依照仲裁法制定。仲裁委员会由主任一人、副主任二至四人和委员七至十一人组成。仲裁委员会的主任、副主任和委员由法律、经济贸易专家和有实际工作经验的人员担任。仲裁委员会的组成人员中，法律、经济贸易专家不得少于三分之二。

仲裁委员会应当从公道正派的人员中聘任仲裁员。仲裁员应当符合下列条件之一：①通过国家统一法律职业资格考试取得法律职业资格，从事仲裁工作满8年的；②从事律师工作满8年的；③曾任法官满8年的；④从事法律研究、教学工作并具有高级职称的；⑤具有法律知识、从事经济贸易等专业工作并具有高级职称或者具有同等专业水平的。仲裁委员会按照不同专业设仲裁员名册。仲裁委员会独立于行政机关，与行政机关没有隶属关系。仲裁委员会之间也没有隶属关系。

2. 仲裁协会

根据我国《仲裁法》的规定，中国仲裁协会作为中国仲裁委员会的行业自律性组织，承担着对外宣传仲裁法律制度，对内进行行业监督规范的职能。中国仲裁协会是社会团体法人，仲裁委员会是中国仲裁协会的会员，中国仲裁协会的章程由全国会员大会制定。中国仲裁协会作为仲裁委员会的自律性组织，根据章程对仲裁委员会及其组成人员、仲裁员的违纪行为进行监督，是保障和促进中国仲裁事业持续、健康、有序发展的重要力量。中国仲裁协会依照仲裁法和民事诉讼法的有关规定制定仲裁规则。

18.1.3 仲裁协议

1. 仲裁协议的概念与形式

仲裁协议是指双方当事人在自愿、协商的基础之上将他们之间已经发生或者可能发生的争议提交仲裁解决的书面文件。仲裁协议包括合同中订立的仲裁条款和以其他书面方式在纠纷发生前或者纠纷发生后达成的请求仲裁的协议。"其他书面形式"的仲裁协议包括以合同书、信件和数据电文（包括电报、电传、传真、电子数据交换和电子邮件）等形式达成的请求仲裁的协议。

2. 仲裁协议的内容

仲裁协议应当具有下列内容：

(1) 请求仲裁的意思表示。

(2) 仲裁事项，当事人概括约定仲裁事项为合同争议的，基于合同成立、效力、变更、转让、履行、违约责任、解释、解除等产生的纠纷都可以认定为仲裁事项。

（3）选定的仲裁委员会。仲裁协议约定的仲裁机构名称不准确，但能够确定具体的仲裁机构的，应当认定选定了仲裁机构。仲裁协议仅约定纠纷适用的仲裁规则的，视为未约定仲裁机构，但当事人达成补充协议或者按照约定的仲裁规则能够确定仲裁机构的除外。仲裁协议约定两个以上仲裁机构的，当事人可以协议选择其中的一个仲裁机构申请仲裁；当事人不能就仲裁机构选择达成一致的，仲裁协议无效。仲裁协议约定由某地的仲裁机构仲裁且该地仅有一个仲裁机构的，该仲裁机构视为约定的仲裁机构。该地有两个以上仲裁机构的，当事人可以协议选择其中的一个仲裁机构申请仲裁；当事人不能就仲裁机构选择达成一致的，仲裁协议无效。当事人约定争议可以向仲裁机构申请仲裁也可以向人民法院起诉的，仲裁协议无效。但一方向仲裁机构申请仲裁，另一方未在仲裁庭首次开庭前提出异议的除外。

当事人订立仲裁协议后合并、分立的，仲裁协议对其权利和义务的继受人有效。当事人订立仲裁协议后死亡的，仲裁协议对承继其仲裁事项中的权利和义务的继承人有效，当事人订立仲裁协议时另有约定的除外。债权债务全部或者部分转让的，仲裁协议对受让人有效，但当事人另有约定、在受让债权债务时受让人明确反对或者不知有单独仲裁协议的除外。合同成立后未生效或者被撤销的，不影响仲裁协议的效力。当事人在订立合同时就争议达成仲裁协议的，合同未成立不影响仲裁协议的效力。

3. 无效仲裁协议

有下列情形之一的，仲裁协议无效：

（1）约定的仲裁事项超出法律规定的仲裁范围的。

（2）无民事行为能力人或者限制民事行为能力人订立的仲裁协议。

（3）一方采取胁迫手段，迫使对方订立仲裁协议的。

仲裁协议对仲裁事项或者仲裁委员会没有约定或者约定不明确的，当事人可以补充协议；达不成补充协议的，仲裁协议无效。仲裁协议独立存在，合同的变更、解除、终止或者无效，不影响仲裁协议的效力。仲裁庭有权确认合同的效力。当事人对仲裁协议的效力有异议的，可以请求仲裁委员会作出决定或者请求人民法院作出裁定。一方请求仲裁委员会作出决定，另一方请求人民法院作出裁定的，由人民法院裁定。

当事人对仲裁协议的效力有异议，应当在仲裁庭首次开庭前提出。当事人向人民法院申请确认仲裁协议效力的案件，由仲裁协议约定的仲裁机构所在地的中级人民法院管辖；仲裁协议约定的仲裁机构不明确的，由仲裁协议签订地或者被申请人住所地的中级人民法院管辖。申请确认涉外仲裁协议效力的案件，由仲裁协议约定的仲裁机构所在地、仲裁协议签订地、申请人或者被申请人住所地的中级人民法院管辖。

涉及海事海商纠纷仲裁协议效力的案件，由仲裁协议约定的仲裁机构所在地、仲裁协议签订地、申请人或者被申请人住所地的海事法院管辖；上述地点没有海事法院的，由就近的海事法院管辖。当事人在仲裁庭首次开庭前没有对仲裁协议的效力提出异议，而后向人民法院申请确认仲裁协议无效的，人民法院不予受理。仲裁机构对仲裁协议的效力作出决定后，当事人向人民法院申请确认仲裁协议效力或者申请撤销仲裁机构的决定的，人民法院不予受理。人民法院审理仲裁协议效力确认案件,应当组成合议庭进行审查,并询问当事人。

对涉外仲裁协议的效力审查,适用当事人约定的法律;当事人没有约定适用的法律但约定了仲裁地的,适用仲裁地法律;没有约定适用的法律也没有约定仲裁地或者仲裁地约定不明的,适用法院地法律。

18.1.4 仲裁程序

1. 申请与受理

当事人申请仲裁应当符合下列条件:①有仲裁协议;②有具体的仲裁请求和事实、理由;③属于仲裁委员会的受理范围。

当事人申请仲裁,应当向仲裁委员会递交仲裁协议、仲裁申请书及副本。仲裁申请书应当载明下列事项:

(1) 当事人的姓名、性别、年龄、职业、工作单位和住所,法人或者其他组织的名称、住所和法定代表人或者主要负责人的姓名、职务。

(2) 仲裁请求和所根据的事实、理由。

(3) 证据和证据来源、证人姓名和住所。

仲裁委员会收到仲裁申请书之日起五日内,认为符合受理条件的,应当受理,并通知当事人;认为不符合受理条件的,应当书面通知当事人不予受理,并说明理由。仲裁委员会受理仲裁申请后,应当在仲裁规则规定的期限内将仲裁规则和仲裁员名册送达申请人,并将仲裁申请书副本和仲裁规则、仲裁员名册送达被申请人。被申请人收到仲裁申请书副本后,应当在仲裁规则规定的期限内向仲裁委员会提交答辩书。仲裁委员会收到答辩书后,应当在仲裁规则规定的期限内将答辩书副本送达申请人。被申请人未提交答辩书的,不影响仲裁程序的进行。当事人达成仲裁协议,一方向人民法院起诉未声明有仲裁协议,人民法院受理后,另一方在首次开庭前提交仲裁协议的,人民法院应当驳回起诉,但仲裁协议无效的除外;另一方在首次开庭前未对人民法院受理该案提出异议的,视为放弃仲裁协议,人民法院应当继续审理。"首次开庭"是指答辩期满后人民法院组织的第一次开庭审理,不包括审前程序中的各项活动。申请人可以放弃或者变更仲裁请求。被申请人可以承认或者反驳仲裁请求,有权提出反请求。一方当事人因另一方当事人的行为或者其他原因,可能使裁决不能执行或者难以执行的,可以申请财产保全。当事人申请财产保全的,仲裁委员会应当将当事人的申请依照民事诉讼法的有关规定提交人民法院。申请有错误的,申请人应当赔偿被申请人因财产保全所遭受的损失。当事人、法定代理人可以委托律师和其他代理人进行仲裁活动。委托律师和其他代理人进行仲裁活动的,应当向仲裁委员会提交授权委托书。

2. 仲裁庭的组成

仲裁庭可以由三名仲裁员或者一名仲裁员组成。由三名仲裁员组成的,设首席仲裁员。当事人约定由三名仲裁员组成仲裁庭的,应当各自选定或者各自委托仲裁委员会主任指定一名仲裁员,第三名仲裁员由当事人共同选定或者共同委托仲裁委员会主任指定。第三名仲裁员是首席仲裁员。当事人约定由一名仲裁员成立仲裁庭的,应当由当事人共同选定或者共同委托仲裁委员会主任指定仲裁员。当事人没有在仲裁规则规定的期限内约定仲裁庭

的组成方式或者选定仲裁员的,由仲裁委员会主任指定。仲裁庭组成后,仲裁委员会应当将仲裁庭的组成情况书面通知当事人。

仲裁员有下列情形之一的,必须回避,当事人也有权提出回避申请:①是本案当事人或者当事人、代理人的近亲属;②与本案有利害关系;③与本案当事人、代理人有其他关系,可能影响公正仲裁的;④私自会见当事人、代理人,或者接受当事人、代理人的请客送礼的。当事人提出回避申请,应当说明理由,在首次开庭前提出。回避事由在首次开庭后知道的,可以在最后一次开庭终结前提出。仲裁员是否回避,由仲裁委员会主任决定;仲裁委员会主任担任仲裁员时,由仲裁委员会集体决定。仲裁员因回避或者其他原因不能履行职责的,应当依照仲裁法规定重新选定或者指定仲裁员。因回避而重新选定或者指定仲裁员后,当事人可以请求已进行的仲裁程序重新进行,是否准许,由仲裁庭决定;仲裁庭也可以自行决定已进行的仲裁程序是否重新进行。

3. 开庭和裁决

仲裁应当开庭进行,当事人协议不开庭的,仲裁庭可以根据仲裁申请书、答辩书以及其他材料作出裁决。仲裁不公开进行,当事人协议公开的,可以公开进行,但涉及国家秘密的除外。仲裁委员会应当在仲裁规则规定的期限内将开庭日期通知双方当事人。当事人有正当理由的,可以在仲裁规则规定的期限内请求延期开庭,是否延期,由仲裁庭决定。申请人经书面通知,无正当理由不到庭或者未经仲裁庭许可中途退庭的,可以视为撤回仲裁申请。被申请人经书面通知,无正当理由不到庭或者未经仲裁庭许可中途退庭的,可以缺席裁决。当事人应当对自己的主张提供证据,仲裁庭认为有必要收集的证据,可以自行收集。

仲裁庭对专门性问题认为需要鉴定的,可以交由当事人约定的鉴定部门鉴定,也可以由仲裁庭指定的鉴定部门鉴定。根据当事人的请求或者仲裁庭的要求,鉴定部门应当派鉴定人参加开庭。当事人经仲裁庭许可,可以向鉴定人提问。证据应当在开庭时出示,当事人可以质证。在证据可能灭失或者以后难以取得的情况下,当事人可以申请证据保全。当事人申请证据保全的,仲裁委员会应当将当事人的申请提交证据所在地的基层人民法院。当事人在仲裁过程中有权进行辩论,辩论终结时,首席仲裁员或者独任仲裁员应当征询当事人的最后意见。仲裁庭应当将开庭情况记入笔录,当事人和其他仲裁参与人认为对自己陈述的记录有遗漏或者差错的,有权申请补正。如果不予补正,应当记录该申请。笔录由仲裁员、记录人员、当事人和其他仲裁参与人签名或者盖章。

当事人申请仲裁后,可以自行和解。达成和解协议的,可以请求仲裁庭根据和解协议作出裁决书,也可以撤回仲裁申请。当事人达成和解协议,撤回仲裁申请后反悔的,可以根据仲裁协议申请仲裁。仲裁庭在作出裁决前,可以先行调解。当事人自愿调解的,仲裁庭应当调解。调解不成的,应当及时作出裁决。调解达成协议的,仲裁庭应当制作调解书或者根据协议的结果制作裁决书。调解书与裁决书具有同等法律效力。调解书应当写明仲裁请求和当事人协议的结果。调解书由仲裁员签名,加盖仲裁委员会印章,送达双方当事人。调解书经双方当事人签收后,即发生法律效力。

在调解书签收前当事人反悔的,仲裁庭应当及时作出裁决。裁决应当按照多数仲裁员的意见作出,少数仲裁员的不同意见可以记入笔录。仲裁庭不能形成多数意见时,裁决应当按照首席仲裁员的意见作出。裁决书应当写明仲裁请求、争议事实、裁决理由、裁决结果、仲裁费用的负担和裁决日期。当事人协议不愿写明争议事实和裁决理由的,可以不写。裁决书由仲裁员签名,加盖仲裁委员会印章。对裁决持不同意见的仲裁员,可以签名,也可以不签名。

仲裁庭仲裁纠纷时,其中一部分事实已经清楚,可以就该部分先行裁决。对裁决书中的文字、计算错误或者仲裁庭已经裁决但在裁决书中遗漏的事项,仲裁庭应当补正;当事人自收到裁决书之日起三十日内,可以请求仲裁庭补正。裁决书自作出之日起发生法律效力。

18.1.5 申请撤销裁决和执行

1. 申请撤销裁决

当事人提出证据证明裁决有下列情形之一的,可以向仲裁委员会所在地的中级人民法院申请撤销裁决:

(1) 没有仲裁协议的。没有仲裁协议是指当事人没有达成仲裁协议。仲裁协议被认定无效或者被撤销的,视为没有仲裁协议。

(2) 裁决的事项不属于仲裁协议的范围或者仲裁委员会无权仲裁的。

(3) 仲裁庭的组成或者仲裁的程序违反法定程序的。

(4) 裁决所根据的证据是伪造的。

(5) 对方当事人隐瞒了足以影响公正裁决的证据的。

(6) 仲裁员在仲裁该案时有索贿受贿,徇私舞弊,枉法裁决行为的。

人民法院经组成合议庭审查核实裁决有前述规定情形之一的,应当裁定撤销。人民法院认定该裁决违背社会公共利益的,应当裁定撤销。当事人申请撤销裁决的,应当自收到裁决书之日起6个月内提出。人民法院应当在受理撤销裁决申请之日起2个月内作出撤销裁决或者驳回申请的裁定。人民法院受理撤销裁决的申请后,认为可以由仲裁庭重新仲裁的,通知仲裁庭在一定期限内重新仲裁,并裁定中止撤销程序。仲裁庭拒绝重新仲裁的,人民法院应当裁定恢复撤销程序。

当事人申请撤销国内仲裁裁决的案件属于下列情形之一的,人民法院可以依照《仲裁法》的规定通知仲裁庭在一定期限内重新仲裁:①仲裁裁决所根据的证据是伪造的;②对方当事人隐瞒了足以影响公正裁决证据的。人民法院应当在通知中说明要求重新仲裁的具体理由。仲裁庭在人民法院指定的期限内开始重新仲裁的,人民法院应当裁定终结撤销程序;未开始重新仲裁的,人民法院应当裁定恢复撤销程序。当事人对重新仲裁裁决不服的,可以在重新仲裁裁决书送达之日起6个月内依据仲裁法第五十八条规定向人民法院申请撤销。

2. 执行

当事人应当履行裁决,一方当事人不履行的,另一方当事人可以依照《民事诉讼法》的有关规定向人民法院申请执行,受申请的人民法院应当执行。被申请人提出证据证明裁决有《民事诉讼法》规定的情形之一的,经人民法院组成合议庭审查核实,裁定不予执行。一方当事人申请执行裁决,另一方当事人申请撤销裁决的,人民法院应当裁定中止执行。人民法院裁定撤销裁决的,应当裁定终结执行。撤销裁决的申请被裁定驳回的,人民法院应当裁定恢

复执行。当事人向人民法院申请撤销仲裁裁决被驳回后,又在执行程序中以相同理由提出不予执行抗辩的,人民法院不予支持。当事人在仲裁程序中未对仲裁协议的效力提出异议,在仲裁裁决作出后以仲裁协议无效为由主张撤销仲裁裁决或者提出不予执行抗辩的,人民法院不予支持。当事人在仲裁程序中对仲裁协议的效力提出异议,在仲裁裁决作出后又以此为由主张撤销仲裁裁决或者提出不予执行抗辩,经审查符合《仲裁法》或者《民事诉讼法》相关规定的,人民法院应予支持。

18.1.6 涉外仲裁的特别规定

涉外仲裁委员会可以由中国国际商会组织设立。涉外仲裁委员会由主任一人、副主任若干人和委员若干人组成。涉外仲裁委员会的主任、副主任和委员可以由中国国际商会聘任。涉外仲裁委员会可以从具有法律、经济贸易、科学技术等专门知识的外籍人士中聘任仲裁员。涉外仲裁的当事人申请证据保全的,涉外仲裁委员会应当将当事人的申请提交证据所在地的中级人民法院。涉外仲裁的仲裁庭可以将开庭情况记入笔录,或者作出笔录要点,笔录要点可以由当事人和其他仲裁参与人签字或者盖章。当事人提出证据证明涉外仲裁裁决有《民事诉讼法》规定的情形之一的,经人民法院组成合议庭审查核实,裁定撤销。被申请人提出证据证明涉外仲裁裁决有民事诉讼法规定的情形之一的,经人民法院组成合议庭审查核实,裁定不予执行。涉外仲裁委员会作出的发生法律效力的仲裁裁决,当事人请求执行的,如果被执行人或者其财产不在中华人民共和国领域内,应当由当事人直接向有管辖权的外国法院申请承认和执行。涉外仲裁规则可以由中国国际商会依照仲裁法和民事诉讼法的有关规定制定。

18.2 经济诉讼

18.2.1 概述

1. 一般规定

经济诉讼是指人民法院依法对经济纠纷案件进行审判的活动。人民法院审理经济纠纷案件在程序上的法律依据主要是民事诉讼法。为保护当事人行使诉讼权利,保证人民法院查明事实,分清是非,正确适用法律,及时审理民事案件,确认民事权利义务关系,制裁民事违法行为,保护当事人的合法权益,教育公民自觉遵守法律,维护社会秩序、经济秩序,保障社会主义建设事业顺利进行,我国于1991年4月9日第七届全国人民代表大会第四次会议通过了《中华人民共和国民事诉讼法》,2007年10月28日第十届全国人民代表大会常务委员会第三十次会议对其进行了第一次修正,2012年8月31日第十一届全国人民代表大会常务委员会第二十八次会议对其进行了第二次修正,2017年6月27日第十二届全国人民代表大会常务委员会第二十八次会议对其予以第三次修正,自2017年7月1日施行。《民事诉讼法》适用于人民法院受理公民之间、法人之间、其他组织之间以及他们相互之间因财产关系和人身关系提起的民事诉讼。

2. 当事人

公民、法人和其他组织可以作为民事诉讼的当事人。法人由其法定代表人进行诉讼。其他组织由其主要负责人进行诉讼。当事人有权委托代理人,提出回避申请,收集、提供证据,进行辩论,请求调解,提起上诉,申请执行。当事人可以查阅本案有关材料,并可以复制本案有关材料和法律文书。查阅、复制本案有关材料的范围和办法由最高人民法院规定。当事人必须依法行使诉讼权利,遵守诉讼秩序,履行发生法律效力的判决书、裁定书和调解书。双方当事人可以自行和解。

原告可以放弃或者变更诉讼请求。被告可以承认或者反驳诉讼请求,有权提起反诉。当事人一方或者双方为两人以上,其诉讼标的是共同的,或者诉讼标的是同一种类、人民法院认为可以合并审理并经当事人同意的,为共同诉讼。共同诉讼的一方当事人对诉讼标的有共同权利义务的,其中一人的诉讼行为经其他共同诉讼人承认,对其他共同诉讼人发生效力;对诉讼标的没有共同权利和义务的,其中一人的诉讼行为对其他共同诉讼人不发生效力。当事人一方人数众多的共同诉讼,可以由当事人推选代表人进行诉讼。代表人的诉讼行为对其所代表的当事人发生效力,但代表人变更、放弃诉讼请求或者承认对方当事人的诉讼请求,进行和解,必须经被代表的当事人同意。诉讼标的是同一种类、当事人一方人数众多在起诉时人数尚未确定的,人民法院可以发出公告,说明案件情况和诉讼请求,通知权利人在一定期间向人民法院登记。

向人民法院登记的权利人可以推选代表人进行诉讼;推选不出代表人的,人民法院可以与参加登记的权利人商定代表人。代表人的诉讼行为对其所代表的当事人发生效力,但代表人变更、放弃诉讼请求或者承认对方当事人的诉讼请求,进行和解,必须经被代表的当事人同意。人民法院作出的判决、裁定,对参加登记的全体权利人发生效力。未参加登记的权利人在诉讼时效期间提起诉讼的,适用该判决、裁定。

对污染环境、侵害众多消费者合法权益等损害社会公共利益的行为,法律规定的机关和有关组织可以向人民法院提起诉讼。人民检察院在履行职责中发现破坏生态环境和资源保护、食品药品安全领域侵害众多消费者合法权益等损害社会公共利益的行为,在没有前述规定的机关和组织或者前述规定的机关和组织不提起诉讼的情况下,可以向人民法院提起诉讼。前述规定的机关或者组织提起诉讼的,人民检察院可以支持起诉。

对当事人双方的诉讼标的,第三人认为有独立请求权的,有权提起诉讼。对当事人双方的诉讼标的,第三人虽然没有独立请求权,但案件处理结果同他有法律上的利害关系的,可以申请参加诉讼,或者由人民法院通知他参加诉讼。人民法院判决承担民事责任的第三人,有当事人的诉讼权利义务。前述规定的第三人,因不能归责于本人的事由未参加诉讼,但有证据证明发生法律效力的判决、裁定、调解书的部分或者全部内容错误,损害其民事权益的,可以自知道或者应当知道其民事权益受到损害之日起6个月内,向作出该判决、裁定、调解书的人民法院提起诉讼。人民法院经审理,诉讼请求成立的,应当改变或者撤销原判决、裁定、调解书;诉讼请求不成立的,驳回诉讼请求。

3. 诉讼代理人

无诉讼行为能力人由他的监护人作为法定代理人代为诉讼。法定代理人之间互相推诿

代理责任的,由人民法院指定其中一人代为诉讼。当事人、法定代理人可以委托一至两人作为诉讼代理人。

下列人员可以被委托为诉讼代理人:①律师、基层法律服务工作者;②当事人的近亲属或者工作人员;③当事人所在社区、单位以及有关社会团体推荐的公民。委托他人代为诉讼,必须向人民法院提交由委托人签名或者盖章的授权委托书。授权委托书必须记明委托事项和权限。诉讼代理人代为承认、放弃、变更诉讼请求,进行和解,提起反诉或者上诉,必须有委托人的特别授权。

侨居在国外的中华人民共和国公民从国外寄交或者托交的授权委托书,必须经中华人民共和国驻该国的使领馆证明;没有使领馆的,由与中华人民共和国有外交关系的第三国驻该国的使领馆证明,再转由中华人民共和国驻该第三国使领馆证明,或者由当地的爱国华侨团体证明。诉讼代理人的权限如果变更或者解除,当事人应当书面告知人民法院,并由人民法院通知对方当事人。代理诉讼的律师和其他诉讼代理人有权调查搜集证据,可以查阅本案有关材料。查阅本案有关材料的范围和办法由最高人民法院规定。

4. 证据

当事人对自己提出的主张,有责任提供证据。当事人及其诉讼代理人因客观原因不能自行收集的证据,或者人民法院认为审理案件需要的证据,人民法院应当调查收集。

证据包括:①当事人的陈述;②书证;③物证;④视听资料;⑤电子数据;⑥证人证言;⑦鉴定意见;⑧勘验笔录。证据必须查证属实,才能作为认定事实的根据。人民法院应当按照法定程序,全面地、客观地审查核实证据。

当事人对自己提出的主张应当及时提供证据。人民法院根据当事人的主张和案件审理情况,确定当事人应当提供的证据及其期限。当事人在该期限内提供证据确有困难的,可以向人民法院申请延长期限,人民法院根据当事人的申请适当延长。当事人逾期提供证据的,人民法院应当责令其说明理由;拒不说明理由或者理由不成立的,人民法院根据不同情形可以不予采纳该证据,或者采纳该证据但予以训诫、罚款。人民法院收到当事人提交的证据材料,应当出具收据,写明证据名称、页数、份数、原件或者复印件以及收到时间等,并由经办人员签名或者盖章。人民法院有权向有关单位和个人调查取证,有关单位和个人不得拒绝。人民法院对有关单位和个人提出的证明文书,应当辨别真伪,审查确定其效力。

证据应当在法庭上出示,并由当事人互相质证。对涉及国家秘密、商业秘密和个人隐私的证据应当保密,需要在法庭出示的,不得在公开开庭时出示。经过法定程序公证证明的法律事实和文书,人民法院应当作为认定事实的根据,但有相反证据足以推翻公证证明的除外。书证应当提交原件。物证应当提交原物。提交原件或者原物确有困难的,可以提交复制品、照片、副本、节录本。提交外文书证,必须附有中文译本。人民法院对视听资料,应当辨别真伪,并结合本案的其他证据,审查确定能否作为认定事实的根据。

在证据可能灭失或者以后难以取得的情况下,当事人可以在诉讼过程中向人民法院申请保全证据,人民法院也可以主动采取保全措施。因情况紧急,在证据可能灭失或者以后难以取得的情况下,利害关系人可以在提起诉讼或者申请仲裁前向证据所在地、被申请人住所地或者对案件有管辖权的人民法院申请保全证据。

5. 人民法院的审判制度

民事案件的审判权由人民法院行使。人民法院依照法律规定对民事案件独立进行审判,不受行政机关、社会团体和个人的干涉。人民法院审理民事案件,必须以事实为根据,以法律为准绳。民事诉讼当事人有平等的诉讼权利。人民法院审理民事案件,应当保障和便利当事人行使诉讼权利,对当事人在适用法律上一律平等。

人民法院审理民事案件,应当根据自愿和合法的原则进行调解;调解不成的,应当及时判决。人民法院审理民事案件,依照法律规定实行合议、回避、公开审判和两审终审制度。各民族公民都有用本民族语言、文字进行民事诉讼的权利。在少数民族聚居或者多民族共同居住的地区,人民法院应当用当地民族通用的语言、文字进行审理和发布法律文书。人民法院应当对不通晓当地民族通用的语言、文字的诉讼参与人提供翻译。

6. 回避制度

审判人员有下列情形之一的,应当自行回避,当事人有权用口头或者书面方式申请他们回避:①是本案当事人或者当事人、诉讼代理人近亲属的;②与本案有利害关系的;③与本案当事人、诉讼代理人有其他关系,可能影响对案件公正审理的。审判人员接受当事人、诉讼代理人请客送礼,或者违反规定会见当事人、诉讼代理人的,当事人有权要求他们回避。审判人员有前述规定的行为的,应当依法追究法律责任。前述规定适用于书记员、翻译人员、鉴定人、勘验人。人民陪审员的回避,适用审判人员回避的法律规定。

当事人提出回避申请,应当说明理由,在案件开始审理时提出;回避事由在案件开始审理后知道的,也可以在法庭辩论终结前提出。被申请回避的人员在人民法院作出是否回避的决定前,应当暂停参与本案的工作,但案件需要采取紧急措施的除外。院长担任审判长时的回避,由审判委员会决定;审判人员的回避,由院长决定;其他人员的回避,由审判长决定。人民法院对当事人提出的回避申请,应当在申请提出的三日内,以口头或者书面形式作出决定。申请人对决定不服的,可以在接到决定时申请复议一次。复议期间,被申请回避的人员,不停止参与本案的工作。人民法院对复议申请,应当在三日内作出复议决定,并通知复议申请人。

18.2.2 管辖

1. 级别管辖

级别管辖是按照人民法院组织系统上下级别划分第一审案件的管辖权。基层人民法院管辖第一审民事案件,但民事诉讼法另有规定的除外。中级人民法院管辖下列第一审民事案件:①重大涉外案件;②在本辖区有重大影响的案件;③最高人民法院确定由中级人民法院管辖的案件。高级人民法院管辖在本辖区有重大影响的第一审民事案件。最高人民法院管辖下列第一审民事案件:①在全国有重大影响的案件;②认为应当由本院审理的案件。

2. 地域管辖

地域管辖是按地区确定人民法院的管辖权。对公民提起的民事诉讼,由被告住所地人民法院管辖;被告住所地与经常居住地不一致的,由经常居住地人民法院管辖。对法人或者其他组织提起的民事诉讼,由被告住所地人民法院管辖。同一诉讼的几个被告住所地、经常

居住地在两个以上人民法院辖区的,各该人民法院都有管辖权。

下列民事诉讼,由原告住所地人民法院管辖;原告住所地与经常居住地不一致的,由原告经常居住地人民法院管辖:①对不在中华人民共和国领域内居住的人提起的有关身份关系的诉讼;②对下落不明或者宣告失踪的人提起的有关身份关系的诉讼;③对被采取强制性教育措施的人提起的诉讼;④对被监禁的人提起的诉讼。

因合同纠纷提起的诉讼,由被告住所地或者合同履行地人民法院管辖。因保险合同纠纷提起的诉讼,由被告住所地或者保险标的物所在地人民法院管辖。因票据纠纷提起的诉讼,由票据支付地或者被告住所地人民法院管辖。因公司设立、确认股东资格、分配利润、解散等纠纷提起的诉讼,由公司住所地人民法院管辖。因铁路、公路、水上、航空运输和联合运输合同纠纷提起的诉讼,由运输始发地、目的地或者被告住所地人民法院管辖。因侵权行为提起的诉讼,由侵权行为地或者被告住所地人民法院管辖。因铁路、公路、水上和航空事故请求损害赔偿提起的诉讼,由事故发生地或者车辆、船舶最先到达地、航空器最先降落地或者被告住所地人民法院管辖。因船舶碰撞或者其他海事损害事故请求损害赔偿提起的诉讼,由碰撞发生地、碰撞船舶最先到达地、加害船舶被扣留地或者被告住所地人民法院管辖。因海难救助费用提起的诉讼,由救助地或者被救助船舶最先到达地人民法院管辖。因共同海损提起的诉讼,由船舶最先到达地、共同海损理算地或者航程终止地的人民法院管辖。两个以上人民法院都有管辖权的诉讼,原告可以向其中一个人民法院起诉;原告向两个以上有管辖权的人民法院起诉的,由最先立案的人民法院管辖。

3. 专属管辖

专属管辖是指法律明确规定某些特殊类型的案件只能由特定法院管辖,人民法院和当事人都无权加以变更的诉讼管辖。根据《民事诉讼法》的规定,下列案件,由法律规定的人民法院专属管辖:①因不动产纠纷提起的诉讼,由不动产所在地人民法院管辖;②因港口作业中发生纠纷提起的诉讼,由港口所在地人民法院管辖;③因继承遗产纠纷提起的诉讼,由被继承人死亡时住所地或者主要遗产所在地人民法院管辖。

4. 移送管辖和指定管辖

人民法院发现受理的案件不属于本院管辖的,应当移送有管辖权的人民法院,受移送的人民法院应当受理。受移送的人民法院认为受移送的案件依照规定不属于本院管辖的,应当报请上级人民法院指定管辖,不得再自行移送。有管辖权的人民法院由于特殊原因,不能行使管辖权的,由上级人民法院指定管辖。人民法院之间因管辖权发生争议,由争议双方协商解决;协商解决不了的,报请它们的共同上级人民法院指定管辖。

上级人民法院有权审理下级人民法院管辖的第一审民事案件;确有必要将本院管辖的第一审民事案件交下级人民法院审理的,应当报请其上级人民法院批准。下级人民法院对它所管辖的第一审民事案件,认为需要由上级人民法院审理的,可以报请上级人民法院审理。

5. 协议管辖

协议管辖是指民事诉讼的双方当事人通过书面协议的方式,在法律规定的范围内自行选择第一审案件的管辖法院。合同或者其他财产权益纠纷的当事人可以书面协议选择被告住所地、合同履行地、合同签订地、原告住所地、标的物所在地等与争议有实际联系的地点的人民法院管辖,但不得违反民事诉讼法对级别管辖和专属管辖的规定。

6. 知识产权案件的管辖

为进一步加强知识产权司法保护,切实依法保护权利人合法权益,维护社会公共利益,第十二届全国人民代表大会常务委员会第十次会议通过了《关于在北京、上海、广州设立知识产权法院的决定》,自 2014 年 8 月 31 日起施行。决定在北京、上海、广州设立知识产权法院。知识产权法院管辖有关专利、植物新品种、集成电路布图设计、技术秘密等专业技术性较强的第一审知识产权民事和行政案件。知识产权法院对前述案件实行跨区域管辖。在知识产权法院设立的 3 年内,可以先在所在省(直辖市)实行跨区域管辖。不服国务院行政部门裁定或者决定而提起的第一审知识产权授权确权行政案件,由北京知识产权法院管辖。知识产权法院所在市的基层人民法院第一审著作权、商标等知识产权民事和行政判决、裁定的上诉案件,由知识产权法院审理。知识产权法院第一审判决、裁定的上诉案件,由知识产权法院所在地的高级人民法院审理。知识产权法院审判工作受最高人民法院和所在地的高级人民法院监督。知识产权法院依法接受人民检察院法律监督。

18.2.3 审判程序

1. 第一审程序

(1) 起诉。原告起诉必须符合下列条件:①原告是与本案有直接利害关系的公民、法人和其他组织;②有明确的被告;③有具体的诉讼请求和事实、理由;④属于人民法院受理民事诉讼的范围和受诉人民法院管辖。起诉应当向人民法院递交起诉状,并按照被告人数提出副本。书写起诉状确有困难的,可以口头起诉,由人民法院记入笔录,并告知对方当事人。起诉状应当记明下列事项:①当事人的姓名、性别、年龄、民族、职业、工作单位和住所,法人或者其他组织的名称、住所和法定代表人或者主要负责人的姓名、职务;②诉讼请求和所根据的事实与理由;③证据和证据来源,证人姓名和住所。

(2) 受理。人民法院对符合民事诉讼法的起诉,必须受理;对下列起诉,分别情形,予以处理:①依照行政诉讼法的规定,属于行政诉讼受案范围的,告知原告提起行政诉讼;②依照法律规定,双方当事人对合同纠纷自愿达成书面仲裁协议向仲裁机构申请仲裁、不得向人民法院起诉的,告知原告向仲裁机构申请仲裁;③依照法律规定,应当由其他机关处理的争议,告知原告向有关机关申请解决;④对不属于本院管辖的案件,告知原告向有管辖权的人民法院起诉;⑤对判决、裁定已经发生法律效力的案件,当事人又起诉的,告知原告按照申诉处理,但人民法院准许撤诉的裁定除外;⑥依照法律规定,在一定期限内不得起诉的案件,在不得起诉的期限内起诉的,不予受理;⑦判决不准离婚和调解和好的离婚案件,判决、调解维持收养关系的案件,没有新情况、新理由,原告在 6 个月内又起诉的,不予受理。人民法院收到起诉状或者口头起诉,经审查,认为符合起诉条件的,应当在七日内立案,并通知当事人;认为不符合起诉条件的,应当在七日内裁定不予受理;原告对裁定不服的,可以提起上诉。

(3) 审理前的准备。人民法院应当在立案之日起五日内将起诉状副本发送被告,被告应当在收到之日起十五日内提出答辩状。答辩状应当记明被告的姓名、性别、年龄、民族、职业、工作单位、住所、联系方式；法人或者其他组织的名称、住所和法定代表人或者主要负责人的姓名、职务、联系方式。人民法院应当在收到答辩状之日起五日内将答辩状副本发送原告。被告不提出答辩状的，不影响人民法院审理。必须共同进行诉讼的当事人没有参加诉讼的，人民法院应当通知其参加诉讼。

人民法院对决定受理的案件，应当在受理案件通知书和应诉通知书中向当事人告知有关的诉讼权利义务，或者口头告知。人民法院受理案件后，当事人对管辖权有异议的，应当在提交答辩状期间提出。人民法院对当事人提出的异议，应当审查。异议成立的，裁定将案件移送有管辖权的人民法院；异议不成立的，裁定驳回。当事人未提出管辖异议，并应诉答辩的，视为受诉人民法院有管辖权，但违反级别管辖和专属管辖规定的除外。

合议庭组成人员确定后，应当在三日内告知当事人。审判人员必须认真审核诉讼材料，调查收集必要的证据。人民法院派出人员进行调查时，应当向被调查人出示证件。调查笔录经被调查人校阅后，由被调查人、调查人签名或者盖章。人民法院在必要时可以委托外地人民法院调查。委托调查，必须提出明确的项目和要求。受委托人民法院可以主动补充调查。受委托人民法院收到委托书后，应当在三十日内完成调查。因故不能完成的，应当在上述期限内函告委托人民法院。

人民法院对受理的案件，分别情形，予以处理：①当事人没有争议，符合督促程序规定条件的，可以转入督促程序；②开庭前可以调解的，采取调解方式及时解决纠纷；③根据案件情况，确定适用简易程序或者普通程序；④需要开庭审理的，通过要求当事人交换证据等方式，明确争议焦点。

（4）开庭审理。人民法院审理民事案件，除涉及国家秘密、个人隐私或者法律另有规定的以外，应当公开进行。离婚案件，涉及商业秘密的案件，当事人申请不公开审理的，可以不公开审理。

根据2018年4月27日施行的《中华人民共和国人民陪审员法》对人民陪审员参与第一审民事案件作出了具体规定。人民法院审判第一审民事案件，有下列情形之一的，由人民陪审员和法官组成合议庭进行：

（1）涉及群体利益、公共利益的；

（2）人民群众广泛关注或者其他社会影响较大的；

（3）案情复杂或者有其他情形，需要由人民陪审员参加审判的。

人民法院审判前述规定的案件，法律规定由法官独任审理或者由法官组成合议庭审理的，从其规定。人民法院审判下列第一审案件，由人民陪审员和法官组成七人合议庭进行：

（1）根据民事诉讼法提起的公益诉讼案件；

（2）涉及征地拆迁、生态环境保护、食品药品安全，社会影响重大的案件；

（3）其他社会影响重大的案件。

第一审民事案件原告或者被告申请由人民陪审员参加合议庭审判的，人民法院可以决定由人民陪审员和法官组成合议庭审判。

人民陪审员参加三人合议庭审判案件，对事实认定、法律适用，独立发表意见，行使表决权。人民陪审员参加七人合议庭审判案件，对事实认定，独立发表意见，并与法官共同表决；

对法律适用,可以发表意见,但不参加表决。合议庭评议案件,实行少数服从多数的原则。人民陪审员同合议庭其他组成人员意见分歧的,应当将其意见写入笔录。合议庭组成人员意见有重大分歧的,人民陪审员或者法官可以要求合议庭将案件提请院长决定是否提交审判委员会讨论决定。

人民法院审理民事案件,根据需要进行巡回审理,就地办案。人民法院审理民事案件,应当在开庭三日前通知当事人和其他诉讼参与人。公开审理的,应当公告当事人姓名、案由和开庭的时间、地点。开庭审理前,书记员应当查明当事人和其他诉讼参与人是否到庭,宣布法庭纪律。开庭审理时,由审判长核对当事人,宣布案由,宣布审判人员、书记员名单,告知当事人有关的诉讼权利义务,询问当事人是否提出回避申请。原告增加诉讼请求,被告提出反诉,第三人提出与本案有关的诉讼请求,可以合并审理。

人民法院对公开审理或者不公开审理的案件,一律公开宣告判决。当庭宣判的,应当在十日内发送判决书;定期宣判的,宣判后立即发给判决书。宣告判决时,必须告知当事人上诉权利、上诉期限和上诉的法院。人民法院适用普通程序审理的案件,应当在立案之日起六个月内审结。有特殊情况需要延长的,由本院院长批准,可以延长6个月;还需要延长的,报请上级人民法院批准。

(5)诉讼中止和终结。有下列情形之一的,中止诉讼:①一方当事人死亡,需要等待继承人表明是否参加诉讼的;②一方当事人丧失诉讼行为能力,尚未确定法定代理人的;③作为一方当事人的法人或者其他组织终止,尚未确定权利和义务承受人的;④一方当事人因不可抗拒的事由,不能参加诉讼的;⑤本案必须以另一案的审理结果为依据,而另一案尚未审结的;⑥其他应当中止诉讼的情形。中止诉讼的原因消除后,恢复诉讼。

有下列情形之一的,终结诉讼:①原告死亡,没有继承人,或者继承人放弃诉讼权利的;②被告死亡,没有遗产,也没有应当承担义务的人的;③离婚案件一方当事人死亡的;④追索赡养费、扶养费、抚育费以及解除收养关系案件的一方当事人死亡的。

(6)判决和裁定。判决书应当写明判决结果和作出该判决的理由。判决书内容包括:①案由、诉讼请求、争议的事实和理由;②判决认定的事实和理由、适用的法律和理由;③判决结果和诉讼费用的负担;④上诉期间和上诉的法院。判决书由审判人员、书记员署名,加盖人民法院印章。人民法院审理案件,其中一部分事实已经清楚,可以就该部分先行判决。

2. 第二审程序

当事人不服地方人民法院第一审判决的,有权在判决书送达之日起十五日内向上一级人民法院提起上诉。当事人不服地方人民法院第一审裁定的,有权在裁定书送达之日起十日内向上一级人民法院提起上诉。上诉应当递交上诉状。上诉状的内容,应当包括当事人的姓名,法人的名称及其法定代表人的姓名或者其他组织的名称及其主要负责人的姓名;原审人民法院名称、案件的编号和案由;上诉的请求和理由。上诉状应当通过原审人民法院提出,并按照对方当事人或者代表人的人数提出副本。当事人直接向第二审人民法院上诉的,第二审人民法院应当在五日内将上诉状移交原审人民法院。

原审人民法院收到上诉状,应当在五日内将上诉状副本送达对方当事人,对方当事人在收到之日起十五日内提出答辩状。人民法院应当在收到答辩状之日起五日内将副本送达上诉人。对方当事人不提出答辩状的,不影响人民法院审理。原审人民法院收到上诉状、答辩状,应当在五日内连同全部案卷和证据,报送第二审人民法院。第二审人民法院应当对上诉请求的有关事实和适用法律进行审查。第二审人民法院对上诉案件,应当组成合议庭,开庭审理。经过阅卷、调查和询问当事人,对没有提出新的事实、证据或者理由,合议庭认为不需要开庭审理的,可以不开庭审理。第二审人民法院审理上诉案件,可以在本院进行,也可以到案件发生地或者原审人民法院所在地进行。

第二审人民法院对上诉案件,经过审理,按照下列情形,分别处理:①原判决、裁定认定事实清楚,适用法律正确的,以判决、裁定方式驳回上诉,维持原判决、裁定;②原判决、裁定认定事实错误或者适用法律错误的,以判决、裁定方式依法改判、撤销或者变更;③原判决认定基本事实不清的,裁定撤销原判决,发回原审人民法院重审,或者查清事实后改判;④原判决遗漏当事人或者违法缺席判决等严重违反法定程序的,裁定撤销原判决,发回原审人民法院重审。原审人民法院对发回重审的案件作出判决后,当事人提起上诉的,第二审人民法院不得再次发回重审。

3. 审判监督程序

民事审判监督程序即民事再审程序,是指对已经发生法律效力的判决、裁定、调解书,人民法院认为确有错误,对案件再行审理的程序。审判监督程序只是纠正生效裁判错误的法定程序,它不是案件审理的必经程序。

各级人民法院院长对本院已经发生法律效力的判决、裁定、调解书,发现确有错误,认为需要再审的,应当提交审判委员会讨论决定。最高人民法院对地方各级人民法院已经发生法律效力的判决、裁定、调解书,上级人民法院对下级人民法院已经发生法律效力的判决、裁定、调解书,发现确有错误的,有权提审或者指令下级人民法院再审。

当事人对已经发生法律效力的判决、裁定,认为有错误的,可以向上一级人民法院申请再审;当事人一方人数众多或者当事人双方为公民的案件,也可以向原审人民法院申请再审。当事人申请再审的,不停止判决、裁定的执行。当事人对已经发生法律效力的调解书,提出证据证明调解违反自愿原则或者调解协议的内容违反法律的,可以申请再审。经人民法院审查属实的,应当再审。当事人申请再审,应当在判决、裁定发生法律效力后 6 个月内提出。有民事诉讼法第二百条第一项、第三项、第十二项、第十三项规定情形的,自知道或者应当知道之日起 6 个月内提出。

最高人民检察院对各级人民法院已经发生法律效力的判决、裁定,上级人民检察院对下级人民法院已经发生法律效力的判决、裁定,发现有民事诉讼法第二百条规定情形之一的,或者发现调解书损害国家利益、社会公共利益的,应当提出抗诉。地方各级人民检察院对同级人民法院已经发生法律效力的判决、裁定,发现有民事诉讼法第二百条规定情形之一的,或者发现调解书损害国家利益、社会公共利益的,可以向同级人民法院提出检察建议,并报上级人民检察院备案;也可以提请上级人民检察院向同级人民法院提出抗诉。各级人民检察院对审判监督程序以外的其他审判程序中审判人员的违法行为,有权向同级人民法院提出检察建议。

18.2.4 特别程序

1. 认定财产无主案件

申请认定财产无主,由公民、法人或者其他组织向财产所在地基层人民法院提出。申请书应当写明财产的种类、数量以及要求认定财产无主的根据。人民法院受理申请后,经审查核实,应当发出财产认领公告。公告满1年无人认领的,判决认定财产无主,收归国家或者集体所有。

判决认定财产无主后,原财产所有人或者继承人出现,在民法通则规定的诉讼时效期间可以对财产提出请求,人民法院审查属实后,应当作出新判决,撤销原判决。

2. 确认调解协议案件

申请司法确认调解协议,由双方当事人依照人民调解法等法律,自调解协议生效之日起三十日内,共同向调解组织所在地基层人民法院提出。人民法院受理申请后,经审查,符合法律规定的,裁定调解协议有效,一方当事人拒绝履行或者未全部履行的,对方当事人可以向人民法院申请执行;不符合法律规定的,裁定驳回申请,当事人可以通过调解方式变更原调解协议或者达成新的调解协议,也可以向人民法院提起诉讼。

3. 实现担保物权案件

申请实现担保物权,由担保物权人以及其他有权请求实现担保物权的人依照物权法等法律,向担保财产所在地或者担保物权登记地基层人民法院提出。人民法院受理申请后,经审查,符合法律规定的,裁定拍卖、变卖担保财产,当事人依据该裁定可以向人民法院申请执行;不符合法律规定的,裁定驳回申请,当事人可以向人民法院提起诉讼。

18.2.5 督促程序

债权人请求债务人给付金钱、有价证券,符合下列条件的,可以向有管辖权的基层人民法院申请支付令:①债权人与债务人没有其他债务纠纷的;②支付令能够送达债务人的。申请书应当写明请求给付金钱或者有价证券的数量和所根据的事实、证据。

债权人提出申请后,人民法院应当在五日内通知债权人是否受理。人民法院受理申请后,经审查债权人提供的事实、证据,对债权债务关系明确、合法的,应当在受理之日起十五日内向债务人发出支付令;申请不成立的,裁定予以驳回。债务人应当自收到支付令之日起十五日内清偿债务,或者向人民法院提出书面异议。债务人在前述规定的期间不提出异议又不履行支付令的,债权人可以向人民法院申请执行。人民法院收到债务人提出的书面异议后,经审查,异议成立的,应当裁定终结督促程序,支付令自行失效。支付令失效的,转入诉讼程序,但申请支付令的一方当事人不同意提起诉讼的除外。

18.2.6 公示催告程序

按照规定可以背书转让的票据持有人,因票据被盗、遗失或者灭失,可以向票据支付地的基层人民法院申请公示催告。依照法律规定可以申请公示催告的其他事项,适用民事诉讼法关于公示催告程序规定。申请人应当向人民法院递交申请书,写明票面金额、发票人、持票人、背书人等票据主要内容和申请的理由、事实。

人民法院决定受理申请,应当同时通知支付人停止支付,并在三日内发出公告,催促利害关系人申报权利。在公示催告的期间,由人民法院根据情况决定,但不得少于六十日。支付人收到人民法院停止支付的通知,应当停止支付,至公示催告程序终结。公示催告期间,转让票据权利的行为无效。利害关系人应当在公示催告期间向人民法院申报。人民法院收到利害关系人的申报后,应当裁定终结公示催告程序,并通知申请人和支付人。申请人或者申报人可以向人民法院起诉。没有人申报的,人民法院应当根据申请人的申请,作出判决,宣告票据无效。判决应当公告,并通知支付人。自判决公告之日起,申请人有权向支付人请求支付。利害关系人因正当理由不能在判决前向人民法院申报的,自知道或者应当知道判决公告之日起1年内,可以向作出判决的人民法院起诉。

18.2.7 财产保全和先予执行

1. 财产保全

财产保全是指人民法院在利害关系人起诉前或者当事人起诉后,为保障将来的生效判决能够得到执行或者避免财产遭受损失,对当事人的财产或者争议的标的物,采取限制当事人处分的强制措施。人民法院对于可能因当事人一方的行为或者其他原因,使判决难以执行或者造成当事人其他损害的案件,根据对方当事人的申请,可以裁定对其财产进行保全、责令其作出一定行为或者禁止其作出一定行为;当事人没有提出申请的,人民法院在必要时也可以裁定采取保全措施。人民法院采取保全措施,可以责令申请人提供担保,申请人不提供担保的,裁定驳回申请。人民法院接受申请后,对情况紧急的,必须在四十八小时内作出裁定;裁定采取保全措施的,应当立即开始执行。

利害关系人因情况紧急,不立即申请保全将会使其合法权益受到难以弥补的损害的,可以在提起诉讼或者申请仲裁前向被保全财产所在地、被申请人住所地或者对案件有管辖权的人民法院申请采取保全措施。申请人应当提供担保,不提供担保的,裁定驳回申请。

人民法院接受申请后,必须在四十八小时内作出裁定;裁定采取保全措施的,应当立即开始执行。申请人在人民法院采取保全措施后三十日内不依法提起诉讼或者申请仲裁的,人民法院应当解除保全。保全限于请求的范围,或者与本案有关的财物。财产保全采取查封、扣押、冻结或者法律规定的其他方法。人民法院保全财产后,应当立即通知被保全财产的人。财产已被查封、冻结的,不得重复查封、冻结。财产纠纷案件,被申请人提供担保的,人民法院应当裁定解除保全。申请有错误的,申请人应当赔偿被申请人因保全所遭受的损失。

2. 先予执行

先予执行是指人民法院在终局判决之前,为解决权利人生活或生产经营的急需,依法裁定义务人预先履行一定数额的金钱或者财物等措施的制度。人民法院对下列案件,根据当事人的申请,可以裁定先予执行:①追索赡养费、扶养费、抚育费、抚恤金、医疗费用的;②追索劳动报酬的;③因情况紧急需要先予执行的。

人民法院裁定先予执行的,应当符合下列条件:①当事人之间权利义务关系明确,不先予执行将严重影响申请人的生活或者生产经营的;②被申请人有履行能力。

人民法院可以责令申请人提供担保,申请人不提供担保的,驳回申请。申请人败诉的,应当赔偿被申请人因先予执行遭受的财产损失。当事人对保全或者先予执行的裁定不服的,可以申请复议一次。复议期间不停止裁定的执行。

18.2.8 强制执行程序

强制执行是指人民法院根据已发生法律效力的判决书、裁定或其他法律文件,在当事人拒不履行义务的情况下,以国家的强制力实现当事人的权利的一种程序。执行工作由执行员进行。采取强制执行措施时,执行员应当出示证件。执行完毕后,应当将执行情况制作笔录,由在场的有关人员签名或者盖章。人民法院根据需要可以设立执行机构。发生法律效力的民事判决、裁定,当事人必须履行。一方拒绝履行的,对方当事人可以向人民法院申请执行,也可以由审判员移送执行员执行。调解书和其他应当由人民法院执行的法律文书,当事人必须履行。一方拒绝履行的,对方当事人可以向人民法院申请执行。

对依法设立的仲裁机构的裁决,一方当事人不履行的,对方当事人可以向有管辖权的人民法院申请执行。受申请的人民法院应当执行。被申请人提出证据证明仲裁裁决有下列情形之一的,经人民法院组成合议庭审查核实,裁定不予执行:①当事人在合同中没有订有仲裁条款或者事后没有达成书面仲裁协议的;②裁决的事项不属于仲裁协议的范围或者仲裁机构无权仲裁的;③仲裁庭的组成或者仲裁的程序违反法定程序的;④裁决所根据的证据是伪造的;⑤对方当事人向仲裁机构隐瞒了足以影响公正裁决的证据的;⑥仲裁员在仲裁该案时有贪污受贿,徇私舞弊,枉法裁决行为的。人民法院认定执行该裁决违背社会公共利益的,裁定不予执行。裁定书应当送达双方当事人和仲裁机构。仲裁裁决被人民法院裁定不予执行的,当事人可以根据双方达成的书面仲裁协议重新申请仲裁,也可以向人民法院起诉。

对公证机关依法赋予强制执行效力的债权文书,一方当事人不履行的,对方当事人可以向有管辖权的人民法院申请执行,受申请的人民法院应当执行。公证债权文书确有错误的,人民法院裁定不予执行,并将裁定书送达双方当事人和公证机关。

申请执行的期间为2年。申请执行时效的中止、中断,适用法律有关诉讼时效中止、中断的规定。前述规定的期间,从法律文书规定履行期间的最后一日起计算;法律文书规定分期履行的,从规定的每次履行期间的最后一日起计算;法律文书未规定履行期间的,从法律文书生效之日起计算。执行员接到申请执行书或者移交执行书,应当向被执行人发出执行通知,并可以立即采取强制执行措施。

执行完毕后,据以执行的判决、裁定和其他法律文书确有错误,被人民法院撤销的,对已被执行的财产,人民法院应当作出裁定,责令取得财产的人返还;拒不返还的,强制执行。人民检察院有权对民事执行活动实行法律监督。

经济法

18.2.9　涉外民事诉讼程序的特别规定

在中华人民共和国领域内进行涉外民事诉讼,适用涉外民事诉讼程序的特别规定。涉外民事诉讼程序的特别规定中没有规定的,适用民事诉讼法其他有关规定。中华人民共和国缔结或者参加的国际条约同民事诉讼法有不同规定的,适用该国际条约的规定,但中华人民共和国声明保留的条款除外。对享有外交特权与豁免的外国人、外国组织或者国际组织提起的民事诉讼,应当依照中华人民共和国有关法律和中华人民共和国缔结或者参加的国际条约的规定办理。

人民法院审理涉外民事案件,应当使用中华人民共和国通用的语言、文字。当事人要求提供翻译的,可以提供,费用由当事人承担。外国人、无国籍人、外国企业和组织在人民法院起诉、应诉,需要委托律师代理诉讼的,必须委托中华人民共和国的律师。在中华人民共和国领域内没有住所的外国人、无国籍人、外国企业和组织委托中华人民共和国律师或者其他人代理诉讼,从中华人民共和国领域外寄交或者托交的授权委托书,应当经所在国公证机关证明,并经中华人民共和国驻该国使领馆认证,或者履行中华人民共和国与该所在国订立的有关条约中规定的证明手续后,才具有效力。

因合同纠纷或者其他财产权益纠纷,对在中华人民共和国领域内没有住所的被告提起的诉讼,如果合同在中华人民共和国领域内签订或者履行,或者诉讼标的物在中华人民共和国领域内,或者被告在中华人民共和国领域内有可供扣押的财产,或者被告在中华人民共和国领域内设有代表机构,可以由合同签订地、合同履行地、诉讼标的物所在地、可供扣押财产所在地、侵权行为地或者代表机构住所地人民法院管辖。因在中华人民共和国履行中外合资经营企业合同、中外合作经营企业合同、中外合作勘探开发自然资源合同发生纠纷提起的诉讼,由中华人民共和国人民法院管辖。

在中华人民共和国领域内没有住所的当事人,不服第一审人民法院判决、裁定的,有权在判决书、裁定书送达之日起三十日内提起上诉。被上诉人在收到上诉状副本后,应当在三十日内提出答辩状。当事人不能在法定期间提起上诉或者提出答辩状,申请延期的,是否准许,由人民法院决定。人民法院审理涉外民事案件的期间,不受民事诉讼法第一百四十九条、第一百七十六条规定的限制。

思考题

1. 仲裁与诉讼的区别是什么?
2. 仲裁协议的主要内容有哪些?
3. 如何确定诉讼管辖权?
4. 原告起诉必须符合的条件有哪些?
5. 第一审普通程序的基本步骤是什么?

参 考 文 献

[1] 李彬.经济法[M].北京:经济科学出版社出版,2019.
[2] 张守文.经济法学[M].第7版.北京:北京大学出版社出版,2018.
[3] 刘文华.经济法[M].第5版.北京::中国人民大学出版社出版,2017.
[4] 李昌麒.经济法学[M].第3版.北京:法律出版社出版,2016.
[5] 史际春.经济法[M].第3版.北京:中国人民大学出版社,2015.
[6] 杨紫烜.经济法[M].第5版.北京:北京大学出版社,2015.
[7] 殷洁.经济法[M].第5版.北京:法律出版社,2016.
[8] 刘大洪.经济法[M].北京:中国人民大学出版社,2015.
[9] 曾咏梅,王峰.经济法[M].第7版.武汉:武汉大学出版社,2015.
[10] 侯丽艳,梁平.经济法概论[M].北京:中国政法大学出版社,2012.
[11] 郭守杰.经济法[M].北京:北京大学出版社,2012.
[12] 徐孟洲.耦合经济法论[M].北京:中国人民大学出版社,2010.
[13] 史际春,邓峰.经济法总论[M].第2版.北京:法律出版社,2008.
[14] 吕忠梅,陈虹.经济法原论[M].第2版.北京:法律出版社,2008.
[15] 徐杰.经济法概论[M].第7版.北京:首都经济贸易大学出版社,2011.
[16] 刘文华.经济法[M].第4版.北京:中国人民大学出版社,2012.
[17] 王伯平.经济法[M].北京:清华大学出版社,2009.
[18] 漆多俊.经济法基础理论[M].北京:法律出版社,2008.
[19] 赵威.经济法[M].第5版.北京:中国人民大学出版社,2014.
[20] 贵立义,林清高.经济法概论[M].第6版.大连:东北财经大学出版社,2010.
[21] 蔡曙涛.企业经济法[M].第3版.北京:中国人民大学出版社,2010.
[22] 周庭芳.经济法概论[M].第2版.武汉:武汉理工大学出版社,2009.
[23] 顾功耘.经济法教程[M].上海:上海人民出版社,2006.
[24] 王保树.经济法原理[M].第2版.北京:社会科学文献出版社,2004.
[25] 吴宏伟.经济法[M].第2版.北京:中国人民大学出版社,2007.
[26] 刘俊海.现代公司法[M].第2版.北京:法律出版社,2011.
[27] 崔建远.合同法[M].第5版.北京:法律出版社,2010.
[28] 范健,王建文.公司法[M].第3版.北京:法律出版社,2011.
[29] 梁慧星,陈华彬.物权法[M].第5版.北京:法律出版社,2010.

［30］ 刘俊海. 现代公司法[M]. 第2版. 北京：法律出版社,2011.
［31］ 叶林. 公司法原理与案例教程[M]. 北京：中国人民大学出版社,2010.
［32］ 吴汉东. 知识产权法[M]. 第4版. 北京：法律出版社,2011.
［33］ 刘春田. 知识产权法[M]. 北京：法律出版社,2009.
［34］ 种明钊. 竞争法[M]. 北京：法律出版社,2008.
［35］ 王欣新. 破产法[M]. 第3版. 北京：中国人民大学出版社,2011.
［36］ 崔建远. 合同法[M]. 第5版. 北京：法律出版社,2010.
［37］ 王利明. 合同法研究[M]. 北京：中国人民大学出版社,2012.
［38］ 王全兴. 劳动法[M]. 第3版. 北京：法律出版社,2008.
［39］ 郭捷. 劳动法与社会保障法[M]. 第2版. 北京：法律出版社,2011.
［40］ 刘心稳. 票据法[M]. 第2版. 北京：中国政法大学出版社,2012.
［41］ 董安生. 票据法[M]. 第3版. 北京：中国人民大学出版社,2009.
［42］ 王晓晔. 反垄断法[M]. 第3版. 北京：法律出版社,2011.
［43］ 史际春. 反垄断法理解与适用[M]. 北京：中国法制出版社,2007.
［44］ 蓝寿荣,郭英杰. 经济法概论[M]. 北京：清华大学出版社,2007.